HAL TISQAADAY

BUUGAAGTA KALE EE MAXAMED BAASHE X. XASAN

Guri Waa Haween, Kartida Haweenka Soomaalida.

Hal Ka Haleel: Sooyaalka Hadraawi iyo Suugaantiisa.

Hal Aan Tebayey, Baal-taariikheedkii iyo Gabayadii Xaaji Aadan Axmed Xasan (Afqallooc).

Afka Hooyo Waa Hodan.

HAL TISQAADAY

Halabuurkii CALI SUGULLE

(DUNCARBEED)

1936–2016

MAXAMED BAASHE X. XASAN

GARANUUG

GARANUUG

Dhigaalka, naqshadaynta, iyo qaabeynta jaldiga: Muxammad Yuusuf.

Typesetting and cover design by Mohammed Yusuf

Printed and bound by TJ International Ltd, Padstow, Cornwall

www.garanuug.com
info@garanuug.com

ISBN: 978-0-9957533-9-6

TUSMADA BUUGGA

Wuu dhuuntay mooyee
Cali Sugulle muu dhiman
Dhaxalkiisii baa hadhay
Carruurtaan u dhigayaa
Taariikhdiisi dheerayd
Murtidiisi dhumucdiyo
Dhadhan iyo cabqarinimo
Sawirkii dhallaankiyo
Fahmayeen dhegooluhu
Waysu dhiibi doonnaa.

—Nuur Daalacay,
    Landhan, Jan 2016.

HIBEYN

Buuggan, *Hal Tisqaaday: Halabuurkii Cali Sugulle Cigaal 'Duncarbeed'* oo ku soo beegmay 60 guuradii xornimada iyo midnimadii labada gobol ee Soomaaliyeed—Waqooyi iyo Koonfur—waxa aan u hibeynayaa Jigjiga iyo Wajeer, Jabuuti, Hargeysa iyo Muqdisho, iyo inta ku nool inta u dhexaysa iyo inta dalal shisheeye u qaxday ama ku dhalatay, idil ahaan magaca Soomaali.

> Shantu hays huwatooy!
> Aan hal qudha noqonnooy!

> —Cali Sugulle: Himilo, 1961.

GOGOLDHIG

CALI SUGULLE WAA ASTAAN TAARIIKHEED

Buugga *Hal Tisqaaday: Halabuurkii Cali Sugulle 1936–2016* waxa uu ina tusayaa—Alle ha u naxariistee—Cali Sugulle iyo astaanta ummadeed ee uu yahay. Nolol iyo fan iyo suugaanba, waxa uu Maxamad Baashe Xaaji Xasan ku xidhiidhinayaa waayaha marxaladaha taariikheed ee Soomaali soo maray muddo qarni badhkii ka badan oo wacyiga dadka uu saamayn door ah uu ku lahaa Cali Sugulle, taas oo dhaxalkiisa suugaaneed laga daalacan karayo. Maxamed Baashe tan buu si aad ah uga daba tegey.

Cali Sugulle, fan iyo suugaan, runtii waxa uu ka mid yahay tilmaamaha ku suntan sooyaalka Soomaalida, kontonguuradii dambe ee qarnigii labaatanaad. Waa marxaladda uu abuurmay wacyiga iyo garaadka wadareed ee Soomaalinnimadu. Wacyigaasi ama garaadkaasi, dhinaciisa dhaqan ahaaneed, waxaa hormood ka ahaa Cali Sugulle iyo halabuurrada, fan iyo suugaanba faciisa ahaa; waxaase uu mar kasta ka ahaa foolaad lagu hirto, isaga oo dheeraad u yeeshay baaxadda waxsoosaarkiisa maansada iyo riwaayadaha. Ha yeeshee, sida uu Maxamed Baashe ba u soo bandhigayo, Cali Sugulle ma ahayn oo keli ah halabuur curiya maanso iyo riwaayado e waa uu ka badnaa oo waxa uu ahaa halgamaa ay mar kasta hor taallo qaddiyad uu ku hammiyo oo uu u hawlgalo.

Waxa uu qoraagu ka deyayaa Cali Sugulle oo uu si aad ah u raacraacayaa saddex marxaladood oo ay suugaanta Cali Sugulle ku abtirsanayso. Waa marxaladaha isu dabayaalla xilligii halganka xornimaddoonka iyo baaqiisii midnimada Soomaalida iyo qabyaaladdiidka ahaa; marxaladdii madaxbannaanida iyo midnimadii labada qaybood ee Koonfur iyo Waqooyi; iyo marxaladdii xukunkii millatari ee Maxamad Siyaad Barre ee ku dhammaaday burburkii uu dalku ku dambeeyey. Intaba waxa uu buuggu muujinayaa ilaa heerka mudhbaxa ah ee Cali Sugulle ahaa caroog ka dhawaajiya wacyiga iyo dareenka tabashada dadka oo carrabkooda ku tallaala halhaysyo mahadho noqda. Sida uu buuggani u soo dhigayo, mid kasta oo xilliyadaas ka mid ah, waayahii jiray, waxa ay ka muuqanayaan oo laga akhriyi karaa suugaanta Cali Sugulle.

Tusaalayaasheeda la soo qaadi karo ee isla buuggan laga wada helayaa way badan yahiin, halkanna uga ma baahnin in aynnu ku soo wada ururinno, waayo akhristuhu buugga laftiisa ayuu kaga bogan karaa. Sidaas darteed, tilmaan ahaan, waxa aynnu ka xusi karnaa marxalad kasta laba ama saddex ka mid ah kuwo noqday halqabsi xusuusta iyo carrabka dadka ku dheggan. Waagii gobonnimadoonka ereyada ilaa maanta la xusuusto waxaa ka mid ah:

> Ayaa Guullaheen gargaaraayoo!
> Ayaa gobannimada garanaayoo!
> Ayay la gembiya gumeysiga!

iyo,

> Haddaanan qaylo dheer "hayaay!" odhan
> Haddaanan "hororka celiyaay!" ku heellayn.

Farxaddii guusha madaxbannaanida qarannimo iyo midnimada
ee 1960, ereyadiisa aad u caanbaxay ee lagu wada hadaaqay waxaa
ka mid ahaa:

>Dharaarti walaalkay loo dhisayeen
>Hortii dhashay sow ma soo dhicin!

Sannadihii lixdannadii iyo talisyadii rayidka ahaa oo ay
suugaanta Cali Sugulle tiro iyo tayaba aad u xoogganayd,
waxaa si weyn u tisqaaday oo uu wacyiga dadkuna weeleeyey,
maansooyinka codka heesaaga ku baxay ee ay ka mid ahaayeen:

>Nin lagu seexdow ha seexan
>Xil baad siddaa ha seexan!

>Shantoo isweheshadey wacnaydaa!
>Calan in ay wadaageen wanaagsanaydaa!

iyo,

>Wallee nin hurdow hallowday dantaa
>Hadhowna dib loo ma heli karo!

Riwaayadaha Cali Sugulle ayaa iyaguna habdhac gaar ah leh
oo badiba noqday halqabsi carrabka dadka ku dheggan, taas oo
in badan hadalhaynta dadka laga maqlo. Tusaalaheeda waxaa ka
mid ah:

- Dab iyo dhagax kala dhawraay!
  La isku ma dhuftee kala dhawraay!;

- Ma hadhin hadal lays yidhaahdaa;

- Kala haab kala haad;
- Af qalaad aqoontu miyaa?

Kuwaas oo dhammi waa magacyo riwaayadeed oo sidooda u noqday murti halqabsi yeeshay, carrabka dadkana had iyo jeer saaran.

Ahaanshaha astaan taariikheed, iyadu waa tu badiba dahsoon oo sadarrada buuggan dhexdooda uun laga la soo baxi karo, waxaana haleeli kara qofkii Suugaanta Cali Sugulle si qoto leh uga baaraandega. Midhaha suugaanta buuggan ku qoran ee soo taxnaa muddo ku dhow ilaa lix tobanguuro oo noloshii Cali Sugulle ka mid ahaa, waxa ay ku dareensiinayaan ammuurihii carrada Soomaalida ka jiray waayadaas. Qaddiyaddii xornimada qarannimo, baaqii Soomaalinnimada iyo qabyaaladdiidka, qiiradii rabitaanka mideynta Shanta Soomaaliyeed, dhalashadii dawlad Soomaaliyeed iyo midowgii labada qaybood iyo qaddiyaddii saddexda maqan ee taaganta ahayd, intaas oo lagu daro mashaakilkii siyaasadeed iyo maamul ee cabashada lahaa, giddiba waxa ay ku suntan yihiin suugaanta Alle u naxariisay Cali Sugulle ee uu Maxamed Baashe Xaaji Xasan buuggan ku soo bandhigay.

Waxaa wehelisa oo waliba, sida aan qabo tu kasta oo kale ba ka culus, kaalinta mideynta duunka iyo dareenka Soomaalinnimo oo uu fanka iyo suugaantu waagaas xaqiijiyey. Maansayahannada iyo fannaaniinta lahaa tixo iyo heesaba halabuurkii waagaas tisqaaday, waxaa ka dhashay han iyo hiyi huwan fan iyo suugaan uu ka abuurmay dugsiisin fan Soomaalinnimo loo wadaago oo aan qabaa'il iyo gobollo loogu kala soocmin. Halabuurrada ay ka mid ahaayeen Cali sugulle, iyo kuwii faciisa ahaa, iyo fannaaniintii codkooda la bartay, rag iyo dumarba, waxay ku guulaysteen in dhinaca dhaqanka iyo fanka guud ahaan ay ka mideeyaan Soomaalida.

Fashilka Soomaalinnimo waxa uu runtii ka yimid dhinaca hoggaankii siyaasadeed ee horseeday eexda qabyaaladeed iyo musuqmaasaqa maamulka dawladeed. Waa arrin aanu buuggani toos uga hadlin, laga la se haleeli karayo sunsunka faallada Maxamed Baashe.

Hadal iyo dhammaantii, Cali Sugulle iyo faciisii halabuurka suugeeneed, curin iyo codba, giddigood waxa ay noqdeen oo ay yihiin dhaxal Soomaalidu wadaagto, halka siyaasigeedii xeryo qoqob qabiil ku kala ooday.

Rashiid Sheekh Cabdillaahi (Gadhweyne)
Qoraa, faaqide arrimaha bulshada.

MAHADNAQ

Mahadda madhaafaanka ah ee Alle ka dib, waxa aan halkan uga
mahadcelinayaa intii sida tooska ah ama sida dadban iiga la qayb
qaadatay in buuggani dhaayaha akhristayaasha hor yimaaddo.
Dadka sida aan daalka lahayn ee hagarbaxsan ii la shaqeeyey
waxa ugu horreeya Mukhtaar Siciid Ibraahim. Mukhtaar waa uu
ila baadidoon tegey oo i la naf qaybsaday intii aan hawshan ku
jirey, kolbana waxa uu ii soo gudbinayey hadba wixii xog ah ee
cusub ee uu helo ama meel ku maqlo. Cabdifataax Cali Sugulle
iyo Khadar Cali Sugulle ayaan iyagana ugu mahadnaqayaa
sidii gobannimada lahayd ee ay ii la shaqeeyeen, bilowgii ilaa
dhammaadkii hawshan. Cabdifataax iyo Khadar waxa aan si
gaar ah ugaga mahadcelinayaa sidii ay ii la baadidoonka tageen,
kolbana wixii ay xog soo helaan ii la soo wadaagayeen. Carfi Jaamac
Cali iyo Saado Jaamac Geelle oo ah xaasaskii Cali Sugulle ayaan
iyagana si weyn ugaga mahadnaqayaa sidii kalsamida lahayd ee
ay ii siiyeen xogtii aan uga baahday.
Axmed Cabdi Xasan 'Karaama', Bashiir Maxamuud,

Maxamed Cismaan Askari, Ibraahim Cali Axmed, Fu'aad
Shibbiin, Yuusuf Cismaan Cabdalle (Shaacir), Maxamed Xiis
Muuse, Foolge Aadan, Cismaan Abokor Dubbe, Muuse Caraj
Jaamac, Xasan Macallin Maxamuud Cige, Xasan Sulub Cabdi,
iyo Maxamed Saleebaan Cumar ayaan iyagana u hayaa abaal
iyo mahadnaq aan duugoobeyn, sida ay ii la raacdada tageen
mar kasta oo baahiyi timaaddo, xogta ay taabaanna iigu soo
gudbinayeen, inta karaankooda ah. Axmed Cabdi Xasan (Xaashi
Gaas) oo muddooyinkii dambe aannu xidhiidh yeelannay ayaa
hiil iyo hooba si hagar la'aan ah ii la hawl galay oo aanan illoobi
karin kaalintiisa xogogaalnimo iyo tiisa halkarnimo ee qiimaha
lahayd, taa oo aan isagana ugu hayo abaal iyo mahad milgo leh.
Maxamed Aadan Dacar iyo Ayaan Maxamuud Cashuur ayaan
iyagana uga mahadnaqayaa sidii ay wixii xog ahaa ee ay hayeen
ii la wadaageen.

Maxamuud Sheekh Axmed Dalmar, Rashiid Sheekh
Cabdillaahi (Gadhweyne), Maxamed Yuusuf Cabdillaahi
(Diirqadhaadh), iyo Cali Axmed Raabbi (Seenyo) ayaan u hayaa
mahadnaq, sidii xilkasnimada lahayd ee ay bilowgii hawsha iigu
la gogolxaadheen in aan Cali Sugulle kulanno, waxna aan ka
duubo, taas oo gundhig u noqotay buuggan *Hal Tisqaaday*.

Waxa aan mahadnaq sharfan u hibeynayaa xaaskayga
Siciida Saleebaan Siciid oo ii muujisay dulqaad badan intii
hawshan buuggan iyo ka shaqayntiisa aan u go'doonsanaa
oo iga xil furatay waajibgudashooyin badan oo kale oo haddii
aanay kaalintaas buuxin lahayn iga karkabadayn lahaa hawsha
buuggan ee muhiimka ah. Hooyo Siraad Maxamuud Ducaale
ayaan iyadana uga mahadnaqayaa fahamkeedii waayeelnimo iyo
dhiirrigelinteedii joogtada ahayd.

Waxaa kale oo mahad maguuraan ah aan u hayaa Muxammad
Yuusuf oo ah maamulaha Madbacadda Garanuug oo iska
xilsaaray nashqadaynta iyo qaabaynta buuggan iyo jeldigiisa.
Boodhari Warsame oo isaguna si gaar ah isugu xilsaaray dib u
eegidda buugga, dhinaca habqoraalka, tifaftirka, iyo nakhtiinka,
una dhabar-adaygay hawshaas culus oo si layaab leh oo dulqaad

badan uga midha-dhaliyey ayaan u hayaa mahadnaq ballaadhan iyo abaal weyn. Axmed Cabdi Xasan (Xaashi Gaas) iyo Rashiid Sh. Cabdillaahi (Gadhweyne) oo iyana dulmar buugga ku sameeyey ayaan u hibeynayaa mahadnaq miisaan leh.

Ugu dambayn, waxa aan mahadnaq maamuus iyo milge leh iyo abaalba u hayaa intii ka qayb qaadatay ee bixisay dhaqaalihii buuggani daabacaadda ugu gudbi lahaa ee uu hor iman lahaa dhaayaha akhristayaasha. Dadka hawshaas dhabarka u ritey ee u qumay waxa ugu horreeya Cabdikariim Maxamed Iid iyo Colaad Yaasiin Gabayxaddi, oo taageero dhaqaale oo cuddoon hawshan u huray. Cabdi Xariir Baaruud ayaa isna hagarbax dhaqaale iyo abaabul hawlkarnimo sameeyey, Khadar Xuseen Cabdi, Cabdixakiim Maxamed Yuusuf, iyo Mukhtaar Siciid Ibraahim, ayaa iyaguna si isku mid ah oo hagar la'aan ah kaalin weyn uga qaatay in buuggu daabacaadda u gudbo oo door ku lahaa hawsha dhaqaale ee uu buuggu ku kacay.

Qoraaga.

.

HORDHAC

Aniga oo u harraaddan oo gaajo u qaba in aan wax ka ogaado sooyaalka iyo halabuurkiisa qotada dheer ee saamaynta yeesha ayuu Cali Sugulle martiqaad ku yimi barnaamijkii Bandhigga Toddabaadka Soomaalida (*Somali Week Festival*) ee London, Oktoobar 2008. Waa markii iigu horreysey ee aan si fool-ka-fool ah Cali u la kulmo iyo markii iigu horreysey ee aan u dhaadhaco obocweynta hoose ee Cali laf ahaantiisa iyo halabuurkiisaba. Waxa kulankiisu ii ahaa fursad qaali ah oo aan markaaba u arkayey in laga yaabo in aanay dib iigu soo noqon.

Cali oo ahaa nin bulshaawi ah, waxa ku hareeraysnaa asxaab badan oo kala hororsaneysey in ay wakhti la qaataan. Aniga waxa i xoqaysey sidii aannu dhawr maalmood u wada qaadan lahayn, si aan wax uga duubo, aniga oo cindiga ku haya in aan buug ka soo saari doono, idanka Alle. Waa in aan Cali dabo taagnaadaa oo aanan ka nasan in aan wakhti badan la qaato, oo weliba isu gacan baxnaa, si isu xog warranku aanu nooga carshacarshoobin.

Rashiid Sheekh Cabdillaahi (Gadhweyne), Maxamuud

Sheekh Axmed Dalmar iyo Cali Axmed Raabbi (Cali Seenyo) ayaa gogolxaadh ii sameeyey oo Cali Sugulle iyo inamadiisa (Cabdifataax iyo Khadar) uga tibaax bixiyey baahidaydii barkujoogga ahayd ee ku saabsanayd in aan Cali Sugulle wax ka qoro. Cabdifataax Cali Sugulle, Khadar Cali Sugulle, iyo Maxamed Yuusuf Cabdillaahi (Diirqadhaadh) oo xaafadda Islaaw (Slough) ee London u dhow degganaa halkii uu Cali ku soo degey, ayaa hiil iyo hooba waxa ay igu siiyeen sidii barnaamijkaasi u hirgeli lahaa. Taariikhdu markii ay ahayd 02/11/2008 ayuu kulankii noogu horreeyey noogu qabsoomay guriga ilma Cali Sugulle ee Slough, halkaas oo aannu maalmihii ka dambeeyeyna fadhiyada ka sii ambaqaadnay, ilaa 13/11/2008.

Buuggan caloolgalkiisa iyo dhalashadiisaba waxa ibafur u ahaa oo xogtiisa ugu badanina ka soo jeeddaa kulammadaas aannu Cali Sugulle wada yeelannay, aniga oo ka duubay toddoba cajaladood oo TDK 60 ah, oo middiiba ay saacad soconayso.

Ma fududa marka cajalado wax ku duuban laga qorayo. Marka laga tago farsamada duubitaanka oo cillado iyo tashuushi geli karaan, marka ay timaaddo Cali Sugulle iyo suugaan uu tirinayo waxa la la kulmi karaa ereyo kugu adkaada maqal ahaan. Waayo, Cali (AHUN) waxa uu lahaa xabeeb, hadalkana wuu dedejin jirey, isla markaana waxa uu lahaa ereycun oo hadallada qaar buu liqi jirey ama cuni jirey marka uu hadlayo. Arrintan waxa kale oo aan ku la kulmay cajalado kale oo fiidyow (*video*) u badnaa oo munaasibado kala duwan Cali wax lagaga duubay, gaar ahaan waddanka Isutagga Imaaraadka Carabta oo sannadihii dambe ee noloshiisa uu ku qaatay.

Waxa kale oo xogta buuggan aan u cuskaday ka soo tixraacay barnaamijyo kala duwan oo xus iyo xusuus ah oo la sameeyey markii uu abwaanku geeriyoodey ka dib, barnaamijyadaas oo qaar ka baxeen warfaafinta afka Soomaaliga ku baxda, qaar kalena aan anigu goobjoog ka ahaa ama aan helay intii baadhitaanka xogta buuggan aan ku jirey, aniga oo fursadna u helay in aan la kulmo dad ay Cali Sugulle soo wada shaqeeyeen ama saaxiibbo dhow ahaayeen. Xogta qiimaha leh ee sida weyn ii dhiirrigelisey, buugguna xambaaray waa labada riwaayadood ee *Indhasarcaad* iyo *Kala Haab Kala Haad* oo aan helay qoraalkooda iyaga oo PDF ah. Axmed Cabdi Xasan (Xaashi Gaas) iyo Cumar Aw Nuux ayaa kala qoray labada riwaayadood, sida ay u kala horreeyaan.

Kala Haab Kala Haad waxaa lagu qoray teeb 1969, xilligii aan weli la isku raacin qoraalka farta Soomaaliga. Sidaas awgeed, waxa lagu qoray far ka yar duwan meelaha qaar tan aynnu hadda adeegsanno. Dhinaca kale, waxa jirta oo aad marar badan la kulmaysaa in riwaayadaha Cali Sugulle iska galaan meelaha qaar, waayo waxa uu la dagaallan ku la jirey qabyaaladda iyo dhaqan xumida. Waxaa kale oo jirta in heesaha qaar riwaayad ka badan ku jiraan.

Buuggu waxa uu ka kooban yahay halabuurkii Cali Sugulle ee dhawr xilli oo xidhiidhsanaa iyo sooyaalkiisii qofnimo. Marka laga yimaaddo barbaaritaankiisii, waxbarashadiisii, noloshiisii qoysnimo iyo shaqooyinkii uu soo qabtay markii uu dugsiga Sheekh ka baxay, waxaa qaybaha hore ee buugga ibafurkiisu xambaaray tisqaadkii halabuurka Cali Sugulle iyo Jaadgoonnimadiisa; isaga qof ahaan iyo halabuurkiisa iyo baadisoocda u gaarka ah oo ay ka xogwarramayaan dad kala duwan oo Cali iyo halabuurkiisa aqoon durugsan u wada lahaa ama halabuurkiisa uun ku koobnaa oo halkaa Cali ka bartay.

Ka dib, waxaa raacaya halabuurkii afar xilli oo dhacdooyin waaweyn iyo isdiiddooyin kakani ka ilmo-rogteen dhulalka Soomaalida ee Geeska Afrika: xilligii gobannimo-doonka, xilligii xukuumadihii rayadka ahaa, xilligii Tawradda iyo xilligii burburka.

Waxaa gaar ah oo buugga ku jira 13 riwaayadood oo uu Cali Sugulle halabuuray afartaas xilli intii u dhexaysey iyo riwaayad uu dhawr abwaan oo kale la allifey, iyada oo riwaayad kasta marka ay ugu yaraato la helay ujeeddadii uu Cali samaynteeda ka lahaa iyo dhawr dheeg oo ka mid ah, marka laga reebo labada riwaayadood ee *Indhasarcaad* iyo *Kala Haab Kala Haad* oo buuggu xambaaray iyaga oo sheekooyinkoodii dhammaystiran yihiin.

Cali Sugulle iyo halabuurkiisu waa badweyn lagu hafanayo,

lagana qori karo tobannaan buug oo xaglo kala duwan laga eegi karo. Buuggan *Hal Tisqaaday* waxa uu laangooyo u yahay buugaagtaas Cali Sugulle laga qori karo. Riwaayadaha Cali Sugulle oo keli ah ayaa dhawr buug noqon kara, haddii la isla doonto oo la isla helo iyaga iyo sheekooyinkoodii. Cali Sugulle iyo guud ahaan halabuurkiisa ayaa laga eegi karaa dhinacyo kale oo ka duwan sida uu buuggani u eegay. Sidaas awgeed, waxa uu qoraaga buuggani dareensan yahay in waajibkii saarnaa aanu ka wada dhicin ee weli loo baahan yahay in geeddigu sii socdo, raadinta iyo baadhitaanka halabuurka Cali Sugullana uu hadda uun bilow yahay, iyada oo la quuddarraynayo in *Hal Tisqaaday* soo bixiisu soo qufi doono xog badan oo maqan ama la gaadhi waayey oo ku saabsan Cali Sugulle iyo halabuurkiisa qarada weyn ee qayuurka ah.

Dhagax iyo dab
Layskuma dhuftee
Kala dhawraay!

Wax ka dhigan qabiil
Qaran la dhex geshee
Kala dhawraay!

Ways dhinac wadnaa
Kala dhawraay!

Kala dheer labaduye
Kala dhawraay!

—Cali Sugulle,
Gobannimo, 1968.

BARBAARIDDII, WAXBARASHADII, IYO WAXQABADKII

Cali Sugulle Cigaal (Duncarbeed) waa halabuur buur dheer dhaladeeda u baxay oo isaga iyo halabuurkiisuba shaacbaxeen xilliyo hore. Waa ka mid abwaannada ugu waaweyn, uguna magaca dheer Soomaalida. Waxsoosaar taxnaa in ka badan 60 sannadood ayaa maskaxdiisa uga soo maaxay si aan hagrasho iyo isyeelyeel midna lahayn. Mar kasta waxa uu ahaa afhayeenka bulshada xaaladihii kala duwanaa ee godolba ay soo joogtey; marar la la gaylamayey gumeysi shisheeye (1950-aadkii–1960), marar loo xusullo duubnaa dhisidda qaran macno leh iyo dawladnimo ciidamisa (1960–1976), marar lagu foognaa la dagaallanka kelitalis dhegaha gufeystey (1976–1991), iyo marar inta ay burburtay kabkabkeeda marba meel laga raadinayey (1991–2016). Waxa uu Cali Sugulle, mar kasta, ka digayey waxa ummadda u daran ee ay diidayso. Waxa uu mar kasta u doodayey waxa bulshadu doonayso ee danteeda madhaafaan ku jirto. Waxa halabuurkiisu ka koobmayaa heeso, gabayo, geeraarro, riwaayado, iyo nooc kasta oo suugaaneed. Afka uu adeegsadaa, sida la isku raacay, waxa uu ahaa mid fudud, haddana qaro murtiyeed oo weyn leh, xambaarsan aragti duluc fog, lehna saamayn weyn oo isku si u abbaarta dadka oo dhan (yar iyo weyn, miyi iyo magaalo, iwm). Halabuurka qof ahaaneed ee sifadaas leh in raadkiisa dib loo raacaa, oo wax laga ogaadaa, waa irridda laga geli karo in buug laga qoraa.

Sida aan hordhaca buuggan ku soo taabtay, waxa aan Cali Sugulle waraysiyo noloshiisa iyo halabuurkiisa la xidhiidha ku la yeeshay xaafadda Slough oo duleedka galbeed ee London ku taalla, bishii Noofembar 2008 qaarkeedii hore. Cali Sugulle oo arrintaas deexanayaa, waxa uu yidhi, "Marba aniga oo sii gudhaya ayaan wax i godliya arkaa. Aad baan ugu oommanaa oo u jeclaa in aan wax dhaxal ah ka reebo inta aan soo jirey ama aan garanayo". Isaga oo soo koobaya su'aal aan weyddiyey oo qoyskiisa iyo isaga ku saabsan xilligii koritaankiisa iyo waxa uu qoyskooda ka og yahay, waxa uu ku bilaabay, "Aniga oo soo ururinaya, horta odaygii aabbahay waxa uu ahaa nin ilbax ah. Waxa uu diidey in uu geelii daba socdo oo raaco. Walaalladii oo afar ahaa ayuu ku yidhi, 'Waar anigu geelan raaci maayo oo qorkayga ama saamigayga waan iibinayaa'. Waa loo diidey, dabadeedna birta ayuu ka aslay oo wuu gawrgawracay. Markii uu laba ilaa saddex halaad bireeyey ayaa laga qabtay. Adhigii si le'eg buu u galay. Markii uu miyigii ka soo googoostay ee uu magaalada yimi askartii buu galay."

Cali oo ka tibaax bixinaya fursaddii uu helay in uu waxbarasho galo ayaa yidhi, "Alle mahaddii, haddii aanu aabbahay sidaas u ilfurnayn ma aan galeen dugsiyadii Ingiriiska ee waddanka laga sameeyey oo dadku ka yaacayeen xilligaygii aan yaraa, iyaga oo ka baqayey in ubadkooda lagu Kiristaameeyo. Dhaymoole ayaa ka mid ahaa meelaha iskutallaabtu (macatabku) yaalley ee waxbarashadu ka bilaabantay. Laga yaabee in dadka qaarna necbaystaan, qaarna jeclaadaane, anigu fursaddaa yar baan helay ee xagga aabbahay ka timi, waayo raggii ku noolaa xilligaa Oodweyne ama Burco in yar oo farakutiris ah mooyee badidoodu ma oggolayn in ay inammadooda waxbarashada Ingiriiska ku daraan. Markii dugsiyada dhismahooda meel walba laga diiddanaa ee Sheekh oo keli ahi taagnaa, aabbahay dusigii ugu horreeyey ee Oodweyne laga dhisay dhagaxii ugu horreeyey ee la dhigay ayuu ku fadhiistay ilaa uu ka dhintayna ilaaliye (*Watchman*) ayuu ka ahaa dugsigaas. Dugsiga Oodweyne oo la dhisay 1945/1946, waxaa ka horreeyey oo dugsiyo dhexe lahaa Hargeysa, Berbera, iyo Burco. Waxaa dugsiyada dhexe wax ka dhigi jiray niman ka soo aflaxey malcaamado carabida iyo xisaabta lagu barto".

Run ahaan, hablo xilliyadaas waxbarasho la geeyey arlada ka ma ay jirin. Wixii ka dambeeyey 1953 ayaa hablaha dugsiyada casriga ah lagu daray, markii Burco laga furay Dugsigii Hablaha isla sannadkaas 1953. Hablihii ugu horreeyey ee dugsigaas la qoro, kana aflaxay waxa ay ka soo jeedeen qoysaskii ugu ladnaa bulshada. Waxaa ka mid ahaa Deeqa Colujoog, Raaqiya Xaaji Ducaale, Shamis Xuddoon, Saakin Jirde Xuseen, iyo Kaltuun Yuusuf Iimaan.

Cali Sugulle oo bilaabay dugsigii hoose ee Oodweyne, waxa uu yidhi, "Waxa aan dugsiga ka bilaabay Oodweyne. Aabbahay markii uu shaqada askarta ka tegey waxa uu noqday hilible. Laba wiil oo aabbayaashood hilibleyaal ahaayeen ayaa midna aannu isku fasal ahayn, midna uu sannad iga horreeyey. Waa Hoorri iyo Cismaan-Dhiico inamadoodii oo shaqada la isku ma ceebsan jirin. Fasalladii naga horreeyey waxa loo yeedhi jirey nimankii maamulka Ingiriiska ku jirey oo la odhan jirey inammo wax la baro la kaalaya. Xaaji Ducaale Cabdalle waxa uu keenay Maxamed Xaashi Cabdi, Maxamed Ducaale Dhuux oo qaaddi Ceerigaabo ka ahaana waxa uu keenay Aadan Qaaddi. Yuusuf Xaaji Aadan waxa uu keenay walaalkii Suudi. Maxamuud Axmed Cali waxa uu keenay Cabdiraxmaan Axmad Cali (Tuur). Sidaas baa wax lagu bilaabay oo waxbarashada waa laga firdhanayey, nin ilbaxa ama dawladda u shaqaynayey mooyaane, aniguna sidaas baan dugsiga ku galay."

Cali Sugulle oo waxbarashadiisii Berbera ka sii watey waxa uu tilmaamay: "Berbera markii aan tegey, beryahaas gobannimadu dadka qanjaha ayay joogtey oo qofkuba gobannimo socotuu ahaa. Ardayda nimanka baabuurta lahaa wax nooli ah ka ma ay qaadi jirin, marka meel la istaago ee wax laga cunayana ardayda cuntada lacag laga ma qaadi jirin oo waa la siin jirey. Dadku waxa ay ahaayeen dad wanaagsan, ha yeeshee badownimo iyo gaal-ka-cararnimaa haysey. Markii dambe, waxa la soo rogey in Qur'aanka la dhammeeyo ama la dhodhoweeyo (inta aan iskuulka la bilaabin). Markii taasi dhacday ee qaaddiyaashii inammadoodii waxbarashada ku darsadeen, ayaa cid waliba ku soo dhiirratey. Dariiqooyinkii Sheekh iyo Xaaxi oo dadkuna u roonaa ayaa waddanka ka jirey intii aanu Sayid Maxamed Cabdille soo bixin. Labadaas dariiqo ayaa dejinta dugsiyada ka qayb qaatay oo dhiirri-geliyey."

Cali Sugulle waxa uu ka hadlayaa tiisii isaga u gaarka ahayd, waxana uu yidhi, "Aniga oo fasalka shanaad ku jira ayaa la yidhi kubbad baa la la soo cayaarayaa arday ku jirta Baaderiga Cadmeed. Waa na la naqeeyey. Gidaarka wergelinta dugsiga (*Notice Board*) ayaa lagu soo dhejiyey barqadii rag uu magacaygu ku jiro oo kubbadda loo xulay. Aniga iyo inammo kale waxa lagu qoray kaydka. Waxa la reebay aniga, Cabdiraxmaan Qaaddi, Cabdi Siyaar, Maxamed Xasan Cadduur, iyo kuwo kale. Waan u wada yeedhay oo waxa aan ku idhi, 'Waar yaadhaheen, aabbayaasheen iyo hooyooyinkeen waxbarasho ayay inoo soo direene, ma in aan cagacaddaan kubbad ku ciyaarnaa la inoo soo diray?' Kabo ma jirin ee kubbadda iyo xeegadaba cagacaddaan baa lagu ciyaaraa. Waxa ay yidhaahdeen, 'Mayee in aynnu waxbarannaa la inoo soo diray'. Waxa aan ku idhi, 'Dee bahasha waynnu ka muddaharaadaynnaa oo qaaddacaynaaye maxaad yeeleysaan?'"

Cali waxa uu ka hadlayaa wixii ay sameeyeen: "Muddaharaadka waannu maqalnay uun ee miyaannuba naqaannaa sida loo sameeyo! Markii galabtii garoonkii la yimi ayaannu isweyddiinney, 'Waar maxaynnu samaynnaa?' Waan u yar fekerayoo, waxa aan idhi, 'Waxa aan odhanayaa marka siidhiga lagu dhufto, 'dooni meynno', idinna waxa aad tidhaahdaan oo ku qaybtaan 'dooradeeda'". Markii siidhiga la yeedhiyey oo ay hayaan R. R. Douglas iyo Cabdi Siciid Xuseen, macallimiintii Ingiriiska ahaydna ay joogtey, ayaan idhi, 'Dooni meynno', way se igaga baxeen, anna waan iska dhammaystay oo waxa aan idhi, 'Dooni meynno, dooradeeda!' Ciyaalkii yaryaraa ee daawashada kubbadda u yimi ayaaba sheekadii qaatay oo ku celceliyey, 'Dooni meynno, dooradeeda!' Gaalkii baa na loo keenay oo na weyddiiyey waxa dhacay, anna waxa aan ku idhi, 'Kubbad aannu ciyaarnaba dooni meynno.' Waxa uu yidhi, 'Waayahay ee iska taga oo waa inoo berrito.' Maxamed Xasan Cadduur oo agoon ahaa ayaa aad arrintaas uga cawday, waayo ninka Bedan, oo maamulaha ahaa, loo geeyaa waa nin maxkamad la taagey. Waxa uu Ina Xasan Cadduur yidhi, 'Waxbarashada ayaa la inaga eryayaa ee Calow bal baddaas aad na gelisey eeg!' Waxa aan ku idhi, 'Waar calool-adayg, haddii lagu eryo ma Allaa ku eryey?' Gaalkii baa noo yeedhay markii aannu dhaqaaqnay. Waxa uu nagu yidhi, 'Come back; come back, why are you grumbling (soo noqda, soo noqda, maxaad la gunuusaysaan?)'. Waannu u nimi. Waxa uu damcay inuu kubbadda iga laado. Waan iska qabtay. Yuusuf Xaaji Aadan iyo qolyihii kale ayaa igu yidhi, '*Apology* (raalligelin) bixi!' Waxa aan ku idhi, '*Apology* ma aan gaadhin.' Subaxdii baa alaabtii debedda la ii soo dhigay. Sanduuqii baan soo qaatay oo laba surwaal, laba shaadh, iyo buugaagtii iigu jiraan. Waan soo jiidey oo waxa aan idhi, 'waar ila qabta, waar ila qaada!' Waxa ay yidheehdeen, 'Waar ha na shoocadayn ee naga tag'. Halkaas baan ka bilaabay oon idhi:

> Ninkii sada haysta la la ma sugoo
> Soomaalidu way ka saari jirtee
> Saaxiibbadayow intaad i sababteen
> Sanduuqiina may la qaadi waydeen?!

Cali oo tixda sii saafaya waxa uu yidhi, "Soomaalidu waa ay isluggoysaa, oo haddii aad ku tidhaahdo, 'Shaqadii waan iskaga tegayaa', waxa ay ku odhanayaan, 'ma tii xumayd, dee iskaga tag mid kalaad heliye.' Haddii aad ooridaada isku yar buuqdaan oo aad tidhaa, 'Wadaaddii baannu isqabannay oo waan yar kacsanahay', waxa ay kugu odhayaan, 'Dee iskaga tagba', oo waa ay ku sii tukhuntukhinayaan oo maanta ladqababa ma yaqaannaan!"

Cali oo sheekadii dugsiga Sheekh sii rogrogaya: "Maamule Bedan waxa uu ardayga aammuska badan ka jeclaa ardayga qalqaalliga ah, waayo waxa uu odhan jirey, 'kan qalqaalliga ah waxa aan garanayaa wixii aan ka qori karo, kan se aammusan maxaa laga qori karaa?' Gaaladu waxa ay lahayd gal ama fayl arday kasta xogtiisa lagu qoro, sida waxbarashadiisa, akhlaaqdiisa, dabeecaddiisa, waxa uu ka helo, waxa aanu jeclayn, iwm.

Bedan waxa uu igu yidhi, 'laba bilood soo naso oo soo noqo.' Arday la odhan jirey Axmed Maxamed-Nuur Sheekh Muuse oo aan afkaaba ka yeedhin, fasalkiisana safka hore ka gala, kana mid noqda afarta arday ee ugu sarreeya ayaa waxa la siin jirey shan rubbiyadood marka dugsiga la xidho, jaa'isad ahaan. Akhlaaqda ayuu nambarka koowaad sannad kasta heli jirey. Niman eexda yaqaanna ma ay ahayn nimankii Ingiriis ee dugsiga maamulayey oo waxa ay xaqdhawri jireen dadnimada iyo sida habboon ee maamulku u socdo. Aniguna waxa aan ahaa qalqaalli oo ama mid baan qalin ka faramaroojiyaa ama buug kala cararaa. Waxa aannu isku fasal ahayn 11 Carab ah, laba Hindi ah, iyo lix Soomaali ah. Waxa uu Bedan i siiyey jaa'isad markii dambe. Waa la yaabay. Waxa uu Bedan yidhi, 'Cali waan aqaan oo waa nin aan garanayo waxa aan berri ka qorayo.' Waan xasuustaa jaa'isaddii uu i siiyey wixii ku qornaa, oo waxa ka mid ahaa, 'He is not afraid to get his hands dirty, that means he can perform his duty (isagu ka ma baqayo in ay gacmihiisu wasakhoobaan, taas oo macnaheedu yahay waxa uu gudan karaa waajibkiisa'). Nin waliba wuu yaabay!"

Cali oo arrinta waxbarashadiisa iyo natiijadii ka soo baxday sii qaadaa dhigay, waxa uu yidhi, "Markii la i keenay *Department of National Resources* oo ah xoolihii, beerihii, dhirtii, kalluunkii, iyo hargihii, nin waliba waxa uu doonay in uu karraani noqdo. Yuusuf Axmed (Ursad) ayaa la naqeeyey oo ahaa ninkii noogu weynaa. Waxa ku xigey Saalax Abokor Xasan oo hargaha noqday, Maxamuud Xaaji Warsame (Baag), iyo aniga oo dhakhtarka xoolaha la iga dhigay. Raggaas waxaa la soo baxay oo soo xulay maamule Bedan.

Dhinaca kale, Sugulle Cigaal (Duncarbeed), Cali aabbihii, waxa uu ahaa hiboole halabuure ah oo gabya. Cali Sugulle oo taas ka hadlaya: "Aabbahay waxa uu lahaa gabayo badan oo aan ka hayo gabay uu ku kala ladqabaynayo laba qolo oo isdiley, isaga oo tixraacaya dagaallo hore u dhacay hogatus ahaan."

Qaabiilba Haabiil markuu qoonsaduu dilaye
Qabqab dhaafay bay laba qabiil qaran ku waydaaye
Qardoofo iyo nimaan qaadan bay qaci ka yeedhaaye
Cali Geri qabaal laga jebshey bay qaran ku waayeen.[1]

Cali Sugulle oo hibadii halabuur ee aabbihii sii ambaqaadaya waxa uu yidhi, "Niman aan Qur'aanka iyo Diinta waxba ka aqoon oo berigii horena dadka biyaha u diidi jirey marka ceelka la joogo, sekedana aan bixin jirin oo geelqaad ahaa ayaa yidhi: 'Waannu soo xajiyeynaa', markaas buu aabbahay u yar gabyey markii ay soo laabteen oo waxa uu ku yidhi":

Caataa la soo korodhsadee camalku waa kiiye
Wallee inuu Cashuur yahay ninkaas loo cumaamaday
Berrituu biyaha ceelka odhan ka cabbi maysaane
Habar caano ka ma soori karo Ciidda Ramadaane
Caantayn ma sadaqaysan karo cuudka oo dhalaye.

Ereyga Duncarbeed ee naanays ahaanta magaciisa u raaca ayaan Cali Sugulle wax ka weydiiyey, waxa aanu yidhi, "Aabbahay waxa uu ahaa nin ixtiraam badan, dad-la-dhaqan wacanna lahaa. Hooyaday Dhool Xasan Xirsi oo minweyntiisii ahayd ayuu gabay aan ka hayo intan hoose u tiriyey":

Dab la shiday hillaac diririg yidhi dirirka oo cawla
Dayax shan iyo toban jooga iyo duhur la moodyeey
Waxa dunida dumar jooga ilaa duulkii Nebi Aadan
Duncarbeed la moodyeey adaa door lagaa biday!

---

1   Waxaa kale oo la sheegay in Ciise Cigalle lahaa maansadan. Faafiyaha (Garanuug).

Cali oo ereyga *"Duncarbeed"* iyo sida uu ku baxay ka sii hadlaya: "Aabbahay qof kasta oo uu ka helo oo uu gobannimo iyo wanaag ku arko, isaga oo ammaanaya, waxa uu ku odhan jirey "Duncarbeed!" Isagana markaas waxa lagu odhan jirey "Duncarbeed", sidaas baanu ereygu ku soo baxay oo aabbahay u raacay naanays ahaan. Aabbahay oo maryo cawl cawlan sita ayaa reer u soo hoydey. Waa ay ka khashaafeen oo si wacan u ma aanay marti gelin. Beri dambe ayuu dhar wanaagsan soo xidhay oo reerkii oo aan garanayn soo martiyey. Waa ay u loogeen, soona dhoweeyeen. Markii cuntadii loo keenay ayuu hilibkii la hadlay oo ku yidhi 'maroy cun!', dadkiina dib u xasuusiyey dhacdadii hore, waagii uu arradnaa ee dharka xun sitey."

Cali Sugulle waxa xagga hooyo uu kala walaal ahaa shan iyo toban carruur ah oo isaga iyo gabadhi ka noolaayeen marka aan waraysiga ka qaadayey, Noofeembar 2008. Isaga ayaa ugu yaraa carruurtaas. Xaas kale ayaa aabbihii guursadey oo carruur kale iyana u yeelatay. Hooyadii Dhool Xasan Xirsi waxa ay ahayd reer Bullaxaar. Waxa ay geeriyootey hilaadihii 1964, aabbihiinna waxa uu god galay 1969.

Cali Sugulle waxa aan wax ka weyddiiyey qoyskiisa, gaar ahaan guurkiisii, waxa aanu yidhi, "1955 ayaa la ii beddeley Laascaanood, aniga oo dhakhtar xannaanada xoolaha ah. Waxa aan halkaas ku guursaday xaaskaygii ugu horreysey Carfi Jaamac. Waxa ay dhashay laba wiil iyo laba hablood. Hablihii waa ay nool yihiin (2008) oo carruur bay sii dhaleen aan awow u ahay."

Cali Sugulle waxa uu iiga warramay sidii ay Carfi isu guursadeen, waxa aanu yidhi, "Waxa aan ahaa madi xagga hooyo. Hooyaday Dhool ayaa iga la hadhi weydey: waar guurso. Anna waxa aan odayadii hore ka maqli jirey ubadkaaga '*ab iyo abti u yeel, guurna waa shisheeye.*' Halkaas (Laascaanood) ayaan la xididay, ninka igu dhiirri-geliyeyna waxa uu ahaa Garaad Jaamac. Axmed-Kayse Ducaale iyo Iimaan Dhoorre ayaa joogey. Waxa kale oo joogey Bullaxaar oo turjumaan ah iyo macallimiin badan oo Burco iyo Hargeysa ka soo jeeda. Berigaa ceeb bay ahayd xaafadaha in la galgalo oo lagu ag bato. Gabadh diiddey Maxamed Xasan Muuse (Tuur) in uu guursado ayaannu ka cadhoonnay. Waxa ay ahayd reer Taleex. Gurigoodii ayaannu ugu tagnay. Annaga oo baabkii maslaxaadda ku jirna ayaa niman noogu soo galeen. Hablihii bay ku yidhaahdeen, 'Naa maxay ahaayeen nimankan idin la joogaa?' Gabadhii baa hadashay oo tidhi, 'Waar waa nimankii Iiddoor oo Maxamed ii maslaxaya.' Ninkii ila socdey wuu geeriyoodey hadda (AHUN) oo sheegi maayee, aqal Soomaaligii dabadiisa ayuu ka baxay oo wuu cararay, anna halkii baa la igu horjoogsadey. Waa saddex barbaar. Waxa aan ku idhi, 'Waar miyaad waalan tihiin?' Illinkii ayay ii banneeyeen. Waa aan isaga tegey. Waa magaalo yar oo waxba qarsoomi maayaan. Subaxdii ayay sheekadii magaalada xushay. Saaxiibbadii shaqaale ahaanta magaalada u joogey waa ay igu qayliyeen, 'Waar maxaad ka doontay xaafadaha miyaa la iska galaa?' Waa ba ay ii hanjabeen. Anna afka iyo gacantaan isa saaray oo waan qajilay."

Cali oo sheekadii guurkiisii koowaad ee Laascaanood ka sii sheekaynaya: "Taas oo jirta oo suuqa gashay ayaa aniga oo maalin hor maraya Garaad Jaamac meel uu fadhiyo oo ay la joogaan Cali Cawke iyo Xaaji Cilmi Samatar, ayuu yidhi, 'Waar bal u yeedh Ina Sugulle.' Markii aan ku dhowahay ayuu Garaad Jaamac sara-joogsadey. Markaas bay qoladii la fadhidey ku yidhaahdeen, 'Garaad fadhiiso, maxaa kugu dhacay?' Garaad Jaamac waxa uu ku yidhi, 'Waar dee inanku waa ii waalid.' Waxa uu igu yidhi, 'Soo fadhiiso.' Garaadku waxa uu igu yidhi, 'Abtiyo gabadh Alla gabadhii aad ka calmato Laascaanood, anigaa yaradka bixinaya ee la soo heshii, laakiin xaafadaha ha inagu gelin.' Carfi Jaamac Cali sidaas baan ku guursadey."

Cali Sugulle waxa uu iiga warramay, guurka hortii, sidii ay

Carfi isku barteen. Waxa uu yidhi, "Horta Laascaanood biyo qadhaadh bay lahayd. Berigaas habluhu waxa ay dharka ku soo qasaali jireen/maydhi jireen meel la yidhaahdo Dhuyuc Xuunsho oo Boholaha Xargaga agtooda ah. Biyaha macaan waxa kale oo laga soo dhaamin jirey Orgiyo oo Laascaanood iyo Xuddun dhexdooda ah. Waa ceel macaan oo buur dhexdeeda ku yaalla. Carfi oo dhar ay soo qasaalayso sidda ayaa iga soo hor baxday. Waannu isa salaannay. Waan la kaftamay oo waxa aan ku idhi, 'Maxaad siddaa?' 'Dhar aan soo maydhayo', ayay tidhi. 'Dhar ma iigu daraysaa?', baan ku idhi. Iga ma ay waalinba ee waxa ay igu tidhi, 'Waageeni baad kolleyba tahaye, la kaalay wixii qasaal u baahan.' Halkaas ayaannu iskala qaadnay. Dharkii oo kaawiyad lagu taagey ayay ii keentay. Waxa ay ka dhalatay reer ladan. Jamaalkeedii iyo dhaqan wanaagsan oo iiga muuqday ayaa isku mar maankayga ku kulmay. Garaad Jaamacna waa kii i diray. Waan u geed fadhiistay. Lacag aannu isku dardarnay waa na laga qaadan waayey oo waa na lagu diidey. Sidii baannu ku aqal galnay. Marriin iyo waxyaalihii raaci jirey nin haya ma aan ahayn, si kasta oo aan shaqaale u ahaa. Aniga iyo Carfi oo arrintaasi naga dhex taagan tahay ayay hooyaday noo timi, iyada oo sidda wax alle wixii dumar xidhan jirey ama luqunta iyo gacmaha gashan jireen. Madi baan ahaa xagga hooyo Dhool oo guurkayga waa ay ku faraxday, wax la'aantaydana waa ay ka dareen qabtey. Waxa aan ahaa nin cunto xun. Habeenkii hooyo noo timi aroornimadeedii ayay Carfi loxoox sixin ku iidaaman ii soo dhigtay. Xabbad baan ka cunay. 'Alla hoogey, waa waxa uu la madoobaadey ee la golongolay illayn wax baanu cunin!'

'Hooyo waa oomati-diid' bay Carfi tidhi. Had iyo gooraale, hooyo kasta inankeeda iyo marwada uu qabaa si kasta oo uu wanaag u dhex yaal haddii ay guriga isugu yimaaddaan waa ay kala fiigaan ama kala faagtaan, waayo hooyaduna waxa ay u haysataa in uu inankeedii yahay, ooriduna in uu seygeedii yahay. Waa mushkilad guri walba taal oo u baahan in wax laga yeelo."

Cali Sugulle Boorame ayaa loo beddeley. Carfi waxa uu kaga tegey Laascaanood. Halkaana Cali waxa uu ka abuuray heeso jacayl ah kuwiisii ugu horreeyey.

Labadaydii lugood la kala laalye
Laascaanood luggooyo weynaa!

Isaga oo Carfi la hadlaya ayuu Boorame uga soo diray midhahan oo ka mid ahaa hees dheer oo qaraami ah.

Nugaaley waan jeclaa inaan ku noqdee
Nasiibkaygu waa anoo nolola iyo adoo nabada.

Carfi Jaamac Cali, minweyntii Cali Sugulle, hadda (2020) waxa ay ku nooshahay magaalada Laascaanood. Waa dirane firfircoon oo ka shaqeysa arrimaha bulshada, gaar ahaan kuwa haweenka. Dabayaaqadii Julaay 2017 ayaan Hargeysa ku la kulmay, mar ay socdaal ku timi. Carfi waxa ay iiga tibaax bixisay markii Cali laga soo beddeley Laascaanood ee dhinaca galbeed uu soo qabtay, uuna Boorame ka soo tiriyey heeso jacayl ah oo isku ujeeddo abbaarayey. Waxa ay tidhi, "Waxa heesahaas ka mid ahaa dhawrka soo socda ee aan tuducyada ka soo qaadanayo":

Labadaydii lugood la kala laal
Laascaanood luggooyo weynaa.

Waddada bariyeey ku weheshadeye
Warka iyo hayga goyn waraaqaha.

Carfi Jaamac waxa aan wax ka weyddiiyey Cali iyo xidhiidhkoodii qoysnimo, gaar ahaan markaas Boorame loo beddeley, waxayna iigu jawaabtey:
"Waxa aan ahaa inan yar, isaguna waxa uu ahaa nin laab furan oo fannaan ah oo macaariif badan. Wuu ila guursadey markaas galbeed loo beddeley, anna waxa igu dhacay hinnaase ba'an. Waan ka goostay oo waxa aan ku idhi: 'i fur oo warqaddayddii ii soo dir.' Waxa aan go'aansaday in aan ubadkayga iska korsado,

mar haddii uu inaadeertii guursadeyna aannu kala tagno oo aan anna inaadeerkay guursado, sidii uu yeelay si la mid ah."

Muddo ka dib, Cali iyo Carfi waa ay kala tageen ismaandhaafkaas hinnaasuhu horseeday awgiis. Hase yeeshee, dhawr iyo toban sano oo weyn ka dib ayay mar labaad Cali iyo Carfi isla Laascaanood ku kulmayaan oo rugtii ay ku aqal galeen dabayaaqadii 1955-kii marka kale dib isugu guursanayaan badhtamihii 1980-aadkii, sida ay Carfi Jaamac iiga tibaax bixisay. Carfi waxa ay Cali u yeelatay Xasan iyo Xuseen oo hadda mootan iyo Kinsi iyo Kaysa oo nool (2019).

Mar aan weydiiyey in maaddaama uu ubad u dhexeeyey in ay Cali wada xidhiidhi jireen muddadii ay kala maqnaayeen, waxa ay Carfi si badheedhe ah iigu halgaaddey in aanay carruurtu ahayn isirka koowaad ee xadhkaha iyada iyo Cali isku hayey, jacaylkoodu se uu ahaa xidhiidhiyaha ugu xoogga badan ee markaas dambena isu soo hoggaamiyey badhtamihii 1980-aadkii Cali oo Imaaraadka Carabta ka yimi oo Laascaanood u soo hiloobey, Carfina dib u la midoobey oo mar labaad dib u guursadey.

Carfi waxa ay ii sheegtay in Cali Sugulle (AHUN) uu ifka kaga tegey 10 carruur ah oo hadda nool (2020). Toddoba ay dihatey bay tidhi, "dangaladay Saado Jaamac Geelle oo kala ah shan hablood iyo laba wiil, gabadh haweenay kale dihatey iyo labadayda hablood".

Guurkiisii labaad ee Cali Sugulle isla Cali baa ka sii hadlay, oo waxa uu yidhi, "Waa tii jacaylka berigaas la yar qarsan jirey, imminkana waa innagan qoraynna e, waagaas bahalka waa la isku la yaabi jirey oo qofka yidhaahda 'wax baan jeclahay' waxa loo haystey qof waalan, ha ahaatee anigu ma qarsan jirin. Waddaniyaddii wax aan wadaba, jacaylkiina dhankan baan isna ka wadey. Aniga oo Carfi qaba ayaan tan dambena guursadey 1960. Markaas Burco ayaan joogaa."

Cali Sugulle (AHUN) waxa aan ku la kaftamay in maanta dadka intiisa badani ay wax jecel yihiin, qof qarsada oo iskala tiica iyo qof is haysan kari waaya oo la badheedhaba ee caashaqaagii

1960-kii waa suurtagal in uu dad badan hadda wax tari karo ee bal nooga sheekee jacaylkaasi sida uu kuu haleelay iyo natiijadiisii. Cali oo aad u qoslay, waxa uu yidhi, "Anigaaba sheegay oo waxa aan idhi:

> Caashaqu waa dabayl duufaan wado
> Oo dibnaha iyo saaran daymada.

> Dakharkii cishqigaa i dooganayoo
> Dareemay oo waan damqanayaa.

Cali wuu sii waday, "Iyadaa (Saado) waxan (jacaylka) igu beertay oo waxa ay igu tidhi, 'maad i guursan?', aniga oo Boorame ka shaqeeya markaas. 'Waa yahay' baan ku idhi. Waannu ballannay. Waxa aan ku bilaabay waa ballan. Waan ku soo noqday, waana ay igaga baxday! Muraayadda ayaa i jabtay. Waxa aan idhi:

> Booqasho keliyaa badh iga hadhayee
> Bagaanad iina soo bariidayn

> Ballannoo adigaa igu beeneeyee
> Bagaanan anna kuugu beegnahay

> Beerkayga waran baad badheedh ku jartay
> Bagaanad ii dishaanad ii bixin

> Baroordiiqdu maydka waa ka badh
> Bagaanad islahayn biyaan qubay

> Barwaaqo abaari kama baxsato
> Beriba midi saw ma baabi'in

> Badsaad istidhoo waan kaa bursanoo
> Barbarro noqon maynno booddada.

Nabsigu ma tasoobo ee wuu soo dhaxaa. Cali waxa uu ii sheegay in gabadhii wacadka kaga baxday, isaga oo gantaashii wadnihiisa ay ku gantay dhayaya ay ku soo laabatay oo nabsi soo ritey. Markaana Cali waxa uu yidhi:

Markii aan bukey waadigii bed qabee
Bagay adigana bes kaa tahay

Arooryada hore daruur onkoddiyo
Ufada roobku way udgoon tahay

Intaan kaa maqnaa abaarsaday
Ubaxeey ma san tahay arooryadu?

Inaan kulannaan abaal ku qabee
Aad bay u san tahay arooryadu

Iminkaynnu dhannee ilwaad quruxeey
Maxaad arrinkeennii odhan layd?

Arrinka adigaa dhammayn karayoo
Anigu taladaada waan oggolee
I wayddii waxaad i odhan layd

Indhahaa i naaxay aragtidaadii
Oo i doogsadey eegmadaadii

Uurkiyo qalbigaad ilays u tahoo
Iftiimay haddii aan kuu imid.

Heesaha kale ee jacaylkaas Cali Sugulle iyo Saado Jaamac ku taxan, sida Cali ii sheegay, waxa ka mid ah:

Qalbigaa indhaha ka eegmo fog
Oo waxaanay arag buu ogaadaa.

"Waan u imi Saado Jaamac Geelle goor subax ah; illayn waan isyar giijinayey uune—waan jeclahay, waanunna heshiinney." Ayuu Cali yidhi.

Cali oo shaqadiisii iyo jacaylkiisii Saado ka sii hadlaya: "Shaqadii xannaanada xoolaha waxa aan ka tegey 1958, oo aan karraaninnimo u beddeshey. Jacaylka Saado lug buu ku lahaa in aan shaqadaa hore ka tago. Cadan baan muddo ku maqnaa. Waan ku soo habsaamay oo shaqadaydii baa qiilqiil gashay. 1959 waxa aannu dawladaha hoose ka dhisnay Burco, Ceerigaabo, iyo Laascaanood. Hawshaa waxa aan ka ahaa karraanni. Hargeysa 1952 ayaa laga sameeyey. Waxa aan tiriyey *Laac* oo ayaamahaas soo baxday."

> Labadaydii lugood la kala laalye
> Laascaano luggooyo weynaa
>
> Labaatan nin jirey ladnaan ma xejee
> Lumaye laqantooyadaydii
>
> Laabtaa i kacdayee lugaba ma hayoo
> Ii laacday tigaaddii Laandheer
>
> Waan liitaa isloodin kari maayee
> laciifaye shaw lafahay jaban!
>
> Ladaadyoodayeey ladh baygu kacayoo
> Lallabaa ii baxaaya lay shiday
>
> Ladnaan nin qabaa ma laasanayoo
> Liibaanta adduunyo liil ma leh
>
> Anigoo ladan baan laamahaa korayoo
> Leexaystay intaan islaba rogayoo
> Caawaan ledayaa lammaan ahay.

Cali waxa uu jacaylka Saado u tiriyey heeso badan oo uu foolaadkoodu ahaa heesihii Qaraamiga ee waagaas heesaha Soomaalida calanka u sidey. Cali waxa aan weyddiiyey sida ay isu barteen gabadhaa uu heesaha badan u tiriyey ee jacaylkeedu lafaha iyo dhuuxiisa u dhaadhacay, noqotayna xaaskiisii labaad ee uu guursado. Cali Sugulle waxa uu iigu jawaabey, "Markii ugu horreysey, Caynabo ayaannu ku kulannay iyada oo yar, dhawr iyo kontonkii oo aabbaheed halkaas ka shaqaynayey. Markii ay ishayda ku dhacday ayaa wadnaha la i taabtay oo aan quruxdeedii ku ashqaraaray. Waannu sheekaysannay. Iyada oo aannan kala bogan ayaa aabbaheed Boorame loo beddeley. Mar dambe oo anna Boorame la ii beddeley ayaannu kulannay. Iyadaa hindise ii soo jiidisey, anna waa intaan rabey. Hase yeeshee, nasiib darro, sidii aan meel hore ku sheegay, waa ay igaga baxday, nin kalena waa ay guursatey oo ay gabadh u dhashay. Anigu Saado ka ma hadhin oo waan daba socdey, ilaa ay ninkaas iskood u kala tageen. 26 Juun 1960 ayaan Saado Burco ku la aqal galay oo aan guursadey. Cadan ayaannu u wada ambabaxnay toddoba-bixii ka dib". Shan hablood iyo laba wiil ayaa hadda (2020) nool carruurtii Saado iyo Cali isu yeesheen.

Heesaha caashaqii Saado waxa kuwa uu Cali Sugulle ugu jeclaa ee uu ii sheegay ka mid ah heesta *Hawl Baad I Badday*. "Hawdka Doolliyo Faafan" oo ay heestu ku bilaabmayso waa degaanno ka mid yihiin dhulkii Soomaalida ee Itoobiya Ingiriisku raaciyey. Waa arlo xoolo-daaqeen ah ciiddeedu hodan tahay. Xilliga barwaaqada ee ay dunidu roobban tahay waxa ay degaannadaasi leeyihiin qurux gaar ah oo ishu u hilowdo. Heestan *Hawl Baad I Badday* ayuu Cali ku bilaabay quruxda geyigaas oo xilligaas ay hibashadiisu taagnayd:

Hawdka Doolliyo Faafan
Hogoshoo ku da'aysa
Hir caleeniyo doog leh
Ay ku hoortay ku moodey

Haybaddii quruxdaada
Indhahaygii halmaame
Hawl baad i baddoo habaabaye
Kuu hallaawaye ii hilow

Hannaankaaga wanaagsan
Marka aad i hor joogtoo
Sida heego daruura
Oo kaliishii hillaacday
Ayaan kuu handadaayoo
Aawadaa u harraaday
Hawl baad i baddoo habaabaye
Kuu hallaawaye ii hilow

Haweenkoo dhan xaggayga
Adigaa u horreeyee
Wixii aan hanti leeyay
Anna kaa hagran maayo
Waa inaan ku helaaye
Cidna haygu hallaynin

Hawl baad i baddoo habaabaye
Kuu hallaawaye ii hilow
Hanaqaygiyo laabta
Adigoo hadhsanaaya
Heddii way ku jeclaatoo
Qalbigaad hollisaaye
Ku hagoogo naftayda
Halis bay ku jirtaaye
Hawl baad i baddoo habaabaye
Kuu hallaawaye ii hilow.

Waxa kale oo heesaha berigaas Cali carcarta jacaylku maankiisa
ku cartamaysey tiriyey ka mid ah heestan oo canaan iyo cawaysi
leh, taa oo ka sawir bixinaysa markii Saado ay Cali kaga baxday

ballantii iyo markii dambe ee ay isu soo noqdeen ee ay aqal galeen. Waa hummaagyo isbarbardhig ku samaynaya labadaas xaaladood iyo dareenkii ku kala gedaannaa, si farshaxan ahna uga tibaaxo bixinaya:

Cakuye barashada mid baa cudur ah
Mid baa codcod iyo caaniyo nabad ah
Cashadaan ku arkaan canaantaa naftoo
Waan ciil-kaambiyaa codkaygii.

Culayska i saaran ciirciiray
Caguhu qaban waaye ciidda dhulkoo
Calooshaan i caafimaad qabin.

Cadceed soo baxdaba habeen cuskey
Caddadu gudcurkay ka carartaa
Caawiyo xalay maysku cayn baa?

Cirkii kal horee cambaadhka lahaa
Coon jiilaal ah baa cidaadda marshey
Oo caddaade wixii caleen baxay.

Dhulkii oo cawlan buu gugii ku curtay
Carradii qallashay baa cagaar ka baxoo
Cusbaatay sidii ay carruur tahay.

Caawiyo xalay maysku cayn baa?
Cidliyo wehel maysku cayn baa?
Cirkiyo dhulku maysku cayn baa?

Buugga *Ilays* ee ka hadlaya, Taariikhda Balwada, Heesaha iyo Riwaayadaha Soomaalida, uuna qoray Siciid Cabdillahi Iimaan oo daabacaaddiisii koowaad ka soo baxday magaalada Abu Dabey, dalka Imaaraadka Carabta, 1996, waxa uu midhahan qaraamiga ah ee hoos yaalla siinayaa in uu Cali Sugulle lahaa halabuurkooda. Waa fartii Cali Sugulle oo car iyo bey la'. Waa jacaylladiisii iyo waayadii ay Saado Jaamac Geelle isla baaxaadegayeen ee jacaylkeedu cirbixinayey jidka ay midhahani raacayaan iyo sawirka ay bixinayaanba. Waxa uu yidhi:

> Wadnaha xididdada waraabinayey
> Wareentoo tanaa wed ii noqon
>
> Wahmey oo qalbigaa i weehanayee
> Wahee sawtan laygu weyn yahay
>
> Wadnuhu lugahiyo gacmaha ma wato
> Ee isweydaarte waaxyahaygii
>
> Waan moogee shaw wax baa i mudoo
> Waabeeyadiisii waygu maqan tahay
>
> Wed ii noqotoo ku weheshadey
> Ku waayaye kuuma waasheen
>
> Weynaadey oo haatan waalid noqdee
> Waantoobey saw ma waaya-arag
>
> Waxyeellada laygu wadi maayee
> Wanaaggiina waa ii dambeeyaa
>
> Weynahaa xumo iyo wanaagba haya
> Ee aan waayo waxaanu ii qorin.

Dhinaca kale, waxa aan fursad u helay in aan waraysto Saado Jaamac Geelle oo hadda (2020) Norway ku nool. Waxa aan wax ka weyddiiyey sidii ay Cali isu barteen, sidii guurkii ay ku ballansanaayeen u bashiishtay ee aanu markii hore u hirgelin iyo sidii ay Cali markii dambe u midoobeen, waxa ayna ku jawaabtey si kalsooni lehna u tidhi: "Waxa aan Cali isku barannay Boorame.

Qoyskayagu galbeed buu u badnaa oo dadka ma aannu aqoon. Waxa aan ku xidhnaa qoyskayaga. Jacayl waxba ka ma aqoon. Sidii dhaqanku ahaa, reer kastaa waxa uu inantooda la dooni jirey in ay u gasho rug ladan oo adduun leh. Waxa la i la doonay nin taajir ah oo la i siiyey. Talo gooni ka ah go'aanka aabbahay iyo hooyaday ma aanan goosan karayn. Waan ka dambayn jirey talada waalidkay. Sidaas baan ku guursadey. Waxa aan ninkaas hore ee la i siiyey u yeeshay Kaltuun Xaaji Carab oo maanta nool (2020), gacantayda midigna mar walba ahayd. Calafku ma aha waxa aad adigu dooneyso ee waa wixii uu Alle kuugu talo galay. Markii aannu ninkaas kala tagnay, Cali baannu iscalfannay oo isguursanney, wadana noolayn ilaa intii uu ka geeriyoodey."

Saado Jaamac waxa ay iiga warrantay dhaqankii iyo garashadii Cali Sugulle, waxa aanay tidhi: "Waxa uu ahaa nin qiiro waddaninnimo dhiiggiisa ku tallaalan tahay oo aan dalka iyo jacaylka uu u qabaa mar qudha maskaxdiisa ka bixin. Naxariis iyo lexojeclo badan buu u hayey dalka iyo dawladnimadiisa. Waxa uu huwan jirey oo si layaab leh uu u jeclaa calanka. Cuntada iyo naftiisaba wuu illoobi jirey. Ma uu kala jeclayn kuwa uu dhalay iyo kuwa kale ee Soomaaliyeed. Isku si buu uga fekeri jirey aayaha iyo mutaqbalkooda. Waxa isugu xidhnaa aayaha dadka iyo naftayadu in ay isku mid yihiin oo haddii taa guud la waayo aan tu gaar ahi qumayn oo aanay qiimo yeelanayn. Wax aan annaga noo muuqan karin baa isaga u muuqan jirey. Waan la yaabi jirey sida naftiisu dalka jacaylkiisa u raacday ee uu wax kale oo kastaba u illaabi jirey, kana hor marin jirey. Dharka iyo kabaha anigaa u soo iibin jirey marka aan arko in aanu muraadba ka lahayn in uu naftiisa daryeelo. Waxa uu diidi jirey in qof naga dhoofo oo uu dibed u hanqal taago. Xitaa markii dambe ee aannu Shaariqa (Imaaraadka Carabta) nimid ee uu Sheekh Maxamed Qaasimi na dejiyey, waxa uu diidey in qof naga soo dhoofo oo Yurub yimaaddo. Anigaa la soo galgashay oo carruurta soo dhoofiyey. Ma oggolayn isagu in qurbaha lagu sii libdho. Sheekh Maxamed Qaasimi waxa uu Cali u soo bandhigay in la siiyo waddannimo Imaaraati ah, Cali se waa uu ka diidey."

Saado waxa kale oo aan wax ka weyddiiyey inta goor ee ay xusuusato ee Cali la xidhay, waxa ayna ii sheegtay in siddeed jeer la xidhay. Waxa ay tidhi, "Mar walba waa la iska xidhi jirey. Waxa aan xasuustaa in aan mar la xidhay u tegey Maxamed Siyaad Barre, ugana dacwoodey xadhiggaas soo noqnoqda. 'Yaa xidhay?' ayuu i weydiiyey. Waxa aan ku idhi, 'Waxa xukumay Geelle.' Waxa uu Geelle la hadlay aniga oo xafiiskiisa la jooga. Waxa aanu ku yidhi, 'Cali Sugulle hadda ha la sii daayo, waa *Ri' Carbeed* oo kambalka dhaafi maayo e.'"

Saado waxa kale oo ay iiga tibaax bixisay in uu u fududaa, una nuglaa wax kasta oo dan guud ku saabsan. Iyada (dantaas guud) ayuu noloshiisa iyo naftiisaba u huray. Waxa ay tidhi, "Hadraawi ayaa maalin igu yidhi, 'Cali Sugulle yaa fudaydkiisa badh iga siiya, cag culayskaygana yaa isaga wax ka siiya!'

Cali Sugulle waxa aan weyddiiyey maalmihii aan sooyaalkan ka weelaynayey (Slough, Noofembar 2008) muddadaa dheer ee ka badan 60-ka sano ee uu ku foognaa halabuurkiisa luxdan ee haddana fudud ee aragti dheer, saamayntana badan, bal maalintii ugu naxdinta badnayd iyo tii ugu farxadda badnayd. Cali waxa uu iigu jawaabey: "Markii aannu soo bandhignay riwaayaddaydii koowaad ee *Ayay La Gembiya Gumeysiga* ee kooxdii la xidhxidhay, iyada oo Soomaaliyi Ingiriiska u dhiibeyso. Ragga arrintaas ka dambeeyey waxa ka mid ahaa nin aannu isku fasal ahaan jirney oo la odhan jirey Cali Heeje (AHUN). Maxamuud Xarbi ayuu xoghaye u ahaan jirey oo markii diyaaradda lagu qarxinayey buu ka soo hadhay. Ninkaas jeelka ayaannu ku wada jirney berigii Tawraddii ee 1970-aadkii aan xidhnaa. Markan dambe waa la soo qabtay ninkaas. Waxa uu haystey baasboorro badan oo ka USA iyo Israa'iil ka mid yihiin. Hantiile ayuu ahaa. Jeelka annagoo ku wada jirna badhtamihii 1970-aadkii ayaa subax la qaaday, iyada oo afka uu dhiig ka tufayo. Xamar baa lagu aasay, hantidiisiina xukuumadda ayaa la wareegtey. Ninkaasi heesihii riwaayaddaas Ingiriiska ayuu u dhiibey. Nin kale oo markaas Qaahira arday ka ahaa oo la odhan jirey Ina Xasan Raabbi ayaa isna, iyada oo kiiskii hore ee Ingiriiska loo geeyey la baadhayo, heesihii loo dhiibey oo Qaahira idaacaddii Sawtal Carab, Laanteedii Af Soomaaliga laga soo daayey. Ingiriisku waa uu fekeraa. Markii uu ogaadey in heesihii dunida gaadheen oo Qaahira ka baxeen, ayuu yidhi, 'Waar kala yaaca oo sii daaya kooxdii xidhnayd, wixii lagu haysteyba heesihii hawaday galeene.' Horta markaa waddannimada iyo lillaahidu waa taas, oo ninna waa kaas sidaas xun u baxay, ninna waa kaas Alle ferejka u furay ee la sii daayey."

Xagga farxaddana waxa uu Cali yidhi, "Dee waa markii gobannimada la qaatay ee aniga iyo gabadhii aan jeclaana (Saado) is helnay ee aan Burco ku aqal galnay. Labadaas farxadood iyo riyaaqooda ayaa isku mar isugu soo kay beegmay. Waa shookigii hore iyo *civic centre*-ka barxaddii weynayd ee bannaanka oo inta aan farxaddii iyo qiiradii is hayn kari waayey ayaan kacay oo aan hablihii dabbaaldegayey ee heesaha dhaqanka iyo hiddaha qaadayey feedha ka raacay, '*hoobaley hoobaley hoobe.*'

TISQAADKA HALABUURKA CALI SUGULLE

Halabuurka Cali Sugulle waa mid luxdan, oo haddana fudud oo aragti dheer, saamaynna badan, sida aynu buugga ku ibafurnayba. Sida birlabtu u soo jiidato biraha ayuu dhegta iyo quluubta dadka ugu dhegaa. Waxa uu irmaanaa in ka badan 60 sano, sidii hal madi ah oo afarta naasba hoorayaan ama iliilo biyood oo burqanaya. Halabuurka Cali waxa gaawihiisu milaallaa oo xoorku girgirrada hadhuubka ka daadanayey tan iyo geeridiisii iyo wixii ka horreeyey oo ku sinnaa markii laga eryey dugsiga Sheekh ee uu ardayga ka ahaa 1951 ku sinnaa. Hore ayuu markiiba halabuurka Cali Sugulle u tisqaaday oo ummadda u wada gaadhey. In halabuurkiisu markiiba shaacbaxo waxa loo aaneeyaa erey-afeedkiisa fudud ee uu tixdiisa u adeegsi cuskado ee haddana mugga iyo miisaanka murtiyeed ee weyn iyo aragti fogaanta isku darsaday, kaa oo haddana sida degdegga ah markiiba saamaynta ugu yeesha dadka, yar iyo weynkoodaba.

Cali Sugulle halabuurkiisa ereygii ugu horreeyey ee tisqaaday waa kii aynnu cutubka hore ku soo marnay, dugsigii Sheekh markii laga eryey, ee ahaa:

> Ninkii sada haysta lalama sugoo
> Soomaalidu way ka saari jirtee
> Saaxiibbadayow intaad i sababteen
> Sanduuqiina may la qaadi waydeen?

Wax se ereyo-tixeedkan ka horreeyey kii markii ardayda uu ku lahaa aynnu muddaharaadno oo kubbadda qaaddacno ee isla mawduucaa dugsi-ka-eriga xidhiidhka la lahaa ee ahaa:

> Dooni maynno
> Dooradeeda!

Xilligaasi waxa uu ku beegnaa 1951. Cali Sugulle waxa aan su'aalay maxaa intaas ku xigey? Wuu iska dagagar jiifee inta uu hanqalka la soo kacay, ayuu ii maax-dillaacay, waxa aanu ku bilaabay oo yidhi, "Waxa ku xigey":

> Hareeraha eeg kuu hiifay naftaay
> Kuway ka hadhaa horuu maray
> Haddaan dib u fiirshey waxaa i hayee
> Huqdii wakhtigaan halleeyey miyaa,
> I haysta oo waaya'hay helay?!

1959 xilli ku beegnaa ayaa midhahan hees ku qaaday hobalkii Maxamed Axmed Kuluc, AHUN. Waa heesta *Hambabir* oo qaraamiga nooca *madiixa* loo yaqaan ah:

> Heermaye imminkaan hambaabirayoo
> Kuwaan ka hadhaa horuumarayeey
>
> Hoggaan ku dhacaa gu'haama weliyoo
> Hawduu i hayaa halbawluhuyeey

Huqdii wakhtigeen haleelay miyaan
Halleeyaayo i haysta waayahay helay

Hadhuub baan nabsiga hordhaca ku dhamee
Ma heensaday huubadiisiiyeey.

Cali arrinta heelladan ayuu ambaqaaday: "Waa tii dhakhtar
xoolaha la iga dhigay, raggii aannu isku fasalka ahaynna qaar waxa
loo diray deeq waxbarasho oo dibedda ah, qaarna xafiisyo ayay
fadhiyaan oo waa karraanniin hadh qabow fadhiya. Raggaas waxa
ka mid ahaa Yuusuf Dirir Cabdi, Axmed Maxamed Siilaanyo, iyo
Axmed Muuse Hoorri. 1950-kii, markii Camuud la dhisay, ayaa
nala qaybiyey oo Siilaanyo iyo koox uu ka mid ahaa Camuud
la geeyey. Aniga marna waxa la ii diraa Laascaanood, marna
Ceerigaabo, marna Awaare iyo Jigjiga. Midhahan sare arrintaas
baan kaga hadlayey".

Cali waxa uu ka hadlayaa mar kale halabuurkiisii intaas soo
raacayey intii aanu u iman kooxdii Walaalaha Hargeysa: "Waxa
aan curiyey riwaayaddii *Ayay La Gembiya Gumeysiga?* oo ku
saabsanayd bixintii Dhulkii Kaydsanaa ee Hawd (*Reserved Area*)."
Riwaayaddan oo ahayd tii u horreysey ee Cali sameeyo, kuna
sinnayd hilaad ahaan, markii ugu horreysey, intii u dhexaysay
1955-1956, cutubka riwaayadihii Cali ayaynnu ugu tegi iyada
iyo heesihii ku jirey qaar ka mid ah.

Cali waxa aan weyddiiyey ammintii la aasaasay Walaalaha
Hargeysa, waxanu yidhi: "Jibbadaa heesaha waddaniga ah ee
la qaaday ayaa xoojiyey heesihii kale ee qaraamiga ahaa. Waxa
loo baahday koox isku xidhan. Waxa bilaabay Cabdillaahi
Qarshe, Ismaaciil Sheekh Axmed (Cagaf), Maxamed Ismaaciil
Barkhadcas, iyo Xuseen Aw Faarax. Marka riwaayadaha la dhigo,
lacagta ka soo baxda waxaa loogu tabarruci jirey dadka ka soo
barakacay Soomaali Galbeed oo ay la socdeen suldaannadii,
caaqilladii, iyo dad kale oo qubane ahaa. Waxa ka mid ahaa oo

Hargeysa la dejiyey Suldaan Biixi Fooley iyo Caaqil Cumar Jees.
Hargeysi waxa ay noqatay codkii Soomaalida iyo caqligii hagayey
xornimada iyo isla raadinta Soomaalida. Heesta ama gabayga
Hargeysa laga tiriyo ayaa laga soo qaadi jirey Muqdisho, Jabuuti,
Jigjiga, iyo Wajeer, iyo dhinaca kale idaacadihii af Soomaaliga
ee Adis Ababa, Qaahira iyo BBC London. Heeso jacayl ahina
waa ay jireen, ha yeeshee qofku haddii aanu dalkiisa jeclayn wax
kalena dee ma jeclaan karo. Xilligaasi 1950-aadkii waa markii keli
ahayd ee ay Soomaalidu niyadda iyo quluubta iska wada raacday
ee waddaniyaddu cirka ku shareerantay. Waa la isku duubmay,
sida ul iyo diirkeed, qabyaaladdiina way quusatay oo waxa ay ku
dhuumatay daaha dabadiisa. SYL iyo Cabdillaahi Ciise waxa
lacagta looga guri jirey Hargeysa, Burco, iyo Berbera, Maraykanna
markii uu tegey Cabdillaahi waxa ku hayey Aburaas iyo Ayjeex
oo reer Waqooyi ahaa, Landhanna waxa hiil iyo hooba marka
uu yimaaddo la garab taagnaa badmareennaddii UK ka xoogsan
jirey. Sababta oo ah, dadku waagaas waa uu bislaa, gobannimada
iyo midaynta Soomaalidana waa loo heellanaa. Waa loo wada
xusul-duubnaa oo hamuun weyn baa loo qabey".

Riwaayadihii ugu horreeyey marka laga yimaaddo, tiisii
koowaad ee *Ayay La Gembiya Gumeysiga?* waxa soo raacaya *Yarad
Baaqsey* iyo *U Dhiib ii Dhiib* oo ka kala hadlayey guurkii oo xilligaas
yaraaday iyo duurxul ku saabsan iska kicintii gumeysiga, sida ay
u kala horreeyaan. Markii gobannimada la helay ee labadii gobol
ee Waqooyi iyo Koonfuri israaceenna, si weyn ayuu halabuurka
Cali Sugulle lugaha u la kala baxay, uguna mijabaxsaday
bulshada dhexdeeda, gees ilaa geesta kale. Sannadihii hore ee
la helay gobannimada (1960–1969), waxa uu Cali sameeyey
riwaayadihiisii ugu badnaa tiro ahaan, uguna xoogga badnaa tayo
ahaan; *Himilo* (1961), *Xilgobeed* (1962), *Indhasaracaad* (1963),
Ma-Huraan (1964), *Kala Haab Kala Haad* (1966), *Sheeg iyo Shareer*
(1967), Gobannimo (1968), *Ma Hadhin Hadal Lays Yidhaahdaa*
(1969), *Indho Laga Baqaa Ilaah Bay Ku Yaalliin* oo aan la daawan
(1972) ayaa ka mid ahaa halabuurkii magaca Cali Sugulle cirka
ku shareeray ee caanbixiisa doorka weyn ku lahaa.

Heesihii qaraamiga ahaa ee aynu cutubka hore ku soo aragnay ayaa iyaguna kaalintooda lahaa oo hanaqaadka halabuurka iyo tisqaadkiisa badhitaarayey. Tobannaan heeso iyo gabayo ah ayuu Cali halabuuray xilligii Kacaanka iyo kelitalisnimada, halgankii hubaysnaa, iyo wixii ka dambeeyey ee burburka iyo dagaallada sokeeye, kuwaas oo aynu ku soo bandhigi doonno cutubyada buugga ee soo beegan. Xilligii kelitalisnimada waxa hoos u dhacay halabuurkii xorta ahaa markii maskaxda dadka loo diidey in ay si xor ah isu cabbirto, waxana gaaggaxay maankii wax curin jirey. Cali waxa loo diidey in uu riwaayado uu sameeyey soo bandhigo, sida *Runtu Ma Fantaa?* oo kolba magaca loo bixiyo la diidey, kana soo jeeddey riwaayaddii *Kala Haab Kala Haad* ee 1966 oo wax badan lagu daray, aan se la soo bandhigin. Fankii iyo halabuurkii waxa xilligaas lagu faruur xidhay Kacaankii Oktoobar iyo aragtidiisii kelitalisnimo. Heeso badan oo xilligii Tawradda ka soo jeeda ayuu Cali sameeyey oo ama Kacaanka la jira ama nuxur wacyi-gelin kale ah leh, sida aynu isla arki doonno. Xilligii dambe ee halganka hubaysan, Cali labo riwaayadood buu curiyey oo mid ka mid ah oo tan hore ah ay wada allifeen abwaanno dhawr ah: *War Ma Hayside Waddankii Xorow* iyo *Maska Cad*. Xilligii ka dambeeyey burburkii weynaa iyo barakicii, waxa uu Cali halabuuray suugaan mudnaanteeda leh oo aynnu qaybaha dambe ee buugga ugu tegi doonno.

Saddex heesood oo Cali Sugulle lahaa oo saddex riwaayadood ku kala jira ayaa halabuurka Cali Sugulle dhexroor iyo tisqaadba u ah, ummadduna ay wada taqaan. Heesaha *Nin Lagu Seexdow* (Xilgobeed, 1962) iyo *Waa Baa Beryey* (Sheeg iyo Shareer, 1967), waxa la isku raacsan yahay in ay yihiin heeso aan sina looga tegi karin oo la jaanqaadi doona isbeddel kasta oo Soomaalida dhexdeeda ka dhaca, inta ay dunidu uumman tahay, cid af Soomaali ku hadashaana joogto. Waa labo heesood oo guul kasta oo weyn oo ummadeed iska dhex cabbiri kara. Heesaha kale ee hees u babacdhigtaa yaraanayso waa heesta kale ee *Af Qalaad Aqoontu Miyaa?* (Ma-Huraan, 1964). Sida ay saddexdan heesood uga dhex tisqaadeen Soomaaliweyn meel ay joogtaba ayaa tusaale u ah in ay ka mid yihiin foolaadka ma-guuraanka ah ee halabuurka Cali Sugulle iyo tisqaadkiisa.

Dhinaca heesha gobannimaddoonka ee Cali Sugulle ee sida weyn u tisqaaday, dadkuna badiba ay ugu yaraan maqleen, waxa ka mid ah:

I

Hawdow magacaa
Haybso calankaaga

II

Haddaan dhimashooy ku diido
Haddaan dhalashooy ku sheegto
Haddaan dheregow ku doono.

III

Haddaanan qaylo dheer HAYAAY odhan
Hororka celiyaay ku heellayn.

Guubaabinta iyo wacyigelinta in la shaqaysto oo muruqa iyo maskaxda la tuujiyo, waxa aynnu heesaha hanaqaaday ka soo qaadan karnaa:

I

Wallee nin hurdow
Hallowday dantaa
Hadhowna dib
Loo ma heli karo.

II

Nimaan dhib gelini
Ma helo dheefe
dhididaay
Dhambala ciiddoo
Ku dhuftaay!

III

Hayaay ka soo kacaay
Hurdada la ma bogtee
Hawl galaay!

Marka la soo qaato midnimada iyo wadajirka bulshada iyo hanaqaadka halabuurka Cali Sugulle, heesaha foolaadka ah waxa ka mid ah:

I

Hawd aynu galloy!
Aan Wajeer hantinnow!
Aan Jabuuti helloy!
Shantu hays huwatoy!
Aan hal qudha noqonnoy!

II

Shantoo isweheshadey wacnaydaa
Calan inay wadaagaan wanaagsanaydaa!

Halabuurka Cali Sugulle intiisa ugu badani waa mid aan dhimanayn oo markaa xaaladda ku saameelan loo adeegsan karo. Ma aha mid ku eg maalintaas la tiriyey ama xaaladdaas loo adeegsadey ku koobmaya. Waxa uu la guurguurayaa oo raacayaa oosha iyo wacaalaheeda, xaalad iyo xilli kasta.

Mar kasta oo guul weyn la hanto, sida aynnu xagga sare kaga soo tibaax bixinnay, waa la adeegsan karaa, tusaale ahaan heesta:

> Waa' baa beryey bilicsan
> Arooryo baxsan
> Maalin boqran.

Mar kasta oo mas'uul la baraarujinayo oo hawsha iyo xilka loo igmaday lagu boorrinayo ama guubaabinayo waxa loo qaadi karaa heesta:

> Nin lagu seexdow
> Ha seexan!
> Xil baad siddaa
> Ha seexan!
> Soo jeedoo
> Si weyni u feejignow!

Xilli kasta oo dawladnimadu xumaato oo qabiilku ka qaalib noqdo, waxa la soo qaadan karaa oo digniin iyo baraarujinba noqonaysa heesta:

> Dhagax iyo dab
> Layskuma dhuftee
> Kala dhawraay!

Dhinaca afka iyo qaayihiisa, ma tasoobi doonto heesta aynnu kor ku soo xusnay ee *Af qalaad*:

> Oggoli oo waxbarashadu way egtahee
> Af qalaad ayaannu addoon u nahee,
> Af qalaad aqoontu miyaa?
> Maya maya ma ahee
> Waa intuu qofba Eebbe geshaa.

Heesaha Qaraamiga ah oo halabuurka Cali Sugulle ku suntan yahay ayaa halkan soo gelaya oo marka tisqaad fan iyo jacayl la soo qaado isa soo daruurinaya:

I

Beerkayga waran baad badheedh ku jartay
Bagaanad ii dishaanad ii bixin.

Baroordiiqdu maydka waa ka badh
Bagaanad islahayn biyaan qubay.

II

Waddada bariyeey ku weheshaday
Warka iyo hayga goyn waraaqaha.

III

Laabtuun baa i kacdayee lugaba ma hayo
Oo ii laacday tigaaddii Laandheer

Ladaadyoodayeey ladh baygu kacayo
Lallabaa ii baxaaya lay shiday.

JAADGOONINNIMADA HALABUURKA CALI SUGULLE

Halabuurka Cali Sugulle waa jaadgooni. Wax u gaar ah iyo baadisooc lagaga duwi karo halabuurka kale ayuu leeyahay. Waa qalabyadiisa faneed iyo afka uu adeegsado ee fudud. Waa ereyo sahlan oo haddana qotadheeri murtiyeed iyo aragti fog xambaarsan, noloshana meel kasta si miiggan uga abbaara oo u taabta. Halabuurka Cali Sugulle waxa aynnu ku tilmaami karnaa maraboob isku marta maanka dadka, raad weynna ku yeelata garaadka dadka—oo korisa, kobcisa, maskaxda u ballaadhisa, hagtana oo jihaysa, kuuna noqota jidbixiyeen iyo iftiin ku hor socda. Dhegta iyo maskaxda carruurta iyo cirrooluhu isku si bay ugu nugul yihiin ereyga halabuurka Cali maqalkiisa iyo qabashadiisaba, isaguna (Cali) ereyga meel fog kama raadiyo ee duleedkiisa ayuu ka soo qabtaa. Adiga oo aan is ogeyn ayuu afka kuugu ridaa, adna waad ku dhegtaa oo dib ugu dhawaaqdaa ama hadaaqdaa. Cali Sugulle oo aan taas wax ka weyddiiyey, waxa uu ii sheegay oo yidhi; "In yar oo kooban oo carruurtu xafiddo, dadka waaweynina ku adeegtaan, weelka lagu xalo, marka dariiqa la marayo la soo dhufto oo la isku maaweeliyo, haddana qofka wax u tarta oo afka barta, ujeeddana ay hagto oo tilmaam tusta ayaan isku dayaa in aan soo gudbiyo."

Sannadkii 1982, markii gadoodyada ardayeed ka dhaceen Hargeysa iyo Burco ee kacdoonka bulsheed oodaha jabsaday, Maxamed Siyaad Barre, waxa uu Hargeysa u soo diray niman xukuumaddiisa ka mid ahaa oo Reer Waqooyi ahaa, si ay bulshada gadooddey u soo dejiyaan. Waxa madaxda la soo diray ka mid ahaa Axmed Saleebaan Dafle, Axmed Maxamuud Faarax (Ina Lax-was), Jaamac Gaas Mucaawiye (Dadweyne), Axmed Ismaaciil Axmed, iyo Xasan Suudi Xirsi.

Cali Sugulle waxa uu diyaaraddii weftigu la socdey soo raaciyey cajalad uu u soo dhiibey qof ka mid ah rakaabkii. Cajaladda waxa ku dhex duubnaa tix aynu qaybaha buugga ee soo beegan ugu tegi doonno, ereyadeedana ay ka mid ahaayeen:

Ina soo Dafiyo
Ina Deylo-kude
Dulli Jaamac Gaas
Guulwade darbane

Iyagaa dulmanoo
Loo doodayee
Maxay doonayeen?

Dadku waa bukee
Ma daweynayaan?

Dekeddii Barberi
Waa dalooshantee
Ma daboolayaan?

Isla markiiba, weftigii oo jooga Hargeysa ayaa midhahan suuqa lagu faafiyey. Goobjoog baan ahaayoo, dadkii oo dhami mar qudha ayay ku hadaaqeen ereyadaas oo la isla dhex maray, saamayn weynna maskaxda dadka iyo dareenkiisa ku yeesheen. Waa taas jaadgooninnimada halabuurka Cali Sugulle: ereyo-tixeed fudud oo haddana walwaalaya murti culus, aragti fog iyo saamayn ballaadhan, isla markaana maanka ku dhegaya oo lagu wada hadaaqi karo, yar iyo weyn.

Intii aan daraasadaynta halabuurka Cali Sugulle ku jirey, waxa aan la kulmay dad kala duwan oo Cali Sugulle sannado badan nolol-wadaag ka dhexeeyey oo shaqada ay ku saaxiibeen, iyo dad si weyn ula socda oo aqoon u leh halabuurkiisa, si ka badan aqoonta ay Cali qof ahaan u lahaayeen. Qof kasta oo Cali iyo halabuurkiisa yaqiin ama halabuurka Cali si uun xidhiidh soke ula lahaa, waxa uu markiiba muujinayaa jaadgooninnimo halabuurka Cali gaar yeelaya, taas oo ah erey-tixeedkiisa fudud ee markiiba sida maraboobtu maryaha isugu marto dhegta ugu dhega, maskaxduna u qabato iyo sida ay haddana tixihiisu u cuddoon yihiin murti ahaan iyo aragti fogaan.

Axmed Cali Askar oo ka mid ah weriyayaashii tufta iyo tisqaadka lahaa, xilal kala duwanna ka soo qabtay warfaafintii Soomaalida, gaar ahaan idaacadihii, waxa uu ka hadlay Cali Sugulle iyo saamaynta halabuurkiisa ayaamihii uu geeriyoodey munaasibad baroordhiiq ah oo ka dhacday Landhan (Janaweri 2016). Axmed Cali Askar waxa uu yidhi: "Dhawr tobansanaale ayaannu Cali Sugulle aqoon isu lahayn; xilligii warfaafinta ee Soomaaliya oo aannu wada shaqayn lahayn iyo xilligii dambe ee Imaaraadka oo aannu deris is og ahayn. Shaariqa ayaannu toddoba sannadood ku wada noolayn. Waxaa naga dhexeeyey xidhiidh qoto dheer oo sokeeyennimo. Cali ma ahayn suugaanyahan keli ah e waxa uu ahaa indheergarad meel fog wax ka arka. Tusmada uu wax ku tilmaamaa ma ahayn ereyo culus oo maskaxdu ku daaleyso. Waxa ay ahayeen ereyo fudud oo haddana murti suugaaneed oo cuddoon leh oo qof waliba ku hadaaqi karo, marka ay dhegtu maqasho la qaban karo markiiba, lana soo celcelin karo, haddana murtideeda tixeed qoto dheer tahay. Cali waxa uu ahaa hawl-kar ma-daale ah oo qalbi furan, mar kastana meel ku la jooga."

Maxamed Aadan Dacar oo ay Cali Sugulle waayo badan isla

soo mareen, kuna wada jireen kooxdii hobollada Walaalaha
Hargeysa iyo Waaberi, waxa uu isna isla munaasibaddaas Cali
kaga yidhi: "Walaalaha Hargeysa waxa kaga horreeyey oo uu
ugu yimi Ismaaciil Sheekh Axmed, Cabdillaahi Qarshe, iyo
Xuseen Aw Faarax. Cali Sugulle waxa uu ahaa oodrogadii fanka
iyo afhayeenkii bulshada. Waxa uu ka hadli jirey waxa uu dadku
doonayo iyo waxa uu diidayo, isaga oo ugu soo gudbin jirey
halabuur fudud oo murti weyn xambaarsan."

Maxamed Aadan Dacar, isaga oo halabuurka Cali ka hadlaya
iyo sida uu barkujoog u yahay, waxa uu tusaale u soo qaatay
ereyadan uu Cali halabuurkooda lahaa:

> Ha hadlin!
> Ha maqlin!
> Ha arkin!
> Waa habkaynu nahay
> Waa habaar.

Cali Sugulle ma ahayn halabuur maansada, riwaayadda, iyo
gabayada oo keli ah curiya ee waxa uu ahaa mullaxan codka saara
heesaha.

Axmed Naaji Sacad oo ay Cali wada shaqeeyeen ayaa VOA,
laanteeda af Soomaaliga, u sheegay maalmihii uu Cali geeriyoodey
(Jan 2016) in uu Cali ahaa laxansaare wanaagsan, heeso badanna
uu codka u sameeyey. Axmed Naaji, isaga oo taas ka hadlay, waxa
uu yidhi: "Halabuurku waxa uu gudbinayey dareenka dadka,
kolba wixii jira ee taabanaya. Cali Sugulle waxa uu ahaa abwaan
la qaddariyo oo ixtiraam leh oo farakutiriska ka mid ah. Kolka
aad tidhaahdo waxan ka sheekee, isla markiiba isaga oo meesha
taagan oo aan fekerin ayuu ku odhan jirey, 'qalin qaado', wuuna
kuu tirinayaa ereyadii, isaga oo laxankiina bilaabaya, anna aan
muusigga la raaci jirey".

Maxamuud Ismaaciil Xudeydi waa ka mid foolaadka dadka
aqoonta baallaha fidsan Cali Sugulle u lahaa. Waxa uu baadisooc
u yeelayaa halabuurkii Cali Sugulle, "Ereygiisu sida waranka

ayuu u toosnaa. Ereyga uu yidhaahdaa gabay dhan ama khudbad siyaasi ah ayuu u dhigmayey. Ereyga uu habeenkii yidhaahdo, subaxdii waa la wada hayey". Xudeydi oo taas sii fasirayaa, waxa uu tusaale u soo qaatay afgembigii dhallinyaradii saraakiisha ahaa ee reer Waqooyi u holladeen 1961 ee dhicisoobey. Waxa uu Xudeydi yidhi, "Inqilaabkaas dhan waxa uu Cali Sugulle ku soo koobay, si arrinta loo dejiyo":

Subag weel ku daatay
Sina uma xumaadee
Waa subax wanaagsane
Calankana salaama!"

Xudeydi oo metaal kale soo qaadanayaa waxa uu yidhi: "Abaar xun baa Waqooyi ka dhacday. Iyada oo abaartaas wadnaha farta lagaga hayo oo dareenka dadku taagan yahay, ayaa la sheegay in webigii fatahay oo Wallaweyn uu dad ku qaaday. Cali Sugulle isla goobtii warka lagu dhegeystey isaga oo aan ka kicin ayuu yidhi: *Ma biyaha i qaadaan/ Harraad uga bakhtiyayaa?!* Intan oo ka mid ahayd hees uu markaas halabuuray."

Xudeydi oo sheeko kale sii tebinayey, waxa uu haddana yidhi: "Qolaa damacday in ay Cali Sugulle iyo Maxamed Siyaad isku dhuftaan, si Cali loo xidho. "Waxa ay Cali ku yidhaahdeen, 'Calow, bal Maxamed Siyaad ka warran, waa nin caynkee ah?' Waxa uu Cali isaga oo isdhibayn yidhi, 'Odaygu waa afmiinshaar.' Markiiba qaar baa la boodey oo inta carareen odaygii warkaas u geeyey. Maxamed Siyaad isla markiiba Cali buu u yeedhay. Waxa uu weydiiyey sababta Cali sidaas u yeelay. Cali, mar kale, isaga oo aan meel durugsan waxba ka raadin ayuu yidhi, 'Oo Madaxweyne, waaban ku ammaanaye, waayo afmiinshaar waa ninka afar, shan qofi ereygiisa u soo joogsato, adigana shan kun baa isu soo kaa taagta'. Qosol uun baa ka hadhay." Xudeydi waxa uu ka mid ahaa dadkii ka qayb galay baroordiiqdii Xus iyo Xusuus ee Landan (Janaweri 2016).

Axmed Faarax Cali (Idaajaa) oo ah faaqide fan iyo dhaqan,

iyo qoraa luxdan, ayaa maalmihii uu Cali geeriyoodey laanta af Soomaaliga ee VOA barnaamijkiisa dhaqanka ku tilmaamay oo yidhi, "Cali Sugulle heestiisu, jacayl ha ahaato, siyaasi ha ahaato, waddani ha ahaato, ama arrimaha bulshada ha ku saabsanaatee, waxa ay leedahay dhadhan gaar ah iyo habdhac u gooni ah oo heesaha kale lagaga sooci karo."

Dr. Martin Orwin oo ah bare sare oo afafka Soomaaliga iyo Amxaariga ka dhiga Jaamacadda SOAS ee Landhan oo ka mid ahaa dadkii ka qayb galay munaasibaddii Xus iyo Xusuus, waxa uu yidhi, "Aqalka Soomaaligu kama maarmi karo udbo tiiriya. dhaqankuna waa sidaas oo kama maarmo in la ilaaliyo udubdhexaadyadiisa. Cali Sugulle waxa uu ahaa udubdhexaadkaas."

Axmed Cabdi Xasan (Xaashi Gaas) oo ay Cali Sugulle muddo dheer jaal dhow ahaayeen, qorayna riwaayaddii Cali ee Indhasarcaad oo isla munaasibaddaas goobjoog ka ahaa, waxa uu yidhi, isaga oo indheergaradnimada Cali ka hadlaya: "Waxa uu ahaa, Cali, nin aanay waxa maskaxdiisa galaa ka bixin oo aan illaabin. Had iyo gooraale, waxa u muuqan jirey wax aanay dadku la arkayn ama intiisa badani xitaa aanay kaba fekeri karin. Tusaale ahaan, riwaayadda Indhasarcaad (1963), waxa uu Cali Sugulle kaga hadlay arrin ku saabsan in la beddelo magaca Jabuuti ee guunka ah oo magaca 'Soomaali' uu ku jiro."

Ingiriiska iyo Xayle Salaase ayaa arrintaas riwaayadda dhexdeeda si sir ah ugaga sheekaysanaya. Daallin oo Ingiriiska lagu metelayo ayaa Dambeed oo Xayle Salaase ah ku odhanaya:

> Ha gadhoodho Jabuuti
> Galxood aad iska leedoo
> Wixii aad guranayso
> Xooluhu kaaga gudbaan
> Aad ka soo gelinayso
> Iyana gaar ahaan arrinteedu
> Goonidaa ha ahaato
> Annagaa geed sare waabnayoo

Gibil kuugu xidhaynna
Weligeed kuu godlinaynnee
Ha gadhoodho Jabuuti
Faransiis ha gumeysto
Gaadiid-qaad ha ahaato!

Magaceeda gaboobeyna
Waa inuu geddiyaayoo
Mid gadaalbax ahaada
Waa inuu u gartaa
Gaadhna uu dul dhigaa
Gacmaha uu inoogu hayaa
Dan gaara baynnu u leennahay
Anigaa gelinsiiyey
Waa inay galbataa
Galbeed ay noqotaa
TOP SECRET!

Duullaan oo Maraykan ahina wuu la qaadanayaa arrintaas oo
waxa uu odhanayaa:

Yes! Yes! Qarsoodi ha ahaato!

Xayle Salaase oo arrintaas u guuxey, una riyaaqsan ayaa
odhanaya:

Jabuutina ila giija
Waa garkii wadnahee
Geyigayga dhexdiisiyo
Galbeedka isku xidhiidhsha
Badda weeye guduudan
Gacankii aan ku lahayn
Haddii aad i gabtaanoo
Dekeddaa gafo maanta
Goob cidlaan fadhiyaa

Jabuutuun ila giija
Weligeed ha ii godlanaatoo
Gaadiid-qaad ha ahaato!

Ingiriis iyo Maraykanna qalinka ayay ugu duugayaan in Jabuuti
magaca laga beddelo, sida riwaayaddu soo bandhigayso, raadkii
bixinta NFD oo markaas qoyan:

Annagaa kaa giijin Jabuutiye
Soomaalidaa soo gurmanaysa
Gudahaysugu riix uun.

Soomaaloon kala goynniyo
Afrikoon kala geynno baa
Xaajadaynnu gorfaynnay
Guddoonkeedii ahaa.

Annagaa gondahooda
Gudimmo kuugu jaraynna
Soomaalidaa soo gurmanaysa
Haddaad guuto ku saarto
Wixii aad ku gubeysiyo
Hub gaaraannu ku siin.

Maraykanka (Duullaan) oo arrinta gobolka xiise gaar ahi ka
hayo, Xayle Salaasana u muujinaya taageero hiil iyo hooba ah,
marka ay arrinta Soomaalida timaaddo, ayaa ku tiiqtiiqsanaya oo
odhanaya:

Gildhigaan iyo rayfal
Gantaalihii iswadaayee
Keligood isganaayey
Garnaylka iyo bamkii
Amikaarka gurguurta
Diyaaraad wax garaaca

Gaadiidkii xooggu lahaa
Gadhwadeen ku baraaya
Giddi waannu ku siin ee
Haddii aad ku gumaaddo oo
Gaagna uu hadhi waayo
Weligaa garab xoog liyo
Gacan baannu ku siin ee
Na weyddiiso gargaar.

Jabuuti waxa la odhan jirey Xeebta Soomaalida ee Faransiisku gumeysto (French Somaliland). 19 March 1967 waxa Jabuuti ka dhacay afti la maydhaamay oo dadka lagu kala dooransiinayey in ay gobannimo qaataan iyo in ay gacanta Faransiiska ku sii jiraan. Aftidaas oo iska indhasarcaad ahayd waxa ay natiijadeedu noqotay in gumeysigu Jabuuti sii joogo. Markaas, magacii ayaa laga beddeley, waxaana loo bixiyey Dhulka Faransiiska ee Canfar iyo Ciise (French Territory of Afars and Issas). 1977, markii ay xornimada qaadatayna, waa tan loo bixiyey magaca hadda ee Jabuuti. Magaca Soomaaliga ee meesha ku jira ayuu Xayle ka didsanaa, sida riwaayaddu tilmaamayso, si hadhowto looga faquuqi karo Soomaalida inteeda kale. Riwaayadda *Sheeg iyo Shareer* oo ahayd 1967 oo isla dhacdadaas aftida Jabuuti ee 'haa iyo maya' uu Cali Sugulle ka sameeyey, waxa uu ku sii oddorosay in Jabuuti la waayi doono oo aanay Jamhuuriyaddii Soomaalida soo raaci doonin, isaga oo ku sababeeyey in labadii israacay ee horeba hooyo la'aan muteen. Wardheer oo Hawd iyo Aagga Kaydsan u taagan waxa la bixiyey oo Xayle Salaase la siiyey 1954. NFD waxa Kenya la raaciyey 1963, Jabuutina waxa haystey Faransiis oo markaas afti laga qaadayey 1967. Cali waxa markaasna, isaga oo marna wax oddorasaya, marna digniin muujinaya, yidhi:

Wajeer Joome walwaaley
Wardheerna Xayle la sii
Ee halla waayo Jabuutina!

Waxa la odhanayaa, 'Waayo'?!
Waxa uu odhanayaa oo ku jawaabayaa:

Haddaanan hooyo wanaagsan
Oo walaalaysa u haynnin
Maxaan 'Wii iyo Noo-da' u waraysanayaa?!

'*Oui ou Non*' waa af Faransiis u dhigma 'Haa ama Maya'.

Badhtamihii 1990 kulan ka dhacay Oslo, Norway, oo Maxamed
Ibraahim Warsame (Hadraawi) loo qabtay, ayaa su'aalo goobtaas
lagu weyddiiyey Hadraawi waxa ka mid ahaa: "Gabyaaga
Soomaalida kee baad suugaantiisa ugu jeceshahay? Heesaaga se
kee ayaad ugu jeceshahay?"

Hadraawi oo taas ka hadlay waxa uu yidhi, "Gabyaagu wax kale
kuma kala duwana ee wuxu ku kala geddisan yahay meelaha wax
laga odhanayo. Waxa laga yaabaa aniga in la igaga fiican yahay
sida adiga oo ujeeddadii sheegaya midho yar oo khafiif ah oo la
wada garan karo loo adeegsado. Waxa laga yaabaa in aan anigu
waxa aan sheegayo ereyo culus u adeegsado, taasna dhaawaceedu
uu noqdo in aanay dadku wada helin. Tusaale ahaan, Cali Sugulle
waxa uu caan ku yahay in ujeeddadii aan anigu ereyada culus
ku idhi uu u adeegsado ereyo fudfudud oo khafiif ah oo xataa
carruurta yaryari fahmi karto. Waxa aan xusuustaa Cali Sugulle
oo doonaya in uu dadka wax u sheego. Waa guubaabo, waa wax
u sheegid, waa toosin, waa baraarujin. Hase yeeshee, sida uu u
sheegayo ayaa layaab leh! Waa wakhti sonkor waddanka laga
waayey, oo hooyadii rafaadday, oo saf (*kuyuu*) la galay, oo aad
loo dhibtooday. Cali Sugulle dareenkaas ayuu arkay, waxa aanu
doonayaa in uu wax u sheego dawladdii meesha ka jirtey, deetana
waxa uu yidhi:

Siyaadow sonkor ma leh
Hooyadii sacab ma leh
Guulwadihii salaan ma leh.

Bal hadda u fiirso ereyada uu isticmaalayo. Anigu haddaan is idhaahdo ujeeddadaa wax ka dheh, waxa laga yaabaa ereyo intaa ka adag in aan u adeegsado, dabadeedna fahamkii dadka qaar ku adkaado. Waxa aan xusuustaa markii Cali Sugulle heestaa tiriyey, saacado yar ka dib carruurtii oo dhami way ku hadaaqayeen."

"Badiba su'aalaha caynkan ah waa lagu mergadaa. Anigu se waxa aan jecelahay in aan ka badheedho. Badiba qofka la weyddiiyaa wuu iska afgobaadsadaa oo wixii wuxuu ka dhigaa wax caam ah. Badiba way adag tahay in uu yidhaahdo hebel ama heblaayo ayaan ugu jecelahay. Hase ahaatee, xaqiiqada jirtaa waxa weeyaan, qof waliba qof buu dhegeystaa oo u suntan. Mana jirto oo lama odhan karo qof baa la wada jecel yahay. Yacnii, nin dadka oo dhan wada lihi ma jiro. Hase yeeshee, qof waliba dookh ayuu leeyahay oo hebel heestiisa ama heblaayo heesteeda waxa laga yaabaa in uu ka jecel yahay hebel ama heblaayo kale, gabyaaguna waa la mid."

"Ragga wax halabuura, rag badan oo aan jecelahay ayaa jira. Anigu marka ay suugaan tahay, waddani ha noqoto ama wax kale ha ka hadlayso e, rag badan baa ku tartamaya oo ninna aanu nin ka dhicin. Gaarriye ayaa jira, Cabdi-Qays baa jira, Cali Sugulle ayaa jira, Cabdi Iidaan baa jiray, Xasan Ganey, Xuseen Aw Faarax, Maxamed Cali Kaariye, iyo qaar kale oo badan. Hase yeeshee, aniga suugaanta i shidda ee aanay wax kale igaga khaldamin runtii waa Cali Sugulle iyo Cabdi Iidaan. Raggaa aan tiriyey oo dhan waan jeclahay suugaantooda, laakiin labada aniga ii goonnida ahi waa Cali Sugulle iyo Cabdi Iidaan".

Heesaaga: "Gabdhaha sow ma aha? Magool baa jirta, Maandeeq baa jirta, Sahra Axmed baa jirta, Khadra Daahir baa jirta, Faadumo Qaasim baa jirta, Hibo Maxamed baa jirta; hablahaa codkooda aad baan u jecelahay. Intaa aan idiin tiriyey oo dhan aad iyo aad baan u jecelahay. Laakiin haddana gabadha iiga sii soocani waa Faadumo Cabdillaahi Kaahin (Maandeeq)."

In suugaanta Cali Sugulle tahay jaadgooni lagu ma kala baydhin, marka la eego dhirta uu Cali halabuurkii uga soo maydhax diiran jirey, fudaydkeeda aanu cidna maskaxdu ku daalin ee carruur iyo cirrooleba carrabkooda u fudud ee uu soo dhufto markiiba iyo haddana duluc raaridnaanteeda iyo aragti fogaanteeda. Laanta af Soomaaliga ee VOA ayaa maalmihii Cali geeriyoodey (Jan 2016) dad ay Cali ka waraysatay waxa ka mid ahaa Rashiid Sheekh Cabdillaahi Xaaji Axmed (Gadhweyne) oo ah qoraa culus iyo suugaan gorfeeye caan ah.

Rashiid waxa uu ka hadlay gaarnimada suugaanta Cali Sugulle, waxa uuna yidhi, "Isaga iyo suugaantiisaba waxa aan odhan karaa waa wax gooni ah. Waxa uu ahaa cabqariyad ama abwaan cid alla cid aad barbardhigi kartaaba aanay jirin. Taa kama wado cid walba wuu ka sarreeyaa ee gooninnimada ayaa leh qiimo gaar ah, dhadhan gaar ah iyo qurux gaar ah. U fiirso, Cali Sugulle suugaantiisu waxa ay leedahay luqad gaar ah oo ay ku hadasho. Waa af dhow, ereyo dhow, cid waliba ay garanayso. Waxa ay leedahay jaandhac (*rhythm*) fudud oo dhegta si degdeg ah ugu dhaca oo si sahlan loo qabto; qof aqoonyahan ah, qof aan wax baran, qof reer miyi ah, kuwa suuqooda ka xammaalanaya; cid kasta inta ay qabsato ayay u fahmi og tahay."

Rashiid Gadhweyne waxa uu soo xulanayaa ereyo-tixeed oo Cali leeyahay oo uu taas u barkinayo ama u cuskanayo. Tusaale waxa uu u soo qaatay marka uu Cali Sugulle lahaa:

> Dab iyo dhagax
> Lays kuma dhuftee
> Kala dhawraay!

Rashiid Gadhweyne: "U fiirso, waa ereyo dhow. Waa dab iyo dhagax. Meel aan fogayn buu sidan uga soo qabanayaa". Tusaale ayuu soo qaatay, "Af qalaad aqoontu miyaa?" Ama, "Nin lagu seexdow ha seexan!" Rashiid oo sii wata, "Nin lagu seexdow ha seexan!" Wuu sii daba socdaa oo sharxayaa, "Waa in fudud oo dhegta qof kastaa markiiba in ay qabato haleeleyso, laakiin, haddana mugga murtida ku jirtaa uu aad u weyn yahay. Qof kasta oo xil saaran yahay ama waa ina wada saaran yahay oo qoyskaaguu kaa saaran yahay ama ubadkaaga ama bulshadaada, meesha aad ka shaqayso iyo cidda aad madaxda u tahay ayuu xilku kaa saaran yahay, adduunkan aynu ku noollahay iyo degaanka ku hareeraysan buu xil kaa saaran yahay, noolaha iyo mayeedhaanka Alle abuuray buu xil kaa saaran yahay. Suugaanta Cali Sugulle waa taas."

Ayaan Maxamuud Cashuur waxa ay ka mid tahay dadka Cali Sugulle nolol iyo aragti wadaagga ay yeesheen tobansanaalihii noloshiisa ugu dambeeyey. Ayaan waxa ay markii ugu horreysey Cali isbarteen 2007. Cali waxa uu ka mid ahaa dadkii ugu mudnaa ee 2008 lagu soo marti qaaday barnaamijka Bandhigga Toddobaadka Soomaalida ee sannadkii mar lagu qabto Landhan, barnaamijkaas oo ay Ayaan hormood u tahay.

Ayaan oo aragtidii ugu horreysey ee ay Cali ka qaadato, wixii ugu horreeyey ee soo jiitey iiga warrantay 02.03.2020, Oxford House, London, waxa ay tidhi, "Markii aan soo martiqaadayey Cali waxa i soo jiitey markii aan ogaadey isaga oo da' ah in uu haddana yahay nin muruq-maal ah, oo hanweyn, isdebbera, iskuna filan. Waxa uu markaas (2008) Cali ka shaqaynayey rugta duugyaalka (*museum*) ee magaalada Shaariqa, UAE. Waxa aan markiiba ogaadey in uu yahay shakhsi aan qaadan karin in aragtidiisa lagu maamulo oo aan hiinraac ahayn. Ma oggolayn in shakhsiyaddiisa iyo halabuurkiisa lagu awr-kacsado, loona adeegsado wax ka baxsan ulajeeddada uu isagu ka leeyahay ama ka lahaa. Tusaale ahaan, Cali waxa uu ahaa halgamaa dhiirran oo aan dulmiga u midiidin noqon karin oo isaga iyo fanka halabuurkiisu aanay gorgortan la gelin, kana badheedha oo aan hamrashada aqoon, hal adagna. Siyaasad ahaan, meel adag buu Cali arrintaas ka taagnaa".

Ayaan Maxamuud waxa ay qabtaa in fanka iyo suugaanta Soomaalida aanu soo marin abwaan Cali Sugulle ka geesinnimo badnaa. Ayaan oo taas sii iftiiminaysaa, waxa ay tidhi, "Waxa arrintaas ka marag ah oo aan Cali suugaantiisa ugu jecelahay gabayga golekafuulka ah ee Cali Sugulle ka dul tiriyey xabaashii Muuse Ismaaciil Galaal ee Muqdisho 1980, Maxamed Siyaad

Barre na ka mid ahaa madaxdii aaskaas qaran ka qayb-geleysey. Cali Sugulle waxa uu mikirifoonkii ka laacay Maxamed Siyaad oo hadal islahaa, waxa aanu halkii ka bilaabay gabay dheer oo Galaal iyo kaalintiisii ku saabsan, isaga oo ku galgashay madaxdii sare ee goobta aaska ku sugnayd oo Maxamed Siyaad ugu horreeyo".

Ayaan, dhinaca kale, waxa ay iiga warrantay, sidii Cali ay isu sii barteen ee wakhtiga badan isugu heleen markii uu Landhan yimi 2008 xilligii uu socdey barnaamijkeedii Bandhigga Soomaalida ee Landhan iyo maalmihii ka dambeeyey. Iyada oo taas ka hadlaysa, waxa ay tidhi, "Waxyaalaha Cali ku saabsan ee raadka weyn igu reebay waxa ka mid ah, dad badani waxa ay tilmaamaan in sababta halabuurka Cali uu hore ugu tisqaaday, saamaynta badanna dadka ugu yeeshay ay tahay ereyada fudud ee uu adeegsado, hase yeeshee, waxa taas la mid ah hadalkiisa caadiga ah oo ahaa isna mid fudud oo aan lagu mergan, si kalena loo fasiri karin. Tusaale ahaan, waxa uu ku odhanayaa, 'Adeer anigu weligey nin madax ah hees aan ku ammaanayo uma aan tirin. In ninka madaxda ahi fiicnaado waa wixii loo doortay, waxa uu qabtayna waa wixii looga fadhiyey. Ma waxa aan u doorannay ama ka filnaa in uu wax kharribo? Teeda kale, waxa uu ahaa nin bulshaawi ah, maskax furan, oo maad iyo maaweelo badan, agtiisana aan lagu caajisayn."

Ayaan oo taas sii faaqidaysa, waxa ay iiga tibaax bixisay in xilligaas mar ay wada hadleen abwaanka Maxamed Ibraahim Warsame (Hadraawi) uu wax ka weydiiyey sida barnaamijkii ugu qabsamay, Iyana (Ayaan) ay ugu jawaab celisey, iyada oo dabo socota dareenka ay Cali ka qaadatay, "Adeer, cufkii adiga (Hadraawi ahaan) iyo Xasan Ganey waa aannu ka raysannay". Hadraawi iyo Xasan Ganey sannadkii ka horreeyey 2008 ayay marti barnaamijka u ahaayeen, ujeeddaduna waa in suugaanta Cali Sugulle tooda ka fududdahay, isaguna iyaga ka maad badan yahay".

Ayaan oo ka warramaysa markii uu Cali London yimi, 2008, waxa ay tidhi, "Arrinta Cali laba goorba waa ay i taabatay: 1) Markii aan barnaamijka Landhan ku soo martiqaaday laba su'aalood baan isweydiiyey oo maskaxdayda ku soo noqnoqday, kuwaas oo kala ahaa: (b) Miyuu noolaa, iyo (t) Ninkani muxuu ahaa? Waayo dad badan baa Cali ku baraarugey in uu weli nool yahay oo ciidaminayo, dhinaca kalena, dad kale oo badan oo la yaabay halabuurkiisa qarada weyn ayaa muuqday, oo aan hore u aqoon, haddana la sii amakaagay in aanu ahayn qof cusub. Arrinta labaadna waxa ahayd markii aan arkay Cali da'diisa iyo xaaladdii uu ku shaqaynayey (xoogsi ahaan) xilligaas 2008, waxa ii soo baxday maqnaanta daryeelkii Cali oo kale loo siin lahaa. Laguna kafaalo qaadan lahaa, abaalkiisana inta uu nool yahay gudi lahaa, marka la eego kaalintii uu bulshada u soo buuxiyey lixdii tobansanaale ku dhowaad ee uu markaas ummadda u soo adeegayey.

Ayaan waxa ay ka mid ahayd dadkii xaaladda Cali ka warqabey markii uu xanuunsaday ee la dhigay cusbitaalka Shaariqa. Arritaas baan wax ka weydiiyey, waxa aanay tidhi, "Waxa aan ku dedaaley markii uu xanuunsaday ee jilcay in aan xaaladdiisa laga faa'iideysan oo aanu u gacan gelin cid u tarsheegata. Waxa arrintaas aannu ka wada shaqaynay inammo uu dhalay oo baarriyiin ah, dun xariir ah. Kolba waxa aannu ka wada xidhiidhi jirney sida xaalkiisu yahay iyo kolba wixii wax ka qabasho u baahan, iyo sidii loo dabooli lahaa. Waxa kale oo joogey dad waaweyn oo xilkas ah oo ay hormood u ahaayeen Colaad Yaasiin Gabayxaddi iyo Cali Xirsi Xaaji Xasan oo markaas ahaa wasiirka madaxtooyada Somaliland oo buuxiyey kaalin weyn oo muhiim ahayd, lagagana maarmay in cid Cali Sugulle loogu baryo iyo baaho tago".

Ugu dambayn waxa ay Ayaan iiga warrantay Cali iyo ayaamihii ugu dambeeyey nolohiisa, waxa aanay tidhi, "Toddobaad ka hor intii aanu Cali Sugulle geeriyoon ayaan ku booqday cusbitaalkii Shaariqa ee uu yaalley. Waxa uu ahaa nin ku qanacsan xaaladdii uu ku sugnaa. Waxa wejigiisa ka muuqatey xasillooni iyo niyad sami, (AHUN)."

Mukhtaar Siciid Ibraahim waa nin dhallinyaro oo ku nool magaalada Växjö ee dalka Iswiidhan. Waa qofkii ugu da'da yaraa, uguna hawlkarsanaa ee i la wadaagayey halabuurka Cali Sugulle wixii uu ka og yahay ama uu ka helo. Xiisihiisa halabuurka Cali

Sugulle uu u hayo iyo sida ay uga go'an tahay in sooyaalka Cali iyo suugaantiisa la qoro oo uumiyaha la la wadaago ayaa aniga laftayda su'aalo igu oogtey. Mukhtaar waxa aan weyddiiyey in uu Cali aqoon u lahaa. Waxa uu yidhi, "Cali la ma aan kulmin qof ahaan, hase yeeshee waxa aan la noolaaday halabuurkiisa oo isagana fekerkiisa i baray."

Saamaynta haddaba halabuurka Cali isaga qof ahaan uu ku yeeshay ayuu Mukhtaar Siciid ka hadlayaa, waxa aanu yidhi, "Cali Sugulle Cigaal waxa uu ahaa abwaan suugaantiisu ay aniga qof ahaan i jeclaysiisay dhaqanka, afka, hiddaha, iyo fanka Soomaaliyeed. Cali, nasiibdarro, anigu lama aan kulmin, laakiin waxa saamayn weyn igu yeelatay suugaantiisa halabuurnimo ee dhumucda weyn. Suugaanta Cali Sugulle waa jaadgoonni ayaan odhan karaa. Markiiba waad garanaysaa marka aad la kulanto in ay fartii Cali tahay. Waxa uu adeegsadaa ereyo aad u fudud, haddana aad u mucweyn, oo farriinta ay gudbinayaan ay markiiba qaybaha kala duwan ee bulshadu isku si u wada fahmayso. Cali Sugulle u malayn maayo in ay jiraan wax aanu ka hadlin dhibaatooyinka dhaqan iyo dhaqaale ee ummadda Soomaaliyeed haysta, haddii ay noqoto dhanka wacyigelinta, wax sheegga, tacabka, waxsoosaarka, aafada iyo dhibaatada qabyaaladda, kelitalisnimada iyo cawaaqib xumadeeda, waxbarashada, afka iyo qiimihiisa, iyo waddaniyadda iyo waddan jacaylka oo aan odhan karo waa waxa ugu weyn ee Cali lagu xasuusan doono. Jiilasha dambe iyo faca soo korayaa ku xusi doonaan, waana ta sababtay in aan Cali barto aniga oo aan la kumin, suugaantiisuna ay iiga duwanaato kuwa kale, saamayn weynna igu yeelato".

Mukhtaar Siciid Ibraahim oo hadalkiisa sii wataa, waxa uu yidhi, "Cali Sugulle (AHUN) waxa uu ka mid ahaa abwaannada ummadda Soomaaliyeed soo maray badhtamihii 1950-aadkii ilaa shantii tobansanaale ee ka dambeeyey ee qarniyadii 20-aad iyo 21-aad kuwoodii ugu saamaynta badnaa. Lixdan guuro ayuu halabuurkiisu tirsaday. Cali marka wax kasta oo kale laga tago, waxaa ammaan ugu filan suugaantiisii heeryada gumeysidiidka ahayd ee ku ollogga lahayd 1954 markii Dhulkii Hawd ee Kaydsanaa (*Hawd & Reserve Area*) la bixiyey, taas oo Cali ka galay halgan dheer sidii loo soo celin lahaa dhulkaas ay ummadda Soomaaliyeed leedahay, iyo tii gobannimo-doonka ahayd ee British Protoctrate of Somaliland oo ahayd dhulkuu ku dhashay, ku kacaamay ee uu kaga qaaday heeryada gumeystihii reer Ingiriis. 1960 israacii labadii gobol ee xorriyadda helay isku hayntooda iyo raadinta saddexdii maqnaa ayuu Cali iyana ku suntan yahay, kuwaas oo uu aakhirkii ka rejo dhigay, markii Cali uu waayey siduu wax u raadinaayey cid ula doonta. Cali markii uu mawduuc kasta ka hadlay ee uu waayey dhego weeleeya taladiisa iyo wax sheeggiisa waxa uu hadal ku soo meeray:"

> Ma hadhin, ma hadhin
> Hadal lays yidhaahdaa
> Hubsiimo hal baa la siistaa.

Professor Saalax Jaamac Xuseen waa saaxiibbadii Cali Sugulle midkood. Saalax waxa uu ugu horrayntii ka sheekaynayaa sidii ay halabuurka Cali isu barteen, waxana uu u sheegay Xusuus TV (Kanada) wax yar ka dib geeridii Cali, "Nin aannu ilmaadeer ahayn oo la odhan jiray Shire Maxamed Maaweel (AHUN) annaga oo markaas Lafoole aannu ku jirno, waxbarashana loo aado Maraykan iyo Yurub, ayaa 1968 aan ku idhi 'maxaad horta deeqaha waxbarasho ee USA wax uga doonan weydey oo u raaci weydey', markaas ayuu Shire igu yidhi, 'Waar sidee Alle kuu galay, miyaanad maqlin heesta Cali Sugulle soo saaray?' isaga oo ii mariyey:

> Amankaag iyo yaab, argagax,
> Abbaaya macaaneey hee?
>
> Ii sheeg maxaa kuu daran
> Abboowe macaanow hee?
>
> Af qalaad aqoontu miyaa?

Maya, maya, ma ahee

Af qalaad aqoontu miyaa?

Maya maya ma ahee
Waa intuu qofba
Eebbe geshaa

Ayay na la tahay annagee
Ma og tahay
Dib looma abuuro dadkee!

Professor Saalax: "Taas baa igu dhalisay in aan dheg gaar ah u taago, una digtoonaado heesaha la tilmaamo in uu Cali Sugulle lug ku leeyahay oo dhan. Markaas ka dib, Cali Sugulle ayaan bartay. Dadnimadiisii macaanayd, sheekadiisii xariirta ahayd iyo akhlaaqdiisii iyo kaftankiisii sundusiga ahaa oo aan weligii laga xiiso goynayn ayaan u dhaadhacay oo bartay ilaa aan shalay ku war helay geeridiisii (Jan 2016)."

Professor Saalax Jaamac waxa uu tacsidii Cali Sugulle, marka laga yimaaddo qoyskiisii, uu u diray af Soomaaliga oo uu tilmaamay in aanu ku ababin oo qudha ee uu Cali Sugulle wax ku kordhiyey sida 'afmiinshaar' oo isagii daalac loogu raacay, laguna xidhi gaadhey, ha yeeshee uu ka samato baxay.

Professor Saalax oo hadalka sii wata, "Cali Sugulle waxa uu inooga tegey dhaxal ballaadhan oo ah maktabad weyn oo gabayo, heeso iyo riwaayado ah oo aan ka xusuusto:

Subag weel ku daatay
Sina ku ma xumaado
Soomaalidii sinnaatay
Saxalkii baxyey oo samaatay
Nin lagu seexdow
Ha seexan
Xil baad siddaa

Ha seexan
Soo jeedoo
Si weyni u feejignow.

Cali Sugulle oo ahaa hormoodkii kooxdii Walaalaha Hargeysa
iyo odayaashii hobollada Waaberi waxa kale oo uu lahaa heesta
doqoni-ma-garatada ah ee lagu furo riwaayadaha Golaha Murtida
iyo Madaddaalada qaranka lagu dhigi jirey ee ay ereyadeeda ka
mid yihiin, ayuu Saalax yidhi:

Dadweynaha na hor yimow
Halka aad nagaga taallaan
Hore ayaannu u ogayne
Halkan waxaad u timaaddeen
Aan hagar lahaynba
Caawadaad naga heleysaan.

Waxyaalo badan oo aan hagar lahayn ayaynnu Cali Sugulle
ka helnay oo ay ka mid ahayd markii xukuumaddii rayadka
ahayd ee loo hanka weynaa ay muqdiga gashay ee safaaradaha
ajnebiga ahi ay Soomaaliya sida haadda baalasha looga guro ay u
rifayeen, dadkii aannu igmannayna ay biidhiqaatayaal noqdeen ee
ciidammadu ka soo gaadheen ee ay afgembiyeen, ayuu Professor
Saalax leeyahay, waa kii Cali lahaa heestii ugu horreysey ee dadka
isbeddelka ugu bishaareyneyey:

Turunturrootoo dhacday
Kuftay ayaad taqaan
Tallaabsan weydoo
Kuftay dhacday
Ayaad taqaane
Maxaad taqaan?

Professor Saalax Jaamac Xuseen oo ka tibaaxo bixinaya waxa
uu jeclaa ee aan dib loo heli doonin marka Cali la soo qaado,

waxa uu yidhi, "Waa aftahammadiisii uu dadka ku soo jiidan jirey
marka uu hadlayo. Waxa aan xusuustaa aniga oo yar magaalada
Muqdisho, marka 26-ka Juun iyo 1-da Luulyo soo dhowaadaan
ee Cali iyo Magool koox ay ka mid yihiin gaadhi fuuli jireen
iyo sida ay magaalada ugu wareegi jireen aftahamada uu Cali
hadalka ku jeedin jirey ee dadkuna iskood u soo bixi jireen ee ay u
dhegeysan jireen. Aniga oo yar sida aan u dhegeysan jirey aanan
weligay illaabaynnin, wax se aftahammadaas inooga hadhay oo
dhallinyaradu ku barbaartaa markii uu lahaa:"

> Calan buluug leh
> Baaxad iyo xoog leh
> Biliga innagaa leh
>
> Kuwii bilaabaye
> Dabkan baxaaya
> Belelinaayey
> Waa baayadooda
>
> Kuwii ka baydhay
> Bahdood ka leexdaye
> Boqonta gooyey
> Waa baabba'ooda
>
> Badhbadhaadhnay
> Gumeysi baaba'
> Waa baa beryey, bilicsan,
> Arooryo baxsan
> Maalin boqran.

Professor Saalax: "Waxa kale oo aanan illaabaynnin halkii uu
Cabdillaahi Suldaanna ka lahaa:

> Maggaabada hashaadaa ka roon maydhanaan kale
> Waxaa maraqa loo seesayaa Maayir yay jaqin.

Ee uu Cali na ka lahaa:

> Nimaan dhib gelini
> Ma helo dheefe
> Dhididaay
> Dhambala ciidda
> Ku dhuftaay!

Professor Saalax Jaamac waxa uu barbaarta filka cusub ee Soomaalida, dhulkii ha joogaan, qurbaha ha ku dhasheen ama iyaga oo carjaw ah ha yimaaddeene, ku dhiirrigelinayaa in ay baadi doonaan gabaydiisa iyo heesihiisa kuwooda aan caanka ahayn si ay u arkaan garaadkiisa, kasmadiisa, iyo xeeldheeridiisu heerka ay taagnaayeen, taas oo aan hubo in wax badan laga baran karo.

Waa run oo sida la isku raacsan yahay, Cali iyo halabuurkiisa wax badan baa u gaar ah. Ereyna la kala odhan og, Allena la kala baryi og. Dhinaca kale, Cali waxa halabuurkiisa hadheeya oo foolaad u ah aragti fog oo ku saabsan Soomaalida iyo sidii loo duudsiyey ee markii hore Ingiriis, Talyaani, iyo Faransiis dhulka Soomaalida u qaybsadeen una kala qaybiyeen, markii dambena u dhaxalwareejiyeen ee Itoobiya iyo Kenya dhulal Soomaalidu leedahay ugu wareejiyeen. Intaas waxa soo raacda oo suugaantiisa iyo riwaayadihiisu si xeeldheer uga hadlaan xoojinta iyo ilaalinta midnimada madhaafaanka ah, iswaaceensiga, isweheshiga, iyo wadajirka Soomaalida, sarraynta sharciga iyo caddaaladda, ka fogaanta qabyaaladda iyo maamul xumida, iyo ilaalinta dhaqanka toosan iyo aqoonta miiggan. Meelo badan oo arrimahaas ku saabsan buugga waa lagu la kulmi doonaa, waayo waxa soo celcelinayaa waa ahmiyadda ay leeyihiin iyo sida uu halabuurka Cali u la falgelayo ee xooggan xilliyadii kala duwanaa ee xidhiidhsanaa ee Cali uu wax halabuurayey. Cali waxa uu ka sii digayey halis badan oo shirqoollo iyo dabinno ah oo gumeysatadii la iska xoreeyey u soo maleegayeen Jamhuuriyaddii Soomaalida

ee curdinka ahayd, kuwaa oo ku taxnaa siyaasaddii gumeysiga
cusub ee dadyowgii gumeysiga iska xoreeyey garashadooda iyo
horumarkooda ummadeed lagu dabrayey, laguna mijoxaabinayey,
si ay asaaggood uga sii hadhaan, loona sii cabiidsado si dadban oo
dabbaal-joogto xeeleed iyo tabo qarsoodi ah dawladnimadooda
iyo madaxbannaanaantooda lagu maydhaamo.

XILLIGII GOBANNIMADOONKA

"Muqdishiyo Hargeysaba
Gudin iyo hangooliyo
Heellaa xoraysaye
Illayn hoobalkaan jirin
Libi sooma hoyateen!"

Suugaantu, gaar ahaan heelladu, waxa ay ahayd, horrayso iyo dambaysaba, isir kaalin weyn ka qaatay halgankii gobannimadoonka Soomaalida. Doorka wacyigelinta, qiiro-abuurka iyo guubaabada ayay suugaantu si mug leh u buuxisey. Cali Sugulle waxa uu hanaqaaday, qof ahaan, xilligii dadka Soomaalidu ay u oogsadeen hunjaalliga gumeystayaashii dhulalkooda kala haystey ee kala saanyadey iyo raadinta gobannimo ay ka qaataan, isla markaana la isla doonto israaca iyo midnimadooda. Waa markii uu abuurmayey wacyiga iyo garaadka waddaninnimo ee Soomaalidu, ee qabyaaladdu dhukuska iyo dhuumashada geleysey. Waxa laga korayey qolama ayaad tahay?, waxna loo guurayey, oo haybsiga iyo toyashadu ahaayeen, Soomaalinnimo—oo waxa lagu dhaadanayey, "Soomaali baan ahay".

Xilligii uu dhammaaday Dagaalkii Labaad ee Adduunku, waxa qaaradda Afrika wada martay neecow gobannimadaas lagu raad goobayey oo la doonayey in heeryada gumeysiga lagu gembiyo.

Soomaalidu waxa ay ka mid ahayd quruumihii halgankaas safka hore kaga jirey. Waa xilliyadii ay abuurmeen, saldhigyo siyaasadeedna bulshada ku dhex yeesheen, axsaabtii siyaasadda ee gobannimadoonka ahayd.

Waxa kale oo muhiim ah, oo uu Cali Sugulle ku indhadillaacsaday xilligii dareenka Soomaaliweyn uu samada ku shareernaa. Xilligii uu socdey Dagaalkii Labaad ee Adduunku, 1940-aadkii, waxa ay idil ahaan dhulalka Soomaalidu u gacan galeen Ingiriiska, marka laga reebo Jabuuti oo gacanta Faransiiska ku jirtey. Ingiriiska iyo Faransiiskuna waxa ay ahaayeen isku xulafo *ceeshoo-milix* ah. Ingiriisku waxa uu wakhtigaas sameeyey qorshihii ku saabsanaa in dhulalka Soomaalida oo dhan la hoos keeno calanka '*aanay cadceeddu ka dhicin*' ee boqortooyada Ingiriiska. Hase yeeshe, ayaandarro, taasi ma hirgelin markii dagaalku dhammaaday ee qaybo Talyaani-raac ahaa ay ku guuleysteen in Talyaanigu dib ugu soo laabto dhulkii Soomaalida, ee uu dagaalka ka hor haystey intii aan la jebin. Tallaabadaas oo dhabarka ka jebisey hindisihii Ingiriiska ee Soomaaliweyn, keentayna in Ingiriis ku galgasho, kuna cadha-burburo aayihii midnimo Soomaaliyeed ee loo heellanaa. Waa kii bixiyey Hawd iyo Aagga Kaydsan ee loo bixiyey *Haud and Reserve Area*, markii dambena, 1963, NFD ayuu Kenya ku daray. Cali Sugulle waxa uu ku dhex hanaqaaday ilmo-rogashooyinkaas siyaasadeed iyo isdiiddooyinkaas waaweyn ee xaqa Soomaalida lagu duudsiyayey.

Cali Sugulle waxa kale oo gaashaanqaadkiisu ku soo hagaagey, oo uu goobjoog u ahaa, ayaamihii dareenka waddaniga ah ee Soomaalidu uu cirka isku sii shareeray ee dhiillada weyni dhacday. Waa maalintii dhulkaas *Haud and Reserve Area* Ingiriisku ku wareejiyey boqortooyadii Xayle Salaase (28/02/1954).

> Dhallintii waddankiyo dhulkaannu nahoo
> Labood iyo dheddig wax meel dhigannoo
> Dhibtiyo xumihii dhammaan aragnoo
> Inaannu dhalinniyo inaannu dhimannooy
> Maantaan waxba nooga dhexaynayn.

Dhallintii waddankiyo dhulkaannu nahoo
Nimaan dhididini xornimo ma dhaxloo
Haddaanu dhirta korin daayeer ma dhergee
Annana ku dhaqaaqnay meel dheeroo
Inaan dhex tagniyo inaan dhimannooy
Maantaan waxba nooga dhexaynayn.
Dhallintii waddankiyo dhulkaannu nahoo
Afar baa dhiiggayaga gorfaha ku dhamoo
Markay ka dhergaanna dhabaqsada oo
Inaannu dhoofinniyo inaannu dhimannooy
Maantaan waxba nooga dhexaynayn.
Dhallintii waddankiyo dhulkaannu nahoo
Calankaad dhumiseen inaannu dhisno oo
Dharaar ka caddayno dhay geeloo
Inaannu dhidibniyo inaannu dhimannoo
Maantaan waxba nooga dhexaynayn.

Dareenka uu heelladan Maxamed Ismaaciil (Barkhadcas)
maalmahaas ku soo gudbiyey ayaa si dhab ah uga turjumayey
qiiradii iyo caloolxumadii Soomaalida gashay markii
dhaxalwareejintaasi dhacday. 'Afar baa dhiiggayaga gorfaha ku
dhamoo, markay ka dhergaan na dhabaqsada.' Saddex gumeysi oo
reer Yurub ah ayaa arlada Soomaalida kala haystey. Sannadkaana
(1954) waxa ku soo kordhay oo kala qaybintii dhulalka Soomaalida
qayb ka saanyadey, oo laga siiyey, gumeysi Afrikaan ah oo weliba
deris ah. Hengel ayay haweenku xidheen, ragguna weer cad buu
madaxa ku duubtay.

Dhulkaayagaa
Waw dhalannayoo
Waw dhimanaynaa
Dheddig iyo labood
Waw dhalannayoo
Waw dhimanaynaa,
—ayuu tiriyey Ismaaciil Sheekh Axmed (Cagaf), taa oo yar iyo

weyn, rag iyo dumar, la wada qaaday oo lagu hadaaqay.

Cali Sugulle, isaga oo barbaar ah, waxa uu dhex taagnaa oo goobjoog ka ahaa dhacdooyinkaas waaweyn. Waxa uu ka mid ahaa ardaydii ka soo baxday dugsigii gumeysiga. Shaqaalihii gumeysiga ayuu ka mid ahaa. Nin dhallinyaro ah oo adduunka aan ka oodnayn oo u ilfuran buu ahaa. Si kasta ha u dhallinyaraado e, waxa uu ahaa ilbax aqoon iyo waaya-aragnimo adduunka iyo waxa ka dhacaya si toos ah ugu xidhan, una fahmaya.

Kaalintii halgankii gobannimadoonka ee Cali Sugulle halkan ayay ka ibafurmaysaa. Badhtamihii 1950-aadkii ayuu halabuuray riwaayaddiisii ugu horreysey oo ka hadleysey arrin culus. Waa riwaayaddii *Ayay La Gembiya Gumeysiga?* oo ku saabasanayd bixintii dhulka Hawd. Cutubka riwaayadihii Cali Sugulle ee buuggan ku jira ayaynnu riwaayaddan ugu tegi doonnaa, se waxa ka mid ahaa:

> Ayaa Guullaheen gargaaraayoo
> Ayaa gobannimada garanaayoo
> Ayey la gembiya gumeystaha?

Heesta *Hayaan* oo qayladhaan ahayd ayaa riwaayadda ka mid ah:

> Haddaanan gumeyste waan la hodmee
> Haddaanan goynnin hanaqiyo halbowlaha
> Haddaanan dhulka heegan baan u ahee
> Anigu aan hoydee isagu hadhin!

Dhulkii la bixiyey ee Hawd iyo xaaladdiisa ayuu Cali Sugulle ku dhadhabayaa, waxa uuna lahaa:

> Mahiigaan gu'gii Masaarre helay
> Marqaan iyo Doollo maashee
> Maaweeli naftaydan kala maqan.

Qaarkii dambe ee tobansanaalihii 1950-aadkii, waxa kale oo Cali Sugulle halabuuray labada riwaayadood ee kala ahaa *Yarad Baaqsey* iyo *Ii Dhiib U Dhiib*. Ta hore waxa ay u garnaqaysaa hablaha iyo inamada xilliyadaas oo guurku yaraaday, ka dib markii xoolo badan lagu xidhay raggii guurdoonka ahaa marka soo doonidda habluhu dhacayso.

Heesta 'Hibooy amba waan ku haybinayee, inaabti ma ii hanweyntahay?' ayaa heesaheeda ka mid ah. Riwaayadda kale (*Ii Dhiib U Dhiib*) waxa ay ahayd wada sarbeeb gumeysidiid iyo gobannimadoon ah. Labadan riwaayadoodba waxa aynnu wax kaga faaqidi doonnaa qaybta riwaayadaha ee buuggan.

Axmed Faarax Cali (Idaajaa) ayaa barnaamijkiisa *Dhaqanka* ee idaacadda VOA laanteeda af Soomaaliga maalmihii Cali geeriyoodey kaga hadlay kaalintii Cali ka soo qaatay halganka Soomaalidu kala horjeeddey gumeystayaashii dhulkooda qabsaday ee kala qaybiyey, waxa uuna yidhi, "Cali isaga oo da'yar waxa ka soo go'day in hibada la siiyey uu Soomaalida ugu adeego. Goor hore ayay la ahaatay, addoonsi bay ku wada jirtaaye, in uu qabkooda fankiisa ku soofeeyo oo ku kiciyo. In uu waa la kala googooyeye qoqobka la dhex dhigay ka qaado, dibna isugu soo celiyo. In qabyaalad baa lagu sallidaye uu maanso iyo muusigba maankooda kaga tirtiro oo is-oggolaysiiyo. Hanweyn buu lahaa."

Idaajaa oo taas sii ambaqaaday: "Cali Sugulle, marna ballankaas uu naftiisa la galay kama uu bixin. Waxaa isugu mid ahaa dhulka Soomaalida ee kolba Ingiriis cad Itoobiya u goynayey. 1954, Hawd iyo Aagga Kaydsan oo Xayle Salaase la siiyey ayuu u baroortay—'Hawdow magacaa /Haybso calankaaga/ Soo hannaan raac /Oo haybso calankaaga.' waa kii ku heesay. Xamar iyo Hargeysa ayuu u halaanhalay. Jabuuti buu u dannaaniyey. NFD buu u ilmeeyey. Waxa ka go'day intaba in uu fankiisa ugu hiilliyo, gumeysiga dusha ka saaranna uu kaga rido."

Xilliyadaas yaboohinta gobannimada lagu foognaa iyo sannadihii ka dambeeyey, waxa ay ku beegnaayeen xilliyo kalaguur bulsheed. Magaalowga ayaa waddanka ku sii fidayey. Halabuurka Cali Sugulle waxa uu, dhinaca kale, la kowsadey xaaladdaas. Waxa

si fiican waagaas u tisqaaday hobolladii Walaalaha Hargeysa.
Cabdillaahi Qarshe, Xuseen Aw Faarax, Maxamed Ismaaciil
(Barkhadcas), iyo Ismaaciil Sh. Axmed (Cagaf) ayaa ka mid ahaa
foolaadkii iyo qammaamuurtii kooxdaas bud-dhigeenka u ahayd
aasaaskeeda ee uu halabuurka iyo fanka Cali saaxadda ugu yimi,
kana helay hiil iyo hoo'da, sida uu Cali Sugulle meelo kalana kaga
sii tibaaxo bixiyey. Geesta kalena, waxa dabka kulaalayey kooxihii
dhallinyarada wax baratay ka midka ahaa ee la baxay Almadar
iyo Kabacad ee ilbaxnimada iyo casriguna saamaynta weyn ku
yeeshay. Xilligaas waxa kale oo Cali Sugulle uu halabuurkooda
lahaa heeso badan oo kuwii qaraamiga ahaa ee loogu jecelyahay
ka mid ah ee aynnu ku soo aragnay qaybta noloshii jacaylka ee
Cali Sugulle, sida:

> Labadaydii lugood la kala laal
> Laascaanood luggooyo weynaa.

> Waddada bariyeey ku weheshadeye
> Warka iyo hayga deyn waraaqaha.

> Dakharkii cishqigaa i dooganayoo
> Dareemay oo waan damqanayaa,

iyo,

> Baroordiiqdu maydka waa ka badh
> Bagaanad islahayn biyaan qubay,

iyo qaar kale oo badan oo aynu xagga sare ku soo dheehannay.

XILLIGII XUKUUMADIHII RAYADKA

Gobannimadii uu Cali Sugulle isaga oo dhallinyar u soo heesay ee riwaayadaha u sameeyey la soo hadhkeeda, waxa la gaadhey 26-kii Juun 1960, iyada oo dhawr cisho ka dibna, 1-dii Julaay 1960, geestii Koonfureedna xorowdey, isla markaana dhulalkii la isla doonayey labo ka mid ahi israaceen (British Somaliland iyo Italian Somaliland).

Habeenkaas 26-kii Juun 1960, waxa uu Cali Sugulle ii sheegay—waraysiyadii aan la yeeshay—oo yidhi, "Habeenkaas laba dammaashaad baan ku jirey. Mar waxa aan ahaa aroos oo waxa aan Burco ku la aqal galay Saado Jaamac Geelle, minyaradaydii aan heesaha badan u tiriyey, marna waxa ku lammaanaa dabbaaldeggii weynaa ee 26-ka Juun." Dammaashaadyadii arooska iyo kii 26-ka Juun oo isku sidkanaa waxa uu Cali ka yidhi:

> Deeqdii Rabbi dawladnimadii
> Dammaashaad aroos dabbaaldegga
> Dadabtii galnay doogsinteedii

Dalkan iyo dadkii isdooni jiraan
Isdaaweysannaa oo laysku keen daray

Allaha deeqda iyo dushaba badan laa
Daryeelay dalka iyo dadkeennaba
Daayin baa mahad lehe dabbaaldega.

Dabbaaldeggaas iyo farxaddii gobannimada 26-ka Juun iyo
1-dii Julaay 1960 ee isa saarnaa, waxa uu Cali Sugulle kaga qayb
galay heesaha ay ka mid yihiin kuwooda ugu caansan, uguna
qaayaha badan:

Dhaaxaan gunnimiyo dhibaato mutay
Dhoomaha layga saaray dhinacyada
Dharaartaan gumeyste dhoofinayee
I dhaafayey soo ma soo dhicin

Dhaaxaa Gaalku qaatay dheeraad
Anigoon dhiman maalka layga dhaxlay
Dharaartii xaqayga lay dhigayey
Lay dhiibaayey soo ma soo dhicin

Dhaaxaan baqay sidaan dhufaan ahay
Dhiggay qaar aan ka dhawrsanayee
Dharaartaan asaaggay dhinac galay
Aan ku dherersaday saw ma soo dhicin

Dhaaxaa lay lahaa lagaa dhacanyoo
Dhowaaday oo waanigaa dhakhsadaye
Dharaartii walaalkay loo dhisayey
Aan hortii dhashay saw ma soo dhicin

Dhaaxaa hadalkaygu dhuumanayey
Dhabbacanaayey sidii aan dhalool ahay

Dharaartii codkaygu dhaadanayey
Aan dhawaaqa u hiishey saw ma soo dhicin.

Cali Sugulle, isaga oo la hadlaya dadkii madaxda ahaa ee la
doortay markii gobannimada la qaatay, waxa uu lahaa:

Duqaytidayadaay
Na daaddaheeya oo
Aan idin daba gallee
Noo dawyo bixiya
Dalka danta dadka
Aan isla doonanno

Waxaannu doonaynaa
Rag iyo dumarba
U doodaynnaa
U daalaynnaa
Inaynnu dab shidnaa
Dhammaan ku diirsannaa

Waxaannu doonaynnaa
Rag iyo dumarba
U doodaynnaa
U daalaynnaa
Inaan diin Islaamkiyo
Distoor ku dhaqannaa

Waxaannu doonaynnaa
Dib baynnu u dhacnee
Inaan filkeen ku dayanno
Inaan daryeel hellaayoo
Dedaalka kordhinnaa.

Halabuurka Cali Sugulle ee ku beegnaa xilliyadii xukuumadihii
rayadka ahaa ee gobannimo dabadeed dalka taladiisa mayalka u

soo qabtay, waa kan ugu xoogga iyo lixaadka badan. Sida aynu meelo kale ku xusnay, waa xilliyadii ay soo baxeen riwaayadaha Cali Sugulle ee ugu badnaa, uguna caanbaxsan. 1961–1969 waxa uu Cali halabuuray riwaayadaha *Himilo* (1961), *Xilgobeed* (1962), *Indhasarcaad* (1963), *Ma-Huraan* (1965), *Kala Haab Kala Haad* (1966), *Sheeg iyo Shareer* (1967), *Gobannimo* (1968), iyo *Ma Hadhin Hadal Lays Yidhaahdaa* (1969). Sida aynu qaybta riwaayadaha ee buuggan ugu tegi doonno, idil ahaan waxa uu halabuurkani xambaaray ujeeddooyin waaweyn iyo qaayasoorro culculus oo siyaasad, dhaqan, af, waxbarasho, dhaqaale abuur iyo gucummadiisa kala duwan, tacab waxsoosaar iyo hawl loo qumo oo dhidid iyo dheecaan la geliyo, diin iyo nolol raadin oo ceelal baacyo dhaadheer looga soo biyo dhaansanayo, si dhayal ahna aanu qof kastaa dawlis ugu raaridan karin. Waxa riwaayadahaas ku jira murti suugaaneed oo yaab badan oo ujeeddada riwaayad kasta ku sarjaran, iyada oo riwaayadaha qaarkood inta ay socdaan lagu wada xidhiidhayo hadal tix ama hawaareed oo xarafraac ama qaafiyad ku socda. Waxa suugaantaas laga dhex helayaa heeso caan ah oo la wada yaqaan, aan se iyaga iyo riwaayadaha ay ku jiraan la isu aqoon.

Tusaale ahaan, riwaayadaha *Xilgobeed, Ma-Huraan, Sheeg iyo Shareer, Kala Haab Kala Haad*, iyo *Gobannimo* waxa loogu tegayaa oo ku jira heesaha Soomaalida inteeda badani taqaanno ee hanaqaaday—sida aynu meelo hore ku soo xusnay—sida, 'Nin Lagu Seexdow ha Seexan', 'Hiddiidiiyooy Hiddii', 'Af Qalaad Aqoontu Miyaa', 'Boqorkii Quruxday', 'Waa Baa beryey', 'Midnimadeennii Mugday Gashay', 'Dhagax iyo Dab Lays kuma Dhuftee Kala Dhawraay!', 'Haddaan Dhimashoy ku Diido', 'Dherer iyo Laxaad', 'Intee Baynnu Joognaa, Ma Ifkii Baa Ma Aakhira?' 'I Maaweeli Weeli I Madaddaali Daali', 'Hooyadii Wanaagsani Ubadka Way Hagaajisaa', iyo qaar kale. Heesahaas waxa codadkooda dahabiga ah ku qaaday hobolladii Waaberi kuwii ugu cadcaddaa, hablo iyo inamaba—sida, Xaliimo Khaliif (Magool), Faadumo Cabdilaahi (Maandeeq), Maxamad Axmad Kuluc, Cismaan Maxamad Cabdikariin (Gacanlow), Cabdillaahi Qarshe, Xasan Diiriye, Maxamed Yuusuf Cabdi, iyo qaar wadajir loo qaaday.

Heesaha culus ee riwaayadahaas ku jirey waxa aynnu tusaale ugu soo qaadan karnaa ereyadan ka mid ahaa hees ku jirtey riwaayaddii *Himilo* oo muujinaysa halka Cali Sugulle iyo halabuurkiisuba ka taagnaayeen arrinta Soomaaliweyn, xoraynta dhulalkii maqnaa, iyo isla dooniddooda:

> Hawd aynu galloy
> Aan Wajeer hantinnow
> Aan Jabuuti helloy
> Shantu hays huwatoy
> Aan hal qudha noqonnoy
> Waa inaynu hellaa
> Ama aan hoyannaa
> Himiladeenna, himiladeenna.

Iyada oo halabuurka Cali Sugulle qaddiyaddaas si xoog leh ugu taxnaa mar walba, haddana waxa uu dareenkiisu sii kordhay markii xornimada la helay, labadii gobol ee Waqooyi iyo Koonfurina ay israaceen. Waxa uu naawilayey in gacanna lagu dhiso qarannimadii curdinka ahayd ee la helay, gacanta kalena lagu raad-goobo gobolladii maqnaa ee Soomaaliyeed. Cali taas marna maskaxdiisa kama ay bixin, kamana uu daalin wixii ka horreeyey Burburkii weynaa. Cali waxa uu lahaa, oo kale, midhaha heesta: *Hawdow Magacaa*[1]—oo ay ku luuqaysay Farxiya Cali Faarax (AHUN). Waxa ay ku beegnayd horraantii 1960-aadkii, laxankana waxa u sameeyay Maxamuud Ismaaciil (Xudeydi), AHUN:

I

> Nimaan la hadlin
> Hooyadii qadisee
> Hantidaadu lama
> Huraan weeyee

---

[1] Waxaa kale oo la sheegay in Xudeydi lahaa midhaha heesta. Faafiyaha (Garanuug).

Ha ka seexannin
Hawsha kuu maqan

Hawdow magacaaga
Haybso calankaaga
Soo hannaan raacoo
Haybso calankaaga.

II

Haaneeda oo
Caanihii hanbada
Hirqada oo
Horteen bannaan dhaha
Ha ka seexannin
Hawsha kuu maqan

Hawdow magacaaga
Haybso calankaaga
Soo hannaan raacoo
Haybso calankaaga.

III

Haadaamo iyo
Hog laguu qoday
Hoosiiska hogol
Ha moodina eey
Ha ka seexannin
Hawsha kuu maqan

Hawdow magacaaga
Haybso calankaaga
Soo hannaan raacoo
Haybso calankaaga.

Tusaale kale waxa ahaa heesaha ay ka mid yihiin 'Inta Ay Dhulkeennii' oo ka mid ahayd heesaha caanka ah, kuna jirtey riwaayaddii Indhasarcaad ee ka hadleysey dhaxalwareejintii NFD.

> Inta ay dhulkeennii
> Qoqobuhu dhex yaalliin
> Aan kala dhantaalnahay
> Haddaan dhimashoy ku diido
> Haddaan dhalashoy ku sheegto
> Haddaan dhaqashoy ku raadsho
> Haddaan dheregow ku doono.

Halabuurka Cali Sugulle waxa uu mar kasta ku suntan yahay, oo ka dhex muuqda xilli kasta, in uu dadka hawl iyo waxqabad u dirayo. Waxa uu halabuurka Cali Sugulle dadka ku baraarujiyaa oo tusayaa in xoogga iyo awoodda uu qofka Alle ku galladay looga gol leeyahay in ficil loo rogo oo wax lagu qabto manfac u leh naftiisa, dadkiisa iyo dalkiisa, waxna lagu soo saaro oo aan la dayicin ama la la seexan. Arrintaasi waa mid halabuurka Cali ku soo noqnoqota oo meelo badan lagu la kulmo marar iyo xilliyo kala duwan. Taas buu dadka u wada diraa madax iyo mijaba. Heesta Wallee nin hurdow hallowday dantaa waa ka mid halabuurkaas luxdan. Mas'uuliyiintii xukuumaddii 'Cawaro' (1967), ee gobannimada ka dib ka mid ahayd xukuumadihii rayadka ahaa, ayuu heestan ku baraarujinayey oo lahaa hurdada ka toosa. Maxamed Axmed Kuluc ayaa heestan qaaday, hablana waa ay la jiibinayeen:

KULUC:
> Hoosiis subixiyo cadceeddii hadha
> Hamase cawadaran habeennimo
> Wallee nin hurdow hallowday dantaa
> Sidaad ku heshaana waa hawl

HABLO:
> Hoheey nin hurdow hallowday dantaa

Hadhowna dib looma heli karo

KULUC:

Sidii hoorrigii hashiisu maqnayd
Naalleeye habacsane habkiisii
Wallee nin hurdow hallowday dantaa
Sidaad ku heshaana waa hawl

HABLO:

Hoheey nin hurdow hallowday dantaa
Hadhowna dib looma heli karo

KULUC:

Meel laysku hayoon heshiisi jirin
Habqanka qayladiyo hayaay timi
Wallee nin hurdow hallowday dantaa
Sidaad ku heshaana waa hawl.

HABLO:

Hoheey nin hurdow hallowday dantaa
Hadhowna dib looma heli karo

KULUC:

Waa lays holliyaa qofkii hagradaa
Hadhow loogu soo hagaagaa
Wallee nin hurdow hallowday dantaa
Sidaad ku heshaana waa hawl

HABLO:

Hoheey nin hurdow hallowday dantaa
Hadhowna dib loo ma heli karo.

Sida aynnu ugu tegi doonno riwaayadda *Kala Haad Kala Haab*
ee Cali, waxaa ka mid ah oo halkan soo geleysa, xilli ahaan iyo
ujeeddo ahaanba, heesta ka hadlaysa in awoodda iyo xoogga
dhulka la geliyo oo wax laga la soo baxo. Mar kale waa Maxamed
Axmed Kuluc:

Dherer iyo laxaad iyo
Dhumucba ina siiyoo
Ilaahay bay na dhammeeyee

Wax inaynnu ka dheefnaa
Xoogga laynoogu dhiibee

Hawl ku dhaqaaqa
Dheddig iyo laboodba
Hawl ku dhaqaaqa
Dhallinyariyo waayeelba
Hawl ku dhaqaaqa

Nimaan dhib gelini
Ma helo dheefe
Dhididaay!
Dhambala ciiddoo
Ku dhuftaay!

Halabuurka Cali Sugulle waa dahabi sawir wacan ka bixiya
nolosha iyo baahida ka dhex jirta iyo sida loo abbaari karo ee wax
looga qaban karo—xal iyo furdaamin ahaanteeda. Waxa uu ku
soo celceliyaa in tacab la galo oo nolosha la isku dheellitiro. In
la shaqaysto oo wax la taransado, qof qof (waaxid) iyo wadarba,
bulsho iyo dad ahaanba. In dhaqaalaha waddanka la kobciyo
dhinacyadana la wada hayo. Heestan waxa codad baxsan oo
qayuuri ah oo xaaddu ku kacayso ku qaaday Maxamed Axmed
Kuluc iyo Xaliimo Khaliif (Magool). Hoos baan isku weyddiiyey
mararka aan heesahan dhegeysanayey ee aan qorayey, 'tolow dib
ma la isu la heli doonaa saddexankan oo kale: Cali, Kuluc, iyo
Magool—markii aan dhegeystey codadka toolmoon, naaxiyadda
luuqeed, laxanka, iyo qotadheerida nuxurka midhaha heestan
Dhaqaalaheenna, ama kuwa kale ee badan ee u dhigma ee buuggan
ku jira, kana mid ah halabuurka Cali Sugulle. Inta badan, Kuluc iyo
Magool waxa ay qaadeen heesaha dananka sundusiga ah yeesha
ee debecsan ee Cali Sugulle, ha kala roganayeen (talantaalli) ama
keli keli ha u qaadaan, ama cid kaleba ha la qaadaane. Waxa kale oo
halkan soo gelaya raggii laxanka u faradhuudhuubnaa ee samayn
jirey ee heesaha saari jirey, sida Cabdillaahi Qarshe (AHUN),

Siciid Xarawo, Jiir, Xasan Garaydh, Axmed Naaji Sacad, Saalax
Qaasim, Axmed Rabsha (AHUN), iyo inta kale ee la midka
ahayd, iyo kooxdii ka dhawaajinta muusiggii dananka iyo reenka
badnaa ee Waaberi iyo kooxihii kale. Heestan *Dhaqaalaheenna*
waa ka mid kuwa ugu yaabka badan:

I

KULUC: Dhaqaalaheennaa
              Inaynnu dhawrnaa
              Nolosheennu ku dhisantee
              Dhinacaygaan xejinayaa

MAGOOL: Dhankayga waan adkaynayaa

KULUC: Waa dhaabaddaasoo
              Inoo dhexaysee
              Ha ii dhalliilin
              Ha dhoy la'aannin!

MAGOOL: Waan dheellitirayaa

II

MAGOOL: Dhurwaa rag weeyaan
              Dhacanta jiidhee
              Intay dhacaan bay
              Ku dhaatiyaan
              Dhaqaalaheennu
              Kuma dhisnee
              Dhinacaygaan xejinayaa

KULUC: Dhankayga waan adkaynayaa

MAGOOL: Waa dhaabaddaasi

Inoo dhexaysa
Ha iga dhuuman
Ha iga dheeraan

KULUC: Dhaar baan ka marayaa

III

KULUC: Xumaa ka dhawrsoo
Samaa ku dhiirroo
Dhega nuglowoo
Aan isdhawrno
Nolosheennu ku dhisantee
Dhinacaygaan xejinayaa

MAGOOL: Dhankayga waan adkaynayaa

KULUC: Waa dhaabaddaasoo
Inoo dhexaysee
Ha i dhalliilin
Ha dhoy la'aannin

MAGOOL: Waan dheellitirayaa

IV

MAGOOL: Dhib baan geleynnaa
Dheef baan heleynnaa
Wax dhuunigeenna
Waxna dharkeenna
Dhaqaalaheennu ku dhisanyee
Dhinacaygaan xejinayaa

KULUC: Dhankayga waan adkaynayaa

MAGOOL: Waa dhaabaddaasi
Inoo dhexaysee
Ha iga dhuuman
Ha iga dheeraan

KULUC: Dhaar baan ka marayaa

V

KULUC: Ubadka dhiiggiyo
Ku jira dhuuxaa
Wax u dhaqnaado
U sii dhisnaa
Nolosheennu ku dhisantee
Dhinacaygaan xejinayaa

MAGOOL: Dhankayga waan adkaynayaa

KULUC: Waa dhaabaddaasoo
Inoo dhexaysee
Ha i dhalliilin
Ha dhoy la'aannin

MAGOOL: Waan dheellitirayaa

KULUC: Dhinacaygaan xejinayaa.

MAGOOL: Dhankayga waan adkaynaa

KULUC: Waa dhaabaddaasoo
Inoo dhexaysee
Ha i dhalliilin
Ha dhoy la'aannin

MAGOOL: Waa dhaabaddaasi

> Inoo dhexaysee
> Ha iga dhuuman
> Ha iga dheeraan

KULUC:

> Dhaar baan ka marayaa
> Dhaar baan ka marayaa.

Xilligan gobannimada ka dib, Kacaankiina ka horreysey, waxa jira iyaguna heeso door ah oo uu Cali halabuuray, kuwaa oo aad loo yaqaan oo ujeeddooyin kala duwan lahaa—jacayl, wacyigelin, dareenkii shacbiga, dhulalkii maqnaa, iyo diiniba. Heestan soo socota oo ay qaadday Shamis Abokor (Guduudo Carwo) (AHUN) ayaa heesahaas ka mid ah. Ayaamaha farxadda iidaha ayaa la saari jirey idaacadihii Hargeysa iyo Muqdisho:

> Haddii diinta la raaco
> Dariiqii Nebigeenna
> Dadku aanu ka baydhin
> Xaqaa soo degi laaye,
>
> In laynoo denbi dhaafo
> Daacad aynnu ku ciidno.
>
> Haddaan laysu darraynoo
> Daacad aynnu ahaanno
> Abidkeen isdareemin
> Dhulkeennaa durki laaye,
>
> In laynoo denbi dhaafo
> Daacad aynnu ku ciidno.
>
> Haddaynnaan isdilaynoo
> Dhulka aynnaan degaynnin
> Cirkaa noo di'i laayoo

Dhulkaa doog noqon laaye,

In laynoo danbi dhaafo
Daacad aynu ku ciidno.

Haddaynnaan ducadeenna
Isyeelyeel ku daraynnin
Iyadoo isku duuban
La ma soo daldaleene,

In laynoo danbi dhaafo
Daacad aynnu ku ciidno.

Heesaha kale ee munaasibadaha iidda iyo dabbaaldegyada kale
ee calansaarka, iyo wixii la mid ah, la xidhiidha ee Cali Sugulle,
waxaa ka mid ah heestan kale, waxana qaaday Kuluc, Alle ha u
naxariistee:

Waa maalin ciidoo
Carradaynnu leennahay
Cirkeenniyo dhulkeennaba
Laga wada ciyaaree.

Calankaynnu leennahay
Lagu wada caweeyoo
Lagu caafimaadee.

Waa maalin curadoo
Cimri ina ku simayoo
Cirkeenniyo dhulkeennaba
Laga wada cayaaree.

Calankaynnu leennahay
Lagu wada caweeyoo
Lagu caafimaadee.

Waa maalin ciyiyoo
Caado aynnu leennahay
Cirkeenniyo dhulkeennaba
Laga wada cayaaree.

Calankaynnu leennahay
Lagu wada caweeyoo
Lagu caafimaadee.

Shimbirayohow Heesa waa heesihii xilligaas curashadoodu ku
beegnayd ee macnaha badan ka turjumayey. Cali Sugulle marka
aad midho uu leeyahay la kulanto, isagii ayaa kaa soo dhex
eegaya oo aad arkaysaa qooraansigiisa. Jaahiisii ayaa kaaga dhex
muuqanaya. Inta badan la ma garan waayo halabuurka Cali. Waa
jaadgooni wax badani u gaar yihiin, sidaynnu meel hore wax kaga
soo tibaaxnay. Heestan *Shimbirayohow Heesa* waa ka mid kuwaas
Cali uu kaa soo dhex qoollaalinayo. Af Soomaaliga fudud, ee
haddana murtida iyo qotadheeraanta leh weeye sirtu. Xaliimo
Khaliif (Magool), AHUN, ayaa heestan qaadday xilligii israaca
wax yar ka dib, markii labadii bulsho ee labada gumeysi kala
haystey, ee isu yimi, meelaha qaar xagga fahamka nolosha iyo
afka ku kala yar duwanaadeen xilliyadii bilowga ahaa ee aan weli
la isneef oggolaan, welina la isla qabsan ee aan si wacan la isu la
falgelin:

Shimbirayahow heesa
Heesa, heesa, heesa
Hees wanaagsan heesa
Hadhkan soo fadhiista
Kaalaya hortaydoo,

Hees wanaagsan heesa
Shimbirayahow heesa.

Hawdaan xulaayoo
Hagardaamadiisaa
Hawlahay luraayaa
Hiibatooyinkoodaa
Hibo aan ku gaadhiyo
Hoodo waayi maayee.

Shimbirayahow heesa
Hees wanaagsan heesa.

Hoodo aan ku gaadhiyo
Hibo waayi maayee,
Shimbirayahow heesa
Hees wanaagsan heesa.

Caashaq waa halboowlee
Waa hir soo kacaayaa
Ruux kastoo halyeeyaa
Maalintuu haleelo
Hurdo seexan maayee
Boowe hay la yaabine,

Shimbirayahow heesa
Hees wanaagsan heesa.

Hurda seexan maayee
Boowe hay la yaabine,
Shimbirayahow heesa
Hees wanaagsan heesa.

Jacaylkii horreeyey
Cilmi baa halleelay
Anna ii hillaacyoo
Haamadayga raacshee

Waa inaan hallaaboon
Haadda la cayaaree,
Shimbirayahow heesa
Hees wanaagsan heesa.

Waa inaan hallaaboon
Haadda la cayaaree,
Shimbirayahow heesa
Hees wanaagsan heesa.

Xilligaas 1960-aadkii waxa ay ku beegnaayeen bilowgii berisamaadkii fanka iyo sannadihii dardaraha jacayl uu baalkiisu taagnaa. Riwaayadda oo hangalka la soo kacday wayaadaas iyo kuwii ka dambeeyey, waxa ay noqotay isir wax kasta lagu dhex cabbiro. Sheekooyinka xidhiidhsan ee geerarrada riwaayaddu ku socoto waxa dhextaal u noqday heeso ku xidhan qisada riwaayaddu metelayso, ama waxa jiri jirey heeso suke ah oo aan riwaayad la socon, kana turjumaya xaalad gaar ah oo iyana iskood u soo shaacbaxa. Cali Sugulle waxa heesihii jacaylka ahaa ee xilliyadaas uu halabuuray ka mid ah heesta *Kani Waa Hanadkii*— waxa qaadday Xaliimo Khaliif Cumar (Magool). Kaydka Radio Muqdisho waxa ay gashay 12.04.1965. Midhaha iyo laxankaba waxa lahaa Cali Sugulle. Xilliga heestu kaydka idaacadda gasho iyo xilligii ay soo baxday waa ay kala horreeyaan oo kaydintu, inta badan, mar dambe ayay dhaqan gashaa:

Hablo waa raggii oge
Anigaa helayee
Kani waa hanadkii
Nafta aan hayee
Waa inaan ku hirtaa
Marley aan holliyaa.

Anoon haybin adduun
Waan heshiin karaynnaa

Kani waa hanadkii
Nafta aan hayee
Waa inaan ku hirtaa
Marley aan holliyaa.

Halla yaanu lahaan
Way hoggaamin karaa
Kani waa hanadkii
Nafta aan hayee
Waa inaan ku hirtaa
Marley aan holliyaa.

Hanad waa ninkii
Hawlkar noqdee
Way horseedi karaa
Kani waa hanadkii
Nafta aan hayee
Waa inaan ku hirtaa
Marley aan holliyaa.

Heestan *Ha Meermeerin* waxa ay ka mid tahay heesaha Cali Sugulle ee doorka wacyigelinta dhaqammada taban ee bulshada ka digistooda u taagan. Waxa laxanka saaray Cabdillaahi Qarshe (AHUN), isagaana qaaday oo ay la jiibinayeen hablo. 1966 ayay qolka kaydka heesaha ee Radio Muqdisho gashay.

QARSHE: Naa hooy maahee
              Ha meermeerin
              Haddaad maqan tahay
              Habeenka madow
              Mashaqadiisiyo sharkiisa
              Ayaydun moogtiin.

HABLO:

Ma meermeernee
Habeenka madow
Mashaqadiisiyo sharkiinna
Ayaa na moodsiin.

QARSHE:

Naa hooy maahee
Dunidu maalin qudhoo
Sidii malab la leefo
Naa hooy maahee
Madhan maysee
Adoo fartaa ka muudsan.

HABLO:

Ma meermeernee
Habeenka madow
Mashaqadiisiyo sharkiinna
Ayaa na moodsiin.

QARSHE:

Naa hooy maahee
Sidaad mooddood
Malaynaysood
Noqon maysee.

HABLO:

Ma meermeernee
Habeenka madow
Mashaqadiisiyo sharkiinna
Ayaa na moodsiin.

QARSHE:

Naa hooy maahee
Magaalo dhexdeed
Hadduu muuqaa badnaado
Naa hooy maahee
Waxaad mudantahay
In magacaagu guuree.

HABLO:

Ma meermeernee
Habeenka madow
Mashaqadiisiyo sharkiinna
Ayaa na moodsiin.

QARSHE:

Ha meermeerin
Haddaad maqantahay
Habeenka madow
Mashaqadiisiyo sharkiisa
Ayaydun moogtiin.

HABLO:

Ma meermeernee
Habeenka madow
Mashaqadiisiyo sharkiinna
Ayaa na moodsiin.

Heestan kalena waxa horraantii 1960-aadkii qaaday, laxankana u sameeyey, hoobalkii Rashiid Bullo (AHUN) oo ay hablo na la jiibinayeen, waana ka mid heesaha Cali Sugulle ee loogu jecel yahay. Xilligaas ay soo baxday ayaa Rashiid Bullo Cadan tegey oo heestan ka qaaday, bulshadii Soomaaliyeed ee Cadan degganayd ay ka daba dhaceen. Sida Rashiid laga weriyeyna ay maal badan u hureen.

RASHIID:

Adaa haweeyaay
Halbowlahayga
Gudin ku heeree
Waad hawl badnaatoo
Waad ii hillaacdee
Xaggee Habbooneey
Lagaa helaa?

HABLO:

Adaa halyeeyow
Halbowlahayga
Gudin ku heeree
Waad hawl badnaatoo
Waad ii hillaacdee
Xaggee halyeeyow
Lagaa helaa?

RASHIID:

Hiyiga laabtaan
Kugu hayaayoo
Hadal bilaashee
Hadmaad ducaysaa?

[*Dhextaal beydka hore ah iyo jiibta hablaha.*]

RASHIID:

Hadiyo goorba
Hurdo ma seexdoo
Intaan hillaabtaan
Isla hadlaa.

[*Dhextaal iyo jiib*]

RASHIID:

Haween dhibtoodaa
Halkaa i geysoo
Waxaa hubaala
Inaan hallaabaa.

[*Dhextaal iyo jiib*]

RASHIID:

Aday horjoogoon
Ku haybiyaayee
Halkaad wax yeeshaa
I hafeefanaysee.

[*Dhextaal iyo jiib*]

RASHIID:

Madheedhka hawdiyo
Damal hadhweyneey
Daruurta hoortiyo
Hoobaan la moodyeey.

Adaa Haweeyaay
Halbowlahayga
Gudin ku heeree
Waad hawl badnaatoo
Waad ii hillaacdee
Xaggee Habbooneey
Lagaa helaa?

HABLO:

Adaa halyeeyow
Halbowlahayga
Gudin ku heeree
Waad hawl badnaatoo
Waad ii hillaacdee
Xaggee halyeeyow
Lagaa helaa?

Heesaha kale ee jacaylka miiggan ah ee uu Cali Sugulle halabuuray sannadihii 1960-aadkii, waxaa ka mid ah heestan ay wada qaadeen Cismaan Maxamed Cabdikariim (Gacanlow) iyo Xaliimo Khaliif Magool. Waa heesta *Daahir iyo Deeqa*. Heestan waxa idaacadda Radio Muqdisho loo duubay, Cali Sugullena loo diiwaan geliyey 1967. Heestani waxa ay ku jirtay, baa la weriyey, riwaayad uu lahaa Saxardiid Maxamad Jabiye, AHUN, oo isla lixdanaadkaas ahayd. Sida jirta heeso badan baa jira oo abwaan riwaayad sameeyey uu ka soo qaatay abwaan kale oo uu riwaayaddiisa ku daraa. Waa arrin in badan la arko, riwaayado door ah lagu la kulmo.

MAGOOL: Daahir, arammidaadii

GACANLOW: Deeqa aroor san weeyee

MAGOOL: Daahir, arammidaadii
Waxay uurka jiiftoo
Afka aan ka dhawroo
Ka adkaysan waayee
Saw aroor san maahaa?

GACANLOW: Nin aqoon kefeysiyo
Edeblaan ahaayee
Arrin aanan ogeyn baa
Anfariirka keenee
Hadalka oogta ka caddee.

MAGOOL: Daahir, arammidaadii

GACANLOW: Deeqa aroor san weeyee

MAGOOL: Daahir, arammidaadii
Sidii ayro geeloo
Ilmihii ka daabtaan
Waxaan ololo fiidkii
Ka adkaysan waayee
Saw aroor san maahaa?

GACANLOW: Eebadaay dhigaayee
Aynigaaga daadumi
Uur-ku-baalle maahiye
Hadalka oogta ka caddee.

MAGOOL: Daahir, arammidaadii

GACANLOW: Deeqa, aroor san weeyee

MAGOOL:

Daahir, arammidaadii
Waxaan oonta diideen
Ammin Qays u baaqaba
Ka adkaysan waayee
Saw aroor san maahaa?

GACANLOW:

Umalkaad la goohdee
Anficiina kaa jaray
Uur-ku-baalle ma ihiye
Hadalka oogta ka caddee.

MAGOOL:

Daahir, arammidaadii
Arrin dhalad la' maahee
Adaa aay jafaayee
Arbow weeye guurkuye
Saw aroor san maaha?

GACANLOW:

Nin ardaa u hoydoo
Anficii hadhuudh yahay
Arrin guur ma haybshee
Ereygaa ha ii celin.

Heesaha kale ee jacaylka ah ee aan duugoobin, ee 1960-aadkii
ka soo jeeda, waxa kale oo aynu ka soo qaadan karnaa hees ka
mid ah kuwa loogu jecel yahay ee foolaadka ah. Waa heestan ay
kala rogtaan Maxamed Axmed Kuluc iyo Faadumo Cabdillaahi
Kaahin (Maandeeq) ee: *Bal Kaalay Bilaneey, Bal Kow Baxsanow.*

I

KULUC:

Bal kaalay Bilaneey
Aan kuu warramee

MAANDEEQ: Bal kow Baxsanow
Aan kaa guro eey

KULUC: Kaskayga haween
Mid ka la simaneey
Kumaan seexan
Kumana sara kicineey

MAANDEEQ: Bal kaalay Baxsanow
Aan kuu warramee

KULUC: Bal kow Bilaneey
Aan kaa guro eey

MAANDEEQ: Kaahii waaberow
Mid ku la mid aheey
Kolleyba lama korin
Adoo kale eey

II

KULUC: Bal kaalay Bilaneey
Aan kuu warramee

MAANDEEQ: Bal kow Baxsanow
Aan kaa guro eey

KULUC: Kalgacalkaagii waan
Kurbanayaayeey
Korkaygana waad
Ka aragtaayeey

MAANDEEQ: Bal kaalay Baxsanow
Aan kuu warramee

KULUC:

Bal kow Bilaneey
Aan kaa guro eey

MAANDEEQ:

Kadmaye amba
Kula mid baan ahayoo
Kalgacalkaagii waan
Kurbanayaayeey

III

KULUC:

Bal kaalay Bilaneey
Aan kuu warramee

MAANDEEQ:

Bal kow Baxsanow
Aan kaa guro eey

KULUC:

Kaw baan ahayoo
Layma kaadinayee
Karaankaaga hay
La kala hadhineey

MAANDEEQ:

Bal kaalay Baxsanow
Aan kuu warramee

KULUC:

Bal kow Bilaneey
Aan kaa guro eey

MAANDEEQ:

Kufaye adigaa
I kicinaayee
Waxaan karo waan
Kordhinayaayeey

IV

KULUC:	Bal kaalay Bilaneey Aan kuu warramee
MAANDEEQ:	Bal kow Baxsanow Aan kaa guro eey
KULUC:	Waynaka isu keennay Ee kulannee Kadabaa calaf Haysu keen simo eey
MAANDEEQ:	Bal kaalay Baxsanow Aan kuu warramee
KULUC:	Bal kow Bilaneey Aan kaa guro eey
MAANDEEQ:	Kaygii uu Rabbi Keenay baad tahayoo Kaalmeeye Allay Isku keen darayeey.

Heesaha kale ee xilligaas lixdamaadka dabayaaqadiisii ku beegnaa waxa ka mid ah *Aan Is Helno, Aan Hananno*—oo ay wada qaadeen Axmed Mooge Liibaan iyo Xaliimo Khaliif (Magool). Heestan, Xaliimo Khaliif (Magool) ayaa haasaawaha iyo daandaansiga ku horraynaysa oo odhanaysa:

Hubqaadkaaga wanaagsan
Hannaankaaga oo wacan
Ayaa i halabsanayee

Ila hadal adigaan
Ku hanweynahaye.

Axmed Moogena waxa uu ugu jawaabayaa:

Sidii hillaac indhihii
Kugu haftoo
Hoobaan ku moodiyo
Hir doog lee
Ii hoggaansan adigaan
Kuu hanuunsanahee.

MAGOOL: Aan heshiinno
Aan wada haynno
Ii hilow waan
Kuu heellanahee.

AXMED: Aan is helno
Aan is hananno
Ii hilow waan
Kuu heellanahee.

MAGOOL: Sida hogol da'aysoo
Loo qabo harraad weyn
Ayaan kuu handanayaa
Ila hadal adigaan
Kuu hanweynahee.

AXMED: Heddaydii adigaa
U halis oo
Halbawlihii wadnahaad
I haysaaye
Ii hanuunsan adigaan
Kuu hanuunsanee.

MAGOOL: Aan heshiinno
Aan wada haynno
Ii hilow waan
Kuu heellanahee.

AXMED: Aan is helno
Aan is hananno
Ii hilow waan
Kuu heellanahee.

MAGOOL: Amba waan halcanayaa
Kuu hafeefanayee
Hilbahay damqanayee
Ila hadal adigaan
Kuu hanweynahee.

AXMED: Hawlihii kalgacalkaa
Ina haystoo
Hagran maayo wixii
Aan hidiyee
Ii hoggaansan adigaan
Kuu hanuunsanahee.

MAGOOL: Aan heshiinno
Aan wada haynno
Ii hilow waan
Kuu heellanahee.

AXMED: Aan is helno
Aan is hananno
Ii hilow waan
Kuu heellanahee.

XILLIGII TAWRADDA

Oktoobar 15, 1969, madaxweynihii Jamhuuriyadda Soomaaliya, Cabdirashiid Cali Sharma'arke (AHUN) oo sodcaal ku joogey Laascaanood, ayaa waxa toogasho ku diley mid ka mid ahaa ilaaladiisii. Habeenkii Oktoobar 21, 1969, waa-soo-dhowaadkii, ayaa afgembi ay ciidammada qalabka sidaa taladii markaas heedaddawsanayd ee waddanka ku la wareegeen. Cali Sugulle waxa uu ka mid ahaa dadkii, gaar ahaan, halabuurkii hanqalka la kacay markii hore ee isbeddelkaas ciidammada qalbiga furan ku soo dhoweeyey. Soomaalidu, inteeda badan, si togan ayay Kacaanka u soo dhoweysey, waayo isbeddel ayaa loo baahnaa, ka dib markii xukuumadihii rayadka ahaa, ee tayada iyo tamarta yaraa, ku guuldarraysteen in ay ka jawaabaan baahidii bulsheed ee ka sii daraysey sagaalkii sano ee gobannimada ka dambeeyey.

Cali Sugulle waxa uu ka hadlay, wada sheekaysigii aannu yeelannay 2008, afgembigaas—waxa aanu yidhi: "Markii afgembigu dhacay, tiyaatarka waxa maareeye ka ahaa Maxamed Xaashi Cabdi, aniguna hobollada ayaan haystey oo u madax ahaa. Maxamed baa safiir laga dhigay, anna tiyaatarkii baa la ii dhiibey isla markii Tawraddu dhalateyba." Cali Sugulle oo habeenkii afgembigu dhacay ka hadlaya, waxa kale oo uu yidhi, "Habeenkaas anigu war moogaan ahaa. Waxa aan ogaa iyada oo Cabdirashiid (AHUN) barqadii la aasay oo la yidhi, 'lama bixi karo oo waa xaalad degdeg ah'. Gurigaygaan iska joogey. Waxa habeenkii markii ay 2:00 saac ee nuskii dambe ahayd, albaabka igu soo garaacay nin aannu jaar ahayn oo Aadan Cabdulle Cismaan xoghaye u ahaa. Waan soo degey oo albaabkii baan furay. Xuseen Kulmiye Afrax oo dirayskii ciidammada gacanta ku sita ayaa ii taagan. Cabdulqaadir Xaaji Masalle iyo Jaamac Cali Jaamac oo askar wata ayaa la socdey. Anigu, madaxnimada hobollada ka sokow, Guddida Faafreebka ee idaacaddana waan ka mid ahaa, oo Yuusuf Cali Samatar ayaa guddoomiye noo ahaa. 'Waar maxaa dhacay?' baan idhi. 'Waar wax weyn baa dhacay ee ina keen oo gaadhiga soo fuul.' bay yidhaahdeen. Kaydkii xogta idaacadda ayay i keeneen oo gal igu yidhaahdeen, heesana ka soo xul idaacadda la saaro marka ay soo gasho, oo Kacaan baa dhashay ciidammadu sameeyeene, afgembigaa ku habboon."

Cali oo taas ka sii ambaqaaday: "Waxba iyaga u ma diyaar ahayn, sida dunida kale ee afgembiyadu ka dhacaan; sidii Jamaal Cabdinaasir iyo Qaddaafi waxba meel u ma ay sii oollin. Waxa aan baadhbaadhay kaydkii heesaha ee idaacadda oo aan hore uga shaqayn jirey. Waxa aan u saaray heesihii hore ee gobannimada ee ay ka mid ahaayeen: *Dhallintii waddankiyo dhulkaannu nahoo*, iyo *Waw dhimanaynaa dhulkayagaa*, oo sida ay u kala hoorreyaan ay u kala lahaayeen Maxamed Ismaaciil (Barkhadcas) iyo Ismaaciil Sh. Axmed (Cagaf), iyo heesihii kale ee waddaniga ahaa, sida: *Nin lagu seexdow ha seexan!* iyo *Waa baa beryey bilicsan*—oo aan anigu lahaa."

Cali waxa uu ka sii hadlayaa arrintaas, waxa uuna yidhi, "Heesihii baan soo saarsaaray, waana kala naqeeyey. Kuwii hore qaar bay diidi jireen, kuwan direyska sitaana kaba sii daran! 'Maxay ku la tahay?' bay igu yidhaahdeen. 'Magool u yeedha' ayaan ku idhi. Magool iyo kooxdii wax tumeysey ayaa la soo

qaaday oo la keenay idaacadda. Waxa aan idhi, Magooleey waxa
aad tidhaahdaa:

Inaan tirnaayoo
Qabiilo tuurnoo
Isu tagnaan
Talo ku goynee
Loo taagan yahaye.

Maxaad taqaan?
Toobiye weeyaan
Lagu tisqaadee
Maxaad taqaan?
Waa loo tartamayaa
Maxaad taqaan?

Turunturrootoo
Kuftay ayaad taqaan
Tallaabsan weydoo
Dhacday ayaad taqaan
Taladii seegtoo luntay
Ayaad taqaanee
Maxaad taqaan?

Tabiyo xoogiyo
Tamaradeennoo
Isu tagtaan
Talo ku goynee
Loo taagan yahaye.

Maxaad taqaan?
Toobiye weeyaan
Lagu tisqaadee
Maxaad taqaan?

Waa loo tartamayaa
Maxaad taqaan?
Turunturrootoo
Kuftay ayaad taqaan
Tallaabsan weydoo
Dhacday ayaad taqaan
Taladii seegtoo luntay
Ayaad taqaanee
Maxaad taqaan?

Wuxuu tebaayaye
Dadku ku taamay
In loo taraan
Talo ku goynaye
Loo taaganyahaye.

Maxaad taqaan?
Loo taaganyahaye
Maxaad taqaan?
Toobiye weeye
Lagu tisqaadee
Maxaad taqaan?
Waa loo tartamayaa
Maxaad taqaan
Tari kartaa?

Turunturrootoo
Kuftay ayaad taqaan
Tallaabsan weydoo
Dhacday ayaad taqaan
Taladii seegtoo luntay
Ayaad taqaanee
Maxaad taqaan
Tari kartaa?"

Cali Sugulle waxa uu ii sheegay in barqadii markii ay ahayd saacaddu 11:00, heestaas oo Magool qaadayso idaacadda la soo saaray, "annaga oo cod-baahiyaha tooska ah aannu joogney ilaa 2:00 habeennimo ee habeenkaas, ilaa markaas uu heestan hawada u lalinayey." Cali Sugulle oo ka hadlay sida heestani maskaxdiisa ugu soo dhacay, waxa uu yidhi, "Cabdillaahi Caabbi Faarax markii aannu Muqdisho tagnay, israacii ka dib, 1961, ayaa waxa uu yidhi, 'Waar nimanyahow shaw Muqdisho *ayaad* taqaan mooyaane, *maxaad* taqaanba laga ma yaqaan!' Waxa aan xasuustay xigmaddaas Cabdillaahi Caabbi (AHUN), dabadeedna halkaas baan ka tixraacay oo heestaasi *Kuftay dhacday* ka dhalatay, subaxdii Afgembigu dhacayna idaacadda laga saaray."

Cali isaga oo heestan weli ka sii hadlaya, waxa kale oo uu yidhi, "dadku waa belaayo. Waxa ay suuqa kaga darsadeen heestan, isla maalmo yar ka dibna soo baxday oo faaftay:

Taladii boobtaye
Maxaad taqaan?
Turuqyo weynow
Maxaad taqaan?
Tuutaad qabtaaye
Maxaad taqaan
Aad tari kartaa?!

Axmed Saleebaan Bidde, oo VOA laanteeda af Soomaaligu halabuurka Cali iyo sooyaalkiisa wax ka weyddiisey maalmihii uu geeriyoodey, 2016, waxa uu tilmaamay in Cali kolkii hore uu Kacaanka isbarbar taagey oo taageeray. Waxa uu Axmed tusaale u soo qaatay heesta Cali ee ay midhaheeda ka mid ahaayeen:

Dantu wada jir weeye
Daryeel aynnu gaadhno.

Ereyadan Axmed Saleebaan Bidde soo qaatay waxa ay ka mid ahaayeen heestan *Oktoobar Waa Daruur Hillaacday*, oo

uu laxankeeda iyo codkeedaba lahaa Axmed Naaji Sacad,
Cali Sugullena uu halabuuray horraantii 1970-aadkii. Waxa
ay muujinaysaa farxad iyo rayn rayn lagu soo dhoweynayey
isbeddelka dhacay, ballanqaadyadii iyo waxqabadkii isla markiiba
la jaanqaaday. Waa dharaarihii qabyaaladda la duugayey, isku
duubnida iyo wadajirka ummadeedna la xoojinayey. Oktoobar
waa bishii uu afgembigii ciidammadu dhacay.

Oktoobar waa daruur hillaacday
Oo Soomaali u da'doo
Ay ku doogsadeene.

Dalkii baa iftiimay, Oktoobar!
Dadkii baa riyaaqay, Oktoobar!
Dulli baynu tuurnay, Oktoobar!
Qabiil baynu duugney, Oktoobar!

Xooggii baa dedaaloo
Xukunkii dalka haystee
Dadkiina wuu ku raacee
Hambalyo diirran hooya.

Dantu wadajir weeyee
Daryeel aynnu gaadhnoo.

Oktoobar waa daruur hillaacday
Oo Soomaali u da'doo
Ay ku doogsadeenoo.

Waagii baa dillaacay, Oktoobar!
Dabkii baa la qaaday, Oktoobar!
Xaqii baa la doonay, Oktoobar!

Xooggii baa dedaaloo
Xukunkii dalka haystee

Dadkiina wuu ku raacee
Hambalyo diirran hooya.

Dantu wadajir weeyee
Daryeel aynu gaadhno.

Heesaha kale ee wacyigelinta iyo guubaabada ahaa ee Cali halabuuray ayaamihii Kacaanku xoorka lahaa, ee aan sida tooska ah la iskaga hor iman, waxaa ka mid ah saddexdan heesood ee aynu hoos ugu tegi doonno ee ka hadlaya in waxqabad loo dhaqaaqo: 'hadal yar iyo hawl badan'. Heesta hore ee soo socotaa waa hogatus, dhiirrigelin, iyo dardaaran xooggan. Cali Sugulle waxa uu u taagnaa mar walba, sida aynu meelo badan oo buuggan ka mid ah kula kulannay, kaalinta in la helo madax u heellan waxa loo igmaday oo xilalkooda si hagar la'aan ah uga soo baxda oo oofisa ballanqaadyada ay galaan iyo shacab u hanuunsan hawl iyo waxqabad. Heestan waxa ay soo baxday 1975. Laxanka waxa saaray Axmed Naaji Sacad, waxana si layaab leh u qaaday hobolladii qaranka ee Waaberi. Nuxurka iyo dulucdeeda ka sokow, waxa laga baranayaa af Soomaali badan oo ay kaydinayso, sida: 'gucummada dhaqaalaha' oo saaxiibkay Boodhari Warsame u buuxisey erey-bixin uu in badan raadiyey oo ah *economic sectors*.

Geyiga iyo dadkeenna
Guurtidaa arrimisaa
Geyiga iyo dadkeenna
Guddiyadaa.

Indheergaratadeennii
Geeddigaa hayaankaa
Gufaacadaa
Liibaanta loo guurey
Hawlahaan ka soo gudubney
Hadba heerka aan gaadhney.

Go'aammadii warbixinteenna
Gulucdii ujeeddadeenna
Guubaabadaa shirweynaha
Golahaa ummaddeenna
Gudboonaanta taladeenna
Wada gorfaynnay.

Goldaloolladeenna
In aan wada gufeynnaa
Guddoonsanney.

Helle hoobalow
Hee hoobalow!

Gallad Eebbe weeyee
Wixii aan gefeynney
Garwaaqsannay.

Helle hoobalow
Hee hoobalow!

Godgodkiyo madmadowgiyo
Gudcurka inaan caddaynnaa
Guddoonsanney.

Helle hoobalow
Hee hoobalow!

Gallad Eebbe weeyee
Guulleysanney
Hawraarsan, guddoonsanney.

Guud ahaan danteennii
Geesiyada xilkeedii

Gaar ahaan la saarow
Gunta waa dardaaranee
Gunta ballankaad gasheen!
Gunta!

Sida geelaa,
Galoofta iyo rimaydiisa
Sida geela,
Gaaniyo irmaantiisa
Inta laysu kala guray
Ma garateen?
Gucummada dhaqaalaha
Ma garateen?
Waxay guddo wasaaradi
Ama gasho wakalaadi
Ma garateen?

Intee gudhan?
Intee gaaxsan?
Inta godolka laga helo
Buuxinaysa gaawaha
Ma garateen?
Gabno intaynnu leennahay
Maqasheeda aan gabin
Ma garateen?

Dabbaale iyo geeljire
Warkii inaga soo gaadhey
Waaya-aragga garashada
Gedihiisa weeyee
Ma garateen?

Haddii ay galgalatiyo
Haddii ay gilgilataba
Ha guuxdo ama ha goojin weydee

Gu'ga inay dhashaa baa
Gaawaheeda loo culay
Ma garateen?

Gar la qaaday dabadeed
Gocgoc waa la nacayoo
Gocasho waa la reebee
Ma garateen?

Guud ahaan danteennii
Geesiyada xilkeedii
Gaar ahaan la saarow
Gunta waa dardaaranee
Gunta!
Gunta ballankaad gasheen!
Gunta!

Gallad Eebbe weeyee
Wixii aan gefaynney garwaaqsannay
Guulleysanney!
Hawraarsan, guddoonsanney
Guuleysannay!
Hawraar san guddoonsannay.

Heestan labaad ee *Hunnu Hunnu Hadal Maaha* waxa ay soo baxday xilliyadii guuxa, shakiga, iyo tuhunku ka dhex abqaalmayey bulshada, dareenka tabanina ka soo baxay hannaankii hoggaaminta iyo talada waddanka lagu wadey. Cali Sugulle taas buu ka turjumayey, waxa aanu sawir ka bixinayey xaaladdii taagnayd, isaga oo wadajirka iyo ummadnimada quweynayey, tafaraaruqa iyo iska horimaadkana ka digayey:

Hunguriga sidiisuu
Hadba gees u jeestaa

Maahmaahdaa hafraysoo
Hadal masaabbid weeyaan.

Ha'du waa kordhaban tahay
Ya'eey hoos-ku-labaley
Habarwacashadeedii
Hunnu hunnu' la sii dhaaf.

Hunnu hunnu' hadal maaha
Himbiriirsi arag maaha
Habeennimadii laga guuryee
Hadh cad baannu joognaayee
Hoya he!

Nin hagraday dhulkiisii
Hoog baw dambeeyee
Nin shisheeye hoos galay
Hadal uma bannaanee.

Ha'du waa kordhaban tahay
Ya'eey hoos-ku-labaley
Habarwacashadeedii
Hunnu hunnu' la soo dhaaf.

Hunnu hunnu' hadal maaha
Himbiriirsi arag maaha
Habeennimadii laga guur
Hadh cad baannu joognaayee
Hoya he!

Hunguriga sidiisuu
Hadba gees u jeestaa
Maahmaahdaa hafraysoo
Hadal masaabbid weeyaan.

Ha'du way kordhaban tahay
Ya'eey hoos-ku-labaley
Habar wacashadeedii
Hunnu hunnu la sii dhaaf.

Hunnu hunnu hadal maaha
Himbiriirsi arag maaha
Habeennimadii laga guur
Hadh cad baannu joognaayee
Hoya he!

Hud-hud iyo afmiishaar
Kan qabiilka huriyoow
Waxba ku heli meyside
Waad habowsantee joog

Hunguriga sidiisuu
Hadba gees u jeestaa
Maahmaahdaa hafraysoo
Hadal masaabbid weeyaan.

Ha'du way kordhaban tahay
Ya'eey hoos-ku-labaley
Habar wacashadeedii
Hunnu hunnu la sii dhaaf.

Hunnu hunnu hadal maaha
Himbiriirsi arag maaha
Habeennimadii laga guur
Hadh cad baannu joognaayee
Hoya he!

Khadiija Cabdillaahi Camey (Dalays), AHUN, ayaa heestan qaadday, hobollana waa ay la jiibinayeen. Laxanka waxaa saaray Xasan Sabriye Afrax (Garaydh).

Tanina waa qayladhaan dawlad iyo dadba fadhiga ka kicinaysa oo hawl-gelineysa. Waa sannadahaas 1970-aadka horraantoodii, xilligii ay Soomaalida inteeda badani isku duubnayd, higsiguna ahaa in hore loo socdo oo aan dib la eegin. Waa dharaarihii dalka laga dhisayey wershedihii fududaa, sida wershedihii sonkorta, kalluunka, hilibka, khudradda, hargaha iyo saamaha, suufka iyo dharka, iyo ololayaashii kale ee waxqabadka badnaa—sida barnaamijkii *Iskaa Wax U Qabso*, iwm. Heestan *Hawl Galaay!* waxa ay, nasiibdarro, ka mid tahay heesaha aanan wada helin ee midh isu geynta lagu helay. Maxamed Cismaan Askari iyo Fu'aad Shibbiin dad ay ka mid yihiin ayaan heesaha iyaga oo dhan la waayey la kaashaday, si aannu beydad lagu xusuusan karo isu la doondoonanno:

> Hayaay ka soo kacaay
> Hurdada lama bogtoo
> Horseed lama nastee
> Hawl galaay, hawl galaay!

> Waa hodan dhulkeennu
> Lama-huraan ahee
> Gaajiyo harraad
> Ka hadha oo
> Hawl galaay!

> Hiiliyo hooba waynu leennahee
> Hawl galaay!
> Hambo shisheeye waa hungee
> Hawl galaay!

Halabuurku iska ma hawaawi warramo, ee waxa ka hadliya, oo maankiisa cariya, dareenka dadka iyo hadba wixii taabanaya ee halista ku ah. Guurkii baa yaraaday waayadaas gobannimada ka dib. Hablihii baa loo hollan waayey, markii ay u hawoodeen adduunyo badan oo laga bixiyo iyo mid lagu arooso. Heesta *Guur Ba'ay* oo waano iyo hogatus ah ayuu Cali Sugulle halabuuray. Axmed Naaji Sacad ayaa qaaday, siiqada laxanku ku socdo waxa laga soo ergistey hees hidde iyo dhaqan ku aroorta oo hobollada Jabuuti hore u qaadeen:

> Gabdhihii waxay leeyihiin
> Raggii gogodley noqdeen
> Iyagaa goobta xun na dhigay
> Galabtii walba waa aroos
> Gelbis uma baahna ee
> Gabley Shimbir bay tuntaan
> Guurkii sida geed ma dhadhay?
> Geyaankii miyuu goblamay?
>
> Gabdhihii waxay leeyihiin
> Geel iyo lacag baan rabnaa
> Gacmaha kaan sudhi lahayn
> Luqunta kaan gashan lahayn
> Guntiinooyin xariir ah iyo
> Garbasaaraan la iibsan karin
> Gogol aan weligeed la arag
> Markii ay guddoonsadeen
> Sidaas baa guurkii ku ba'ay!
>
> Gaarida baarrida haween
> Geed baa loo fadhiisan jirey
> Intaa loo gogol dhigtaa
> Gabbaati la qaadan jirey
> Guurkii sida geed ma dhadhay?
> Geyaankii miyuu goblamay?
>
> Raggii gocoshay qabaan
> Gabdhihii way cabanayaan
> Iyamaa godobtaa iska leh?

Gefkaasi xagguu ka yimi?
Dadweynow gartooda naqa!

Heesaha kale ee xilliyadaa ku beegnaa ee Axmed Naaji Sacad
uu qaaday, Cali Sugullena lahaa halabuurkooda, waxa ka mid ah
hees maamuusaysey magaala madaxdii Muqdisho ee xilliyadaas,
oo ka mid ahayd caasimadaha Afrika kuwa ugu ilqabatinka
wanaagsan xagga quruxda dhismayaasha qadiimka iyo casriga
ah, iyo dhulxeebeedka badweynta Hindiya ee ay magaaladu ku
taallo:

Muqdishoo!
Magaalo madaxdeennaa
Muqdishoo!
Magaalo madaxdeennaa.

Sidaa midhaha luulkaa
Muqdishoo!
Mawjadaha badweyntaa
Muqdishoo!
Ka muuqataa dhexdoodaa
Muqdishoo!

Magacii dalkeennaa
Wanaajiyaay Muqdishoo!
Mudnaantii dadkeennaay
Hagaajiyaay Muqdishoo!

Maamulkii dalkeennaa
Muqdishoo!
Ayuu ka muuqdaa
Muqdishoo!

Muqdishoo!
Magaalo madaxdeennaa
Muqdishoo!
Magaalo madaxdeennaa
Magaceenna dheereeyaa
Mudnaantaa sharafkeennaa
Muujiyaay Muqdishoo!

Muruqeenniyo xooggeenniyo
Maskaxdeenna isu geeya
Magaaladeenna qurxiyaa
Qurxiyaay! Qurxiyaay!
Sidii muraayad oo kale
Nadiifiyaay! Nadiifiyaay!
Sida millicda oo kale
Muqdishoo!
Maanta adduunka
Uga muuqataa
Muqdishooy!

Muqdishoo!
Magaalo madaxdeennaa
Muqdishoo!
Magaalo madaxdeennaa.

Mahaddaa dadwaynahaa leh
Midnimadeenna xoogsatadaa leh
Muqdishoo!
Magaalo madaxdeennaa
Muqdishoo!
Magaalo madaxdeennaa.

Heesta *Cayaaraha* ayaa ka mid ah kuwa xilligaas. Axmed Naaji Sacad ayaa iyadana laxanka saaray oo qaaday, iyada oo ay hobollada Waaberi la jiibinayeen. Jidhka caafimaadka qaba ayaa loogu tagaa caqli caafimaad qaba. Jidh-dhiska iyo jimicsiga cayaaraha ayay heestu dhiirrigelin jirtey, si caafimaadka curuuqaha jidhka ka sokow, dhallinyaraduna isugu barato, halkii xilliyada firaaqada balwado iyo wax kale, oo aan faa'iido u lahayn, wakhtiga qaaliga ahi kaga lumi lahaa. Heestanna waxa midhaheeda ka mid ah:

Cayaarahaa
Cilmiga Tabaha
Laga bartaa cayaaraha.

Isboortiga cayaaraha
Cadaawaha dhulkaaga
Sida looga celiyaa
Dagaalka looga caabbiyaa.

Cayaaruhu asluubteey
Ku carbiyaan dadnimada.

Cayaarahaa
Cilmiga Tabaha
Laga bartaa cayaaraha.

Caqiibaalaha garsoorka
Codkiisa u dhego-nuglaanta
Caynaanka u hoggaansanaanta
Culayska xilkaa garashadiisa
Cayaaruhu dalkeennay
Calanka u sidaan.

Cayaarahaa
Cilmiga Tabaha
Laga bartaa cayaaraha.

Xilligaas Tawraddu waxa uu ka mid ahaa xilliyadii heesaha dardaraha jacaylku cirka isku sii shareereen, iyaga oo raacaya jidkii sannadihii ka horreeyey ee bilowgii berisamaadka fanka Soomaaliyeed. Xilligan 1970-aadkii waxa door weyn qaatay barnaamijkii Heesaha Hirgalay oo ay ka soo baxeen heeso iyo heesaa badan oo hanaqaaday. Marka laga yimaaddo heesaha waddaniyadda iyo korinta garaadka iyo wacyiga bulshada iyo guubaabo gelinteeda, waxa soo raacaya heeso mug leh oo jacayl ah oo Cali halabuuray. Waxa heesahaas ka mid ah *Aan Isgarabsanno*. Heestan waxa ay ka mid tahay kuwa ay Hibo Maxamed (Nuura) sida habsamida ah ay ugu luuqayso, waxa ayna tilmaan ka bixinaysaa in ay wacan tahay in qofka abaal kuu gala wanaag loogu abaalgudo markiisa oo aan la xumayn. Midhaha heestan, sida uu Cabdifataax Cali Sugulle, oo aan ka heley ii sheegay, waxa curintooda wada lahaa Cali Sugulle iyo Cabdi Aadan (Qays), laxankeeda Axmed Cawed Rabsha (AHUN) ayaa lahaa. Xilligeedu waxa uu ku beegnaa hilaadihii 1973 iyo magaalada Muqdisho:

> Garka iyo wadnaha
> I kala goysoo
> Gantaalihii jacaylkaagii
> Bay i ganayee!
>
> Inta aanan go'in
> Godka aanan teginee
> Ii soo gurmoo.
>
> Ruuxa gala abaal
> Mar baa loo gudaa
> Sida gacal ah baa
> Aan isgarabsannoo
> Geerida horteed
> Aan isgarabsannoo!

Gucle iyo orod baan
Intaa gelayaa
Ma gam'oo araggaagii
Baan goobayaa!

Anoo gelin xumaan
Haygu noqon gardiidee
Ii garabsamoo
I gacan siiyee?

Ruuxa galay abaal
Mar baa loo gudaa
Sida gacala baa
Aan isgarabsannoo

Goor iyo ayaan
Aan isgarabsannoo
Gelinna ma hadhsado
Habeen iyo galaboo
Geddoomoo xusuustaadii
Baan gedmayaa!

Geed baan damqane
Godob hayga qaadinee
Gugey waa yaryee
Gabow ha igu ridinee.

Ruuxa galay abaal
Mar baa loo gudaa
Sida gacala baan
Isgarabsannoo
Geerida horteed
Aan isgarabsanno.

Dhinaca iidhehda iyo xayaysiisku waxa ay ka maarmi waayeen
afka fudud ee haddana murtida weyn ee saamaynta leh ee
Cali Sugulle. Horraantii toddobaatannadii, kolkii Kacaanku
hirgelinayey wershedaha fudud, sida tii khudradda, sonkorta,
hilibka, hargaha iyo saamaha, dharka, kalluunka, iyo kuwa la
mid ah—sidii aynu soo xusnay—waxa la jaanqaaday halabuur
horumarkaas dhiirrigelinaya. Markii la arkay dadkii oo ka
maagaya, kuna soo dhiirran la' in ay kalluunkii la horumarinayey
cunaan, ayaa loo baahday in cunista iyo faa'iidooyinkiisa dadka
lagu baraarujiyo. Cali Sugulle waxa uu halabuuray heestan
oo iidheh iyo suuqgeyn dhiirrigelineed ahayd, ayna qaadeen
Cismaan Maxamed Cabdikariim (Gacanlow) iyo Farxiya Cali
Faarax, labadaba Alle ha u naxariistee:

GACANLOW: Kalluunka dalkeenna

FARXIYA: Waa taa la soo dabayee

GACANLOW: Loo daadshey shebeggiiye

FARXIYA: Wershed lagu daldalayaaye

GACANLOW: Daasadaha laga buuxshee

WADAJIR: Laab daleeye
Kalluunka dalka
Dagdag gooye.

FARXIYA: Waa dubaax caddiin badanoo

GACANLOW: Waa darib baruur weynoo

FARXIYA: Durkinaysa baahida eey

GACANLOW: Kii dalkeennii weeyaaneey

WADAJIR: Laabdaleeye
             Kalluunka dalka
             Dagdag gooye.

GACANLOW: Waa deeq Ilaaheenoo

FARXIYA: Daayin loogu mahadnaqo

GACANLOW: Dedaaloo weel samayso

FARXIYA: Daldalo waad ku doogiye!

WADAJIR: Kalluunka dalka
             Laab daleeye
             Kalluunka dalka
             Dagdag gooye.

FARXIYA: Daryeel buu ku sugan yahay, dalkeenna

GACANLOW: Dan baa laysu kaashaday, dalkeenna

WADAJIR: Kalluunka dalka
             Laab daleeye
             Kalluunka dalka
             Dagdag gooye.

Maxamed Aadan Dacar oo ka mid ahaa dad naga la qaybgalay *Xus iyo Xusuus* Cali Sugulle loo sameeyey, Jan 2016, Landhan (London), waxa uu ka sheekeeyey oo yidhi, "Makiinad yaxaas ku sawiran yahay ayaa soo baxday. Waxa loo yaqaanney 'Gillid' (*Gillette*). Cali Sugulle ayaa iidheh u sameeyey," Ayuu yidhi, "si ay dadku ugu dhiirradaan adeegsigeeda." Waxa uu Cali yidhi:

Gillid! Gillid!
Maddiisha gadhka
Gabow la'aanta
Gillid! Gillid! Gillid!

Maxamed Aadan Dacar oo arrintaas ka hadlay, waxa uu yidhi, "Markaas ka dib yar iyo weynba waa lagu daatay makiinaddaas oo timaha jaraha aan haysan waa laga xiiran waayey."

Markii afgembigu dhacay wax yar ka dib, waxa ay madaxdii waddanku isugu timi tiyaatarkii oo loo rogey gole dadweyne oo hanuunineed. Cali oo taas goobjoog u ahaa waxa uu yidhi, "Waxa la yidhi, 'waar bahashii (qabyaaladdii) baynnu aasaynaa.' Habeenkii baa lagu khudbadeeyey, berri baa la soo xabaalayaa. Anigu 1968 riwaayaddaydii *Gobannimo* markii aan ku lahaa '*Dab iyo dhagax Lays kuma dhuftee kala dhawraay!*', oo aan uga jeedey qabyaaladda iyo qarannimada, dadku qabyaaladda way ka qajili jireen. Maxamed Siyaad waxa uu afka ka sheegayo iyo waxa uu uurka ku haystaa waa kala jaad, waana afmiishaar. Waa loo geeyey intaas, iyada heesihii kale ee *Kala Haab Kala Haad*na la igu haysto iyo magacii riwaayadda aan is idhi u bixi ee mar la iga diidey (*Runtu Ma Fantaa?*), marna '*Waa La Tolayooy Oloshey*' iyo '*Caynka Hay!*' Subaxdii qabyaaladda la aasay maalintii ka dambeysey ayaa la i xidhay. Maxkamadda Badbaadada Qaranka ayaa la i keenay."

Cali Sugulle waxa uu iiga warramay wixii maxkamadda ka dhacay: "Nin qabey gabadh Ina Yuusuf Xaaji Aadan ah oo Bashiir la odhan jirey, nin wanaagsanna ahaa, ayaa maxkamadda joogey. Raggii habeenkii hore ila joogey maxkamaddii baa la keenay. Xeer ilaalintu waa Cabdilqaadir nin la yidhaa oo 1960-kii ahaa Xadhigle oo ilaalin jirey Maxamed Abshir. Hadda waa janan qareenna ah. Guddoomiye Bashiir (AHUN) ayaa igu yidhi, 'qareen ma haysataa?' Waxa aan ku idhi, 'Maya, anigaa isu qareen ah.' Waxa uu yidhi, 'Oo maxaad isku daafacaysaa?' Waxa aan idhi, 'heesaha, gabayada, riwaayadaha, jaraa'idka, iyo filimmada faafreebkooda ama saxarqaadkooda ayaannu samayn jirney oo Yuusuf Ismaaciil Samatar ayaa guddoomiye noogu ahaa, aniga waa la og yahay inta riwaayadood, heesood ama gabay ee aan sameeyey.' Markaa haddii aan af Soomaaligii ku saaqiday, dee ninka Rooma ama England ku soo saaqida lama xidho, shookina lama geeyo ee dib baa sida saxan loo baraa ee wax i bara haddii aan af Soomaaligii ku dhacay, anigu afmiishaar saas baan u aqaan. Afmiishaarkuna waa ninka ku tusaya, ku tilmaama, kuu tuujiya, ku taabsiiya siduu doonaba, aan se daacad ahayn, horena waa tii Salaan Carrabey u yidhi, 'afku wuxuu la xoog yahay magliga xawda kaa jara."

Cali Sugulle waxa xabsiga la dhigay bilowgii 1971. Waxa lagu xidhay riwaayaddii *Kala Haab Kala Haad* oo markii labaad sannadkaas la dhigay, hore na loo dhigay 1966. Xabsiga waxa haystey Kornayl Axmed Jaamac Cilmi oo Ina Jirde Xuseen qabey. "Si na loo sii daayo, waxa na lagu yidhi," buu Cali ii sheegay, "heeso Aabbe Siyaad lagu ammaanayo jeelka ka soo tiriya. Laba-xiddigle Gaaduur oo Nabadsugidda ahaa ayaa gurigiisa la i geeyey. 'Samee hees' buu yidhi, 'ha lagu sii daayee.' Nin wanaagsan buu ahaa. Heestii waa aan sameeyey."

"Adigaa i qodqoday." Inta uu i soo eegey ayuu haddana Cali igu yidhi, "Haddaa ugu horraysa in heestaan la diiwaan geliyo oo hore iiga ma aanay soo bixin, waana la igu sii daayey oo waxa la igu yidhi, 'ninka baryootama waxa dhaama ninka badheedha', ereyada heestana waxa ka mid ahaa":

> Aayar addimada dhig!
> Aayar ku adkee dhulka
> Oogada ha naga korine
> Aayar indho laga baqaa
> Ilaahay bay ku yaalliin.

Qaybta riwaayaddeeda laga hadlayo ayaa heestan oo dhammaystiran aynu ugu tegi doonnaa.

Cali Sugulle oo ka sii hadlaya waxyaalihii isaga iyo Kacaanka kala fogeeyey, waxa uu yidhi, "Markii uu Cabdi Muxumed Amiin sameeyey heestii *Caynaanka hay, weligaa hay*, ayaa Cumar Carte ii yimi oo igu yidhi, 'Caliyow maxaad heestaas oo kale Tawradda ugu samayn weydey?' Waxa aan markaasna ku idhi:

> Carra-edeg adduunyada
> Cimrigii nin jirayaa
> Cagahaba ma soo dhigin
> Sida caada-qaataha
> Inaan laba codleeyaa
> Aniga wayga caariya
> Caynaanka hayn meysid!

Xadhigga Cali waxa loo aaneeyaa, sidii aynu meel kale ku soo taabbanay, riwaayaddii *Kala Haad Kala Haab* oo hore loo dhigay, ayaa dib loo soo nooleeyey, iyada oo wax lagu daray, magaciina laga beddeley. Waxa loo bixiyey *Runtu Ma Fantaa?*. Waa laga diidey Cali oo soo beddel baa la yidhi. *Waa La Tolay Oloshey* ayuu haddana Cali soo gudbiyey. Kaasna waa loo dacareeyey. Cali oo arritaas ka hadlay—"Markii ay halkaas marayso ayaan idhi, 'Wa taas oo way taahday oo reentay, *Indho Laga Baqaa Allay Ku Yaalliin* ama *Caynaanka Hay*', soo kala doorta." Waa kolkaas meesha ay sartu ka qudhuntay ee markii koowaad Cali Sugulle la xidhayaa 1971.

Cali Sugulle markii uu xidhnaa, isaga oo afkii bulshada ku hadlaya, waxa uu xabsiga ka soo tiriyey hees ay midhaheeda ka mid ahaayeen:

> Waad i gooniyeyseenoo
> Godob baad iga haysaanoo
> Gef baad igu samayseen

Kala guurnay kala gurannay
Geyigayga kii bi'inayow.

Isgargaarney garab saarnay
Kii gacan na siinaayayow.

Markii Cali xabsiga laga sii daayey horraantii 1972, isaga oo
ka hadlaya, waxa uu ii sheegay in la xaddidey socodkiisa, laguna
amray in aanu wax Kacaanka ku lid ah samaynnin. Waxa uu
markaas Cali yidhi, "Suuqa ha gelin baa la igu yidhi. Gurigii
Axmed Ismaaciil Axmed ee Afgooye agtiisa ahaa oo Maxamad
Ibraahin Cigaal ku xidhan yahay oo askari ku ilaaliso ayaa la igu
yidhi halkan joog. Waxa aan idhi, 'Waar gurigaygii aan tago.' La
ye, 'Maya ee horta halkan muddo ku naso.'
Cali Sugulle markii la soo daayey waxa laga qaaday shaqadii
maareeyennimo ee uu tiyaatarka ka hayey. Ismaaciil Cali Abokor
ayaa Warfaafinta, oo tiyaatarku hoos imanayey, madax ka ahaa.
"Waxa uu Ismaaciil igu yidhi, 'Caliyow halkan in aad sii joogto
lama oggola ee xilkii wareeji.' Maxamed Ciise Cabdi (Ciise
Ganey) oo laba xiddigle ahaa ayaa na loo keenay. Waa ninkii
markii dambe guursadey inantii cayaaraha dhaqanka ee Fayruus
Sheekh Daahir. Waxa ila jooga Cabdillaahi Qarshe. Waxa na
lagu ciyaarsiinayaa tiyaatarka. Qarshe waa laangadhee, 'Istoosi'
baa la leeyahay. Askartii baa halkan iscayaarsiinaysa. Mar qudha
ayaa Alle iga keenay":

Malaa saajin iyo kaabul waynaga sarreeyaane
Salaan bixi Qarshaw lugaha waa laysku simayaaye.

Maxamed Aadan Dacar oo arrintaas iiga warramay, waxa uu
yidhi, "Saddex qaybood baa laga dhigay fannaaniintii dalka oo
dhan, wixii shaqaynayey oo markii hore ahaa hobolladii Radio
Muqdisho iyo Radio Soomaali oo Hargeysa ah, iyo fannaaniintii
Xoogga Dalka. Saddexdaas baa la isku daray oo laga dhigay
Hobollada Waaberi. Saddex madax baa loo qaybiyey, waxana

loo kala dhiibey saddex nin oo ka tirsan Kooxdii Xoogga Dalka. Waxay kala ahaayeen Cismaan Aadan Xuseen (Askari), Maxamuud Cabdillaahi Ciise (Singub), iyo Maxamed Cali Kaariye, saddexdaba Alle ha u naxariistee. Maxamed Ciise Cabdi (Ciise Ganey) ayaa dusha ka maamulayey oo watey, oo isaguna ahaa sarkaal halabuur ah. Intii fanka iyo dhaqanka aabbe u ahayd ee Waqooyi joogtey ama Koonfur ee sibilka ahayd, waxa la yidhi: 'Ku daba fayla askarta', sidaas baana shaqadii fanka iyo dhaqanku ay ciidammadu ugu noqdeen gadh-hayeen."

Cali Sugulle waa bulshaawi oo waxa uu ahaa nin aan dadka iyo la sheekaysigiisa ka kaaftoomi karin, cidla' ciirsila' na aan kaga go'doomi karin. Uma adkaysan jirin in afkiisa iyo dibnihiisa la aammusiiyo. Isaga oo taas ka warramaya, waxa uu yidhi, "Waxa aan tiriyey hees askartii i ilaalineysey iyo madaxdooda aan ugu duurxulayo, ayna midhaheeda ka mid ahaayeen:

> Ayay la booda?
> Ayay la buuba?

> Ma baxsan karaayoo
> Baylah baan ahay
> Baadiyoobayeey
> Waan baadiyoobey

> Barbarkaan u jeestaba
> Budh garruuniyo
> Bunduq bay hor taagane,

> Ayay la booda?
> Ayay la buuba?"

Cali iyo mar kale: "Askartii baa markii ay maqleen dareenkaygii midhahaasi sideen i la saaxiibay oo yidhi, 'halkiisa ha iska boodo boodo, intii uu ina ka baxsan lahaa oo aan heshiis la ahaanno, si aynnu innaguna u nabad galno."

Markii Afgembigu dhacay ee qabyaaladdiina waa 'la xabaalay' la yidhi, waxa la baabbi'iyey suldaannadii, caaqilladii, wabarradii, malaaqyadii, ugaasyadii, iyo islaannada reeraha. Cali Sugulle waxa uu tilmaamayaa waxa uu taas ka yidhi, "Nin oday ah baa hadlay oo waxa uu yidhi:

> Meelaan boliiskuba joogin
> Xoogguna soo birmanaynnin
> Anigaw boqranaayoo
> Beeldaajaan u ahaa
> Labadii isku beegmana
> Gartoodaan balballaadhshey
> Markaasaan ku bogsiiyey."

"Waxa ii muuqata", buu Cali yidhi, "inaan laga maarmi karin doorkii salaadiintu bulshada ugu jireen, markaas baan haddana is idhi la tali nimanka tuutaha sita ee taladii boobay."

> Berbera iyo Hargeysiyo
> Banaadir baad xukuntaane
> Bunduqiinna la jooga.

"Iyada oo sidii dadku moodayeen ay wax noqon waayeen oo la leeyahay sidu sidii ma aha, waddo la marana aan la jeexin, ayaa la yidhi, 'Hantiwadaag cilmi ku dhisan baa lagu soconayaa.' Waxa la isku soo ag dhejey Kaal Maarkis (Karl Marx), Firiidhrik Engelis (Friedrich Engels), iyo Falaadamir Lenin (Vladimir Lenin)'. Taas ayaa wax isku sii murgisey." Ayuu Cali yidhi. Cali oo taas ka sii hadlaya ayaa yidhi, "Waxa aan isweyddiiyey, 'waar tolow waaqli maxay tahay? Waaryaadha Waaqla' ayaannu ku soconnaa. Waa tan la yidhaa Caabud Waaq iyo Ceel Waaq. Waa ceelkii Ilaahay, saw ma aha?" Xaalka Shuuciyaddu waa Alle-ka-jeed.

> Soomaali waxan waaqla' dhigay dunidan waageeran
> Oo weydaarshey qayrkood ayaan la isba weyddiine

Waddankaad la jaar tahay ayaa la la walaalaaye
Weynaa Qur'aankiyo ku yidhi warasadiisiiye.

Inta uu Wardheer geelayagu weerar ku cabbaayo
Ama uu Wajeer adhigayaga cadow ku weeteeyo
Waanwaan intaan leeyahayoo wadajir doonaayo
Ayagaa wadnihii iga haya iyo labadii waaxoode
Haddaan wooli ruux Xayle[1] iyo Joomaba[2] isweynney
Wax-ma-tare muxuu ii yahay iyo Lenenniyo Warsaw?[3]
Miyay Washington[4] iga xigaan wadajirkii Naato?[5]

Waa ii waalid been beena oo ii walqali waaye
Mar haddaanu weyl ii qalayn waxarna ii loogeyn
Aanu wahabka iga bi'in karayn gaajo weyraxaye
Ha walwaasho qorigiyo biruhu wabax ma reebaane.

Gabayada culus ee Cali Sugulle wakhtiyadaas tiriyey waxa ka mid ah gabayga *Dardaaran*. Waxa uu ku beegnaa xilliyadii shaqooyinka laga ruqsaysanayey ee waddammada Khaliijka loo shaqada tegayey, markii saliidda laga dooxay. 1973 ayuu *Dardaaran* ahaa. Cali Sugulle oo soobixii gabaygan ka hadlay, waxa uu yidhi, "Rag badan oo wax bartay ayaa waagaas waddanka ka yaacayey. Dad kale oo badan ayaa socdaal bilaabay. Waxa na la ku wareeriyey 'baasabboor i la raadi' iyo 'safaarad heblaayo dalkugal (*Visa*) iga la doon.' Halkaas ayaa gabaygu ka bilaabmayaa, aniga oo aan weligay dibed u hanqaltaagin":

Debed lagu ma faaniyo dhulaanu aabbahaa degine
Dadda-gooye waa lamahuraan iyo degelladeenniiye

1 Boqor Xayle Salaase.
2 Jomo Kenyata.
3 Gaashaanbuurtii Warsaw (Warsaw Pact) ee Ruushku horkacayay.
4 Magaalamadaxda looga taliyo dalka Maraykanka.
5 Gaashaanbuurta NATO (North Atlantic Treaty Organization) ee Maraykanku horkcayay oo ahayd lidka Warsaw oo Ruushku horkacayay. Waa labadii awoodood ee isku hayay Dagaalkii Qaboobaa.

Dushii hooyo weeyiyo dhabtiyo maadhkii dihinaaye
Ay doojiyaan hagar la'aan dawliskii oday iyo wiilkiiye

Darka xeebta dhereran ee dadabta waageeran
Ama duudka buuraha gudbane dul iyo Daafeed le
Isagaan docdaad uga baxdaba laysku diidayne

Dulmi buu ku sugan yahay ninkii tiisa duudsiyaye
Dal shisheeye noloshiisa waa lagu dulloobaaye
Damiir xoogga ku la qaybsadaa hawsha kuu dira'e.

Dembina kuugu filan 'soo-galow dawdarraad tahaye
Dacwaddaada la ma qaadayoo dooddu kaa xidhane
'Ku deg!' iyo 'ka duul!' baa xaqana lagu daboolaaye
Inta ay daba-marteeyeen dirqay shaqo ku doonteene

Dahraaniyo Riyaadiyo Damaam lamadegaankooda
Daa'if iyo Jiddaa layla yimi sheekadii dumare
Dorraatuu tegoo haddana waakan soo degaye!
Durdurkeeda qaylada iyo Dubeyba yeelkeede
Duleedkeeda Eebbaan i badin deyrka gabadhii
Daaraha Kuweyd waxa ka wacan duuddi Xodayoode

Deeqdii Ilaahay waxaa wada dabaylaha'e
Risiqu waa daruuraha cirkiyo doogga soo baxa e
Hadba meesha uu doonaayo buu ku da'ayaaye
Halkii uu u diidaayana waa laga duwaayaaye

Inoo ku ma darraannine biyihi way durdurayaane
Haddaan lagu duwaynoo kobaha lagu dabbaalaynnin
Oo aan doc loo leexinayn dooxyaday xuliye
Daadkaa ku dhaafuu noqdaa roobkii kuu da'aye
Dibna u ma arkaysidoo badweyntuu ku darayaaye
Ta ka daran, wuxuu kaa la tegi ciiddii dihinayde!

Tu kaloo ka daran baa jirtoo idinka diimmoone
Daawashada indhaa iyo haddii doogsin lagu naaxo
Daymada Jannaale ruuxii arkaa wuu ku dararaaye

Waa daf iyo midhiq Jawhar iyo dacalladeediiye
Deex iyo Nugaashana biyuhu way durdurayaane
Daan Bari Sanaag iyo Burciyo damashii Oodweyne
Dannoodiyo ayaa curub lahaa Doollo iyo Ciide

Dullaha Sheekh la siman xeebahay deeradu caweyso
Dekeddii Berbara la ma qoro iyo degelladeediiye
Wixii se laga diraayoo kale baa ka soo degeye

Demmanaha ujeeddada maldahan aan dac uga siiyo
Diinaar, Riyaal, lacagta culus, Giniyo Doollaarka
Waa daasad lay noo xardhay iyo xaashi daabacane
Danyaqaan dhaqaale u fekerey baa dammiin u ahe

Haddii dooca garashada kasmadu idin dareensiisey
Daymadaa tusaalaha leh ee la idin deeqsiiyey
Daawadaay asaaggiin siday baahidu u deysey!

Qaddaafi[6] ayaa Soomaaliya yimid. Intii uu soo socdey ayaa sawirradii Marx, Engels, iyo Lenin la qariyey. Qaddaafi wax walba waa uu ina siiyey. Cali Sugulle oo markaas jeelka ka soo baxay oo Xalane[7] maskaxda loogu dhaqayo ayaa yidhi, "Maraakiib buu ina siiyey, beeraha Faanoole[8] ayuu sameeyey. Markii uu Qaddaafi dhoofay ayaa sawirradii dib loogu soo celiyey gidaarradoodii oo la sudhay meelihii ay ka soo deldelnaan jireen."

Mar kale ayaa Cali Sugulle xabsigii lagu celiyey oo la xidhay, dhammaadkii 1972. Cali waxa uu dadkii xilligaas u kala saaray, 'oggol iyo diiddan.' Cali oo taas iiga warramaya, waxa uu yidhi,

---

6 Mucammar Qaddaafi, madaxweynihii Liibiya.
7 Xerada tababbarka ee Xalane (Bootiko).
8 Biyaxireenka (mashruuc) Faanoole ee ay ku baxday oraahda "Faanoole fari ka ma qodna".

"Ninkii diiddan ee Kacaanka wax ka sheega waxa lagu cayuuqay oo lagu shubay xabsiyo cusub oo la dhisay iyo kuwii hore oo la ballaadhiyey. 1972 xabsiyadaas ragga waa la isugu keenay. Saddexdii la toogtey ee Caynaanshe, Gabayre, iyo Dheel, Maxamad Faarax Caydiid iyo Cabdillaahi Yuusuf Axmedna waa ay jiifeen. Biyo Muundo ayaan anigu ku xidhnaa, oo xabsiga Gaalshire ahaa. Waxa aan Biyo Muundo ugu tegey Maxamed Cali Dacar oo wasiir ahaa, Ismaaciil Ducaale Warsame, Xasan Xaaji Cumar Camey, iyo rag kale oo badan oo ay ka mid ahaayeen 45 milateri ahaa. Markii dambe ee afgembigii dambe dhicisoobey 1978 na xabsiyadu waa ay buuxsameen oo reer dhan baa lagu soo guray, qaarna la toogtoogtey. 18 sarkaal oo mid mooyaane inta kale isku reer yihiin ayaa dhegta dhiigga loo daray. Dhawr iyo afartanna xabsi daayin baa lagu xukumay. Markii dambena kuwii Waqooyi laga soo daabbulay xabsiyadaa lagu soo guray. Reer ba'aw yaa ku leh!"

Cali waxa uu iiga warramay noloshii Gaalshire, waxa aanu yidhi, "Waxa ay nolosha xabsigu ahayd indho iyo dhego la'aan. Wax alla wixii wax-kala-garad ah ama hadli karaya ama wax soo jeedin kara ama in uun laga faa'iideysan lahaa ayaa la qabqabtay. Waxa lagaga bilaabay salaaddiintii bulshada, waxana lagu beddeley oo idaacadda lagaga dhawaaqay sama-doon, nabaddoon, iyo beeldaaje xukuumaddu magacaabatay."

Cali Sugulle halabuurka uu tiriyo ee Kacaanka dura, waxa u dheeraa in aanu aammusin ee oo meeshii uu istaagaba ka hadlo oo Kacaanka uu ku dhalliilo. Sidaas awgeed, waxa Cali la xidhay markii labaad, muddo ka dibna waa la sii daayey. Haddana mar saddexaad ayaa la xidhay 1982, sida aynnu meel kale ugu tegi doonno sababtii xadhiggaas. Marar kale oo xilliyadaas u dhexeeyeyna Cali waa la xidhay, hase yeeshee ma ahayn xadhig bilo iyo sannado qaatay ee wakhtigoodu waa uu gaabnaa, marka saddexda xadhig ee kale oo bilo iyo sannado qaatay loo eego.

Cali Sugulle xilliyadii Tawradda, wixii ka dambeeyey aasaaskii Xisbiga Hantiwadaagga Kacaanka Somaaliyeed (badhtamihii 1976) waxa uu sameeyey halabuur qaro iyo baaxad leh; gabayo,

heeso, iyo sheekooyin barkujoog leh oo tixo ku ladhan yihiin.
Khasaaraha naf iyo maal ee qaadka iyo dumar dhar khafiif ah
in ay xidhaan la soo baxay xifaalo ku saabsan ayaa ka mid ah
heesihii xilligaas:

GABADH: Waa waxa ku godayee
Jidhkaagii guraayee
Kaa gooyey oontee
Kuu diidey gama'ee
Gawsaha kaa ridaayee
Gu'gaaga oon weyneyn
Gabax kaa dhigaayee.

Geedkii ba' qaadka sigaarka
Lacagta lagu gadayaa
Lagu go' weeyee
Maxaa ii la soo galay?

KOOX: Maxaa kuu geystey
Ee ku geyeysiiyey?

DADWEYNE: Waxaa kuu geeyey
Ee ku geyeysiiyey
Garasho li'i weeye
Garashoy ba'!
Gabbal dumow gab!
Gudcurkii magan
Gooyeyoow dhac!
Garaad xumoy ba'!
Maxaa kuu geystey
Ee ku geyeysiiyey?

NIN: Dharku xuubka caarada
Iyo giirka loo yeelay
Guduudkiyo rinjiga cawlan

Gaaridu ma xidhatee
Doqon baysku gaafaysa
Ee gaaddada ma qariso.

KOOX:

Maxaa kuu geystee
Ku geyeysiiyey?

DADWEYNE:

Waxaa kuu geeyey
Ee ku geyeysiiyey
Garasho li'i weeye
Garashoy ba'!
Gabbal dumow gab!
Gudcurkii magan
Gooyeyooy dhac!
Garaad xumoy ba'!
Maxaa kuu geystey
Ee ku geyeysiiyey?

Cali Sugulle oo ka hadlaya dhaqammo taban oo anshax xun, oo dadkii la soo baxeen, oo uu la kulmay markii uu xabsiga ka soo baxay, waxa uu yidhi, "Markii aan muddo ka xidhnaa *biid* baa soo baxay. Waa surwaal lugo badhaqsan iyo kabo yuuban oo dhulka ka kacsan, cidhib dheer, afkana u buuran oo inamadu xidhaan."

Xilliyadaas badhtamihii 1970-aadkii iyo horraantii 1980-aad, waxa waddanka ku soo kordhayey dhaqammo debedda ka soo gelayey oo bulshada, gaar ahaanna qaybo ka mid ah dhallinyarada, saamayn ku yeeshay. Kooxo ayaa abuurmay si gooni ah u lebbista, timaha ula baxa ama u xiirta ama ciddiyaha qaar iska gura, qaarna la hadha oo la baxa. Waxa ka mid ahaa dhallinyaradii la baxday 'Far iyo Suul', 'New Love' iyo kuwo kale. Biid baa isna ka yar horreeyey oo ay dhallinyaradaas suuqa isku soo gaadheen. Cali Sugulle waxa uu arrimahaas ka yidhi, gaar ahaanna uu Biid ku sifeeyey:

Biid hidde habaab
Nagu ma bannaanide
Sidii belada lagu nac
Naga baydh naga bax!

Biid hidde habaab
Bulbul weyne
Sidii biciid
Biqil dhalay
Jilba balaq
Suun balaadhane
Markuu bilaabo
Socodkana bataq bataq!

Cali waxa uu tilmaamayaa nin kale oo habeenkii sida qarandida soo baxa. Waxa uu yidhi, "Saw bahalaha xoolaha cunaa habeenkii ma soo baxaan intooda badani? Niman baa soo baxay sida bahalahaas soo baxa saqda dhexe marka ay dadku hoydaan. Sidii waraabaha oo kale ayay suuqa soo maraan. Baabuurka ay wataan ayay 'biib, biib', 'dhiidh, dhiidh' ka siiyaan oo inta daaqadda qoorta ka soo ridaan yidhaahdaan":

RAG: Ma ku sii dhoweeyaa
                   Dhibta socodka
                   Dheeldheelliga
                   Ma kaaga tudhaa?
                   Meel kastoo dheer
                   Dhakhso ma ku geeyaa?

                   Dhirta hoosteeda
                   Ma dhabbacannaa?
                   Dhala dhala jaanta
                   Maysku dhufannaa?

DUMAR: Dhuuncas baad na mooddee

Dhuuryo ma nihine
Kuwaan u dhaxnaa
Na dhawranayoon
Dhallaankoodii baan
Dhabarka ku sidnaa
Na dhaaf na dhaaf!

Mar kale, Cali waxa uu ka warramayaa qoobkacayaar qalaalood oo arlada ku sii faafay intii uu xabsiga ku jirey, waxana uu yidhi, "Danjire-dhaqan oo kasta oo safaaradaha shisheeye Soomaaliya fadhiyaa waxa uu keeni jirey isirro uu dhaqanka Soomaalida ugu talo galay in uu ku beddelo, gaar ahaan kuwa Galbeedku. Waxa markaas la dhiirri-geliyey wax la yidhaahdo 'tuweys'. Taasna waan yar naqdiyey":

Intaad meel istaagteen
Xaglaha aad ka tiicdeen
Tin iyo cidhib gariirteen
Tanina waa yaabe
Ma tuweys baad keenteen?
Hoo hoo! Ma taasaad keenteen?

Cayaar Soomaali ayaa markaas loo rogayaa, waxana la odhanayaa:

Tani waa taayadii hore
Sidaas baa loo tabeeyaa
Tardhaca looga dhawraa
Hobeeya hobeey hobeeya.

Tabaha dheesha tusaalaha
Aan kuu tilmaamo e
Xaglaha ka tiica
Tiniyo cidhib gariira
Toogadiinnii weeye

Anaa idin tusaaya.

Tanna waa yaabe
Ma tuweys baad keenteen?

Cali Sugulle, isaga oo taas sii sharxaya—"Waxa ay ahaayeen ammuuro loo baahnaa in la oogo oo aanay xukuumadduna oggolayn in la soo hadal qaado." Waxa uu intaas ku daray, "Haddii aanay dawladdu wax ku la wadin, dee geedkaa gaadhi maysid; midna boqontuu ku goynayaa, midna suuldaaro ayuu kuu dhigayaa, haddii ay kaa hor timaaddana hadalkeedaba iska daa!"

Hawlaha Nabadsugidda iyo dheg-wax-u-saarka madaxda, iyo sida ay jarka wax uga tuurto, isaga oo Cali Sugulle ka hadlaya, waxa intii aan ku jirey raadraacaygii halabuurkiisa uu Cali ii sheegay, "Xaflad ayaa arday Jannaale loogu qabtay 1978. Hees aan hore u halabuuray oo hore loo diidey markii aan ardayda xafidsiiyey ee faafreebka ay u soo gudubtey ayaa Siyaad oo maqlay yidhi, 'Ardaydu heestii Cali ee la diidey ha qaadaan.' Waa la qaaday. 'Cali Sugulle doona.' Buu yidhi, waana la ii keenay. Waxa uu saraakiishii ku yidhi, 'Kan runta ii sheegayaa ii kiin dhaama e.'

Siyaadow sonkor ma leh
Hooyooyinkii sacab ma leh
Guulwadihii salaan ma leh.

Siyaadow saliid ma leh
Baabuurradii socod ma leh
Suuqii madoobaa siraad ma leh
Sicirbararkiina lacagtii sarrif ma leh
Sii Aydhiigaagii (CID) su'aal ma leh
Nabadsuggaagii sahan ma leh
Soomaalidiina samir ma leh.

Ka sitee adigu
Bal ka sitee?

Dhinaca kale, waxa uu Cali Sugulle iiga warramay dhaqammo saraakiishu lahaayeen, oo uu ka mid ahaa in ay saacadaha shaqada huteellada waaweyn hadhsadaan oo hobsheeyaan. Cali oo arrintaa ka hadlay, waxa uu yidhi, "Saraakiishii oo garba cas oo Curuba Huteel fadhfadhida hadh iyo habeen ayaa la arki jirey. Maalintii dambe ayaan barqadii Curuba soo galay. Waxa aan ku idhi nimankaas, 'annagu baagamuundo ayaannu nahay ee noo banneeya kuraasta! Orda oo qaranka u shaqeeya, oo haddii aad kuraasidii qaranka wada qaadateen, kuwanna ha naga buuxinnina ee qaar na siiya!' Mid kibirsan oo sanka taagaya ayaa halkaas ka boodey oo yidhi, 'Waaryaa, waa ninka! Maxaad u dan leedahay?' Aniguna waxa aan ugu jawaabey, 'Waaryaa, waa ninka! Marka Waqooyi ama Bari laga yimaaddo, waxa baska ama gaadhiga lagaga degaa Ceelgaabta, markaas baa la yidhaa: 'Wasiir hebel xaggee magaalada kaga jiraa?' Dhawr habeen buu doon doonaa. Idinku se":

Idinka waa calaadduul baar dalaq
Way idinkaa cunayee bilaash cabbayee
Curuuba ma Caabudwaaq baa?
Cagdheer iyo ceelalyaa fadhidee
Curuuba ma Caabudwaaq baa?!

Cali Sugulle, waxa uu yidhi, "Markii aan intaa idhi, horta qaar baa meeshii ka kacay, nusasaace ka dibna waa ba odaygii (Maxamad Siyaad Barre) oo Curuba Hoteel taagan! Waxa uu yidhi, 'Waar u yeedha Shaydaanka!' Waan imid, iyada oo saraakiishii intii soo hadhay la joogaan. Waxa uu Siyaad si toos ah u yidhi, isaga oo marna xaggayga, marna saraakiisha indhaha ku gubaya, 'Adigaa Caliyow sax ah. Maxaa halkan idin dhigay, orda shaqo taga!' Maalin dambe, nimankii lama arag iyaga oo gelin hore Curuba Hoteel soo gelaya oo dhooban."

Sannadahaas dambe ee dabayaaqadii 1970-aadkii iyo horraantii 1980-aadkii, waxa si qaawan iskaga hor yimi dareenkii bulshada ee markii hore Kacaanka soo dhoweeyey oo durba indhaha qac ku siiyey foolxumooyinkii lagu diiddanaa xukuumadihii rayadka ahaa ee taagta darnaa. Qaraabakiilka, naasnuujinta, musuqa iyo boobka hantida qaranku jaanjaameen, iyo xukuumaddii mileteriga ahayd oo intaas la soo baxday, barana dheeraysay oo ku darsatay cagajuglayn iyo 'car juuq dheh!' Heesihii bilowgii afgembiga lagu ballaysimay, isbeddelka dhacayna lagu soo dhoweeyey, iyo dhaqankan dambe ee askarta ayaa iska hor yimid.

Weriyaha ruugcaddaaga ah ee Aadan Nuux Dhuule oo xilliyadaas ka shaqaynayey Radio Muqdisho, munaasibad duco iyo xusuus ah oo Landhan lagu qabtay Janawari 2016, maalmo ka dib geeridii Cali Sugulle, waxa uu ka yidhi, "Heeso ay ka mid yihiin *Kuftay dhacday* iyo *Midnimadeennii Mugday Gashay* waxa laga mamnuucay in idaacadda laga sii daayo." Heeso kale oo halabuurro kale sameeyeen xilligii afgembigu dhacay ka dib, oo iyagana laga joojiyey in idaacadaha Muqdisho iyo Hargeysa laga saaro ayaa jirey, ayna ka mid ahaayeen:

> Hawlaha arlada
> Haddii lagugu aammino
> Waddanka u shaqee iyo
> Adeegaa lagaa dhigo
> Hays odhannin
> Cidi kuma arkaysee
> Afka buuxso!
>
> Hays odhannin
> Cidi kuma arkaysee
> Ina adeerso!
>
> Hays odhannin
> Cidi kuma arkaysee
> Qalin ku aarso!

Hays odhannin
Cidi kuma arkaysee
Aqallo jeexo!

Nin xilqaaday
Eed qaadyee!

Waxa soo raacda, oo iyana idaacadda laga joojiyey, heesta kale ee ay midhaheeda ka mid ahaayeen:

In kastoo loo baaqoo
Loo sheego barwaaqo
Dad bay meeli bugtaa
Bugtaa, dad bay meeli bugtaa.

Aan barannee
Noo kala sheegoo
Baarka ka caddee.

Aad barataane
Waa booli cunaha
Beenlow iyo tuugga.

Dhaqankii xumaa ee maamulka xafiisyada qaranka ee heesahani durayeen, ayaa askartii uga dhex muuqday wixii ay falayeen, deedna iyagii bay dusha ka fuuleen oo mudduci ku noqdeen, iyaguna dareemeen in ay tooshka ku qabanayaan. Waa markaas kolka ay in idaacadaha laga sii daayo ka mamnuucayaan.

Cali Sugulle halabuurkiisa xilligii Tawraddu wuu doco badan yahay, tafana dheer yahay. Gabayo badan iyo maansooyin kala duwan oo wada hogatus iyo tusaale ah ayuu tiriyey. Cali waxa uu ila wadaagey qaar ka mid ah suugaantaas iyo nuxurkeeda. Cali oo taas ka hadlay, waxa uu yidhi, "Anigu weligay waxa aan ka digayey waar calankani waa wax aynnu wada wadaagno. Waannu idinka jecel nahay (madaxeey). Xuseen Aw Faarax iyo Cabdillaahi Qarshe ayaa isugu tegey":

Qolaba calankeed waa cayn
Innaga keennu waa cirkoo kale
Oon caadna lahayn ee caashaqa.

Shanteenna cududood codkii ka maqnaa
Adigaw ciyiyee cawooy dhaha.

Xiddigyahay cadi waad na caawisayee
Cadceedda sideeda caan noqo.

Sannadkii 1977 waxa dhacay Dagaalkii Soomaaliya iyo Itoobiya ee burburka badan geystey. Soomaalidu waxa ay higsanaysey himiladeedii ahayd xoraynta dhulalkii la haystey ee dadka Soomaalidu ku dhaqnaayeen. Gobollada Itoobiya ku maqan oo xilliyo kala dambeeyey la kala bixiyey, waa dhulka ugu weyn ee Soomaalidu deggan tahay ee Itoobiya ku maqnaa. Cali Sugulle waxa uu foolaad u ahaa halabuurka sida weyn ee qotada dheer uga hadlay arrimaha ku saabsan xoraynta iyo isla doonashada gobollada Soomaalida ee gacanta gumeysiga ku sii hadhsanaa, sida Itoobiya iyo Kenya, iyo Jabuuti oo Faransiis markaas haystey. Riwaayaddiisa ugu horreysey iyo kuwiisii dambaba waxa ay xoogga saarayeen qaddiyadda Shanta Soomaaliyeed. Markii dagaalkii 1977–1978 uu dhacay, halabuurku waxa uu baal socdey hunjaalliga hubaysan oo heesta, gabayga, geeraarka, guurowga, saarka, iyo buraanburku waxa ay ahaayeen caroog cod dheer oo dagaalkaas qayb muhiim ah ka ahaa. "Afku wuxuu la xoog yahay magliga xawda kaa jara."

Cali Sugulle waxa uu dagaalkaas kaga qayb qaatay hees xasaasi ah oo marka Itoobiya laga tago dareen iyo dhiig-kar ku kicisay xukuumaddii Kenya ee xilligaas. Heestan oo wakhtiyo dambe laga mamnuucay in laga saaro idaacadihii Hargeysa iyo

Muqdisho, waa heesta la baxday *Kani Galbey Ku Kale Mooyee!*
Kenya waxa ay isu aragtay in ay tahay cidda labaad ee gantaaluhu
ku soo godanayaan haddii Itoobiya dagaalkaas Soomaalidu kaga
adkaato, sida dad xogogaal ahaa xilligaas ka tibaaxo bixiyeen.
Heestan oo dheer, ciyaar dhaqameedna dhextaallo u ahaayeen,
waxa si geblo iyo guuli ka muuqato wadajir u qaaday hobolladii
Waaberi oo Dalays iyo Faadumo Qaasim ka dhex muuqdaan,
ragga qaadayeyna uu ka mid ahaa Cumar Xasan Rooraaye, oo
Maxamed Cismaan Askari u sheegay Feb 2020, in Cali Sugulle
uu heestan u dhiibey. Waxa aynnu ka soo qaadanaynaa iyana
meerisyadan:

> Gudcurkii la soo dhaafyeey
> Nabsi gudaya baa yimideey
> Waagiisii galac yidhiyeey!

> Alla hobeey hobaaligayeey
> Hayabaa, hoyaboow yaahee.
> Goblan weeye cadowgiiyeey
> Waa gacan-ku-dhiiglihiyeey
> Addis Ababa gudaheeduu
> Dadkiisii ku gawracayeey.

> Alla hobeey hobaaligayeey
> Hayabaa, hoyaboow yaahee.

> Waa gabaabsi taliskiiyeey
> Mingiste wuu gembiyanyahayeey
> Gaadiid-qaadkii wuu tegayeey
> Gumeysigiina wuu dhacayeey

> Kani galbey ku kale mooyee
> Kani galbey ku kale mooyee
> Waa guul Allee kani galbey.

Geesiyadii halgamayey
Gobannimada doonaayey
Geyigii xoreeyee.

Kani galbey ku kale mooyee
Kani galbey ku kala mooyee
Waa guul Allee kani galbey.

Gees waliba waa gebiyeey
Guntu walac hadday tahayeey
Gobolladuu addoonsadayeey
Midba gaar ahaantiiyeey
Goonidiisa maw baxayeey.

Alla hobeey hobaaligayeey
Hayabaa, hoyaboow yaahee.
Garabkiisii baa jabayeey
Godob yuu ka hayn jirayeey?
Gashina yuu ka maqanyahayeey?

Kani galbey ku kale mooyee
Kani galbey ku kala mooyee
Waa guul Allee kani galbey.

Kuwii galay dadkoodii
Kuwii gubey dalkoodii
Way ka gacan sarreeyaaneey.

Kani galbey ku kale mooyee
Kani galbey ku kala mooyee
Waa guul Allee kani galbey.

Waxay galabsadeen
Baa laga goynayaayoo
Way ka gacan sarreeyaan.

Kani galbey ku kale mooyee
Kani galbey ku kala mooyee
Waa guul Allee kani galbey.

Goonyaha ma laga galayeey
Garbaduub ma loo xidhayeey
Gebogebo ma lagu dhigayeey!

Kani galbey ku kale mooyee
Kani galbey ku kale mooyee
Waa guul Allee kani galbey.

Gammaankii la heenseeyeey
Inta guri-dhiggiinna aheey
Geesiyaal horaw wada eey.

Kani galbey ku kale mooyee
Kani galbey ku kale mooyee
Waa guul Allee kani galbey.

Soomaalidii Galbeed baa
Guushii hantidayoo
Way ka gacan sarreeyaaneey.

Kani galbey ku kale mooyee
Kani galbey ku kala mooyee
Waa guul Allee kani galbey.

Gabadhu waa garaaddalayeey
Heeri maahee hanna haaban.

Hoobey waa guud-haldhaaleeyeey
Heeri maahee hanna haaban.

Hoobey gelbiskeedii weeyaaneey
Heeri maahee hanna haaban

Hoobey geeraarkii libinteenniyo
Heeri maahee hanna haaban.

Hoobey gabayadii hiddaha dhaqankiyo
Heeri maahee hanna haaban.

Hoobey gibladiyo ciyaarteennii
Heeri maahee hanna haaban.

Hoobey googooska loo tumayiyo
Heeri maahee hanna haaban.

Hobeey Guduudo Carwo weeyaaneey
Heeri maahee hanna haaban
Oo hoo weeyooy oo hoo weeyooy.

Kani galbey ku kale mooyee
Kani galbey ku kala mooyee
Waa guul Allee kani galbey.

Dagaalkaas Soomaaliya iyo Itoobiya ee 1977, si kasta oo markii hore Soomaalidu ay guulo degdeg ah uga gaadhey, haddana waxa guuldarradiisii dambarsatay oo ay ku dambeysey Soomaaliya, markii xulafadii Barigu (Warsow) Soomaaliya ka hor yimaaddeen, taageero hiil iyo hoo ahna isla garab taageen Itoobiya. Janan Maxamed Siciid Xirsi (Morgan) ayaa ka mid ahaa taliyayaashii ciidammada ee dagaalkaas wax ka hoggaamiyey. Waxa uu ahaa taliyaha ciidammada Madaafiicda Goobta. Markii dagaalka lagu soo jabay ee la soo noqday, ayaa ciidammada madaafiicda goobta waxa lagu qiimeeyey in ay ka mid ahaayeen ciidammadii ugu wacnaa ee dagaalkaas wacdaraha ka geystey. Dayniile ayaa xaflad loogu diyaariyey lagu siinayo

billad sharaf. Maxamed Aadan Dacar oo aan Landhan ku la
kulmay dabayaaqadii Noofember 2019, aniga oo ka waraysanayey
Cali Sugulle iyo sooyaalka halabuurkiisa, ayaa munaasibaddaas
kaalintii Cali Sugulle ku lahaa isaga oo iiga sheekaynaya yidhi,
"Waxa loo yeedhay abwaanno iyo fannaaniin ay ka mid ahaayeen
Cali Sugulle, Cabdi-Qays, Yuusuf Aadan Xuseen, aniga Dacar
ahaan, Cabdillaahi Diiriye Sooraan, Maxamed Cumar (Huryo),
Maxamuud Tukaale, Maxamed Cali Kaariye, Maxamed Axmed
Kuluc, Xaliimo Khaliif (Magool), Saafi Ducaale, iyo Faadumo
Cali Nakruuma. Waxa na la ku yidhi halabuur kastaa hees
xafladda qabata ha u soo sameeyo. Degdeg iyo qarbe qarbe ayay
ahayd. Heestan *Cadowgeennu Jaban* oo Cali Sugulle allifey ayaa
kaalinta koowaad ku soo baxday oo loo qaatay. Laxanka iyo
codka waxa saaray Saalax Qaasim Naaji, waxana wada qaaday
Maxamed Axmed Kuluc iyo Xaliimo Khaliif (Magool)".

> Jamaadeey
> Ku jecliyaa
> Ku jecliyaa!
> Jaban, jaban!
> Cadowgeennu jaban!
>
> Ku jantayaa
> Ku jecliyaa!
> Jaban, jaban!
> Cadowgeennu jaban!
>
> Kaa joogi waayey
> Kaa jiifsan waayey
> Cadowgeennu jaban!
>
> Jannadii adduunkaay
> Ubaxii Jamaamaay
> Cadowgeennu jaban!

Jaahaaga quruxda leh
Jinnigaaga bilicda laa
I soo jiidanaayee

Waan kula jiraa nolosha
Ila jir, aan wada jirnee
Ila joog nolosha

Jeegaanta midabka leh
Johorrad la moodyeey
Jahligu ma fiicnoo
Shaxduu jare u diidaa
Jaranjarada soo fuul
Jarta aynnu dheelnee

Jaahaaga quruxda leh
Jinnigaaga bilicda leh
Jidku waa bannaanyahay
Waan kula jiraa nolosha
Ila jir, aan wada jirnee
Ila jir nolosha, ila jir.

Waan kula jiraa nolosha
Ila jir, aan wada jirnee
Ila jir nolosha, ila jir
Jaban, jaban!
Cadowgeennu jaban!

Cali Sugulle oo ka hadlay sida wax wada yeelashadii ummaddu u sii saqiireysey xilliyadaas uu xabsiga ka soo baxay, ee dabayaaqadii nuskii labaad ee tobanlihii 1970-aadkii, waxa uu yidhi: "Hadraawi, Gaarriye, iyo aniga ayaa la soo fasaxay. Hargeysa waxa haystey Cabdiraxmaan Cali Baranbaro. Cabdi-Dheere oo bilayska ah oo mijir ahaa ayuu nagu daray. Waxa aannu soo marnay gurigii ay UFO ku shiri jirtey. Cusbitaallada iyo iskuullada ayay dayactirayeen oo aan Ingiriiska ka dib xitaa rinjiga laga beddelin. Nalka uun baa nagu bakhtiyey":

> Hargeysaan dhulkii hooyaday ugu hanweynaaye
> Habeenkeeda nuurka leh wixii hilin madoobeeyey
> Ayaa ina haleelay oo innaga la ina heerye
> Ka hungownnay gobannimada iyo hibadii saarrayd
> Hubkii cadowga loo haystey waa inoo hanjabayaa
> Innaguu inoo soo huwaday harag shabeelkii
> La-haystahan is haystuu ku yimi kelidii haystuhu!

"La-haystahan is haystuu ku yimi kelidii haystuhu" waa '*Divide and Rule*', ayuu Cali yidhi, ama 'kala qaybi oo u arrimi'. Taas baynu qaadannay oo weligeen tu kala lama aynu iman. Waa qaybi oo xukun. Mid cusub oo aynu innagu leennahayba ma aynu qaadin oo gudboonaan ah, walaaltinnimo ah oo wadaag ah". Markaas ka dib, waxa uu Cali ii mariyey gabaygan oo si xeeldheer uga warramaya xaaladdii siyaaso-bulsheed ee waddanku uu xilligaas ku sugnaa:

> Wadnaha dhiigga kala qaybiya ee waaxyahaw geeya
> Iyo wegeredkaa go'an Qarshow wadajirkeenniiye
> Wejigeennu waa garashadii wiilasha indhaha e
> Sida waanadii Faarax Nuur dhego haddaan waayey
> Waddankiyo dadkaygaan jeclaa weer cad ii xidhaye
> Wadeeciyo haddii aan xabsiga weligey joogaayo
> Kama waabanaayo ilaa aan waajibkaw sheego
> Ayaa igu wallaahiya tan iyo waaga aakhiro e.

> Weydowdey Soomaalidii magaca weyneede
> Waraabaha ciyee jira ayay weheshanaysaaye
> Waxyiga iyo Qur'aankiisu waa warasadeennii
> Waddada Nebiga iyo diintu waa laga-ma-weecdaane
> Waa taa shuucigu wax ugu shubay weelka foorora e
> Wadaaddadii haddii ay baqeen waa wacyi la'aane.

Wakhtigaa ku luma bahabahaa sheeko Waaberi e
Waxaan idhi ha ii wadina waa lagu-ma-waaraane
Waaya-aragga taladiisa waa lagu war qaataaye
Wax la yidhi Cali oo waalan baa yidhiye.

Wadaan aan dawlis lahayn bay igu walwaaleene
Haddana wiish Hadraawiyo Qays lagu walaandeeye
Weylihii aan soo tababbariyo waxarahaan laylyey
Wasiirka wiilka lagu sheegayiyo weyne-kuxigeenku

Weedhka aqalka gala far bay nagu walaaqeene
Wajeer iyo Jabuutaa ku lumay wiriirigtoodiiye
Weligaaba caynaanka hay hadal walwaaleedka
Waqooyi iyo Koonfuriba saw kuma wadeecoobin?

Mar hadduu waxkalagaradka iyo necebyey waayeelka
Waxba kuuma aha Guulwadaha hooyadaa wacaye
Waxbana kaama gelin ninkii koray aqal Wardhiigley e
Waawaantii Gaannaa ku ridey nabaddii Waaheene
Waddaniga cadhaysani markuu weerar kugu qaaday
Qori waqash leh saw guuldarrada wiirsi kuma raacin.

Wax Ilaahay kuu taraa uumiyaha deeqda ugu weyne
Saw calanka walacleeya iyo dawlad wacan maaha?
Weecaan dhaqaalahaw cuskaday wehello saw maaha?
Wadaagaha midnimadii xornimo wadajir saw maaha?

Waddo weeye madaxduye haddii aanay kala weecan
Wadiiqada kuwii marayey way u iman walaalkoode
Mar haddaan la kala waabanayn wegeri waa yaab!

Gabayada kale ee dhaxalgalka ah ee uu Cali Sugulle tiriyey
xilligii Tawradda, waxa ka mid ahaa gabayga golakafuulka ah ee
uu Cali ka dul tiriyey xabaashii Xaaji Muuse Ismaaciil Galaal

ee Muqdisho. Cali Sugulle oo ka hadlayey sida uu Galaal u yaqaanney waxa uu meelo badan ka yidhi: "Muuse Galaal, maanta (1980) ilaa iyo maalintii aan anigu ardayga ka ahaa Sheekh 1949 marka la yidhaahdo PT[9] ardayda ha la ciyaarsiiyo, Muuse Galaal 'cayaar Soomaali waar cayaara ayuu na odhan jiray'. 'Waar Hirwo miyaad taqaanniin? Bariyo miyaad taqaanniin? Saylici miyaad taqaanniin? Batarka ma taqaanniin?' Halkii wax kale aan ka samayn lahayn ayuu odhan jirey waar teenna horta barta. Waxa kale oo uu ka mid ahaa raggii lahaa fikirkii ahaa in af Soomaaliga la qoro markii dambana taageeray in lagu qoro Farta Laatiinka. Waxa dalka yimi berigaas (1940-aadkii iyo 1950-aadkii) niman ay ka mid ahaayeen B.W. Andrzejewski iyo I. M. Lewis. Waxa la soo saaray wareegto odhanaysa nin kasta oo Ingiriis ah oo dalka jooga af Soomaaliga ha barto. Arrintaas waxa watey qolada waxbarashada (*Education Department*). Wallaahay sidii uu Muuse Galaal arrintaa uga hawl galay ee nimankaa uu afkeenna u baray, carruurtiisa uma uu barin. Muuse Galaal waxa uu odhan jirey, 'dadkan aad xukumaysaan afkooda barta.'"

Cali oo arrintaas sii ambaqaadaya: "Intaa uu dalka iyo dibadaha uga baxayey waxa uu ururin jirey dhaqankeenna, suugaanteenna, iyo af Soomaaligeenna oo uu dunida ku faafin jirey." Waxa dhacday in uu Muuse Galaal aad u xanuunsaday oo cudurka cagaarshawgu (joonisku) ku dhacay. Lix billood ayaa la raadinayey warqad oggolaansho ah oo dibedda loogu qaado. Waa nin buka oo ildaran oo ummadda wax taray. Deeqa Col-u-joog ayaa markaas madax ka ahayd rugtii Akaadeemiyada Cilmiga Fanka iyo Suugaanta, oo ay ku weheliyeen raggii rag ahaa oo dhan; waa Yuusuf Xaaji Aadan, Xaaji Aadan Af-qallooc, Ina Shire Gaab, Gini Diir-qadhaadh, iyo Guddidii Afsoomaaliga oo dhan. Deeqa gabadh wanaagsan ayay noqotay. Waxa aannu ku nidhi, 'Deeqay odayga badbaadi'. Hadraawi ayaa isna na la socda. Shaw xagga sarena (Madaxtooyada) waxa la doonayaaba in naftu ka baxdo, oo nin wax kala garanaya oo hadli og ama aqoon leh ama taariikh sheegaya ama wax kala garanayaba Maxamed Siyaad

---

9 Physical Training (jirdhis).

Barre ma uu oggolayn. Waxa uu lahaa ha ku dhaafo. Halkii bay
Deeqi warqaddii u soo qaadday goor ay xeedho iyo fandhaal
kala dhaceen. Sucuudiga ayaa loo la cararay oo waa la qaaday.
Jidda markay diyaaraddii mareysey ayaa Muuse xaqii haleelay.
Habeenkii la soo qaaday ayaannu nidhi: 'Waar Hadraawow
maxaynu ka yeelnaa?' Waxa aannu isku afgarannay aroorta aan
madaarka tagno oo Hargeysa ama Burco ha lagu aaso, illeen
nimankii xanuunka ku dayacay ee diley ku ag aasi maynnee,
tiina waa la ogaadoo halkii bay dawladdii isa soo abaabushay oo
calankii la saaray oo dadkii oo dhani isu soo baxay, madax iyo
mijaba. Xabaashii ayaa la isugu wada yimi. Dadku marba marka
ka dambaysa wuu soo dhiirranayey, waana la baqayey."

Cali Sugulle oo aaskii qaran ee Muuse Galaal loo sameeyey
ka hadlay, waxa uu yidhi: "Madaxdii oo dhan baa isugu timi.
Calankii baa dusha laga saaray oo la huwiyey. Maxamed Siyaad,
madaxweynihii, ayaa soo dhaqaaqay oo isyidhi meydka Muuse
Galaal ka dul khudbadee. Kan anigaa kaa aqaan ii daa oo 1949-kii
ayuu macallin ii ahaaye, iiga baydh oo ii oggolow, Madaxweyne,
aan ka hadlee. Allaa biyo qabow iigu shubay oo waa uu iga
baydhay. Waa ban bilaabay uun si golakafuul ah oo uu ciil ku
jiro":

Geeridu xaq weeyoo horaa loo garwaaqsadaye
Geyigii Ilaahay hadduu mawdku kugu gaaday
Waa goobtu Nebigii ku diley uu gunaanadeye
Galled Eebbe maydkaagii wuu soo gadaalceliyey
Guriga hooyo aaskaagu waa galabsigaagiiye
Waa gaar ahaan iyo xusuus muuno gooniya e
Waana guud ahaan iyo xusaan abid gaboobeyne.

Giddigeed adduunyada intii geesi lagu faanay
Gocasho iyo magac baa ka hadha gobi u aydaaye
Waad gudatay Muusow xilkii ku la gudboonaaye
Guushii ifkiyo aakhiraba lagu guddoonsii

Goldaloolladeennii kuwii ka la gufeyn waayey
Ee nolosha kugu gabay ayaa taagan goonyaha'e
Markaad guurtey ayay leeyihiin 'Ina Galaalow' e.

Haddii geel ilmihii uu korsado gobina meecaaddo
Gabadhii ku maahmaahday waa gaari la hubaa e
Mar haddaanad geerida horteed geesiga aqoonsan
Goblan weeye Soomaaliyeey garashadaadiiye

Gurmadkii Qarshi iyo Yuusuf baa goob xun yuurara e
Gafuurkiyo Hadraawoo gadhkiyo guudkuba caddaaday
Wixii gubey ayay gaaday oo way gaggabiyeene
Waa taa ay gayaxa maranyihiin Gaarriyiyo Qayse
Iyagaa gambada hooyadiyo guulwadow hadhaye
Godka lagu janneeyow Ilaahay ku gudubsiiye
Gafi maysid weyddiimahee inaad ku geeraari
Ood geli Naciimoo jidkana gabay ku sii dhaafi
Jawaabii ku garansii Allihii guurti kaa dhigaye.

Galalkii Fardowsiyo adoo gacamadii jooga
Galabtaba haddaad Timacaddiyo, Maxamed gaadhayso
Gahayr iyo haddaad Cumar Xuseen godol u sheekayso
Waad goobi doontaa raggii Guba ku haasaaway
Gacanqaad Salaan baa u mudan gabi ahaantoode
Gurracnaanta Cali Dhuux markuu gabayga luuqeeyey
Gurgurkeeda maansada Qamaan gibil ku soo xeeray
Gurmada Faarax Nuurkii lahaa Goonni iyo Raage
Guurtida murtidu way furrayd waa se kala gaare
Godob li'ida Cige Aw Calaa geesi ku ahaaye.
Gabayaaga Boqorkoodi baad gooni ku ahaane
Giddigoodba Cali Jaamac baw garasho weynaaye
Gardarrada ayuu sheegi jirey gacan ku dhiiglaha e
Gantaalkuu Wadaadkii la helay garab-ku-taagleeyey
Gam buu inaga siin laa haddaanu inaga soo gaadhin
Waa layna gadi laa sidii xoolo gaadacaye.

Gammaankiyo lo'diyo ninkii geelashaba qaaday
Waagii guduutaba dagaalkii uu galaa bixiyey
Galalkii jannada Eebbaheen gubashadii naarta
Gartinaw dhexeeyaa la yidhi labada gooboode
'Geestee buu Darwiishkii jiraa?' baad gacalle weydiin.

Ma gabbade jawaab diirran buu geesi ku ahaaye
Isna goobtii wuxu odhanayaan, guudka ka hayaaye
Gawraca naflaha eed la'aan beenta fule-guulka
Ganaax iyo xujiyo Ina Carray, gocasho haysaaye.

Golihii muuminiintiyo annagu awyaliyada gaadhney
Girgirkaannu haynnaa Jannada gadawyadeediiye
Lama se gaadhin weli maalintii kala-geddoonkiiye.

Garyaqaanku waa Eebbaheen oo guddoonshaahe
Qof waliba halkuu gali lahaa ama la geynaayo
Goortii la uumaa la qoray gogoldhiggiisiiye
Gadaal-noqoshadii Eebbaheen nala gudboonaatey
Inta uu na garansiiyey een Guulle ku cawaynney
Gunnadiyo hormariskii Jannada nala guddoonsiiye.

Dabayaaqadii 1979 waxaa geyiga ka curatay maansadii
carooggeedu dheeraa ee *Deelley* ee isdiiddooyinka badnayd.
In ka badan 50 halabuur ayaa ka qayb qaatay, waxana lagu
soo bandhigay in ku dhow 70 maanso. Cali Sugulle waxa uu
silsiladdaas ku lahaa hal maanso oo dab iyo naar ka kulul. Waxa
tixdaas magaceedu ahaa: *Maxaa Daran, Maxaa Dan ah?* Horraantii
Feberwari 1980 ayuu Cali maansadan ku soo galay silsiladdaas
Deelley. Maansadan Cali waxa ka buuxa, oo tif iyo midhif ka ah,
af Soomaali dun xariir ah ka samaysan. Dhirta uu Cali uga soo
maydhax diirtay ayaa wada galool mudh baxay ah. Waxa ku jira
oo markii aan maansadan qorayey ku baraarugey meerisyo badan

oo ka mid ah kuwa, sida buugga *Afka Hooyo Waa Hodan* aan ku
xusay, la baxay meerisyo gabay oo maahmaahoobey; maanso-ku-
maahmaah, maanso-ku-sheekayn, iyo halkudhegyo murtiyeed.
Kuwa uu Cali Sugulle Deelleydiisa ku bilaabay ayaa ka mid
ah, ee ku saabsan markii Xaawo shaydaanku marinhabaabiyey,
Aadanna ay geedka cunsiisay. Waa maanso-ku-sheekayn. Waxa
soo raacaya maanso-ku-maahmaahyo iyo halkudhegyo badan oo
ay ka mid yihiin:

> Aadan kuma dukhuuleen
> Inuu ciinka daaqoo
> Dabadeedna eedee.

Waxa hore loo yidhi, 'geelow weligaaba soco oo waxa laguu
yaabaa marka aad ciin daaqdo.' *Ciin* waa geed.

> La ye, 'digo nimaan gelin
> Sugaalow dab muu gelin'.

> Dumarkii horaa yidhi,
> 'Daadoy digtoonow
> Awr dabar la'aan dhacay
> Yaan duqaagu kugu furin.'

> Gal dad liqa ul lagu deyey
> Dalaaqdii indheergarad.

> Saw taan 'dab iyo dhagax
> Kala daaya' idin idhi.

> Dhagax iyo dab
> Layskuma dhuftee
> Kala dhawraay!

> Doqonniimo waa shile

Dushay milil ka dhayayaan.

Labo maahmaahood buu Cali wada adeegsadey:
'*Doqonnimo waa shil*' iyo '*milil guudkii lama dhayo.*'

Dugsi ma leh qabyaaladi
Roobkaa ku dacal-dhebey.

'*Dugsi ma leh qabyaaladi*' waa meeris gabay oo maahmaahoobey.

Ma danbaabidhaysoo
Debecsan hooyadoodii
Dameeruhu isku hallayn
Dabada uga nuugee.

'*Dameeri isku hallayn bay hooyadeed daba uga nuugtaa.*'

Murtidii dalkeennaa
Dadkii ii xilsaaroo
Habaar dibedda weeyaan.

Waa halkudheg oo islaamahaa yidhaahda, '*habaar waa dibed!*'

Gudini daab la'aantii
Miyay dogobbo goysaa?

Geedkii waxa uu yidhi, '*gudineey haddii aanu daabkaygu kugu jirin ima aad goyseen.*'

Diric keli ahaantii
Daleel guusha kama helo
Dadkaa geesi lagu yahay.

Ragannimadu ma aha labada xiniinyood ee kaa lusha, se waa kuwa lagu la hareero joogo, iyo far keli ahi fool ma dhaqdo, ama ilko wadajir bay wax ku gooyaan, iyo qaar kale oo badan.

Dameer dabo nin haystow
Daamankaa la qaban jirey.

'*Belo daaman la qabtaa bay leedahay ee dabo la qabto ma leh.*'

Waa loo kitaab deyi. Taariikhda iyo wacaashaa loo eegi.

Marka la yimaaddo halqabsiyada, maanso-ku-maahmaahyada, meerisyada maanso ee maahmaahoobey ama meerisyada maanso-ku-sheekaynta ee tixdan ku jira, waxa kale oo Cali si layaab leh ugu soo qaadanayaa aqal Soomaaligii iyo waaxyaha uu ka koobmo, oo uu si farshaxan ah ugu suuraynayo, metaal ahaan, dawladnimada.

Maxaa Dan Ah, Maxaa Daran? waxa ay tidhi:

Danniga iyo tuhunkaa
Dembi ugu horreeyoo
Markuu diidey Nebigii
Ibliis waa la doorshoo
Intuu Xaawo duufsaday
Aadan kuma dukhuuleen
Inuu ciinka daaqoo
Dabadeedna eedee
Jannada dibedbaxeedii
Dunida imashadeedii
Diimihii la soo rogey
Ummadaha u soo degey
Nebiyada la soo diray
Doonnaanta oggolaatiyo
Diiddan ka hortimaaddaba
Wuxuu uga dan leeyahay
Allaw doonya-qaad ahe
Inay noo daliishaan

Wadaaddadaysku deyi jirey.

Hadday dabinka dhawreen
Jidka doc uga leexdaan
Doorroonaheedaa
Bulshadaw damqanayoo
Dabuub samatabixintiisuu
Dejiyaa abwaankuye
Maxaa daran maxaa dan ah?

Deeqdii Ilaahay
Waxa wada dabaylaha
Risiqu waa daruuraha
Iyo doogga soo baxa
Hadba waxay ku da'ayaan
Meeshuu la doonee
Halka uu u diidana
Waa laga duwaayaa,

Dunida iyo dalalkuna
Way kala dambeeyaan
Dedaal baa isdhaafshoo
Daryeelkoodu kala roon
Dadku kala aqoon badan
Deeqduna u kala qoran
Daa'in baa u qaybshoo
Looxay ku duugnayd
Xaasidnimo la daahiyo
Xanina waa inaga duub
Ma dadkaynu qalannaa?

Waxaw daran waxaw dan ah
Dabuub samatabixintiisuu
Dejiyaa abwaankuye,

Murti daaddahaysoo
Daadguraysa moodkoo
Dalandalisa noolkoo
Dawaadda iyo qalinkii
Taariikhda ugu daabacay
Daliilkeedu wuxuu yahay
Degganaanta nololeed
Ilbaxnimada doorka ah
Quruumii u duurxulay
Duggaalkii magaalada
Duddadiyo farsamadiyo
Dugsiyada waxbarashada
Ka-baaraandeggeedaba
Carro-edeg degaankeed
Xeebta degelladeediyo
Dalagga iyo beeraha
Lagu dab iyo reer keen,

Dabbaal-barashadiisii
Damac iyo hunguri iyo
Dooc baa horseedoo
Intuu daadshey shebegguu
Mallaygiina soo dabay,

Diilalyada harraadkiyo
Diihaalka gaajiyo
Baahi inuu ka doogsado
Intuu doonyo suubsaday
Dawyada badweyntuu
Dekedo u samaystoo
Doc kasta u galaa-baxay,

Duruuftaa qasbaysoo
Daryeelka isu dhiibee

Dalandoolkii waaya-arag
Qof waliba dagaalkii
Iyo doorkii u galay
Daalacan u gee dedan
Dabadhilif gumeystiyo
Dibusocod qabiil iyo
Dakaniyo tixraaceed
Soomaalida daraaddeed
Immisaa isduudsiyey?

Dumarkiyo raggeedaba
Darxumiyo dhibaatiyo
Dood iyo dagaal galay
Dahabka iyo lacagtii
Duunyiyo naftii huray
Daryeelkiyo danaha guud
Shantoo laysku soo daro
Durbaankii xornimadee
Dawankiisa lagu kacay
Deddo-gooyayaashii
Kala debecsan beeshii
Kala daadsanta ahayd
Sida ul iyo diirkeed
Isku duuban laga dhigo
Isku soo darkeedii
Dooddeeda Maandeeq
Kii lagu dugaashee
Isku soo duwaan ahay.

Iyadoo daruur u eg
Xiddigtii Dagaaree
Calanka loogu daabacay
Dulucdii loogu talo galay
Dacalladii Shan-geesleey
Dadka iyo danteenniyo

Dalkeennoo miboobaan
Isla deydeyaayee
Dayaxeennu waa dhicis
Dirirkuna dhammays noqey
Sida daadka hawlaha
Doc kastaba igaga yimi,

Dawladiyo xilqaadkeed
Dastuurka iyo xeerkeed
Doorroonayaasheed
Duco iyo habaarkeed
Daacaddiyo khiyaamada
Dulmiga iyo eexada
Dusduskii qabiilada
Doog iyo abaarleey
Dugsi iyo dabaylleey,

Dambaysiyo horraysaba
Diga-rogashadeediyo
Dar Ilaahay maansadu
Diiwaankii aftahannada
Dawaadda iyo qalinkii
Weli ways dul yaallaan
Qof waliba dedaalkii
Degdeg iyo horaw durug
Dibudhac iyo daahniin
Dorraad iyo wixii shalay
Haddii maanta lagu daro
Daalacan u gee daran
Daawashada hummaagga ah
Isu qaybi daymada
Demmenaha dhac uga sii
Daacaddaan hungoobine
Yididdiilo durugsani
Dabinnada khiyaamada

Inay duulin karayaan
Halkay doogtu jiiftana
Kuwa deydeyaayiyo
Kuwa naga duwaayow
Dawadeedi baan helay
Dabiibkeedi baan ahay,

Magac baa la duugee
Dirkeedii qabiiliyo
Daamaanaddeediyo
Isu diirnaxeedaa
Dambas dhuxusha la huwadey
Waxay degemsanaataba
Duluc furatay maantee
La ye, 'digo nimaan gelin
Sugaalow dab muu gelin',

Daliilkeedu wuxu yahay;
Aqal laba-deryaale ah
Dadabtii la kala rogey
Loo daahay udubbada
Loo daruuray dhigihii
Laga moosay daadkii
Lagu deyrey xeerkii
Docda ilaxidhkiisii
Dermadiyo asgogolkii
Barkimadii dul saarnayd
Duudduubay gogoshii?

Daadoo yaabban baa tidhi,
'Daldaloolku wa maxay?
Dabasaarkii foodsaar
Dugayeey isdhaafshaye
Intaan aqalku iga dumin
Darroorrimo ma celiyee

Duul Allow i kaalmee!'

Dumar waaya-araggii
Waxay tidhi Dahaba-Cadar,
'Dul iyo hoosba aqalkii
Dib in loo furfuro iyo
Kala daadi mooyee
Dawiyo maare kale ma le',

Hadda Deylo say tidhi,
'Dareemadiyo maadhii
Duleedkay ku yaalliin
Diirashada galoolkuna
Iyaduna ma durugsana
U dareeri caws kale
Ama duubashida taal
Uga saar haldoorkoo
Dabasaar halkiisii
Daadooy ku kala bixi',

La ye, 'Daado u ma nixin'
Waxay tidhi Dahaba-Cadar,
'Udub soo dabtaa jira
Deri iyo janjeedho leh
Haddii laga ilduufana
Dhedihii dalaysnaa
Yuu dalab u yeelaa
Wuu xagal-ka-daacaa',

Dalays iyo Guduudaa
Kebeddii dareershoo
Daahyadii xidhaayoo
Deelley ku heesoo
Durba waxay ku qaadeen
Dumarkii horaa yidhi,

'Daadoy digtoonow
Awr dabar la'aan dhacay
Yaan duqaagu kugu furin'

Daadoy ha dagannine
Dabasaarka hadimeed
Aqalkii dugsiin waa'
Dumis buu u halis yahay
Yaan lagugu diganoo
Doca-dalool laguu bixin
Alle doori waayeey
Ninku yuu dabayshane
U darsiyo ka-raysiga
Kala dooro kii daran',

Buuggiina waan deyey
Durbaankii Hargeysiyo
Xamarba isku soo daray
Dugaaggaa abaal guda
Daryeelkeedi gobannimo
Dayactirihii sooyaal
Haddaan cidi danaynayn
Dadnimoy mudnaantaa,

Dul ahaan abuurtaba
Kii loo dellegey oo
Inta loo danaasacay
Wada dala'sanaayow
Dibudhac iyo daahniin
Degdegiyo horaw durug
Da'kastaa aqoonteed,

Waa dardaaran maansadu
Dib wax loogu aayaa
Deelley ku baaqdee

Daganaha in loo digo
Dawankaw garaacdee
Waxa loo dan leeyahay
In qabiilku dabargo'o
Kii daaya yidhiyow
Musuq daahan baad tahay
Hadal daaqsin geel jira
Waagaan dul mari jirey
Ma wixii i daashadey
Gadhka deebta iga dhigay
Yaad dabada haysaa?

Shayddaanki dagamsane
Dib Ilaahay ugu noqo
Keliyuu ka didayaa
Daduu soo qabbaansaday
Doocooda wadartiyo
Ka hor yimi dareenkii
Haddii loogu dawgalay
Anna daafac qarannimo
Doodoo aan jilib-dhigo,

Gal dad liqa ul lagu deyey
Dalaaqdii indheergarad
Dibnaheeda soo galay
Daankaa la dhigayaa
Dac-gudhiyo qallalan iyo
Da'fur bay ku sheegtee
Dambaska sheeka-baraley
Dheguu uma daloolaan
Wax u dana wixii daran
Danyar kala ogaatoo
Dibjir lama luggooyoo
Dulucdiyo ujeeddada
Doodda iyo maansada

Daliilkeedu wuxu yahay;

Markaan duubto weerka cad
Halgankii isdaba joog
Kuwii igu dambaabee
Inta waalan igu daray
Ma maantaan u daganahay?

Dulin iyo qaniinkii
Hasha duudda kaga yiil
Inuu daatay moodee
Sawtanuu dul buuxshee
Dibbirkiyo dillaalkii
Daryeelkii danaha guud
Dibusocodkii ka hor yimi
Qabiil loo duggaashadey!

Dawadii ayaan helay
Cayayaanka dili layd
Diiwaankii walaalaha
Duruustuu u talin jirey
Sawtaan 'dab iyo dhagax'
Kala daaya idin idhi!

Dusha way qallalantahay
Dix kastaba nasiibkeed
Hoosta way ka dihintahay
Daruuriyo hillaaceed
Danabka onkodkiisii
Aashii hadduu da'ay
Durdur wada aqoonyahan
Duud wada aftahamo ah
Haddii laysku soo daray
Daa'in mahaddi weeyaan,

Dix waliba nasiibkeed
Labadeeda daamood
Dooggii ka soo baxay
Hadba doc u tallaabaha
Dalaggiisii dalaq yidhi
Deegaanta raacdiyo
Daadxoorta yeelkeed
Dalawadeenna oloshiyo
Nirgahaw dunuunucay
Sida dalagga beeruhu
Biyahawgu dararaan
Allaylee ku doogsadey
Dararteeda Maandeeq,

Nin doonaa ha xooxsado
Dalandoolku ha xigteen
Dunjigeed anays ka leh
Dambarkeeda kama xigo
Daaqa iyo xeradana
Qawsaarka loo diray
Dayactirkeeda ka adkow
Yaa doonyaqaad u ah?
Doobiga miskeedka ah
Laga deyrshey haaneed
Haddaan loo dardaarwerin
Inuu daato waw halis,

Nimankii darduuree
Darka ceelka keenee
Dawliskiyo wadaantii
Biyaha uga dawdabey
Dadweynaha codkiisey
Deelley ku hadashaa
Dooddeedu maansada

Dimoqraaddi weeyaan,

Dorraad iyo heshiiskii
Dabuubtii kacaaneed
Ujeeddada danteenniyo
Aayaha dalkeenney
Deelley la socotaa
Derejiyo ammaan bay
Dufanjecel u xilataa
Doogsin-dhabadka lacageed
Dayax shan iyo toban jira
Runtii duhurka ka caddayd
Anigaa dul dhigayee
Billad hawgu doonteen
Dulucdiyo ujeeddada
Dalab intay u yeelaan
Doc kaloo ka-jeeddo ah
Hadalka haw duweenoo
Dallacaad ha raadsado
Way naga dul boodeen
Murtiday dillaaleen
La daalaa-dhacaayaan
Misna doobbinaayaan
Doqonniimo waa shile
Dushay milil ka dhayayaan,

Isku diin Hadraawow
Bil amaara Deelley
Duullimaadki weeyaan
Hadday doogtu jiiftiyo
Maashaba dureysee
Daafaceeda kii galay
Dugsi ma leh qabyaaladi
Roobkaa ku dacal-dhebey
Dan kaluu ka leeyahay

Waa se loo kitaab deyi,

Da'da kale waxay tahay;
Damalka isku-noolka ah
Duggaalkiyo hadhkiisii
Duul baa ka buuxoo
Durrujaaga hoosiyo
Dalandoolli jinacliyo
Kudkudahoo aan laga dilin
Doonyaysan maayoo
Weligay shax maan tegin
Dabada ciidda maan dhigin
Faraha boodhka maan darin
Mana daawan karayoo
Illayn waan derderanoo
Anigu waan degdegayaa!

Diirisadii cadceeddaa
Daruur beeni qarisoo
Habeen dumey xiddigo dema
Aragtidoodii diiq tahay
Dayax shan iyo toban jira
Runtii dayaxa ka caddayd
Daliilkeedu wuxu yahay
Dunqulaalka hurayiyo
Dogobbo iyagoon gurin
Dabka diida ku diirsada
Kuway uga dareysow
Waan idiin digaayaa,

Dabayshii qabiiladu
Way soo duseysaa
Yay deminnin ololkee
Duulduushay dhuxushii
Deelleydu sheegtee

Waa la duugey kii yidhi
Direyskuu ku dhuuntaa
Derejaduu ku qariyaa
Dulligii hadduu wado
Ma danbaabidhaysoo
Debecsan hooyadoodii
Dameeruhu isku hallayn
Dabada uga nuugee,

Waxay uga dan leedahay;
Dulmigii gumeysiga
Diburrootigiisii
Dakharradii igaga dhacay
Waxa igaga sii daran
Kuwa doogta kiciyee
Deelqaafka maansada
U dulqaadan maayoo
Waa laga diqoodaa
Soor quudhi waa' duuf
Waa dardaarankiisii
Weligii u ducayn jirey
Qarshaan uga dambeeyaa
Dooddeeda Maandeeq
Sheekha u kitaab daya
Dar Ilaahay maansada
U dareeriyaan ahay
Murtidii dalkeennaa
Dadkii ii xilsaaroo
Habaar dibedda weeyaan,

Waa duluc ujeeddo leh
Waxay daarrantahay waa
Gudini daab la'aantii
Miyay dogobbo goysaa?

Diric keli ahaantii
Daleel guusha ka ma helo
Dadkaa geesi lagu yahay,

Waxaan uga dan leeyahay;
Daacaddiyo sinnaantaa
Daahirin caddaalade
Dersigii midnimadiyo
Isku dubba-rid nololeed
Danta dawyadeedii
Daanyaqaad ku baaqyoo
Doog baynnu moodnee
Cabsi lagu ma daba-gelin
Dadkuna waa u simanyahay
Hawluhuu inoo diray
Dusheennuu xilsaaraye
Ka dayacay intiisii
Docdiisii ka soo bixin
Wixii dacarta laga dhigay
Waa la isu diidoo
Waa la iska daayee
Ka doonaaya ee wada
Daliilkuu u haystiyo
Duubkuu u xidhanyahay
Dabarkuu inuu ruxay
Aan ku laba dibleynnee,

Waxaan uga dan leeyahay;
Daacadow ma daalow
Dunbuquu qaado leeyahay
Seefta dananta yayska leh?
Ma waxaa lagu deldelayaa
Danyartii iska lahayd?
Yaa lagu dilaayaa?
Haddaan duul Amxaaro ah

Hubka lagu dabraynayn
Daafaca cadaawaha
Ciidammada dadkaw sida
Yaa lagu diraayaa?
Muxuu uga dan leeyahay
Duul Allow ninkii yidhi?
Miyuu nagu didsanayaa?

Dul ahaanba madaxweyn
Dalka iyo dadkeennaba
Loo doortay weeyee
Ma Duquu xigsanayaa?
Oo naga durkinayaa?
Waxay daarrantahay baa
Hadda loo kitaab deyi
Halkay doogtu jiiftuu
Falaxfalax dillaacshee
Ilaahay ha daayee
Duul Allow sidiisaa
Ma qof diiddan baa jira?

Dameer dabo nin haystow
Daamankaa la qaban jirey
Caanaha aan dig siinnee
Ma dakaamo weligii
Waddanigu ma daalee
Qaysaw dalaandali
Hawl-qaran u daaddihi
Allow doonyaqaadoo
Annagaw dammiin ahe
Dariiqii xaqa ahaa
Dawgeedi mariyoo
Dakanadeeda kii qaba
Xoolaha dadweynaha
Dooxatadu la tegayaan

Halka doogtu jiiftana
Deelley tixraacoo
Waa marag ma doontee
U dudduuc maxkamadaha
Dembi-baadhisteenniyo
Dalka nabad-suggiisiyo
Dooc iyo dareenkeed
Doodaha garsooraha
Diintaba la kaashoo
Dacwaddooda gaadhsii
Waa duul walaalo ah
Dantu waw dhexaysaa
Doog iyo barwaaqiyo
Deegaanta haradiyo
Dabadheer abaartiyo
Dagaalka iyo nabaddaba
Dunji waa wadaagaan
Diradire qabiil iyo
U ma baahna duul duul
Waxay derejadood tahay
Falaxfalax hogguu degey
Yamyam deriski uu dhigay
Kaddarena u daaddegey
Dunjigood abwaannadu
Bartay dacalka saareen
Dirsoocana u diideen
Dawadii halkaasay
Ila tahay dareenkay
Dalku horumarkiisiyo
Danwadaagta taladiyo
Dimoqraad hirgelin iyo
Sharci laga dambeeyiyo
Dadka oo sinnaadiyo
Daallinkaan ka qabanniyo
Danaheenna qarankiyo

Aan ku duullo wadarnimo.

Silsiladdii maanseed ee *Deelley*, xadhkaha ayay goosatay. Bari iyo bogoxba waa tii ka dhacday ee in ka badan konton maansoole soo galeen, kuna wadaageen in ka badan 60 maanso. Cabdi Iidaan Faarax (AHUN) ayaa markaas ka guurey xaraf raacii godkii qaafiyadda ee maansadu ku socotey—D, oo noqday mid u fudud cid kasta, una wareegey xarafka *Sh*, oo aan cayaayir loogu dhiirran karin. Waxa uu bilaabay horraantii 1982 *Silsiladda Shiinley* oo dhawr halabuur ka qayb qaateen. Cali Sugulle waxa uu ka mid ahaa abwaannadaas fara-ku-tiriska ahaa ee *Shiinley* ku weheliyey Cabdi Iidaan. Haddaba, si fahamku u fududaado marka aynu ta Cali soo bandhigayno, waxa aan doorbiday in aan ku horreeyo Shiinleyda Cabdi Iidaan oo ta Cali uu xidhiidh weyni ka dhexeeyo.

Cali Sugulle waxa uu iiga warramay *Shiinley*. Waxa uu yidhi, "Markii aannu ku adkaannay *Deelley* ee budhka iyo xoogga lagu muquuniyey ee la joojiyey, Cabdi Iidaan Faarax na yidhi, 'Shalmadi koore raacdaye, wax baan sheedda ka arkaa' ee anna aan ugu jawaabey, 'Shalmadi koore inay raacday waa daahir yaa shamis', waxa dhacday in Cabdi Iidaan shirqool lagu dilay, anigana xabsiga la i dhigay."

Tani waa Shiinleydii Cabdi Iidaan Faarax, (AHUN):

Kolkii Midhayarii wada shuq yidhi shidantay Deelleye
Shimbir-dharabtu meel aar fadhiyo shuuqa kama deyne
Sha'dii baan hayaankaw rarniyo shaanbis geeddiga e.

Shaabuugga nadigaa tixyare sheexo ka lahaanne
Afarrey ha la la soo shirtago shoolo booliyahe
Halkaasaa sengaha noo sharraxan shaalka loo sudhaye.

Shafshafaha duxda ah leefii cid u shaqaynaayey
Iyo shurunshur malaggiisu galay haysa soo shubo e

Shil-ma-hele tixdaan Gaarriyow Shiinka ka asteeyey.

Ama geenyadaan xalay shirrabay shalaw abraarkeeda
Meeshaan shakamadawgu xidhay sheeg haddaad garato?

Shafarta iyo dabaylaha jiraa shaamarreerka lehe
Shifo waxan lahaynoo la cuno sheeg haddaad garato?

Shubaal quruxsan gaawaha shaxshaxa shuqul gobaadeedka
Shinni dhagax sideedii markuu noogu shiro geelu
Shalaan duhurkii sharad kuugu galay laaska shacabkaasa
Maantadan inaan kuugu shubo ee shifo u hooda
Markay shaaxin ugu heesayaan kama shiddoodaane
Sharba uga ducee inaanu helin shil iyo qayrkiiye
Haddana sheekhyadii iyo u qabey weliyo sheellaaye
Misna sharax Kitaab kama akhriyin shed ay ku yaallaane
Waxa badawgu sha'Allaa u yidhi sheeg haddaad garato?

Shibba waxa dibnii looga dhigay shar iyo khayr daayey
Abwaan wuxu murtidii uga shakiyey sheeg haddaad garato?

Runtii shimiqda waxa looga dhigay una shareernaatay
Ee ay beentu shaaraca ku timi sheeg haddaad garato?

Shirkii lagu ballamay faalladii shaaca laga qaaday
Shalmadi koore raacdaye wax baan sheedda ka arkaaye
Shishe u aragnay haasaawihii shaadirka lahaaye
Shafdhiggiisu meeshuu hirdiyey sheeg haddaad garato?

Belaayada shinkeed galay fidmada laga shaqaynaayo
Shoocaalligeedaa hirmacay waase sheen go'ane
Halka shalaxda la la maagganyahay sheeg haddaad garato?

Cadceedduba dayaxa shiiqiisee waana laba shaye
Wuxu shamacba taaggii u huray sheeg haddaad garato?

Shafartii qabiilkiyo wigladan lagu shanlaynaayo
Waxa qaranka shuushkii ka baxay dib ugu shaasheeyey
Duqdii oo shakaalkii qabriga iyo shebeggii hayn waayey
Shaarubba Libaax iyo hadday shaadh ammaan tolatay
Sharcigii lagu qaban lahaa meelu jiro sheeg haddaad
      garato?

Ninku kibirku shaanshaan ka ridey waayo shaxartaanye
Misna waxanu sheekada ku darin shiishka soo maqane
Inta shaqalka gaabani u jiro sheeg haddaad garato?

Shif u dhimo nin ragi waa geyaa sharafna noolow e
Waxay Sharadi meesheed u tahay sheeg haddaad garato?

Shillalka lagu qal neefkii la cuni shidhada xoolaade
Shanqadhiyo shariiryaha digsiga shagagaxdii weelka
Sidii wananka loo kala shishlaa shiillimaad noqoye
Shansho kama dhadhamin reerku waa shey cajaa'ibahe
Waxay sheeka-baraleydu tahay sheeg haddaad garato?

Shabeelkiyo orgigu waa heshiis Shiibba dhega yaabka!
Shillalkay isugu dhuumatay ee nabaddu shuuxshuuxa
Shullo maran la dhigay baa jirtee sheeg haddaad garato?

Shaxda niman aqoon lama degeen mana shu'aysteene
Shan Soomaliyoo wada socdoo calan ku sheekeeya
Shinmaa la arkayaa waa su'aal sharad ka yaallaaye?

    Cali Sugulle waxa uu Cabdi Iidaan Faarax ugu soo jawaabey
Shiinley kale oo halis ah, badheedhaheeduna uu sidii ta Cabdi
Iidaan u cad yahay. Gobolka iyo xaaladdii siyaasa-bulsheed ayay
nalka ku sii daaraysaa, waxa ayna dib ugu noqonaysaa Shiinleydu,
oo ay soo kicinaysaa, doogo iyo guntimo xusuuseed iyo tabashooyin

ku maran oo ka soo jeeda israacii Italian Somaliland iyo British Somaliland, iyo sidii loo maamulay ee loogu hungoobey isla doonashadii Soomaaliweyn. Waxa ay ka digeysaa halistii soo mutuxnayd ee warmaha suntan iyo waabeeyada sita ku ganaysey dawladnimadii iyo qarannimo markaas wax u yabyabnaayeen.

Waxa uu yidhi:

Shib yidhow abwaannada dibnuu uma shakaalmaane
Shakiguna Hadraawow ma galo shaacir caan-baxaye
Waa shoolad oloshoo murtidu aayahaw shidane
Shookigiyo xabsigu gabay ma xidho shebeglahoodiiye
Sharad buuxsantaa Gaarriyow tiirku shaabbahaye
Shar iyo khayrba keenaa jiree sheegato habowga
Shayddaanku weel fooraruu Shuucigaw tolaye
Shallillaahi dhaha taasi waa shaqo Ilaahaye.

Shacdurka delebka iyo ragaan dheelin shabadaanta
Oo aan shantarad barannin baad wada shaxayseene
Sharafkeedii gobannimo hadday habari shaashaysay
Ha la sheegadii lagu ballamay waxa shareeraaya
Kii shiikhinaayow anigu shaaxiyaan ahaye
Sheekada bulshada taabataye sharaxa doonaysa
Shedkeediyo medkeedii Cabdaa Shiin ku daabacaye
Shiikheedii maansadu halkuu shookaddaw saaray
Anoo shayna wayddiinnin oo arrinta shiilaaya
Waa shilisyey gabayguye haddaan shaaxin ku habaynnin
Shilaabo iyo Wajeer kuma hirtaan aayo talo sheeg
Shantuba inay israacdaan u digey Shoolo-boollida[10] e
Shanshadii Jabuutiyo haddii shirixi aan weynney
Shuglay[11] noqotay Soomaalidii iyo Xamar shirkeediiye.

Sheeladaa qarsoodiga ah iyo nabarka shuuqaaya
Shirkeedaan labaatan u dibjiri jirey Ina Shabeelloowe
Shuruud li'i midnimadaan ku galay dib u shallaygeeda

10 Shoolo-boolli: Khiyaano, xaaraan, iyo tuugo. Cabdi Iidaan ayaa laga hayaa.
11 Shugle: Madhalays.

Shandadaha inaan uga tagnaa shayna laga qaadan
Inaan shaashka kala qaybsanniyo gobo'da shaalkeeda
Shaki li'i mid labadaa ayay gar Alle kuu sheegtay.
Shirqoolkeedii garey Faarax Nuur sheeko-baraleeye
Aniguna shareerkii ka rogey beenta shaadirane
Shaqo qaran inuu gabaygu yahay dani run kuu sheegtay.

Sharkeediyo qabiilaa dhacday shalay lahaayeene
Iyada oo shunuufihii leh oo shagagaxlaynaysa
Tallaabada sidii Salakho iyo Shaanbiyay tidhiye
Shadaabka iyo xildiiddiina way ugu shanleeyeene
Shurufka iyo qadhmuunkeedi baa shaamarreer dhigay
Shiriiryahan siniinee digsiga shagagaxlaynaaya
Shaacoodii daah aan xil qarin baa shishe u diraye
Shaanshaan in laga weriyey buu gabaygu kuu sheegay.

Shalmadi inay koore raacday waa 'daahir yaa shamis'
Shidhka iyo buudigana daaqaddii sheekadaw furane
Shaxaade iyo xammaal hadduu kaarigu u shawro
Shufeerka iyo kirishboyga jaan laga shanayn waaye
Shixnadda iyo rakaabkaba xisaabtay shalfadiyaane.

Shaag uma rogmado dabakafuul waa shukaan barade
Isaga oon shayna ka aqoonnin oo loo shakamadeeyey
Inuu shalowga gaadhigu ka dhici anigu kuu sheegay.

Sidii 'Shaagle laga baqey' ayuun buu soo shaf weynyahaye
Shiqilkii askari faranji qoray shaadhka haw tolane
Shawa iyo sidigta Nayroobi baan kuu shirrabayaaye
Shakaddiyo bunduqa qarannimaw shiishka kor u taaga
Shisheeyaha ku fiiq gacalka waa laga la sheexaaye
Haddii kale shil weyn baa ka dhici anigu kuu sheegay.

Shilin jooge gini kaaga gade shan afarlaab qaate
Shuftada suuqa naga heshee shubatay dhiiggeenna

Shilintiyo gafanahaa ku cunay waa shaqaalaha e
Ma shukulaha buushaha galley budana loo shiidey
Shuuro iyo muufana codsaday aan shinnidii beerin
Shiddadeeda sicirbarar miyaan lacagtu kuu sheegin?

Shoobto iyo Batuulaba[12] xariir baad ku shaqasheene
Shanley iyo dhacliyo darayamuus ay shollaha geyso
Ayay Shamis u baratee markaad shiidadka u keentay
Shuun iyo Kinsiba[13] kaaga dude shiid Talyaaniga e
Inay kala shuftoobeyso ayuu gabaygu kuu sheegay.

Shuraakaha israacaa hantiday wada shaqaysteene
Shaarubbaha keennoo aan gelin hoo'da shubanaysa
"Take my share", *"give your share"*[14] haddii la isu sheegaayo
Sheewarlaynkan kululaadayee sheellaraha la qabtay
Ilaahay shoocadeeyaha sidii shamac dhalaalaaya
Shaaciisii maantuu denshoo waa ku shidayaaye
Shuuf Luqa Carbeed *qiila qaal* sharacallee qaybtu
Inay *shul* iyo *haat* tahay ayay gar Alle kuu sheegtay.

Sharci-ma-qabte kelidii-tashade shawrna deedafeeye
Shan farood calaacal iyo xoog shiibal dhegayaabka
'Shadhaab'[15] hadal kama dambeyn ayay cududi kuu
     sheegtay.

Shimbiro heesta waxaa loogu diray qorigii shaadhgaane
Sheekadu ku go'an *'Prenderee, daree'*[16] shaqal gaaban.

Waxa jiri jirey nin la yidhaahdo Shaagle. Markii dambe Xamar
buu ku dhintay. Nin xoog weyn buu ahaa oo aan la loodin karin,

12 Shoobto iyo Batuulo: Magacyo dumarka loo bixiyo (Koonfur/Banaadir).
13 Kinsi iyo Shuun: Magacyo dumarka loo bixiyo (Waqooyi).
14 Give and take: hoo iyo keen.
15 Shadhaab: Shut up (aammus!).
16 Prendare a dare: Hoo iyo keen (give and take).

dhawr ninna u jilibdhiga. Taayirka baabuurka ee saddexda tan ah gacan buu ku baacin jirey. 'Shaagle laga baqey' ayaa Burco iyo Hargeysa laga odhan jirey markii uu joogey. Maalintii dambe ayaa lagu yidhi 'Shaagle waa baqay'. Saddex nin oo xoog weyn ayaa la yidhi 'waxa uu dhigay dhulka'. Maxkamaddii Burco ayaa la geeyey. Shaagle waxa uu yidhi, markii waxa dhacay la weydiiyey, "Dee Saab Shaagle waa baqay," baa la yidhi, 'anna waxa aan nimanka tusay in aanan biqin'. Halkaa ka bax baa la yidhi. Ninkaasi maalintaa *Tie* ama *Necktie* ayuu qoorta ka lulay. *'Sidii Shaagle laga baqey ayuun baad soo shaf weyn tahay'*—beydkaasi halqabsigaas ayuu ka soo jeedaa.

Nin Caaqil ahaa ayaa berigii cashuur-diidka ee Burco la gubey (1923), ka soo cararay Burco oo Sheekh yimi. Ergintii Sheekh baa la gubey. Ninkii Gaalka ahaa ayaa yidhi, "Waar ergintan yaa gubey"? Waxa lagu yidhi, "Caaqil Qaalib weydii". Ninkii Ingiriis ayaa Caaqil Qaalib ku yidhi, "Waar kaynta ayaa gubey?" Qaalib: "Kayntu awelba ma ay guban jirin ee markaad timi bay gubatey." Gaalkii baa markaas yidhi, "Shadhaab, *shut up*, aamus!"

Caaqil wuu iska tegey oo buurta Gacan Libaax buu galay oo fuulay. Waa la baadi doonay. Toddobaad ka dib baa la soo helay. "Maxaa dhacay?", baa lagu yidhi. Isna waxa uu yidhi, "Shadhaab hadal kama dambeyn!" Aniga oo Caaqil ah oo Sheekh jooga ayaa adiga oo Ingiriis ah waxa aad igu tidhi, "Shadhaab!" Halqabsi ayay noqotay. Taas buu Cali adeegsadey.

Markii Maxamed Siyaad Barre uu gaashaanka u daruuray ee soo xidhay *Deelley*, ee *Shiinley*na uu waranka ku tumaatiyey, ee Cabdi Iidaan la shirqoolay, Cali Sugullena la xidhay, waxa uu haddana Maxamed Siyaad hoosta ka diray rag direyskii ciidamada sita iyo qaar kale oo uu adduunyo ku qubay oo uu yidhi: 'Soo qabiilo gabya'. Dib baa boodhka looga jafay gabayadii dirediraha iyo hiillada qabiilo ee silsiladdii *Guba* oo cajeledo lagu soo cabbeeyey, suuqana lagu soo farraqay, iyada oo loo soo dhiibey oo ay dib u duubeen raggii ugu cadcaddaa ee ugu codkarsanaa warfaafinta

Soomaalida ee xilligaas qaarkood. Ka dib waxa talisku ibo-bixiyey silsiladdii *Ergo Daarood* ama *Hurgumo*.

Cali Sugulle, isaga oo duraya, kana calool xun silsiladdaas cusub ee dawladnimadii ugu xuubka siibanayso qabiilka, ayuu waxa uu tiriyey gabaygan la magac baxay *Dadweynuu Hashuu Wada Lahaa*:

Dabargoynta goortaan arkay iyo dabinka loo qoolay
Dadkeennii ma garan maansadii iyo dulucyadeediiye
Inta laysku diray, laysku diley, lays la daadduunye

Derejiyo hunguri been ah bay qolo ku dooneene
Dadweynuu hashuu wada lahaa laguna daaweystey
Duul qudhi inuu maali karo qaarna laga dayrsho
Dabuubtaas kuwii jeediyow waad ku digateene.

Dunta boqor hadduu daarranyay duubki madaxtooyo
Doolaalna loo fuushanyahay waa dardaar-werine
Dabuubtaas kuwii jeediyow waad ku digateene.

Distoorka iyo xeerkaa ka dhigan kala dambayntiiye
Digdigta iyo beenbeenta waa laysku dagayaaye
Dala'siga iyo quudhsigana waa laysku dilayaaye.

Dunbuqii idinkoo sita oo xidhan direyskiina
Haddii dararta Maandeeq qabiil doobigaw qaado
Debci iyo digtoonaada saw kala dareer maaha?

Dabuubtuna waxay daarrantahay Duqa ha loo sheego
Debedda iyo gudaha, talada guud, daafaciyo xoogga
Haddaad dawlad noo tahay iyadoon cidiba kuu dooran
Dul badnaanta Soomaali iyo daacadnimadeeda
Dakharradii gumeysiga iyadoon laga daweyneynnin
Diiftii ku raagtiyo iyadaan doogtii laga baanan
Dulliga inaad ka saartaa loo dabbaaldegaye
Dulmi inuu ku beermaa Siyaad dawba ma ahayne!

Maxaa se deelku alif iyo ha'dii dayro uga yeelay?

Dabayaaqadii 1981 Hargeysa waxa lagu xidhxidhay niman indheergarad ah oo doonayey in si 'iskaa wax u qabso' ah ay ugu adeegaan bulshada Hargeysa. Macallimiin, dhakaatiir, iyo ganacsato ayay ka koobnaayeen. Caafimaadka, waxbarashada, biyaha, laydhka, iyo nadaafadda ayay xoogga saarayeen. Nimankaasi qaarkood waxa ay ka soo laabteen dibedda, gaar ahaan waddamada Khaliijka oo ay xilli hore bayhoof ku tageen, markii Khaliijka batroolka laga dooxay ee horraantii 1970-aadkii. Markii ay arkeen xaaladda magaalada iyo dadka ku nooli ay ku sugan yihiin ayay is-urursadeen, qorshe iyo talana isla meel dhigeen, oo go'aansadeen in cusbitaalkii Hargeysa, oo sidii Ingiriis kaga tegey ka sii liita, iskuullada oo aan daaqado lahayn, iyo waxyaalo la mid ah, ay dayactir iyo daryeel ku sameeyaan. Markii ay xukuumaddii ka war heshay arrintaas ayaa kooxdaas la soo qabqabtay, xabsina lagu tuuray. Maalintii loo qoondeeyey in inamadaas maxkamadda la keeno, oo ahayd 20-kii Feberwari 1982, waxa Hargeysa ka dhacay gadood dadweyne oo ay ardaydii Hargeysi hormood ka ahayd, kaas oo ku sii baahay magaalooyin kale, sida Burco oo 1-dii May 1982 kicitaan weyni ka dhacay. Dhacdooyinkaasi waxa ka dhashay in Maxamed Siyaad Barre uu Muqdisho ka soo diro wefti ay ulajeeddadiisu ahayd in uu gobollada Waqooyi ee kacdoonnadu ka dhacayaan soo dejiyo. Weftigaasi waxa uu ka koobnaa niman madax ah oo ka soo jeeda Waqooyi. Waxa ay kala ahaayeen Axmed Saleebaan Cabdalle (Ina Dafle), Axmed Maxamuud Faarax (Ina Laxwas), Jaamac Gaas Mucaawiye (Dadweyne), Axmed Ismaaciil Axmed, iyo Xasan Suudi Xirsi.

Diyaarad ayaa weftigu Muqdisho ka soo raaceen. Cali Sugulle oo arrintaas ka gabyey, si dhowna ula socdey wixii Hargeysa ka dhacayey bishaas Feberwari 1982, ayaa yidhi: "Markii gadoodku dhacay, diyaaraddii ugu horreysey ee Hargeysa ka timi dadkii la socdey, si aanay u warramin, waa la karintinimeeyey. Cumar Boobe oo wasiirxigeen ka ahaa Wasaaradda Hawlaha Guud,

Cirka iyo Gaadiidka, ayaa noo yimi oo noo sheegay in dadkii saaka Hargeysa diyaaradda ka soo raacay meel lagu xareeyey, berrina diyaarad loo dirayo Hargeysa ay raacayaan madax soo dejisa kacdoonka Hargeysa. Waxa aannu idhi, 'Oo ma kuwaa ayaa la dirayaa' iyo 'hebel iyo hebel'."

Cali oo arrintaas ka sii hadlay: "Ilaahay uun baa igu dhaqaajiyey, oo rikoodh iyo cajaled ayaan qaatay. Nimanka la dirayo waan wada aqaanney oo waxa ay ahaayeen niman hore loo baraqjebiyey oo laga adkaaday. Qudhooda ayaa la-haystayaal ahaa. Waayo, raggaas ma aynu arag midkood meel isa soo taagey oo ka khudbadeeyey intii afgembigu dhacay ee ay xilalka hayeen, oo inta wefti loo soo direy caqligiisa iyo aqoontiisa wax ku qabtay oo dhibaato meel ka jirta soo qaboojiyey. Xaaji Ibraahim Basbaas iyo Belel oo Hargeysa ka soo kacaya ayaa weftigu madaarka kula kulmay, waxa aanay ku yidhaahdeen, 'waar waa tanoo magaaladii waa kacsan tahay ee safarka ka negaada oo kaalaya dadka nala ladqabeeya. Intaa haddaba aanu weftigu Xamar ka soo duulin ayaa markii la ii sheegay aan habeenkii cajaled hoos ka soo qabtay. Hees baan ku duubay. Waa heesta *Waxay Deeqi Tidhi*. Inta aan badiyey ayaan meel walba ka tuuray":

> Dulli Jaamac Gaas
> Duud-weyne dogob
> Guul-wade Darbane
> Ayaga iska daa.
>
> Waxay Deeqi tidhi,
> "Dabkan laygu gubay
> Dunqulaalkii shiday
> Ee dogobba liqay
> Dambaskii ka hadhay
> Waa Ina Dafliyo
> Ina Dayla-kude."
>
> Waxay Deeqi tidhi,

"Ma nalkii damay
Inoo daarayaan?
Maxay doonayeen?

Dekeddii Berbera
Waa dillaacsantee
Ma daboolayeen?

Dugsigii wax baray
Iyo dariiqadii
Miyay soo dayeen
Dadkii waa bukaa
Ma daway sideen?

Gaannaa darkii
Midnimada dunshee
Miyey duub-castii
Ka dabbaalayaan?

Derejadu haddaanay
Dumbuqaba xukumin
Dable kama adkee
Maxay doonayeen?

Ayagaa dulmanoo
Talo dawladeed
Laga dayriyoo
Loo doodayee
Laba doqon ma-qaad
Maxay doonayeen?

Waxay Deeqi tidhi,
Duqii baa rartayoo
Wuu dala'sadoo

Digdigiyo mushxarad
Durbaan loo tumay
Doondoonayaan.

Ma dumarkiyo carruurtii
Marna ay dunsheen
Marna dayriyeen baa
Digdigiyo mushxarad
Laga doonayaa?
U-darnade dixeed
Yaalla dooxa Herer
Laba doqon ma-qaad
Waa qaar damboo
Degmo Caabud-waaq
Ku darleefayoo
Garbahaarrey degey.

Waxay Deeqi tidhi,
Digdigtaa waqluhu
Dameer dhuusadii
Noogama duwana.

Waxay Deeqi tidhi,
Dumay Saaxiley
Berberana u yeedh!

Waxay Deeqi tidhi,
Dumay Saaxileey
Daarihii Sanaag
Deriskii Nugaal
Daan-bari miyaanay
Iga diir naxayn?

Daafaceedii baa
Dayaxiisi dhacay

Xooggeennii debac
Dadkoodii jeclaa
Ee la duuban jirey
Markay dirirta tahay
Hubkii diirranaa
Sidee loogu diley?

Ma dabaabaddaan
Dalalkii maqnaa
Ku day daya lahaa
Waa kuwaa Dumbuluq
Ku duqaynayee
Ma daruurahaa
Lagu duulayaa?

Markii ay heestani soo baxday ee ay si xamaasadi ku dheehan tahay suuqa ugu faaftay, waa la xidhay Cali Sugulle oo horena ul booc ah loogu tukubayey. Waayo, Cali waxa uu ka mid ahaa raggii *Deelley*da ugu cadcaddaa, *Shiinley*da maamulka ku daabaqadiyey, tummaatidana ku halqaadey silsiladdii *Ergo Daarood* ama *Hurgumo*. Cali tiraba dhawr jeer oo horaa la xidhay. Lagu ma xidhi jirin halabuur uu sameeyey oo keli ah ee sida aynnu meel kalena ku tilmaannay, hadal uu fagaare ka yidhi oo Kacaanka ka horjeeda ayaa lagu xidhi jirey. Waxa uu Cali ahaa xaruuri sharaarad leh. Wuu hadal caddaa, lama na uu gabban jirin in uu waxa calooshiisa ku jira soo qufo, cidda uu la maaggan yahayna gogga u geliyo. Marka dambe ee 1982 la xidhay ayaa xabsigiisu ugu muddo dheeraa. 1986 ayaa Cali la sii daayey. Isagaa Cali ka hadlay in markii xabsiga laga sii daayey uu shaqada warfaafinta ka ruqsaystay—waxa uu yidhi, "Maxamed Cumar Jees ayaa noo madax ahaa. Tigidh buu i siiyey, hase yeeshee, madaarka ayaa la iga soo celiyey. Nin Abshir Faardi la odhan jirey oo reer Bari ahaa, kana soo jeedey Laba Qaw oo hadda magaalo baabba'day ah, una dhexaysa Ceelaayo iyo Qardho, berigii xisbigii SDU ee

1960-na aannu isbarannay, ayaa gaadhigiisii i siiyey oo dhinaca Boosaaso ayaan ka soo wareegey. Deedna soo galloo Hargeysa nimi. Wax yar ka dibna waa tii la isgalay ee diyaaraddii nagu duqaysay, dadkiina u le'deen sida duqsiga. Aniga duqayntaas waxa iga soo gaadhey dhaawac fudud oo gacanta ah. SNM baan markaas wixii ka dambeeyey toos garabka uga raacay.

Maxamed Aadan Dacar waxa uu iiga warramay xadhiggaas, waxa aanu yidhi, "Dadka aadmiga ah kooxiba in ka mid ah 'geed la daaq ayay leedahay.' Markii na loo sheegay in Cali Sugulle la qabtay, asxaabtii Cali Sugulle 'geed la daaqa' la lahayd waa ay isu yimaaddeen, abaabulna waxa ay u galeen sidii odayga (madaxweynaha) loo arki lahaa, loona weyddiisan lahaa in Cali Sugulle la soo daayo. Kooxdaas hobollada ka tirsanayd waxa hormood u ahaa Axmed Naaji Sacad, Saynab Xaaji Cali (Baxsan), Khadiija Cabdillaahi Camey (Dalays), Yuusuf Aadan Xuseen (Allaale), iyo Maxamed Aadan Dacar (aniga). Waxa Wasiirka Warfaafinta markaas u ahaa nin wanaagsan oo Dr Maxamed Aadan Sheekh la odhan jirey, haddana loogu magac daray cusbitaalka carruurta ee Hargeysa, kana mid ahaa madaxdii la la xidhay madaxweynexigeenkii Ismaaciil Cali Abokor, 1982."

Abwaan Dacar oo arrintaas ka sii hadlay waxa uu yidhi, "Laba gaadhi oo ay Baxsan iyo Axmed Naaji kala lahaayeen ayaannu isku gurnay. Madaxtooyadii ayaanu isku shubnay. Waa nala hor joogsadey. Waxa aannu nidhi 'waxa aannu doonaynaa in aannu odayga xadhiggaas uga warranno.' Dheg baa naloo jalaq siin waayey. Waa Soomaali iyo caadkeede, waxa aannu samaynnay buuq iyo qaylo oo meel walba waxa laga maqlay hadalladayadii taag taagnaa. 'Halkan qaylo iyo muddaharaad Waaberi looga ma baahna ee gawaadhida halkaas dhigta oo aamusa' ayaa na loo sheegay. Cabbaar ka dib, ayaa na lagu amray in aannu tiyaatarkii ku noqonno oo halkaasna cidi noogu iman doonto arrintaas idin kala hadashaa. Subixii ayaa Yaasiin Xaaji Ismaaciil Jirde (AHUN), oo ahaa afhayeenka madaxweynuhu, tiyaatarka noogu yimi. Waxa uu nagu yidhi, 'qof iska soo xilsaara arrintaas idin ku metela.' Aniga Dacar ahaan ayay kooxdii i wakiisheen. Waa aan

ka cudurdaartay, waayo waxa aan ogaa in aanan albaabka dhaafi
doonin. Waa la iga diiday oo la igu khasbay in aan tago. Waxa
aan idhi, 'haddaba Khadiija Cabdillaahi (Dalays), AHUN, igu
dara, waayo codkar bay ahayd, waxana ay ahayd qof firfircoon oo
daacadnimo badan, meeshana (madaxtooyada) igaga galaangal
roon. Bil dhan baannu subax walba ku noqnoqonayney halkaas.
Dalays waxa ay ku guuleysatey in ay dhaafto albaabkii hore, hase
yeeshee waxa ay weydey odaygii in ay gaadho. Maalin kasta waa
ay qaylisaa oo soo dagaallantaa, waa se la meermeeriyaa. Waa na
la daaliyey, aakhirkiina hungo qaawan ayaa nala diray."

Cali Sugulle markii uu SNM ku biiray waxa uu sameeyey
halabuur ballaadhan oo riwaayado, gabayo, iyo heesaba lahaa.
Sidii aynnu soo xusnay, waxa ka mid ahaa labada riwaayadood ee
Maska Cad iyo *War Ma Hayside Waddankii Xorow*, oo ay abwaanno
kala wadaageen, sida aynnu qaybta riwaayadaha dheegag ku
saabsan ugu tegi doonno. Labadan riwaayadood ee Cali midna
lahaa, midna abwaannada kale ku weheliyeen, gabayada iyo
heesaha uu wakhtigaas halabuuray waxa ay buuxinayaan kaalintii
wacyigelinta iyo guubaabada dadkii halgamayey.

Gabaygan hogatuska iyo talada ku saabsan, Cali Sugulle
waxa uu ii sheegay in uu tiriyey markii waddanka la soo galay
(Somaliland) ee aan weli tallaabo kale la qaadin. Digniin
Culus. Waa wada gabay- ama maanso-ku-maahmaah. Labo ma
heshiiyaan, baa la yidhi: *geesi malafsi bartay iyo doqon fiirsi taqaan.*
'*Miidaamo dhega ma leh hadduu malag dhawaaqaayo*', '*Dawaco meel
ay macal ku baratay bay macaluuli ku dishaa*' iyo '*Dab munaafaq shiday
muumin baa ku gubta*'—ayaa ka mid ah maahmaahyada uu Cali
gabay u cuskaday ee xoogga badan:

Qofba wuxuu mutaystaa abaalkiis la mariyaaye
Haddii lagu masuugo wuxuu taroon la muunaynnin
Ma-huraanka taariikhda iyo maansadaa tebine
Ayadaa maxkamaddii ka dhigan oo markhaatiyahe.

Muddo dheer ayaa loo halgamey magaca Guuleede
Sida mayayga calankeennii oo dunida maansheeyey
Oo meel kastaba laga yaqaan lagana maamuuso
Mudnaan qoys ninkii doonayow meel sokaad tahaye.

Meehannowga habar-wacashadiyo meel-hallow laliska
Naftiisa uun buu ku madaddaalayaa maqane-jooguhuye
Maaxdii dhulkeenna iyo innagu taabnay malabkiiye
Maantadaad xoraysiyo haddaad maxasta jiidhayso
Ilaa magaci aad soo hoysey bay kaa masaxayaane
Maahmaahda kaa haysata ma hadho weeyaane.

Doqon milantay iyo geesigii malafsi doonaayey
Miidaamo baas baa Ilaah soo dhex mariyaaye
Macal bay u barataye hadday midhicirkii waydey
Macaluul ayay ugu bakhtidaa dawaco meel baase.

Dab munaafaq shiday baa la yidhi 'Muumin buu gubeye'
In kastay la mayracato ooy la miranayso
La mid bay ismooddaa fardaha baqashi maydhaane.

Waxaan gabayga maaxdiisa iyo miidda ku af-gooyey
Mootihii la dhaaf iyo hubkii muuqda toogtaha e
Madfaciina waa laga gudbey iyo moodharkii sideye
Misaylka iyo saamkays wadee mawdku ka adeegey
Maskax wada shaqaysiyo haddaanu muruq iskaalmaysan
Cirka lama mushaaxeen baddana lama muquureene.

RIWAAYADIHII CALI SUGULLE

Cali Sugulle riwaayadaha uu halabuuray ee la soo bandhigay ama la joojiyey intii Burburka ka horreysey, waxaa ka mid ahaa 13 riwaayadood oo ay badidoodu hanaqaadeen iyo hal riwaayad ah oo ay abwaanno kale wada allifeen. Riwaayadahaas badina dadku way wada yaqaannaan ama ugu yaraan heesihii ku jirey ee tisqaaday in badani garanayso, marka xusuusta dib loogu soo celiyo, iyo riwaayado kale oo Cali uu sameeyey xilligii dambe ee uu goobaha halganka hubaysan ku sugnaa.

Cali Sugulle isaga oo da'yar ayaa hibadiisa faneed soo if baxday. Sidii aynnu soo xusnay, isku mar ayay isaga iyo halabuurnimadiisu wada kaalin galeen gaashaan-qaad ahaan. Isaga oo aanay da'diisu 20 sano gaadhin ayuu halabuuray riwaayaddiisii ugu horreysey oo ka hadlaysa mawduuc weyn oo xasaasi ahaa xilligaas oo ku beegnaa wax yar ka dib bixintii dhulka *Haud and Reserve Area* ee Ingiriisku uu Xayle Salaase ku wareejiyey.

Riwaayadaha Cali Sugulle waxa ka mid ah: *Ayay La Gembiya Gumeysiga?*, *Yarad Baaqsey!*, *Ii Dhiib U Dhiib!*, *Himilo*, *Xilgobeed*,

Indhasarcaad, Ma-Huraan, Kala Haab Kala Haad, Sheeg iyo Shareer, Gobannimo, Ma Hadhin Hadal Lays Yidhaahdaa, Indho Laga Baqaa Ilaah Bay Ku Yaalliin, Maska Cad, iyo *War Ma Hayside Waddankii Xorow.* Riwaayaddan u dambaysa waxa wada halabuuray Cali Sugulle, Cismaan Aadan (Askari), Xasan Xaaji Cabdillaahi (Ganey), iyo Ibraahim Aw Saleebaan (Gadhle).

Labada riwaayadood ee *Indhasarcaad* iyo *Kala Haab Kala Haad* waxa aan helay intii aan baadhitaanka xogta buuggan ku jirey sheekadoodii oo dhammaystiran. Cali Sugulle ayaa iiga tibaax bixiyey 2008 in labadan riwaayadood qoraal galeen. *Indhasarcaad* waxa qoray Xaashi Gaas, *Kala Haab Kala Haad*-na Cumar Aw Nuux. 10-ka riwaayadood ee kale, waxa aan badidooda helay tibaaxyo badan oo ku saabsan, gaar ahaan, *Ayay La Gembiya Gumeysiga?, Himilo, Xilgobeed, Ma-Huraan, Gobannimo,* iyo *Sheeg iyo Shareer* oo aan Cali Sugulle anigu ka waraystay, qaybo ka mid ahna aan isaga ka qoray. *Maska Cad* xilligii baadhitaanka aan wadey ayaan dheeg ka mid ah helay.

13-kaas riwaayadood waxa uu Cali Sugulle halabuuray intii u dhexaysey 1956–1990, kumana kala dhacaan xagga ujeeddo-abbaarka, barkujoognimada, iyo farshaxannimada halabuurnimo. Waa muddo 34 sannadood ah oo uu ku sameeyey suugaan qaro weyn oo ay ka mid ahaayeen 13 riwaayadood iyo qaar kale oo la diidey in la soo bandhigo xilligii kelitalisnimada iyo tan wadaagga ahayd ee xilligii halganka hubaysnaa. Waa xilliyo xidhiidhsanaa oo marna lagu jirey gobannimo yaboohin iyo halgan, marna lagu foognaa hanashada dawladnimo cusub oo waayaheeda iyo duruufaheeda dhaqan, dhaqaale, iyo siyaaso-bulsheedba lahaa; iyo u tafaxaydashadii xorayntii dhulalkii Soomaalida ka maqnaa iyo isu keeniddooda. Waxa intaas soo raacaya xilligii dambe ee halgankii hubaysnaa ee kelitalisnimada lagu diiddanaa oo Cali si toos ah uga mid noqday qaarkii dambe 1980-aadkii, isla markii xabsiga laga sii daayeyba.

Arrinta fekerka Soomaaliweyn raadinteeda waxa ay hadhaynaysaa guud ahaan suugaanta Cali Sugulle, gaar ahaanna, riwaayadihiisa xilliyadii hore oo dhan. Dhinaca labaad ee riwaayadaha Cali Sugulle xoogga saarayaan waa kaalinta wacyigelinta iyo guubaabada bulshada iyo hogatuskeeda joogtaysan ee toosinta hoggaamiyayaasheeda. Dhaqanka toosan, garashada miiggan, iyo qiimaha afka hooyo; adeegsiga muruqa iyo maanka, si khayraadka dabiiciga ah ee dalka loo la soo baxo, si saboolnimada dhaqaale iyo ta maskaxeed looga adkaan karo; xakamaynta maamul xumaanta, musuqa, qabyaaladda iyo xoojinta waddaniyadda, isku duubnaanta, wadajirka, sarraysiinta qaanuunka iyo runta (xaqa iyo daacadnimada) ayaa ugu waaweyn mawduucyada halabuurka iyo riwaadihiisu soo bandhigaan.

Sheekooyinka riwaayadihiisu waa barkujoog loo la socon karo si aad mooddo in ay hadda goobjoog hortaada uga dhacayaan, wacdaraha ka dhex socda riwaayadda muuqaal kasta iyo sida uu ugu soo badhigayo xaaladda lagu jiro markaas. Siyaabo kala duwan iyo xaglo isdiiddooyin badan ayay riwaayadaha Cali Sugulle ka eegayaan dhaqammo badan oo taban oo bulshada ka dhex dhacaya, waxa aanay jidbixiyeen u noqonayaan bulshada ay la hadlayaan oo ay tusayaan sida hagaagsan iyo wanaagga loo baahan yahay. Cali waxa kale oo uu garasho u lahaa oo riwaayadihiisa ku soo noqnoqonaya eelkii iyo ibtilooyinkii laga dhaxlay ee gumeysigu kaga guurey arlada Soomaalida oo dawladnimadii cusbayd ku sidkan, isaga oo Cali shaki ka muujinaya in la gaadhey madaxbannaani dhammaystiran iyo in kale, marka la eego siyaasadihii loo dabranaa ee gumeysiga cusub ee saamaynta ba'an ku lahaa madaxdii siyaasadda ee dalalkii gumeysiga ka xoroobey.

AYAY LA GEMBIYA GUMEYSIGA?

Waa riwaayaddii Cali Sugulle ballaysinka u ahayd ee lagu bilkeedey halabuurka riwaayaddiisa. Waxa loo yaqaanney *Ayay La Gembiya Gumeysiga?* Waxa ay ku beegnayd 1956. Cali, riwaayaddan ka dib, waxa uu helay falcelintii bulshada ee dhabbaha u xaadhey halabuur tiro iyo tayaba leh oo uu Cali ku curiyey muddo 60 sannadood ah (1956–2016), taas oo ka kooban riwaayado, maansooyin (gabayo iyo geeraarro) nolosha docaheeda kala duwan taabanayey.

Riwaayaddan *Ayay La Gembiya Gumeysiga?* waxa ay ka hadleysey dhaxalwareejintii dhulka *Haud iyo Reserved Area* oo boqor Xayle Salaase Ingiriisku siiyey, Feberweri 1954. Markii uu Ingiriisku bixiyey dhulka Hawd ee uu Itoobiya siiyey 28/02/1954, ka dib waxa cirka isku shareertay shucuurtii dadka Soomaalida. Dareen kacsan iyo qiiro waddaninnimo ayaa meel walba la la oogsadey. Waxa ay arrintu kicisay xiisad iyo xamaasad siyaasadeed iyo gobannimo-u-dagaallan jibbo weyni horseed u ahayd. Wacyigii siyaasadeed ee bulshada ayaa kor u kacay oo baraarugey. Cali Sugulle waxa uu dareenkaas ku cabbiray oo uu allifay riwaayaddan.

Cali Sugulle oo ka hadlaya sababta uu riwaayaddan u allifey, waxa uu yidhi, "1954, markii la bixiyey Hawd, mar qudha ayaa dadkii noqday midh qudha. Dad badan ayaa Hawd ka soo qaxay oo magaalooyinka yimi. 'Ha la caawiyo' ayaa la yidhi. Qof furaash hela, qof buste hela, iyo qof dhar keenaba, waa loo gurmadey, fannaaniintiina waxa la yidhi heeso iyo riwaayado ha la sameeyo."

Waxa halabuurkaas ka mid ahayd heestan halista ah ee magaca riwaayaddaba qaadatay ee *Ayaa Garanaaya Gobannimada?* Waxa heesta wada qaaday oo muusiggana tumayey koox ay ka mid ahaayeen Cabdillaahi Qarshe oo laxanka lahaa, Maxamed Axmed Kuluc, Cabdillaahi Magaalo, Gidhin, Dararamle, iyo Cabdiraxmaan Axmed. Waa la xidhxidhay kooxda oo dhan. Cali Sugulle "La i ma xidhin" buu yidhi, ee waxa la weyddiiyey heestaas, waxa aanu yidhi, "Anigu dhakhtar xoolaad baan ahay, waan gabyaa, midhahaana waan sameeyey, hase yeeshee anigu ma qaadin." Ingiriiskii waxa uu ogaadey in heesihii u gudbeen Sawtal Carab, halkaas oo laga soo saaray. Sida Cali tilmaamay, waa la sii daayey markaas fannaaniintii la xidhay, mar haddiiba heesihii caalamka galeen.

Cali Sugulle oo mar kale xilligaas ka hadlaya dareenkii bulshada ee ku beegnaa wareejintii Hawd iyo falcelintii riwaayaddan, waxa uu yidhi, "Dadku wuu qiiraysnaa. Iyada oo aan la oggolayn in laga hadlo bixinta ayay haddana heesihii riwaayaddu toos uga baxayeen idaacadda oo dhallinyaradii ka shaqayneysey iyo maamulkoodii isla oggolaayeen, waayo Soomaali bay wada ahaayeen, damqashada iyo hiirtaanyadana bulshada ayay la qabeen oo ay kala mid ahaayeen. Waa tii suldaannada iyo aqoonyahanka arrintaas loo saaray ee Suldaan Cabdillaahi Suldaan Diiriye, Suldaan Cabdiraxmaan Suldaan Diiriye, Suldaan Biixi Fooley, iyo labadii aqoonyahan ee Maykal Mariyano iyo Dubbe Cali Yare loo xilsaaray arrinta Hawd ee ay marna Cadan, marna Landhan u tegeyeen. Xilligaasba siyaasiyiintu isku ma san bannaanayn oo waa ay kala shakisnaayeen, waana ta keentay in rag aqoonyahanno ah oo dunida iyo sida looga dhaqmo fahmi kara loo doorto in ay suldaannada raacaan."

Waxaa la yidhi, buu Cali yidhi, "Xoolaha aynu dhaqanno waxa ugu caqli xun lo'da." "Waxa aan u soo joogey sac islaantii lahayd inta ay waraabisay, cawsna u soo gurtay, ay gurigii hortiisa kaga tagtay, weyshii uu dhalayna iyada oo xidhan. Weyshii baa u ci'da, isna wuu u ci'yaa. Cabbaar ka dib sacii wuu gadoodey oo tuulo yar bay ahayd oo weerar buu galaa bixiyey oo dadkii buu askaxooda qaadi gaadhey. Arrintaas baan soo qaatay, oo waxa aan idhi":

Guunyada lo'du waw garaad darantay
Gaajiyo ma oggola harraad gelin
Gawdha iyo usha way ka gubataa.
Haddii aan la gunaynnin loo ma galo
Gujada weysha waa ta gaaggixisee
Haddii la garaaco godol ma leh.

Garteed weeye inay gilgilataa
Gadooddooy geeska soo rogato
Gumaaddo wixii ka galabsaday.

Gambiyo dumarkaa garayska xidhee
Guntiga raggu waa isku giijin jiree
Geyigan tegey gaalku maw hadhay?!

Gadantoo arladeennii way gedmatey
Gabaabsi weeye oo galbataye
Aan gaadhnee ma loo gurmanayaa?

Geeliyo adhigiyo gammaankii fardaha
Gugoo da'ay geedihii Hawd
Aan geynnee ma loo gurmanayaa?!

Garaad isma dhaanno gaalada
Gugeennuna waa gudboonyahay
Guuldarro waynnagaa gacmaha madhan!

Gaashaanqaad xaqiisa la la ma gudbee
Garkiyo wadnahay na kala go'anoo
Guuldarro waynnagaa gacmaha madhan!

Godobtii nin qirtay oo ku gawracay
Gashigii diiddan oon wax kaaga gudbeyn
Gadaan-gadayaa gardaranaa!

Ayaa Guullaheen gargaaraayoo
Ayaa gobannimada garanaayoo
Ayey la genbiya gumeystaha?!

Heesta labaad ee kuwa caanka noqday ka mid ah ee riwaayaddaa
ku jirtey waa heesta *Hayaan*. Waxa muusigga saaray Cabdillaahi
Qarshe. Waa kicin iyo guubaabo bulshada loogu sheegayo waxa

dhacay iyo waxa la gudboon. Cali waxa uu heestan ku metelayaa afhayeenkii bulshada, waxa aanu yidhi, "Wixii Alle hagaajinayaa hagaagee, haddaanan qaylo dheer hayaay odhan":

Haddaanan qaylo dheer HAYAAY! odhan
HORORKA CELIYAAY! ku heellayn.

Haddaanan gumeyste waan la hodmee
Haddaanan goynnin hanaqiyo halbowlaha!

Haddaanan dhulka heegan baan u ahee
Anigu aan hoydee isagu hadhin!

Haddaanan ma-huraanka haaneedkiyo
Hadhuubka u dhiibin hanaddada!

Haddaanan oogo Hawd u hawshoonoo
Hilbaha iga maqan la soo noqon!

Haddaanan NFDii hengelo dhiginoo
Huurkiyo laga qaadin heeryada!

Haddaanan Jabuuti way hakatee
Hilinka kuwa kale hayaan marin!

Haddaanan Xamar way hadhaysantahee
Hargeysaay ku saarin heegada!

Haddaanan Shantu waysku hooyo-hiddee
Hiilkiyo isku raacin hoo'daba!

Haddaanan Rabbi baa hagaajin karee
Hanuunin sidii hubkays wada!

Rejo iyo nayaayarkaas bay dadku wakhtigaas qabeen. Waxa loo
heellanaa in halgan gobannimo-doon la heenseeyo oo hubka iyo
saanadda garabka la saaro, si gumeystaha la isaga kiciyo, Shanta
Soomaaliyeed-na la isla doon doonto oo hagoog dawladeed la wada
hoos keeno. Cali Sugulle waxa uu 2008 ii sheegay in hobolladii
Walaalaha Hargeysa ay heesahan qaadeen, lagana sii daayey si
toos ah (*live*) Radio Soomaali (Hargeysa) oo Cabdirixiin Caabbi
Faarax iyo Muuse Galaal xilligaas joogeen, loona gudbiyey oo ay
gaadheen oo laga sii daayey idaacaddii Sawtal Carab ee Qaahira
ka soo hadli jirtey, Laanteedii Afka Soomaaliga. Cali Warsame
(Sawtal Carab), AHUN, ayaa ka mid ahaa raggii idaacaddaas ka
hawl geli jirey. Heesaha waxa Sawtal Carab geeyey Xasan Raabbi
Cigaal oo arday Qaahira ka ahaa, sida uu Cali ka tibaax bixiyey
mar uu ka hadlayey xaflad loogu qabtay Imaaraadka 1992 oo aan
ka la kulmay *Youtube* intii aan baadhitaanka ku shuqlanaa.

Hayaay! waa hees kale oo ka mid ah qayladhaantii halabuurka
Cali Sugulle caanka ku ahaa ee kaalinta qiiragelinta iyo shucuur
kicinta bulshada. Waa heesihii ka midka ahaa riwaayadda *Ayay
La Gembiya Gumeysiga?*.

Hayaay!, sida lay hoggaaminayo
Haddii aan gartay waan hakanayaa.

Hayaay!, sida aan habeen ahay
Hoosaasadaa laygu hodayaa.

Hayaay!, sida nacab i heegaayoo
Aan hiil waayey baan hamranayaa.

Hayaay!, sida beel hayaamaysoo
Hir doog leh aragtaan hinqanayaa.

Hayaay!, sida geel harraad qaba oo
'Hoo biyaha' maqlay baan horranayaa.

Hayaay!, sida aar hunguri ka batay
Oo hilbana gaadayaan hubsanayaa.

Hayaay!, wixii wacan anaysu hayee
Halkii ii xun waan ka hadhayaa.

Hayaay!, sida aan hagaagga bidiyo
Horseedkayga waan higsanayaa.

Abwaan Cali Sugulle oo aan wax ka weydiiyey 2008 sida uu
u arko xidhiidhka ka dhexeeya geyiilaha iyo geyigiisa, ayaa la
soo hinqaday heestan kale ee riwaayaddaas ka midka ahayd ee
Deeqa iyo Dalkii, waxa uuna yidhi, isaga oo marna qoslaya marna
dareen qiiro leh wejigiisu soo bandhigayo: "Qofku haddii aanu
waddankiisa jeclayn, wax kalena ma jeclaan karo." Hadalka ayuu
sii watey oo intii aanu midhaha heesta ii gelin, waxa uu yidhi,
"Adeer; haddii aanu qofku qiiro lahayn ma aha qof nool dareen
iyo shucuur ahaan."

Doc uun buu qalbigu la doodi karaa
Hadday Deeqa iyo dalkii tahay
Aan duulee dhankaan ku daastaa?

Meelaan dejiyaba Dahabo ma hayo
Darxumadayda waanigaa dibjiree
Dedaalkayga waan isdaydeyi!

Allaha deeqda iyo dushaba badanow
Dulliga naga saar na lagu dedey!

Dixdaba iyadoo daamuhu qallaleen
Allaha daad marshee durdurka ka dhigow
Dulliga naga saar na lagu dedey!

Allaha deeqda iyo dushaba badanow
Dalkiisii nin duunyo dhaafsaday
Dadkiisii halleeye daw mari!

Murtida riwaayadda *Ayay La Gembiya Gumeysiga?* ku jirtey waxa
ka mid ah jiiftada sida tooska ah u abbaaraysa dhulkii la dhaxal-
wareejiyey ee xoolo-dhaqashada iyo daaqsinta tigaadda leh ku
wacnaa, isaga oo meelo ka mid ah magac dhebaya, sida Masaarre,
Marqaan, iyo Doollo oo gu' hagaagey maasheeyey. Mashaqada
dhacday iyo murugada taagan buu Cali soo bandhigay.

Murugo igu dhaafe maalmuhu
Ma seexdoo habeenkii lay miray
Maaweeli naftayda kala maqan.

Mashaqaa dhacday mahadhadeennii
Miidheenna dadkaa ku maadsanayaa
Maangaabku miyuu maleeyaa?

Mahiigan gugii Masaarre helay
Marqaaniyo Doollo maashee
Maaweeli naftaydan kala maqan.

Markaa dabadeed dhulkii mashaqee
Magoolku dhirtii madowyahay
Mankii baxay qaarba midab yahay.

Midhihii ka bislaaday baan u muhdee
Mus dheer mayna kala dhex mariyeen!
Maangaabku miyuu maleeyaa?

Mildhaawayoo maarmi kari maayee
Aniga oon maagin mays maqiiqaa
Maangaabku miyuu maleeyaa?

Mullaaxdiyo miidda maaxda leh
Macaankii wax baan ka muudsanayee
Maangaabku miyuu maleeyaa?

Mid weeyoo Ilaahay baa mudan
Isagaan maganiyo marti u nahay
Maangaabku miyuu maleeyaa?

Mid weeyoo Ilaahay baa mudan
Isagaan magan iyo marti u nahay
Maangaabku miyuu maleeyaa?

YARAD BAAQSEY

Riwaayaddan waxa la dhigay qiyaastii 1957. Yaradka badan iyo meherka xoolaha lixaadka leh ee hablaha marka la guursanayo laga bixinayo ayay riwaayaddu ku saabsanayd oo diiddanayd. Raggii baa taas kari waayey. Waa markii la soo reer magaaloobaayey ee tacabkii xoola-dhaqashaduna uu sii yaraanayey, magaaladuna camalka yarayd ama farsamooyinka lagu shaqaysan lahaa koobnaayeen. Taasi waxa ay keentay in guurkii yaraado, markii la goyn waayey. Cali arrintaas buu dad hortiiba ku baraarugsanaa oo ku soo bandhigay riwaayaddan.

Markii riwaayadda la dhigay, isla markiiba waxa ku kacay oo ka hor yimi odayaashii oo arrinta yaradka hablaha laga bixiyo u arkayey arrin hidde ah oo laga-ma-guuraan ah. Dhallinyaradu se si weyn bay riwaayadda ula dhaceen, una soo dhoweeyeen, iyaga oo u arkayey in ay tahay caado dhaqameed aan nolosha casriga ah la sii jaanqaadi karin oo loo baahan yahay in wax laga beddelo, si aanay caqabad ugu noqon guurka. In la isu daayo labada iscalmada oo aan la isku diidin, hablahana aan la jujuubin, oo adduun aan hablaha lagu baayicin, waxa ay riwaayaddu u aragtaa arrin wanaagsan oo dadnimo iyo ilbaxnimo ah. Heestan darandoorriga ah oo ka mid ah heesihii foolaadka u ahaa riwaayadda, arrintana si weyn u taabanaysa, ayaynu tusaale uga soo qaadan riwaayaddaas:

INANKA: Intaan kaa maqnaa abaarsaday
              Ubaxeey ma san tahay arooryadu?

INANTA: Inaynnu kulannaan abaal ku qabee
              Aad bay u san tahay arooryadu.

INANKA: Imminkaynnu dhannee Ilwaad quruxey
              Maxaad arrinkeenni odhan layd?

INANTA: Arrinka adigaa dhammayn karayoo
Anigu taladaada waan oggolee
I weyddii waxaad i odhan layd.

INANKA: Indhahaa naaxay aragtidaadiiyoo
I doogsadey eegmadaadii
Uurkiyo adhaxdaad ilays u tahoo
Iftiimay haddii aan kuu imi.

Heesta kale ee *Hibo iyo Haybe* ayaa riwaayaddan ka mid ahayd. Waxaa isweydaarsanaya wiil iyo gabadh isjeclaa oo doonayey in ay isguursadaan, hase yeeshee waayuhu kala cillaali doono markii inanta aabbaheed siiyey nin lacag leh oo aanay iyadu doonayn, hase yeeshe lacagtu afhayeen u noqotay labada dhinacba.

HAYBE: Hibooy amba waan ku haybinayee
Inaabti ma ii han weyntahay?

HIBO: Inaan kuu hanweynahay waa la hubaa
Hayboow u la jeeddadaa hadal.

HAYBE: Hubaal aawadaa cishqiga i hayaa
Heddayduu jaraan u halis ahay.

HIBO: Ilaah baa hayoo heddaada jaree
Waan hoogey haddii aad halis tahay.

HAYBE: Harraad nin qabaa biyaha ma huree
Maxaa soo hor maray hagaaggii?

HIBO: Himbiriirsi Haybow wax arag maahee
Wax baa soo hor maray hagaaggii.

HAYBE: Haasawaha waynnu wada haynnee
Heshiinnaye maxay na kala helay?

HIBO: Hooyo iyo Aabbe miday heshiiyeen
Ay hiil kaa bideen adduuna huroo
Hoo' kugu dhaafay bayna kala helay

HAYBE: Han weynida haybaddeedi riddee
Halmaamaye hoos ma ugu dhacay.

Inankii iyo inantii isjeclaa ee doonayey in ay isguursadaan markii la kala geeyey, ee ninkii lacagta lahaa oo aanay gabadhu jeclayn gorodda loo geliyey, inankiina taas xaqiiqsaday oo in uu maadh adduun ka hiiliyey ogaadey, ayuu heestan ku ciil belbelayaa:

Hortay Cilmi bay halaageen
Hoydaye anna may haleeleen!

Hadimmo maba filan habeen daran
Hawraartiisii waan hullaabnahay.

Hoheey lacageey dad kala haadiyaay!
Horreeye dambee hooseeye sarree!

Ninkii hanada hunguuf dhaafiyaay!
Hufaay adigaa dad kala horay!

Haddaad hayso waa laguu hamradaa
Haaneedkii dadkiyo hoggaankaad tahoo
Hiyeey hebed kaa ma hoos tago.

Hiil iyo hooba kuwaad la lahayd
Hantidii way yartay habeenkay maqlaan
Hooyadaa kay dhashaan ku hananayn.

Iyadaa haybaddiyo hannaanka leh
Ninkii haysta hub bay u noqotaa

Hedduu gooyaa waw u hawl yari.

Hadduu doono way u hadashaa
Halmaankiisu waa hagaagsanyahoo
Waa hoobal hadduu hantaataco.

Huqdeedu adduunyo waa ma hadhoo
Hallayn ma leh waana hoosiis
Hadh geed hadba heerin weeyaan.

Kii aan ku helayni kaa ma hadho
Ku haystaana kaa ma haqab la'a
Kaa haagana horeba loo waa.

II DHIIB U DHIIB!

Axmed Saleebaan Bidde waxa uu ka mid ahaa dadkii ay Cali Sugulle muddada dheer soo wada shaqeeyeen, asxaabta dhawna ay ahaayeen. Laanta Af Soomaaliga VOA ayaa wax ka weyddiisey Cali taariikhdiisa maalmihii uu geeriyoodey. Axmed Saleebaan waxa uu yidhi: "Cali waxa uu ka shaqayn jirey Xannaanada Xoolaha. Dabayaaqadii 1950-aadkii ayaa Cali Sugulle loo dhiibey xero digaagga lagu dhaqo oo Mandheera Ingiriisku ka sameeyey, si dadka loo tuso sida digaagga loo dhaqdo ee loo daryeelo. Xarun lagu tababbaro bileyska oo taarwelinnimada iyo maamulka lagu barto, iyo meel jeelka u dhexaysa ayaa xero digaagta laga sameeyey. Cali baa madax looga dhigay. Maxaabbiis iyo askar baa loo keenaa oo Cali la shaqaysa. Beerta iyo xerada digaagga ayay hagaajiyaan oo majarafado iyo mandaraqyo ku qodaan. Dabadeed Cali Sugulle riwaayad buu halkaas ka sameeyey la yidhaahdo, *Ii Dhiib U Dhiib!*.

Sida meelo badan oo buuggaan ah aynnu ku soo marnay, dhalashadii halabuurka Cali Sugulle waxa ku sidkanaa halgankii gobannimo-doonka Soomaalida iyo dareenkii dadka ee diidmada maamulka shisheeyaha. Axmed Saleebaan waxa uu ka hadlayaa riwaayaddaas iyo sababtii curashadeeda, waxa uuna yidhi, "Nin *Lord* ah oo mustacmaradda Ingiriiska ka socda ayaa waddanka imanayey. Booqashadaas ayuu Cali ka dareen qabey oo wuxu lahaa ninkaas ha laga hortago oo dhabarka ha loo jeediyo. Markaas maxaabiistii iyo askartii buu riwaayadda u sameeyey. Soomaalida wuu dhiillagelinayaa, Ingiriiskana wuu khaldayaa oo wuu sarbeebanayaa, waxa aanu odhanayaa":

> Godadka qodoo
> Majarafadda qaata oo
> Mandaraqa ku qabtoo
> Dhulka qoda oo

Hore u dhakhsadoo
Ku dhufta oo
U dhiib, ii dhiib!
Oo isdhaafiya.

Dhoobada
Ii dhiib, u dhiib!
Kaas u dhiib!
Kanna u dhiib!
Kaa kale u dhiib!
Aniga u dhiib!
Ii dhiib, u dhiib!

Gumeysigu ha dhoofee
Dhulkeennu ha xoroobee
U dhiib, ii dhiib!
Aan dhakhsannee
Ii dhiib, u dhiib!

"Caliyow maxaad dhiibdhiibaysaa?" ayaa lagu yidhi. Waxa uu yidhi, "Alla!—inta uu baakidh sigaar ah soo saaray oo maxaabiistii qaar ka mid ah xabbad xabbad sigaar ah u dhiib dhiibey—dee sigaarka ayaan leeyahay haashka isu dhiib dhiiba, ha kala laasanninee." Markaas buu yidhaahdaa, marka sarkaalka Ingiriis yimaaddo:

Sigaarka u dhiib!
Ha ku dhuftee
U dhiib, ii dhiib!
Waar kaas u dhiib!
Kaa kalana u dhiib!
Waar anigana ii dhiib!
Ii dhiib, u dhiib!

Majarafadda ku dhufoo
U dhiib, ii dhiib!
Gumeysigu ha dhoofee
U dhiib, ii dhiib!

Dhulkeennu ha xoroobee
U dhiib, ii dhiib!
Aan dhakhsannee
U dhiib, ii dhiib!

Maxamed Aadan Dacar oo aan Landhan ku waraystey 28/11/2019, waxa uu ii sheegay in uu ka mid ahaa dadkii riwaayaddan daawaday. Waxa uu yidhi, "Waxa riwaayaddan lagu dhigay geerashkii *furniture*-ka lagu samayn jirey ee Ilma Maygaag Samatar ee *National Cinema* u dhowaa. Kooxdii Walaalaha Hargeysa oo uu hoggaaminayey halgamaagii guubaabada iyo wacyigelinta bulshada iyo toosinteeda u banbaxay, Cabdillaahi Qarshe, ayaa ka mid ahaa raggii riwaayaddaas dhigay." Shan nin oo xidhan oo in ay jeelka ku jiraan riwaayadda ku metelaya ayaa iswaraysanaya oo hees midhaheeda ay ka mid ahaayeen kuwan soo socda qaadaya:

Iga galay, maxaa iga galay?
Iga galay, haddaan Jeel galay
Iga galay, ma garow baan ka werweraayaa?

Iga galay, maxaa iga galay?
Iga galay, nin guursadayeey
Iga galay, haddaan jeel galay
Iga galay, ma gogol baan ka werweraayaa?

HIMILO

Himilo waa riwaayaddii saddexaad ee Cali Sugulle. Waxa ay riwaayaddan goorteedu ku beegnayd 1961. Markii ugu horreysey waxa lagu dhigay Beerta Xorriyadda ee Hargeysa, markii dambena magaalada Muqdisho. Cali Sugulle waxa uu ii sheegay in markii riwaayadda la dhigayey uu dadkii daawanayey ka mid ahaa madaxweyne Aadan Cabdulle Cismaan (Aadan Cadde). Riwaayaddu waxa ay ka hadlaysaa gobannimadii iyo israacii labada gobol ee Ingiriiska iyo Talyaanigu kala gumeysanayeen, iyo isla raadintii Shanta Soomaaliyeed. Horseed oo lagu metelayo madaxweynihii ugu horreeyey ee Jamhuuriyadda Soomaalida, Aadan Cabdulle Cismaan, ayay riwaayaddu ku dhiirri-gelinaysaa adkaynta midnimada Soomaalida iyo sidii uu isu la raadin lahaa Soomaalida kala maqan ee weli la gumeysto ee Wajeer (NFD), oo weli gacanta Ingiriiska markaas ku jirtey, Jabuuti, oo Faransiis haystey, iyo Hawd, oo Xayle Salaase Ingiriis hadyad u siiyey. Ingiriis, Maraykan, Faransiis, iyo Itoobiya oo isku dhinac ah ayay riwaayaddu ka digaysaa in ay curdindhadhiyaan gobannimadii curdinka ahayd iyo dawladnimadii carjawda ahayd ee Soomaalida.

Cali oo sheekadii riwaayaddan iiga warramay, waxa uu yidhi, "Ninkii metelayey Ingiriisku wuu baqay, riwaayadduna waxa ay goysey xidhiidhkii Ingiriiska iyo Jamhuuriyaddii Soomaalida u dhexeeyey. Dadka metelayey riwaayadda, waxa uu Cali yidhi, 'waxa aan ka dhigay': Hargeysa oo Hargeysa ah, Horseed oo Aadan Cadde ah, Higsadna waa Ina Cigaal (Maxamad Ibraahin Cigaal), Hufan waa hooyadii Soomaalida, Haweeya waa NFD, Hayaanna waa Hawdka, halkii la isku haysteyna Hiinraac baan u bixiyey (Jabuuti)—oo xilligaas Xasan Guuleed Abtidoon iyo Maxamuud Xarbi ba halkan bay joogeen (Muqdisho). Ingiriisku waa Hud-hud (isku dire), Maraykanku waa Hiil Doolar oo sida birta walayaatiga ah buu dunida ka ahaa oo wax waliba Doolar bay ahaayeen. USA 'saaxiibal Doolar' buu ahaa, Hode waa Faransiis,

Xayle Salaase na waa Huryo Xayle Walaato. Maxamed Cumar (Huryo) ayaa metelayey Xayle, waana halka uu magaca Huryo ka raacay oo "anaa u bixiyey" ayuu Cali ii sheegay intii aannu waraysiyada wada lahayn, Noofembar 2008, magaalada Islaaw (*Slough*) ee duleedka Landhan.

Cali Sugulle waxa uu ii sheegay oo yidhi, "Aniga iyo Maxamed Siciid (Gu'roonjire) oo ay Huryo ilma-abti ahaayeen ayaa Huryo soo kaxaynnay. Aniga, Cabdillaahi Qarshe iyo Maxamad Ismaaciil (Barkhad Cas) oo doondoonayna qof habar riwaayadaha noogu jila ayaannu soo gallay daas (dukaan) qoyska Gu'roonjire lahaayeen, anagga oo Maxamed Siciid doonayna. Inan yar oo sonkor miisaya ayuun buu Maxamed Cumar ku yidhi, 'Waar hooy hooy! Dee tanaa soo horreysey ee ugu shub!", isagaa hadal habreed canjilaya oo iska dhigaya. Waxa aan idhi, 'Waar kii aynnu dooneyney waa ba kan! Waar ina keen!' Wuu na raacay. Waxa aannu xafadsiinnay doorkiisii. Maskax miidhan buu ahaa, waxna ma qori jirin. Habeen labaadkii waxa uu xafiday riwaayaddii oo dhan oo qofkii meel ku haghagooda isagaa u saxayey."

> Saakana ammaana
> Way suubbanyiin
> Saakuunna caaya
> Way saxalsanyiin
> Waa laba sedleeye
> Sixir hadalladii!

Nimankii xilka qabtay ee Soomaalida ahaa ee shalayto la ammaanayey oo maantana la caayayo weeye ujeeddada midhahan oo riwaayaddan ka mid ahaa. Markii la yidhi, 'Soomaalida 1960 ayaa gobannimo la siinayaa', ayuu Xayle Salaase hadlay oo yidhi, "Soomaalida oo dawlad noqotaa waa dameeraha oo geeso yeesha!"

Waxa markii daaha la furay masraxa Huryo ugu imanaya Hiil Doolar, oo ah Maraykan. Huryo waxa uu ku metelayaa islaan go' Xabashi iyo kurdad gaaban sidata oo Xayle Salaase wakiil u ah ama u taagan.

HIIL DOOLAR:	Huryo Xayle Walaataay! Saw habeen wacan maaha?
HURYO:	Dharaartay ma habboona Waa habeen dhibban caawa Dhiddadii baan ku jiraa Waa lay dhuudhuuminayaa Haddii aan dhakhso maanta Hore laygu dhaqaaqin Anigu waan dhacayaa Waan dheldheelliyayaa.
HIIL DOOLAR:	Haddii aanu dhurwaa Dhidar kuula ekaannin Ama aanay dhawaaq Dhegahaagu maqlayn Wax kalays ka dhigaynnin Anigaa dhabarkaagiyo Dhinacaagaba taagan Dhan kasta kaa celinaaya Warka aan ka dhergee Maxaa soo dhacay maanta?
HURYO:	Dhallaankii yaryaraa Ee Hud-hud uu dhalankoodiyo Dhaqankooda i siiyey Een dhulkooda lahaa Calan baa bay dhidbeeniyo Dhuxdhux baan maqlaaya Aniga oo dhagaraysan Ima ay dhaahinayaan.
HIIL DOOLAR:	Waa dhallaan iyo qaylo Dharabkay arkayaan

Ha dheeraato cadceeddu
Marka ay dhakadoodiyo
Dhaladooda timaaddo
Danba way u dhalaali
Weliba waad dhuranaysaye
Dhitaan kaaga samayn
Aan dhammaan weligeed
Halkaaga dhalacleeyoo
Dhudhunkayga ku daaq.

HURYO:

Bangalooyin la seexdiyo
Haddaan beero ku siiyey
Badh baan qaadan lahaaye
Miyaanad soo bixinaynoo
Batroolkiina qodaynnin?

HIIL DOOLAR:

Baadhi maayo saliid
Batroolna qodi maayo
Soomaaliyoon biidna aqoonnin
Baan beenbeeniyaaye
Dantaadaan u badheedhay
Boholaha ka ma leexdo
Haddaan buur ku hagaagana
Badhtankaan ku dhuftaa.

Dantaadaan u badheedhoo
U banneeyey waddooyin
Ta aan halkaa ka bilaabay
Ilaa Baasa Jubbaad[1] iyo
Webigay barbar qaadday
Dhooddi baa barbarriiqday
Layn baa ku ballaadhay
Barbarkaan u kaxeeyaba
Waa bakayle qaleen

1   Jubbada Hoose (gobolka).

Biyo meeshii lahayd iyo
Ban-diyaarad ka duul
Bar cas baan ku sameeyey
Kolley ways barkantiine
Barigaad isdishaan
Bar carruurta iskuulka.

(KHARIIDADDII OO MEELAHA LA CALAAMADIYEY KA WADA
MUUQDAAN AYUU HIIL DOOLAR (USA) TUSAYAA OO FARTA UGU
FIIQAYAA HURYO XAYLE WALAATO, MARKII UU SII BAXAYEYNA
U SII DHIIBEY. WAXA U IMANAYA HUD-HUD OO INGIRIIS AH,
WAYNA WADA HADLAYAAN).

HIIL DOOLAR: Beryahan lays heli waayoo
Lays haleelina waa'
Hawadaa ragga gaadhey
Intii aan higsanaayey
Habaaskeeda adduunyo
Adiguun baa hilinkeediyo
Himiladeeda yaqaane
Hud-hudow bal warran?

HUD-HUD: Higsad waannu collowney
Harraatuu igu kuusay
Hooygoodii iga saar
Labadii hooyo dhashaaba
Iyaga oon is hureynnin
Ways hillaabanyihiinoo
Horseed buu daawo la qaatay.

HIIL DOOLAR: Iyaga oon hubkoodu
Weli hootaba dhaafin
Hangoollaa bay sitaan
Haddii ay hanjabeen
Hud-hudna uu kaba yaabay

Huryadaa ay ku socdaan
Waa halaan la filaynnin
Adduun haysku hallayn!

"ONLY ONE ROCKET, HAL GANTAAL OO QUDHA AYAA KU
FILAN", AYUU YIDHI HIIL DOOLAR. HUD-HUD BAA YAABAY OO
SHEEKADII BEDDELEY OO YIDHI:

Waar maanta lays dili maayo
Labadii deyn isku yeesha
Dood uun baa ka dhexaysa.

*"qaramada midoobey ayay maanta ka mid yihiin, waana dawlad, oo
dagaal ma jiro, hiilow!"* ayuu odhanayaa.

HIIL DOOLAR: Ma kuwii aad mar dileysey
Ee aad dagaali ogeyd
Marna doobka itaal leh
Hawsha loo diranaayey?

Soomaali idilkeed, haddii ay tahay teeda Waqooyi iyo
Koonfureed ee xaroobey, teeda Kenya, teeda Itoobiya iyo
Jabuuti, intuba Dagaalkii Labaad Hud-hud (Ingiriiska) ayay u
dagaallamayeen oo ay askar u ahaayen ka dagaal gashay Eeshiya
iyo Afrika. Waa markii Soomaalidu hoos tagtay Ingiriiska, marka
laga reebo Jabuuti oo Faransiisku haystey, Ingiriiisna ay isku
gaashaanbuur   ahaayeen.

HUD-HUD: Aan siyaasad daboolnoo
Doc kalee ka wareegno.

HIIL DOOLAR: Oo maxaad ku la daali?

HUD-HUD: Nimankii doorka ahaa
Iyo dibitaatiyadii

Daaro aan u samaynno
Duqa reerka u weynna
Baabuur uu ku dawaafiyo
Aynnu Doolar u dhiibno.

HIIL DOOLAR: Bileeyoo kugu diide!

HUD-HUD: Anigaa dabarkoodiyo
Hooggaankoodaba diiray
Dabinkaan xidho maantaan
Cidi duulin karaynnin.

HIIL DOOLAR: Oo maxaad ka la daali?

HUD-HUD: Intaan daawo la yeeshaan
Daaraddooda fadhiisan
Wixii aynnu ka doonnana
Degdeg bay u saxeexi.

Gabaygii *Dayax* ee Qaasim[2] ayaa halkan uun daarranaa:

> *Isma doorin Gaalkaan diriyo daarta kii galaye*
> *Dusha midabka Soomaali baad dugulka mooddaaye*
> *Misna lagu ma diirsadee qalbigu waa dirkii Karale[3].*

Guhaad Cabdi-Gahayr waa kii isaguna lahaa:

> *Good iyo abees bays beddeley garanna maysaane*
> *Gocondhooyin baa aasan iyo mici gabaarreye*
> *Kaarel kaa ma guurine halkuu guud madowyahaye.*

HUD-HUD: Taasi wayska daleele
Ka daran baaban hayaa
Duqa reerka u weyniyo

2   Axmad Ismaaciil Diiriye (Qaasin).
3   Carl

Yaryarkaa laysku diraa
Marka ay isdilaanna
'Waar isdaaya, isdaaya!'
Oo aan daacad ahayn
Dunida aan maqashiinno
Adiga oo daldalaaya
Anna waan dabargoyn.

HUD-HUD (INGIRIIS) IYO HIIL DOOLAR (MARAYKAN) WAXA
AY SOO QAATEEN LABO KIISH OO LACAG AH OO MIDNA GINIGA
ISTARLIINKU KA BUUXO, MIDNA DOOLAR KA MILAALAN YAHAY.
WAXA LOO YIMI HORSEED (AADAN CADDE, MADAXWEYNIHII
KOOWAAD EE JAMHUURIYADDII SOOMAALIDA).

HUD-HUD: Gabbood baad fadhidaa
                Waa yagleel gurigaagu
                Annagaa gig ka siinoo
                Gun iyo baarba caddayn
                Gaar ahaanna intaas
                Adigu gooni u qaado
                Guud ahaanna intaas
                Gacalkaaga jannee.

(KIISHKII GINIGU KA TIFTA AHAA AYUU HUD-HUD MIISKA KU
DHUFANAYAA).

HIIL DOOLAR: Hud-hud waa Giniyaade
                Aniga waa Doolar guduudan
                Annagaa gacmahaaga
                Midba gooni u hayn
                Haddaannaan isu geynnin
                Isla gaadhina meysid
                Cidina kuu gurman meysee
                Gadhoodhka layska ma daadshee
                Gacansaar aynnu lahaanno.

(DOOLLARKII BUU MIISKA KU SOO DUL DAADSHEY).

HORSEED (MADAXWEYNE AADAN CABDULLE CISMAAN,
'AADAN CADDE') OO ODHANAYA: "SAW NAGU MA AYDUN SHEEGIN
'QURUUNTII GABAYGA AMA MAANSADA?", ISAGA OO EEGAYA
HUD-HUD OO ISAGUNA MADAXA U GUNDHIYEY. MARKAAS BUU
GABAY BILAABAYAA:

Geedsaarkiyo waabku waa ged aydun taqaanniine
Wax badan baad la gaadheen dadkoo gebegebeyseene
Waa gacan madow xoolahanaad galabta keenteene
  (*Black Hand*)
Geyigaygii idinka oo dhacay oo haysta gebigiisba
Waataan guddida soo diraye aad garowsan weydeenna.

Waa gacan madow xoolahanaad galabta keenteene
Gaashaandhig baan leeyihiyo geesh i difaaca e
Gashi iga maqnaan jirey baan soo gur leeyahaye
Waaryaadha kala goosannaye guriga ii dhaafa!

(QUUS IYO HUNGO AYAY LA SII GUXUUSHINAYAAN. HORSEED
IYO HIGSADNA WAA AY ISKU IMANAYAAN, IYAGA OO LABADII
GOBOL EE XOROOBEY EE MIDOOBEY KALA METELAYA).

HORSEED: Hargeysaay mid loo hanweynyahay
                Oo haweysey hablihii kalaad tahay.

HIGSAD: Horseedow midaan u heego dhacay
                Oo habeen iyo hooda laad tahay.

HORSEED: Hargeysaay mid aan hagaajinayoo
                Haasaawaha diiddan baad tahay.

HIGSAD: Horseedow mid lay hadoodiley
Oo go' la iigu ham siiyey baad tahay.

HORSEED: Hargeysaay midaan hagaajinayo
Hor iyo daba diida baad tahay.

HIGSAD: Horseedow miday hashiisii dhashay
Aan heenaadka u haynnin baad tahay.

WAXA HADLAYSA ISLAANTII SOOMAALI DHASHAY OO HUFAN
XAAJI HURUUFE LA YIDHAAHDO.

Waxaa metelayey Cali Laangadhe oo ganacsadihii Bari-Geeye
ee reer Ceerigaabo u shaqayn jirey. ninka Hode la yidhaahdo ee
ay Hufan ka hadlaysaa waa Faransiis.

WAA AY GABYAYSAA:

Hiil Doollar iyo Hodaba waa niman habaar qaba e
Shan hal oo aad wada leedahay kala halleeyeene
Alla hooyo, Alla hooyo waxaan kuu hayaa guule
Alla hooyo, Alla hooyo hiilkood ha moogaannin.

(HARGEYSA AYAA HIGSAD OO MAXAMED IBRAAHIM CIGAAL
AH LA HADLAYSA).

HARGEYSA: Walaal Higsadow aan ka la hubiyee
Hoosaasedu miyay habboontahay?
Walaal Higsadow aan wada hadalnee
Hadimo weeye hoodaddaamadu.

(MARKUU HIGSAD HADLI WAAYEY, AYAY HUFAN SOO DHEX
GASHAY).

HUFAN: Awrkaan gurgurkiyo
          Surraddiiba ku giijey
          Iyadaan gaban fuulin
          Maqal aanu guraynnin
          Nin gaboobey gaboobey
          Miyaan guradiisa dhigaayoo
          Gibishaw ugu xidhaa?

(NIN BAA HADALKA QABSANAYA. WAQOOYI BUU U HADLAYAA.
WAXA UU ABBAARAYAA CIGAAL OO HARGEYSA U JAWAABI
WAAYEY. WAA LA WADA JOOGAA GOLAHA. HOOYO HUFAN
HURUUFE, HARGEYSA, HIGSAD IYO HORSEED. NINKU GABAY BUU
INA CIGAAL U TIRINAYAA, ISAGA OO INDHAHA KU YUUBAYA):

Hirkan adiga kuu laacay waa lagu ma hoydaane
Hayin xoog lehiyo buu rabaa haan la dhaansado e
Markaas baa horseed loo diraa hubiya geedaa e
Waxaa lagu hayaamaa markaad hawlkar noqotaa e.

Innagoo hoggaan lagu qabtiyo heeryabaw weynney
Aan hayn alaabada xadhkaha lagu halleeyaaba
Hadduu dabar la'aan hawdka maro cidi u hawshoonnin
Ma soo hoyane awrkeennii waa kaas habeensadaye.

Halkudheggiisa gabaygii iyadoy heesi la xidhiidho
Hufan la ma illaabaan shan bay hooyo u ahayde
Heerin maaha gabadhaydu way hanweyntahaye
Hargeysi doonnan maaha oo Horseed diiddey bay tidhi e.

Hoobaantii ayuu qubey guntiga uu ku hayn jiraye
Higsad midhaha geed sare saaran buu haabo leeyahaye
Habka diinta yaradka iyo meher lagu heshiin waaye
Hargo waalli been gura ayaa heeso loo tumaye.

Hoobaan iyo Hibana way dhaceen cadowga haystaaye
Hodan waxa ay la ooydaa aniga waa la ii hadhaye
Hooyadeenna ciil baa hayoo '*hoogey!*' bay tidhiye.

Halgankii midnimadeenna iyo hoostay taladiiye
Hanti soor inan wada jirnay ku hammiyayaane
Haaneedkii iyo miskeedkiina way kala hallaabeene
Hadhuubkiina waa daatay iyo himiladeennii e.

HIGSAD OO INA CIGAAL AH AYAA HEESAAYA. WAXAA
METELAYA MAXAMED YUUSUF CABDI, FAADUMO CABDILLAAHI
KAAHIN (MANDEEQ) OO HARGEYSA METELEYSAANA WAY LA
QAADAYSAA. NINKII HIGSAD MARKII GABAYGAAS LAGU YIDHI
WUU ISXUSUUSTAY OO WAXA UU YIDHI:

HIGSAD: Gobannimaad heshay
Baan guntiga u furtay
Oo gogosha u dhigtay
Hadday weli gobolladeen
Ay weli guri la' yihiin
Hurdo aan gam'aa
Way garaad xumee
Waa inaan guntiga
Isku giijayaa.

HARGEYSA: Xagganu gebi
Xaggii kale waa garbee
Guntuna walac
Miyaa arrinkeen ku gudhay!
Waa laygu gefoo
Anigay isgabaye
Hadday gobolladeen
Weli guri la' yiin
Hurdo aan gam'aa
Way garaad xumee

Waa inaan guntiga
Isku giijiyaa.

WAXA SOO GELAYA DIBJIR IYO DIBBIR OO KALA METELAYA
DADWEYNIHII IYO MADAXDII, SIDA AY U KALA HORREEYAAN.
DADWEYNUHU WAXA AY NAAWILAYAAN IN AY WAX WAXTAR AH
KA HELAAN DAWLADNIMADII CUSBAYD EE DHALATAY, DIBBIRNA
WAA UU U DARDAARWERINAYAA):

DIBJIR: Dibjir baannu nahoo
           Waan daddaysannahee
           Dibbirow Dibbirow
           Dadkayow dalkayow
           Miyaannaan dardugeyn?

DIBBIR: Degelaan ood lahayn
           Baan yagleel u diree
           Dibjirow Dibjirow
           Horta reerku ha dego.

DIBJIR: Waa kan reerku degee
           Duunyadii darartee
           Miyaannaan doogsanayn?

DIBBIR: Shalaa roobkuu da'oo
           Duunyadii darartee
           Horta dooggu ha baxo.

DIBJIR: Waa kan dooggii baxee
           Duunyadii darartaye
           Dibbirow Dibbirow
           Dadkayow dalkayow
           Miyaannaan dardugeyn?

DIBBIR: Dantiinnaanu wadnaa
          Daryeel baannu qabnaa
          Dibjirow Dibjirow
          Noo dulqaata walaal.

Waa innagaa weli dulqaadkii ku jirna, iyada oo ka sii dartay oo weliba aaranka dubatey. Xilligaa laga hadlayaa waa 1961 horraantiisii, iyada oo dawladnimadii curdinka ahayd weli cusub tahay.

Heesaha riwaayaddaas *Himilo* duudka u ahaa waxa kale oo ka mid ah hees riwaayadda magaceeda xambaarta oo la yidhaahdo *Himiladeenna*. Cali Sugulle oo ka hadlaya heestaas waxa uu yidhi: "Horseed oo madaxweynihii ah ayaa dadkii oo dhammi ku soo kacayaa, iyaga oo metelaya Shantii Soomaaliyeed iyo hooyadood Hufan Huruufe, waxa aanay odhanayaan":

DADWEYNE: Himiladeennu himiladeennu
            Waa maxay Horseed himiladeennu?

HORSEED: Hawd aynnu galloy, aynnu golloy!
            Aan Wajeer hantinow, hantinow!
            Aan Jabuuti helloy aynnu helnoy!
            Shantu hays huwatoy, huwatoy!
            Aan hal qudha noqonnoy, noqonnoy!
            Waa inaynnu hellaa, aynnu helnaa
            Ama aan hoyannaa, aan hoyannaa
            Himiladeenna, himiladeenna
            Himiladeennu waa halkaa!

"Aayaha iyo himilada Soomaalidu waxa ay ahaayeen halkan ay riwaayadddani ku soo gabagabowdey ee ah, 'Waa inaynnu hellaa, ama aan hoyannaa!' Taas bay ahayd ujeeddada weyn ee loo gol lahaa." Ayuu Cali yidhi.

XILGOBEED

Xilgobeed waxa ay curatay sannadkii 1962. Waa riwaayad ka xogwarramaysa wixii dhaqan iyo dhaqaale laga dheefay xornimadii la gaadhey iyo israacii labadii gobol ee xoroobey. Waxa ka dhex muuqda garnaqsi iyo tabashooyin bulsheed oo laabta la soo kacayey xilligaas hore ee ku sinnaa markii Hargeysa iyo Muqdisho israaceen. Waa sidii xumayd ee loo maamulayey dawladnimadii curdinka ahayd ee labo sano riwaayadda ka hor dhalatay. Riwaayaddan waxa ay dadkii xilligaas noolaa ee daawaday u yaqaannaan: *"Nin lagu seexdow ha seexan!"*, midhahaa oo ka mid ahaa heesihii markiiba hore u tisqaaday ee riwaayadda ku jirey.

Cali Sugulle oo iiga warramay riwaayaddaas, waxa uu yidhi: "Heesta *nin lagu seexdow ha seexan!* waxa aannu dadka ku bareynney ninka askariga ah iyo hawshiisu waxa ay tahay oo ah adeege bulsheed":

> Soomaalideennii
> Hadday sinnaatay
> Isu samafalkeennuna
> Waa dan iyo seeto.
>
> Nin lagu seexdow
> Ha seexan!
> Xil baad siddaa
> Ha seexan!
> Soo jeedoo
> Si weyni u feejignow!
>
> Subag weel ku daatay
> Sinna u ma xumaadee
> Waa subax wanaagsane
> Calankana salaamaa.

Nin lagu seexdow
Ha seexan!
Xil baad siddaa
Ha seexan!
Soo jeedoo
Si weyni u feejignow!

Waa seermaweydoo
Iyo seben barwaaqoo
Saddexdii maqnaana
Way soo socdaane.

Nin lagu seexdow
Ha seexan!
Xil baad siddaa
Ha seexan!
Soo jeedoo
Si weyni u feejignow!

Afgembigii dhicisoobey ee saraakiishii dhallinyarada ahaa
ee Reer Waqooyi u holladeen dabayaaqadii 1961 ayay heestu
ka tibaaxo bixinaysaa. Waxa ay u aragtaa inqilaabkaas iyo
isdiiddooyinkii ku ladhnaa, "subag weel ku daatay, sina u ma
xumaado" oo Cali Sugulle dadka ku hogatusayey in arrinta
Soomaalida dhexdeedu ay lo' kurus leh tahay oo aanay darayo
iyo dhiif lahayn ee ta dibedda iyo dhulalka maqan loo daymo
iyo dhug lahaado. Cali waxa uu yidhi, "Riwaayaddan aniga oo
samaynaya ayuu afgembigii Xasan Kayd dhacay."

Heesta kale ee *Hiddiidiiyoy!* oo hablo iyo inammo ku
garnaqsanayaan, ayaa ka mid ah heesaha caanka noqday ee
riwaayadda ee ka turjumayey tabashooyinkii bulshada, gaar
ahaan dadkii Waqooyiga oo tirsanayey in sidii ay midnimada
Soomaalida ugu liseen aan iyaga loogu hambayn, marka la eego
dawladdii la soo dhisay israaca ka dib iyo sidii wax loo maamulay
markii dambe. Labo hablood iyo labo wiil ayay heestu dhex

maraysaa. Waa garnaqsi. Habluhu waxa ay u hadlayaan dadka, inamaduna madaxdii bay metelayaan. Maxamed Yuusuf Cabdi, Maxamed Axmed Kuluc, Xaliimo Khaliif (Magool) iyo Faadumo Cabdillaahi Kaahin (Maandeeq) ayaa kala roganayey.

KOORAS: Hiiddiidiiyoy hiddii
                            Hiiddiidiiyoy hiddii
                            Hiiddiidiiyoy hiddii!

WIILAL: Hir bay laacayoo hinqaday
                            Hillaac bay baxoo handadey
                            Haddana waayoo hakaday!

HABLO: Hayaay waayey oo handadey
                            Haween baan ahoo hamraday
                            Hiil iyo midna hoo' ma galo.

KOORAS: Hiiddiidiiyoy hiddii!

WIILAL: Hurdada aawadaa ma ledo
                            Hummaaggaagii bay horkacay
                            Hawshaadii ma soo hadh galo.

HABLO: Hawshaan ku la qaybsadaa
                            Oo harraadkaan ku la qabaa
                            Oo anigu waan ku la hayaa
                            Ee adaan i hagaajinayn.

KOORAS: Hiiddiidiiyoy hiddii!

WIILAL: Adduunyo hal baan lahaa
                            Hashii horor baa la tegey
                            Hadhuub madhan baan sitaa
                            Haaneedkiina waw hayaaye
                            Ee maxadin hayeydin helay.

HABLO: Halbowle siduu i go'ay
           Haahaabtay waxaanan hayn
           Hoogeyoo ba'aayeey ma hadhin!

WIILAL: Haween ma dhammaa la yidhi
           Hablow anigaydin hanane
           Hubaal hal ma siisannaa?

Hobollada riwaayaddan wax ka jilayey waxa ka mid ahaa
Saynab Xaaji Cali (Baxsan), Xaliimo Khaliif (Magool), Faadumo
Cabdillaahi (Maandeeq), Maxamed Yuusuf Cabdi, Xasan Diiriye,
iyo Maxamed Axmed Kuluc. Inta mootan Alle ha u naxariisto.
Iyaga oo sita direyskii askarta oo qoryo ku jeeniqaaran, gaardi iyo
garab-saar-dab na ku jira, ayay hobolladani qaadayaan heesta ay
midhaheeda ka mid ahaayeen:

            Inaan dedaallaan
            Dabka u qaadnay
            Oo degta u saarnay
            Inaan dagaalka
            Wixii ku doonta
            Lagu dilaa baan
            Dabka u qaadnay
            Dalkayagiiyow
            Dadkayagiiyow!

            Inaan daraaddaa
            Isduudsinaayoo
            Ku daafacno baan
            Dabka u qaadnay
            Degta u saarnay
            Dalkayagiiyow
            Dadkayagiiyow!

Waagaa, ciidammada qalabka sida dadku waa ay la hayeen oo
waa ay jeclaayeen, maaddaama hiyiga dadku u hanqal taagayey in
la xoreeyo gobolladii maqnaa ee Soomaalida oo loo baahan yahay
cudud iyo xoog lagaga midha-dhaliyo mawqifkaas inta badani
aaminsanayd. Cali Sugulle waxa uu ii sheegay in ay markaas
halabuureen ereybixinta ciidammada lagu carbiyo ee 'oob-jacda'
loo yaqaan ee ay ka mid yihiin: *garabsaar!*, *digtoonow!*, *horaw soco!*,
dib u jeeso!, *bidix raac!*, *midig raac!*, *dig!*, *debci!*, *darandoorri!*, *joogso!*,
iyo kuwo kale. Heesaha kale ee riwaayaddan ku jirey waxa ka mid
ahaa:

> Dhulkaayagaa, dhulkaayaga!
> Waw dhalannayoo
> Waw dhimanaynnaa
> Dhulkaayagaa...!

Ismaaciil Sh. Axmed (Caqaf) ayaa midhaha heestan lahaa,
'*dhulkaayagaa waw dhimanaynaa*'. Waxa aanu Cali ii sheegay in uu
riwaayadda ku darsaday Cagafna ogaa oo siiyey.

Nin shacab ah oo riwaayadda ku jira ayaa markii la qaaday
heesahan ciidanka u bogsan ee mar guubaabada ah marna
ammaanta odhanaya, isaga oo ciidanka la hadlaya:

> Idinka oon galab qudha u hawl gelin
> Idinka oon gelin qudha u gaajoon
> Waydinka garbaa iyo gaaddada ku xidhay
> Guusha iyo arligaa wanaag gallad lee
> Geyiga yaa leh calanka guud sudhan?

Cali Sugulle markii uu riwaayaddan iiga warramayey waxa
uu yidhi, "Berigaa waxa jiri jirtey in nimanka madaxda ahi ay
diyaarad uun saarnaan jireen oo marba waddan ka degi jireen;
Maraykan iyo Ingiriis iyo meelo kale. Wax ay soo qabteen iyo
natiijada safarradooda dadka loo ma sheegi jirin oo idaacadaha
laga ma sii deyn jirin. Arrintaas ayay *Himilo* ka tidhi:

Sahanka laalmaye
Socdaalka dheer lihi
Saacuu arkaa baa
Soof lagu raraaye
Nin lagu seexdow ha seexan!
Xil baad siddaa ha seexan!
Soo jeedoo
Si weyni u feejignow!

Ninkii askariga ahaa ee lagu lahaa '*ha seexan!*' markuu cabbaar soo jeedey ayuu seexday. Waa la toosiyey oo waxa lagu yidhi: 'nin sare ayaa imanaya' ee qoriga soo qaado oo safee. Wuu safeeyey, waxa aanu yidhi:

Qoriyohow ku safeeyey
Ku safeeyey, safeeyey
Saliiddii kugu diiqay
Haddana suuf kugu duugey
Waan ku suubasalaaxay
Saakase maaha badhkiiyoo
Sumuc kaa dhici mayo.

Ilaah oon sababayn iyo
Anigoo sillan maahee
Halkaan saaro abkaaga
Waad saameeli ogeyd.

Saaka maaha badhkiiyoo
Waa salaanta gobeedoo
Sarreeyaa imanaaya.

Marka aan sibrahayga
Sare kaaga dulqaado
Saabkaa bidixdaydana

Suunka kuugu hagaajo
Adigoo degta saaran
Midigtaa wax salaantee
Marka aan sabarkaagiyo
Surka aad u dhirbaaxo
Haddii aan sanqadhaada
Aarka Saylac cidiisiyo
Sarmaanbul la moodin
Kaan sitaanad ahayn
Soodhkaan kaa jarayaa
Suunka waan kaa furayaa
Mid kalaana lay siin.

Cali Sugulle oo tilmaamaya qorigaasi nooca uu ahaa, waxa uu yidhi, "Waxa uu ahaa Afdiinle, saddex cisho ka dibna qorigii Xakiimka loo yiqiin ayaa la inoo keenay." Marka la eego riwaayaddiisan, Cali waxa aan weyddiiyey sababta ciidammada sidaas loogu jeclaa xilligaas. Waxa uu iigu jawaabey, "Weli waanay bahaloobin. Daacad bay u ahaayeen dhaartii la mariyey. Baabuurta millateriga ee geerashka lagu dayactirana silsilad baa laga soo laalaadin jirey oo taayirradoodu dhulka ma taaban jirin, ixtiraam awgii. Askartu iyaga oo direyska sita suuqa ma aanay iman jirin. Wuu dhaarsanaa. Naftiisu waa ay rahmanayd. Waxa ay u qoordiidnayd dadka iyo dalkiisa."

Ciidanka xooggu
Waa ciirsigeenna
La cuskadaaye
Colkii ammaankeenna
Ciil tiraayee.

Aan ku caano maallo
Aan cayaarro
Aan caweynno
Aynu cadda-loollo.

Xilgobeed waxa ay riwaayaddu kula baxday hablaha iyo inammada heesaha wada qaadayaa ayaa xaasas ku metelayey, Calina waxa uu yidhi, "Waa tii aannu lahayn gebagebada riwaayadda":

> Gabdhiyo wiilashaa
> Isgarabsaday
> Waa guul, guul
> Gobannimadu leeday.
>
> Gudboonaannayoo
> Gob baynnu nahayee
> Gacalo, gacalow
> Taa weeye gobannimo.

Cali waxa uu igu yidhi markii aan raadraacan ka ururinayey, in riwaayaddani ay dhinaca dhaqankana ku saabsanayd, ayna dheerayd, haddase uu intan ka xusuusto. Cali waxa aan kula yaabay xusuustiisa maguuraannimo, isaga oo inta uu xidhiidhinta sheekada maadeyskan iyo geeraarradeedu ila wadaagayey aanu warqadna ka eegin, kuna haghagoon, sida hallaasiga ahna ay maskaxdiisa uga soo maaxaysey dareerinteedu. 'Hadalna la kala odhan og, Allana la kala baryi og', ayaa igu oo dhacaysey markii aan Cali dhegeysanayey ee aan wax ka duubayey.

MA-HURAAN

Riwaayaddani waxa ay ku bilaabmaysaa dhallinyaro hablo iyo inamaba ka kooban oo ka wada hadlaya, waxna iska weyddiinaya dhaqanka iyo hiddihii Soomaalida:

WIILAL: Hablii diibka timaha
Ku dabaayey baa
La doonayaa
Da'dii horreeto
Gabay dambeeto
Xaggaan ka doonnaa
Oo ka daydaynaa?

HABLO: Doob gaamurkii
Muruqu duubmay
Baa la doonayaaye
Xaggeen ka doonnaa
Oo ka daydaynaa?

Curashada riwaayaddu waa 1965. Dhaqanka, gaar ahaan wixii ay ummaddu lahayd ee gacanta laga hidin jirey ama maskaxda laga hindisi jirey, ayay riwaayaddu ka hadlaysey. Qiimaha afka Soomaaliga iyo qaayasoorrada ummadeed iyo ahmiyaddooda in la iska xilsaaro oo la ilaaliyo ayaa ka mid ahaa tiirarka riwaayaddu ku taagnayd. Waxa ay duraysaa dadka afafka qalaad wax ka bawsada ee ka faana ama ka hawooda afkooda hooyo, kana diiqa ee ku xajiimooda dhaqankii iyo noloshii ay ku dhex dhasheen, ku koreen, kuna hanaqaadeen. Lamahuraan waa caws jiilaal. Riwaayadda *Ma-Huraan* heesaha shaaca baxay ee ku jirey waxa ka mid ah heesta midhaha fudud ee haddana nuxurka weyn ee: *Af Qalaad Aqoontu Miyaa?* iyo heesta kale ee *Boqorkii Quruxdaay!*

Cali Sugulle ayaa iiga sheekeeyey sababta ku dhalisay heestan *Af Qalaad,* waxanu yidhi: "Qaansheeg (*voucher*) ay ku qoran tahay '*Istapidinto de la pagaminto*' iyo '*Payment Voucher*' ayaan arkay oo weli shan sano gobannimadii ka dib la adeegsanayo. Markaas baan idhi, labadaniba iska tagee (Talyaani iyo Ingiriis) maynnu ku qoranno 'Qiraal lacag bixineed', waana loo guuxay." Ingiriis iyo Talyaanigii Soomaalida gumeysan jirey ayaa Soomaalidii oo leh waannu xorowney weli isku dhex haysta xafiisyadii maamulka ee xukuumadda ee madhnaa iyo mushahaaradii yarayd ee Maraykanku bixin jiray!" Allow ma ogtahay! Bal maantana ka sitee? Xasan Diiriye iyo Xaliimo Khaliif (Magool), AHUN, ayaa heestan kala roganayey.

I

XASAN:

Abaariyo ooda-lul baan ku jirnaa
Ambannoo omosiyo oommanaan ku
    lunnee

MAGOOL:

Amakaag iyo yaab, argaggax
Abboowe macaanow hooy
Ii sheeg maxaa kuu daran
Abboowe macaanow hee.

XASAN:

Waan asqaysanahee ku aaway?
Abbaayo macaaneey hooy

MAGOOL:

Ii sheeg maxaa kuu daran
Abboowe macaanow hee.

XASAN:

Af qalaad aqoontu miyaa maya?

MAGOOL:

Maya ayay nala tahay annagee
Waa intuu qofba
Eebbe geshaa
Ma og tahay dib
Loo ma abuuro dadkee

XASAN:

Ma og tahay aqoonta
Amaah laysu ma siiyee?

MAGOOL:

Ma og tahay aqoonta
Abaal lays ku ma taartee?

XASAN:

Ma og tahay aqoonta
Miyaa la iibsan karaa?

MAGOOL:

Maya, maya!
Ma og tahay aqoonta
Miyaa la soo ergistaa?

WADAJIR:

Maya ayay nala tahay annagee
Waa intuu qofba
Eebbe geshaa
Ayay nala tahay annagee
Ma og tahay dib
looma abuuro dadkee?

II

MAGOOL:

Adduunyada waannu ka oodannahee
Aan ogaanno halkay ku aaddantahee
Waan asqaysannahee ku aaway?
Abboowe macaanow hooy!

XASAN:

Ii sheeg maxaa ku daran
Abbaayo macaaneey hee!

MAGOOL:

Af qalaad aqoontu miyaa?

XASAN:

Maya, maya!

MAGOOL: Maya maya, ma ahee
          Af qalaad aqoontu miyaa?

XASAN: Maya, maya, ma ahee
          Waa intuu qofba
          Eebbe geshaa
          Ayay nala tahay annagee
          Ma og tahay dib
          Loo ma abuuro dadkee.

MAGOOL: Ma og tahay aqoonta
          Amaah laysu ma siiyee?

XASAN: Ma og tahay aqoonta?
          Abaal lays ku ma taartee?

MAGOOL: Ma og tahay aqoonta
          Miyaa la iibsan karaa?

XASAN: Maya, maya!

MAGOOL: Ma og tahay aqoonta
          Miyaa la soo ergistaa?

XASAN: Maya, maya

WADAJIR: Maya ayay nala tahay annagee
          Waa intuu qofba
          Eebbe geshaa
          Ayay nala tahay annagee
          Ma og tahay dib
          Loo ma abuuro dadkee?

III

XASAN:

Asaaggeenoo horumaraan arkayaa
Ilays aadaya oo iftiiminayaa.

MAGOOL:

Amakaag iyo yaab, argaggax
Abboowe macaanow hooy
Ii sheeg maxaa kuu daran
Abboowe macaanow hee.

XASAN:

Waan asqaysanahee ku aaway?
Abbaayo macaaneey hee!

MAGOOL:

Ii sheeg maxaa kuu daran
Abboowe macaanow hee?

XASAN:

Af qalaad aqoontu miyaa maya?

MAGOOL:

Maya ayay nala tahay annagee
Waa intuu qofba
Eebbe geshaa
Ma og tahay dib
Loo ma abuuro dadkee?

XASAN:

Ma og tahay aqoonta
Amaah laysu ma siiyee?

MAGOOL:

Ma og tahay aqoonta
Abaal lays ku ma taartee?

XASAN:

Ma og tahay aqoonta
Miyaa la iibsan karaa?

MAGOOL: Maya, maya!
Ma og tahay aqoonta
Miyaa la soo ergistaa?

XASAN: Maya, maya!

WADAJIR: Maya ayay nala tahay annagee
Waa intuu qofba
Eebbe geshaa
Ayay nala tahay annagee
Ma og tahay dib
looma abuuro dadkee?

IV

MAGOOL: Oggoli oo waxbarashadu way egtahee
Af shisheeye ayaynnu addoon u nahee
Waan asqaysanahee ku aaway?
Abboowe macaanow hooy!

XASAN: Ii sheeg maxaa kuu daran?
Abbaayo macaaneey hooy!
Af qalaad aqoontu miyaa?

MAGOOL: Maya maya, ma ahee
Af qalaad aqoontu miyaa?

XASAN: Maya maya, ma ahee
Waa intuu qofba
Eebbe geshaa
Ayay nala tahay annagee
Ma og tahay dib
Loo ma abuuro dadkee?

MAGOOL: Ma og tahay aqoonta
Amaah laysu ma siiyee?

XASAN: Ma og tahay aqoonta
Abaal lays ku ma taartee?

MAGOOL: Ma og tahay aqoonta
Miyaa la iibsan karaa?

XASAN: Maya, maya!

MAGOOL: Ma og tahay aqoonta
Miyaa la soo ergistaa?

XASAN: Maya, maya!

WADAJIR: Maya ayay na la tahay annagee
Waa intuu qofba
Eebbe geshaa
Ayay nala tahay annagee
Ma og tahay dib
Loo ma abuuro dadkee?

V

XASAN: Itaalkii baa lays amaahinayaa
Iskeen maw wada adeegnaa

MAGOOL: Amakaag iyo yaab, aragaggax
Abboowe macaanow hooy!
Ii sheeg maxaa kuu daran?
Abboowe macaanow hee!

XASAN: Waan asqaysanahee ku aaway?
Abbaayo macaaneey hooy!

MAGOOL: Ii sheeg maxaa kuu daran?
            Abboowe macaanow hee!

XASAN: Af qalaad aqoontu miyaa maya?

MAGOOL: Maya ayay nala tahay annagee
            Waa intuu qofba
            Eebbe geshaa
            Ma og tahay dib
            Loo ma abuuro dadkee?

XASAN: Ma og tahay aqoonta
            Amaah laysu ma siiyee?

MAGOOL: Ma og tahay aqoonta
            Abaal laysku ma taartee?

XASAN: Ma og tahay aqoonta
            Miyaa la iibsan karaa?

MAGOOL: Maya, maya,
            Ma og tahay aqoonta
            Miyaa la soo ergistaa?

WADAJIR: Maya ayay nala tahay annagee
            Waa intuu qofba
            Eebbe geshaa
            Ayay nala tahay annagee
            Ma og tahay dib
            Loo ma abuuro dadkee?

VI

MAGOOL: Aboor baa duddumo ilkaha ku dhisee
Aqbal keen qof kalaa arrin soo ururshee
Waan asqaysanahee ku aaway?
Abboowe macaanow hooy!

XASAN: Ii sheeg maxaa kuu daran?
Abbaayo macaaneey hooy!
Af qalaad aqoontu miyaa?

Xasan: Maya, maya

MAGOOL: Maya maya, ma ahee
Af qalaad aqoontu miyaa?

XASAN: Maya maya, ma ahee
Waa intuu qofba
Eebbe geshaa
Ayay nala tahay annagee
Ma og tahay dib
Loo ma abuuro dadkee?

MAGOOL: Ma og tahay aqoonta
Amaah laysu ma siiyee?

XASAN: Ma og tahay aqoonta
Abaal laysku ma taartee?

MAGOOL: Ma og tahay aqoonta
Miyaa la iibsan karaa?

XASAN: Maya, maya!

MAGOOL: Ma og tahay aqoonta
Miyaa la soo ergistaa?

Xasan: Maya, maya!

Wadajir: Maya ayay nala tahay annagee
Waa intuu qofba
Eebbe geshaa
Ayay nala tahay annagee
Ma og tahay dib
looma abuuro dadkee?

Heesta kale ee *Boqorkii Quruxdaay!* oo ay isweydaarsanayeen labadii hobol ee Xasan Diiriye iyo Xaliimo Khaliif (Magool), Alle ha u naxariisto labadaba e, waxa ay ka mid ahayd heesihii dardaraha jacayl ee waagaas berisamaadkii fanka Soomaalidu uu laamaha faraqyada dhaadheer leh cirka ku shareeray ee geedkiisu caleemaha ubaxa leh bixiyey:

I

XASAN: Bad weeye nimaan
Dabbaal baranoo
Badhtankaw galayoo
Berrina u ma dhowa
Bilaneey kalgacaylku
Waa dab baxaaya
Oo belelee
Adigaa
Bakhtiin karayee
Ugbaadeey iga bi'i.

MAGOOL: Bad weeye jacayl
Rag baa la bukoo
Waa bilista haween

Hadalaad bixiseene
Bilanow kalgacaylku
Waa qurux bilicsanoo
Aad u bogtee
Adigaa
Bakhtiin karayoo
Ugbaadoy isbogsii.

DHEXTAAL: Boqorkii quruxdaay dharaar
Boqorkii quruxdaay habeen
Beri kasta, goor walba
Bidhaantaada waan
U baahanahee
Bilaneey kalgacaylku
Waa dab baxaaya
Oo belelee
Adigaa
Bakhtiin karayee
Ugbaadeey iga bi'i.

II

XASAN: Boggiyo wadnahaygii
Buu bud dhigoo
Boholuu ka samaystay
Boogo ku noqdee
Bilaneey kalgacaylku
Waa dab baxaaya
Oo belelee
Adigaa
Bakhtiin karayee
Ugbaadeey iga bi'i.

MAGOOL: Bukaan adigaa
Isku beeraayee

Belo iyo kuu ma
Dhowa baasee
Bilanow kalgacaylku
Waa qurux bilicsanoo
Aad u bogtee
Adigaa
Bakhtiin karayoo
Ugbaadoy isbogsii.

DHEXTAAL: Boqorkii quruxdaay dharaar
Boqorkii quruxdaay habeen
Beri kasta goor walba
Bidhaantaada waan
U baahanahee
Bilaneey kalgacaylku
Waa dab baxaaya
Oo belelee
Adigaa
Bakhtiin karayee
Ugbaadeey iga bi'i.

III

XASAN: Bus weeye abaara
Boodh badanoo
Ban iyo miliciyo
Biyo la'aaneed
Bilaneey kalgacaylku
Waa dab baxaaya
Oo belelee
Adigaa
Bakhtiin karayee
Ugbaadeey iga bi'i.

MAGOOL:
Barwaaqo adduun
Badh baa dhimmanoo
Badhaadhe kastaa
Ma buuxsamo ee
Bilanow kalgacaylku
Waa qurux bilicsanoo
Aad u bogtee
Adigaa
Bakhtiin karayoo
Ugbaadooy isbogsii.

DHEXTAAL:
Boqorkii quruxdaay dharaar
Boqorkii quruxdaay habeen
Beri kasta, goor walba
Bidhaantaada waan
U baahanahee
Bilaneey kalgacaylku
Waa dab baxaaya
Oo belelee
Adigaa
Bakhtiin karayee
Ugbaadeey iga bi'i.

IV

XASAN:
Wixii bilic leh baa
Bidhaan wacanee
Naftaw boholyowdey
Baa u bugtee
Bilaneey kalgacaylku
Waa dab baxaaya
Oo belelee
Adigaa
Bakhtiin karayee
Ugbaadeey iga bi'i.

MAGOOL:

Bukaan adigaa
Isku beeraayee
Belo iyo kuu ma
Dhowa baasee
Bilanow kalgacaylku
Waa qurux bilicsanoo
Aad u bogtee adigaa
Bakhtiin karayoo
Ugbaadooy isbogsii.

DHEXTAAL:

Boqorkii quruxdaay dharaar
Boqorkii quruxdaay habeen
Beri kasta, goor walba
Bidhaantaada waan
U baahanahee
Bilaneey kalgacaylku
Waa dab baxaaya
Oo belelee
Adigaa
Bakhtiin karayee
Ugbaadeey iga bi'i.

Murtida suugaaneed ee *Ma-Huraan* ku jirtey waxa ka mid ahaa
tan soo beegan ee hogatuskii iyo kaalintii toosinta dareenka
bulshada ku saabsan. Waa *beytalqasiidkii* riwaayadda iyo bartii
godnayd ee biyadhaceedu ku soo gororayey.

Hiimsahiimsuhu waa himbiriirsi madow
Waa habeen gudcuroo mahiigaan ku helay
Waa habboontahay ha aqoonnin
Waa habboontahay ha ogaannin
Waa ha hadlin oo ha arkin oo ha maqlin
Waa habaar waa habkaynnu nahay!

Barta godan ee ay riwaayaddan *Ma-Huraan* ku biyo shubanayso
waxa xambaaray hees riwaayadda ku jirtey oo ay wada qaadeen
hobolladii jilayey, ayna ka dhex muuqdaan Cabdi Muxumed
Amiin iyo Maxamad Cabdillaahi Gujis (AHUN, labadaba).
Heesta lafteedu waxa ay qaadatay magaca riwaayadda oo waxa
la yidhaahdaa *Ma-Huraan*. Heestan waxa laxanka saaray isla Cali
Sugulle laftiisa, AHUN.

CABDI MUXUMED: Himbiriirsigu waa
Hiimsehiimse madow
Waa habeen gudcuroo
Mahiigaan ku helaa.

JIIB HABLEED: Waa habboontahay
Ha aqoonnin
Waa habboontahay
Ha ogaannin.

JIIB INAMEED: Waa ha hadlin!
Oo ha arkin!
Oo ha maqlin!

WADAJIR GUUD: Waa habaar, waa habaar!
Waa habkaynu nahee

HABLO: Ma huraan, ma huraan!

INAMO: Afkii hooyo weeyaanee

HABLO: Hagradayeey, hagradayeey
Afkii hooyo hagraday!

INAMO: Higsadayeey
Af qalaad higsadeyeey!

WADAJIR GUUD: Hiiliyo hoo'ba
                              Waan u hayaa.

GUJIS: Hoodadaamo shisheeye
                              Ayay na hoddoo
                              Hagardaamada waan
                              U hoggaansannahee.

(JIIBTII HABLAHA, TII INAMADA, IYO TII GUUD)

CABDI MUXUMED: Aan hannaankiyo raacno
                                Habkaynnu nahoo
                                Aan hubqaadkii ku faanno
                                Dadkeennii horee.

(JIIBTII HABLAHA, TII INAMADA, IYO TII GUUD)

GUJIS: Aan higgaaddii afkeenna
                                Hagaag u qornoo
                                Aan hiddihii dhaqankeenna
                                Aan ka haybadsannee.

(JIIBTII HABLAHA, TII INAMADA, IYO TII GUUD)

CABDI MUXUMED: Halabuurkiisii aan
                                U heensaynno fardoo
                                Aan u heeryeyno awr
                                Baarcadloo hayinee.

JIIB HABLEED: Waa habboon tahay
                                  Ha aqoonnin
                                Waa habboontahay
                                Ha ogaannin.

JIIB INAMEED: Waa ha hadlin!
                Oo ha arkin !
                Oo ha maqlin!

WADAJIR GUUD: Waa habaar, waa habaar!
                Waa habkaynu nahee.

HABLO: Ma huraan, ma huraan!

INAMO: Afkii hooyo weeyaanee.

HABLO: Hagradayeey, hagradayeey
                Afkii hooyo hagradayeey!

INAMO: Hiigsadayeey, higsadayeey
                Af qalaad higsadey!

WADAJIR GUUD: Hiiliyo hooba
                Waan u hayaa.

SHEEG IYO SHAREER

Maxamed Axmed (Kuluc) iyo Xaliimo Khaliif (Magool) ayaa ka mid ahaa kooxdii riwaayaddan wax ka metelaysey, ereyadanna kala roganayey. Waa markii lagu dhawaaqay in aftidii Jabuuti laga qaadayey loo qoondeeyey in ay dhacdo 19-ka bisha Maaj 1967. Cabdulle Raage iyo Maxamed Siciid Gujis ayaa iyana riwaayadda wax ka metelayey.

MAGOOL:

Waa loo muddeeyey
Tobankiyo saagalka Maarij
Nolol la mahadiyaa
Ilaah la magan galaa
Waa adoo mudnaada
Iskaa u meel mara
Oo madax bannaan
Miyay Jabuuti
Moog yihiin, Maxamedow?

KULUC:

Mayee ma mooga e
Way mintidayaan
Magooleey!

Waxa la dhigay oo ay soo baxday riwaayaddu 1967. Waa aftidii Jabuuti ee "Haa ama Maya" ee ku saabsanayd halgankii dadka Jabuuti iyo taageeradii hiilka iyo hoodaba ahaa ee Soomaalida, iyada oo afti lagu guuldarraystay laga qaaday Jabuuti 19-kii bishii Maaj ee sannadkaas. Cali Sugulle oo mar ku faraxsan aftidaas oo ka quuddarrayna in Jabuuti xorowdo oo Soomaaliya ay raacdo sidii niyadda lagu hayey, waa haddii "Haa" codku raaco e, marna murugo iyo rejo xumo arrintaas aftida ka muujinaya, haddii "Maya" guushu raacdo, ayaa labada jeerba marba hees ka turjumaysa riwaayadda ku soo bandhigay. Cali Sugulle waxa uu ii tibaaxay in riwaayaddan lagu dhigay Sinimoogii Masaarida ee magaalada Muqdisho. Waxaa goobjoog ka ahaa, oo madaxdii daawaneysey ka mid ahaa, Xasan Guuleed Abtidoon iyo Barkhad Gurad oo ka mid ahaa madaxdii Jabuuti xornimo-doonkeeda.

Isla maalintii aftidu dhacaysey ee loo muddeeyey (19/03/1967) waxa Cali uu ugu talo galay haddii lagu guuleysto "Haa" heesta caanka ah ee *Waa baa Beryey* oo Cali hore u sii halabuuray, haddii aftidaasi dhinaca kale isu rogtana waxa uu ugu talo galay heesta kale ee *Midnimadeennii Mugdey Gashoo Magaceen Ba'yeey!*.

> Waa' baa beryey, bilicsan
> Arooryo baxsan
> Maalin boqran.
>
> Kuwii u baaqee
> Soomaloo baahsan
> Nolol ku beeray
> Waa baayadooda.
>
> Kuwii badheedhee
> Wedkaan la baajin
> Ka baqan waayey
> Waa baayadooda.
>
> Kuwii badheedhee
> Dabkaan baxaaya
> Belelinaayey
> Waa baayadooda.
>
> Kuwii ka baydhee
> Bahdood ka leexdaye
> Boqonta gooyey
> Waa baabba'ooda.
>
> Badhbadhaadhnay
> Gumeysi baabba'
> Bogiyo wadnow

Libtaynu boganney
Ku badhbadhaadhnay.

Calan buluug leh
Baaxad iyo xoog leh
Biliga innagaa leh.

Maxamed Axmed Kuluc (AHUN) oo kooxi la jiibinayso
ayaa la sara kacaya *Waa baa beryey!*, isaga oo ku qaadaya cod iyo
naaxiyad dhegtu u nuglaanayso oo xaadda kicinaya, dareenkana
taabanaya. Heesta kale ee *Midnimadeennii Mugday Gashay* na
waxa isu jiibinaya Kuluc iyo Magool oo iyadana cod dhiilleed
kulul oo murugeysan ku soo bandhigaya:

KULUC: Markaan ku arko
               Waan kuu muhdaa
               Muuqaagaan jecloo,

               Markaan ku arko
               Muusannaabayeey!
               Waan muusannaabay.

               Maqnaatayeey
               Midnimadeennii
               Moogaatayeey!

               Waad maqnaatayeey!
               Ha maagine
               Isa soo maqiiq
               Ha mildhaabinee,

               Madag wadnaha
               Maddane kulul
               Ku megdisoo
               Mayiyo haa

Kala miyoo
Mid uun dheheey!

MAGOOL: Haddaan maleeyey
Waan kuu muhdaa
Waxaa la moodayaa,
Meermeerkaan nebcoo
Markaan ku arkay
Meehannaabayeey!
Waan meehannabayeey!

Mudnaatayeey
Midnimadeennii
Moogaatayeey!

Midnimadeennii
Mugday gashoo
Magaceen ba'yeey!
May maaginee
Magalooti baw
Muruq sheegtayoo
Maya'dii haa
Maqaar la saaray
Maydhaantayee.

KULUC: Meeshaan ka hadlay
Waan muujiyoo
Adigay la murmayee
Waan muusannaabayeey
Muusannaabay
Waan muusannaabayeey!

Maqnaatayeey
Midnimadeennii
Moogaatayeey

Waad maqnaatayeey
Ha maagine
Isa soo maqiiq
Ha mildhaaminee
Maankay gadday la yidhi
Hashii masaar liqdee
Midig, bidix
Kala miyoo
Mid uun maree.

MAGOOL: Murtida hadalku
Waa sidii margaa
Maahmaahdu ay tidhee
Markaan ku arkay
Waan meehannaabayeey
Meehannaabayeey
Waan meehannaabayeey!

Mudnaatayeey
Midnimadeennii
Moogaatayeey

Midnimadeennii
Mugday gashoo
Magaceen ba'yeey
Ma ay maaginee
Magalooti baw
Muruq sheegtayoo
Maya'dii haa
Maqaar la saaray
Maydhaantayee.

Murti baaxad leh oo kala duwan ayaa riwaayadda ku jirtey, waxaana ka mid ahaa heesta *Soo Gurmadaay!* iyo ta kale ee dambaysa ee *Ha ka Yeelin Jabuutaay!*:

Gacalkeennii la gumaystey
La gumaadyeey!
Soo gurmadaay, gurmadaay!
Soo gurmadaay, gurmadaay!
Geeri ama nolol ayaa
Mid uun la guddoonshaa.

Soo gurmadaay, gurmadaay!
Soo gurmadaay, gurmadaay!
Gacalkeennii la gumeystey
Baa la gumaadayeey!

Aan isgarabsannoo
Gacmaha isqabsannoo
Gacalkeenniyo nacabkeenna
Aynnu kala garannee.

Heesta kale ee *Ha Ka Yeelin Jabuutaay!* ayaa iyaduna waxa ka
mid ahaa ereyadeeda:

Ha yeelin Jabuutaay!
Ha yaabin Jabuutaay!
Heddaada kii jara
Hadh kuu ma jiido e
Haa-da maya-da laga dhigay
Horaba waw ogeydeen.

Ha ka yeelin Jabuutaay
Ha ka yaabin Jabuutaay
Habeennimo la soo dhaaf
Oo hadh cad baynu joognaa.

Geeraarrada sheekada riwaayadda ku jirey waxa iyagana ka mid
ahaa tusmadan taariikheed oo ka warramaysa sidii Hawd iyo

NFD loo dhaxalwareejiyey iyo sida ay Jabuuti halista ugu jirtey in iyadana la duudsiyo. Wajeer oo NFD ah iyo Wardheer oo Hawd u taagan ayuu Abwaanku Jabuuti la masaynayaa digniin ahaan, isaga oo duraya xukuumaddii talada xilligaas haysey oo uu u arkayey 'hooyo xun' oo aan ubadkeeda walaalayn karayn, kana baaqatay wax wadaajintii laga-ma-maarmaanka ahayd.

Cali Sugulle xilligii aan raadraacan ku jirey, waxa uu ii sheegay in Yuusuf Aadan Bawkax, AHUN, uu Warfaafinta joogey xilligaas oo sameecado waaweyn oo riwaayadda laga dhegeysto bixiyey. Cali oo taas ka hadlaya, waxa uu yidhi, 'Cabdulle Raage iyo Gujis ayaan ku idhi 'dheeg yar oo aanan idiin sheegayn ayaa riwaayadda ku jira ee idinku marka aan idiin baahdo anaa idiin baaqaya ee idinku 'waayo' oo qudha ii dhaha hadhow, marka halka ay ku jirto la gaadho.' Waa la baqayey oo Bawkax laftiisa xil baa saarnaa, mar haddii uu na kaalmeeyey."

NIN: Wajeer Joome[4] walwaaley [1963]
Wardheerna Xayle la sii [1954]
Ee halla waayo Jabuutina!

CABDULLE RAAGE IYO GUJIS: Waayo?!

NIN: Haddaanan hooyo wanaagsan
Oo walaalaysa u haynnin
Maxaan 'Wii ou Noo-da' u waraysanayaa?

(LABADAAS, "MAYADA IYO HAADA" MID BAAN SAARAAYAA, AYUU ODHANAYAA BARBAAR WEER CAS XIDHANI).

Marka laga yimaaddo Jabuuti iyo sida looga hawl galay in magaca 'Soomaali' uu meel ka soo galo, si la mid ah ayaa la isugu hawlay in degaanka Soomaalida ee Itoobiyana looga fongoro magaca 'Soomaali'. Markii uu dhacay taliskii Mingiste, xilligii qawmiyadaha Itoobiya ku bahoobey maamullada gaar gaarka ah

4 Jomo Kenyata, madaxweynihii Kenya.

loo yagleelayey, waxa soo baxay dareen hoosta ka xarriiqayey in magaca gobolka Soomaalida ee Itoobiya loo bixiyo Ogaadeeniya. Hindisahaas waxa dabada ka riixayey siyaasiyiin Amxaaro u badnaa. Waxaa u guuxay xubno ka mid ah Jabhadda Waddaniga Xoraynta Ogaadeeniya (ONLF), iyaga oo aan aad uga fekerin cidhib xumaanteeda haddii magaca 'Soomaali' meesha laga saaro. ONLF waxa ay hore u tuurtay magaca 'Soomaali' oo ay ku beddesheen magaca 'Ogaadeen'. Hore waxa gobolkaas u taagnaa Jabhadii Xoraynta Soomaali Galbeed oo taariikh weyn lahayd. 1984 ayaa ONLF la sameeyey. Cabdimajiid Xuseen (AHUN), iyo rag uu ka mid ahaa oo siyaasadda Itoobiya ee xilligaas saamayn ku lahaa ayaa fekerkaas deedafeeyey oo ka dagaallamay, xukunkii Tigreega laftiisu taas (in magaca Soomaali la saaro) ku ma adkayn.

Dhinaca kale, waxaa duudsi laga yeelay in magaca 'Soomaali' meelna ka soo galo magacyadii loo bixiyey Gobolka Soomaalida ee Kenya raacsan oo xilligii Ingiriiskana loo yaqaannay Soohdinta Degmada Waqooyi ee Kenya (NFD), haddana loo yaqaan Gobolka Waqooyi Bari ee Kenya. Falsafadda siyaasadeed ee waxanu u dhacayaan waa in aayaha dambe (fog) uu magaca 'Soomaali' degaannadaas ka tasoobo, dadka ku noolina jiilaal badan ka dib isu aqoonsadaan Kenyaan, Itoobiyaan, iyo Jabuutiyaan oo magacooda ahaansheed ee 'Soomaali' wax macno ah ama dareen iyo dhadhan ah u samayn waayo.

> Waa habal gumeystuhu
> Kala baahsanaantiyo
> Baylahdaada jecelo
> Kolkuu baadka ka la helo
> Kaa boga qaniinyada
> Burka kuu dhex galaya.

> —Cali Diiriye (Gaab), AHUN.

GOBANNIMO

Dhagax iyo dab
Laysku ma dhuftee
Kala dhawraay!

Wax ka dhigan qabiil
Qaran la dhex geshee
Kala dhawraay!
Ways dhinac wadnaa
Kala dhawraay!

Waa riwaayad kale oo uu Cali Sugulle lahaa, soona baxday
1968. Maamul xumadii, musuqii, qabyaaladdii, iyo qaraabakiilkii
xukuumadihii rayadka ahaa ee taagta darnaa, iyo foolxumooyinkii
laga dhaxlay ayay si mug leh u iftiiminaysaa. Heesaha hanaqaaday
ee riwaayaddan waxaa ka mid ah heesta magaca riwaayadda
hadhaysay ee, *Dhagax iyo dab, laysku ma dhuftee, kala dhawra!*.

Cali Sugulle oo riwaayaddan iiga warramay, waxa uu yidhi,
"Berigii hore, dadku waa ay maali jireen dadka aftahammada
ahi waxa ay sheegaan ee dalka u danaynaya, iyaga oo aan waxba
ku doonayn. Sidii gabyaagii ummadda diredraha qabiil foodda
isugu gelin jirey ma nihin. Wanaaggooda iyo heshiiskooda iyo
qof walba wixii la gudboon ayaannu u sheegi jirney. Riwaayaddan
Dhagax iyo Dab baa ku jira. Gobannimo waxa ka hor timid qabiilo.
Halkan waxa kuududda gabadh Qabiilo la yidhaahdo. Halkanna
Gobannimaan soo dhigay. Gobannimo waa ay hadashay. Ubax
bay ku shaqlan tahay. Waa loo heesay. Heesaheeda hore ee
wanaagsanaa ee ay afgaranaysey ayaannu u saarnay. Halkanna
Qabiilo oo dallaayad weyn oo shaadir ah (madow) gashan ayaa
soo yuuban. Laba nin baa dalladda hoosta ka haya. Labadaa nin
Qabiilo ayay xejinayaan, waxa aanay odhanayaan":

Qabiilow dhici meysid
Annagaa dhabarkaagiyo

Dhinacaagaba taagan
Dhan kasta kaa celinayna.

Heestii *Ha dhacdo Qabiilo!* ayaa halkan laga qaadayaa:

Ha dhacdo Qabiilo
Ha dheellimatee
Iska dhaafaay!

Dhulkeennii maqnaa
Aynu soo dhicinnee
Iska dhaafaay!

Waa loo dhukusaa
Loo dhabbacdaaye
Dhabarkoo muuqdaa
Loo dhuuntaa
Iska dhaafaay!

Dhagax iyo dab
Laysku ma dhuftee
Kala dhawraay!

Wax ka dhigan gobannimada
Qabiil dhex galee
Kala dhawraay!

Ways dhinac wadnaa
Kala dhawraay!
Wax ka dhigan qaran
Qabiil la dhex geshee
Kala dhawraay

Ways dhinac wadnaa
Kala dhawraay

Dhagax iyo dab
Laysku ma dhuftee
Kala dhawraay!

Wax ka dhigan qarannimada
Qabiil la dhex geshee
Kala dhawraay!

Kala dheer labaduye
Kala dhawraay!

Ka dib waxa hadlaysa Gobannimo oo odhanaysa:

Gobannimo haddii aan ahiyo guushii idin raacday
Nin daar galay, nin geed seexday oo gabaddanoonaaya
Nin gafuurka taagaayaa oo ganacu weynaadey
Nin golxoobey oo golongolay oo gabaxa oo liita
Giddigiin rag iyo dumarba waa lay gudboon yahaye.

Hadda toban halaan goconayaa geli calooshiinna
Waxaan galo amase gudo ayaan layba garanayne

Gantaalaha markii lay la dhacay aniga oo goomman
Nin i gaday, nin iga gooyey, iyo nin igu sii giijey
Nin i gabay, nin ii soo guntadey, nin i gabraaraaya
Nin i gubey, nin iga gaabiyey, iyo nin iga soo gaadhey
Nin i galay, ninkii iga gaday, iyo nin i gargaaraaya
Golnuug iyo gaaggixiye iyo ninkii gorofka caydh qaatay
Go'aanka iyo gabagabo la'aan waa guddoon li'iye
Nin guud iyo nin gaariyo ninkii goob cidla'a i joojey
Markaan guuxa reemaan godladey nin i gujeynaayey
Giddigiin rag iyo dumarba waa lay gudboonyahaye.

Gabboodkii iyo hadhkii iyo la waa' gogoldhiggeenniiye
Gun iyo baarba dhuxul baan liqnuu geedkii leeyahaye

Garnaqa debedda lagu maamulaa suura geli waaye
Gadhkiyo gommoddoo lays qabsadaad libin ku gaadhaaye.

Heestan kale ee *Qudhunkii ma Fadhnaa?* oo ka mid ah heesaha
kale ee riwaayadda, waxa codkiisii baxsanaa ku qaaday Cabdillaahi
Qarshe (AHUN). Waxaa la jiibinayey qaar ka mid ah hobolladii
riwaayadda wax ka jilayey. Qaran iyo qaanuun oo dhinac ah,
iyo dhinaca kale oo mag iyo qaadhaan iyo qabiil ah ayay heestu
dadka kala dooransiinaysaa. Qabyaaladda, qaadhaanka, iyo magta
waxa ay heestu ku tirinaysaa asaag ka hadh, qarannimada iyo
qaanuunkana, horumar iyo qayrkaa oo la tiigsado, dhinacna laga
raaco oo aan gadaal-socod la noqonnin:

Ma qabiil baynnu ahaannaa?
Qaadhaankii baynu bixinnaa
Oo magtii baynu qaybsannaa!

Ma qaran baynu ahaannaa?
Qaynuun baynu ku dhaqannaa
Qayrkeen baynu tiigsannaa.

Ma tallaabaan dib u qaadnaa?
Oo wax baynnu qalannaayoo
Mindiyahaynnu qarsannaa.

Ma qudhunkii baynu fadhnaa?
Xabaalahaynu qodnaa!

Ma qabiil baynnu huwannaa?
Oo qaran baynu ahaannaa!

Ma runtii baynnu qarinnaa?
Ma beentaynnu isu qooshnaa?
Ma qorkii baynnu ka idlaynnaa?
Ma qoloftaynu sii saarnaa?

Heesaha kale ee riwaayaddan Gobannimo ku jirey waxa kale oo
ka mid ahaa:

Gobannimooy
Waxaad gashiyo
Waxaad guddaba
Garannayoo ruugney.

MA HADHIN HADAL LAYS YIDHAAHDAA

Waxa ay riwaayaddani soo baxday 1969, wax yar ka hor afgembigii
askartu talada waddanka kula wareegtey. Waxa uu Cali tilmaamay
in uu riwaayaddan ugu garqaadayey nindoorka iyo bulshada. Cali
oo taas kaga hadlay xaflad Imaaraadka Carabta loogu qabtay
1990, waxa uu yidhi: "Dhaqankeennii marka la eego, nin baa
reerka ku tollaan jirey oo sahan iyo horseed tegi jirey. Isagaa
warrami jirey oo la dhegeysan jirey, la iska ma barbar hadli jirin.
Ujeeddada weyn ee riwaayaddu waxa ay ahayd laba nin oo la
wada yaqaanno oo isku magaalo ah ayaa meel isugu imanaya oo
isa soo wada taagaya. Waa ay sharraxan yihiin. Waa doorashadii
(Foodkii). Dadkii baa qaarba meel u yaacayaan. Labadii nin ee ay
yaqaanneen ayay kala saari kari waayayaan. Waxa ay odhan kari
waayeen, 'Waar hebelow labadiinnaba waannu idin naqaannaa
oo adigaa halkaas wax nooga qaban kara ee adigu kaalay, hebelka
kalowna iska naso oo dadkaaga dhinac ka raac.' Taa ma ay
yeelayaane, marba mid bay gaar wax ugu sheegayaan, warkana u
kala qaadayaan, iyaguna sidii Qaaddiriyada iyo Saalixiyada ayuu
midba koox dhinac u la dillaamayaa."

Cali Sugulle oo ka hadlay halkudhegyadii riwaayaddan qaar ka
mid ah waxa uu yidhi, "Hoggaamiyaha waxa aan u aqaan aabbe
dadka iyo dalka u ciidan ah oo laga doonayo karti, hufnaan,
daacadnimo, dulqaad, iyo naxariis, iyada oo dadkana laga doonayo

hubsiimo iyo hoggaansi. Labadu waa talo keen iyo aqbal keen.
Taas weli ma haynno." Ayuu Cali Sugulle yidhi. Waa *Ma Hadhin,
Hadal Lays Yidhaahdaa* oo ay Hibo Maxamed qaadday:

Hanuuniye loo hanweynyahay iyo
Hacoo baad u wada hoggaansantaa
Halyeey iyo nacas ma kala hubiyaay
Hiirtaanyaad taqaan intaad is hoddee
Ma hadhin hadal lays yidhaahdaa
Oo hubsiimo hal baa la siistaa.

Hagarlaay rag horseed ah baad diratay
Hawraartii xilkaaga aad huwisey
Ninkii ku hodiyo ninkii ku hantaba
Waxaw halkudhega inaad hubsatee
Ma hadhin hadal lays yidhaahdaa.

Hiil iyo hoo mid baa la yeeshaa
Hubsiimo hal baa la siistaa
Huf iyo beentii baa la hoos dhebey
Habaar iyo ducaba lays la helyoo
Ma hadhin hadal lays yidhaahdaa.

Hoheey dhulka kii hantiyi laaye
Hanan laa dadkee hagaajin lahaa
Hannaan iyo guud ahaan ma hayo
Hooyadii lama guursan weli Hanad
Ma hadhin hadal lays yidhaahdaa!

Riwaayaddu waxa kale oo ay ka hadlaysey ninka hoggaamiyaha
ah, oo sida uu Cali sheegay riwaayaddu ku lahayd 'dadka ayaad u
dhexaysaa ee sin':

Kuuma kala sokeynnee Simanow
Na sin, noo sin, oo noo sinnow.

Halkan waxa hadallo hogatusyo ahi ku dhex marayaan hablo
iyo wiilal. Waa heesta Cali lagu qabsaday markii ugu horreysey
ee riwaayaddan la dhigo.

> Aqoontaadaad igmataa way ku anda-qaaddaa
> Arradka iyo gaajada ayaa laga irkanayaa
> Haddaynnaan adkaysan afeef aynnaan dhigannin
> Adduunyada dadnimadii ugaadh baan ka nahay
> Ayaan eersanaynnaa innagaa is eednaye?

> Adlee waaye! Idinka weeye! (*rag iyo dumar*)

> Ina-ragow aay baad jafaysaan
> Annaga ma ahee isma ogooyin
> Dhuug baad aslaysaan!

Ereyadan kale ayaa riwaayaddan ka mid ahaa:

> Haddaynnaan adeegan
> Iskeen wax u qabsan
> Adduunyada dadnimadii
> Ugaadh baan ka nahay.

> Illimo awdan
> Oodo dhacansan
> Talo asqaysan
> Ayaan arkaa!

> Aragoo maqaloo aammus!

> Uurkutaalladii baa
> Arammi soo kicisay
> Afku iga xadaayo
> Aniga oon ogayn

Baan odhanayaa
Ujeeddadeennaan
Abbaarayaa
Aayaha dambeetaan
Adkaynayaa.

Aragoo maqaloo aamus!

Riwaayaddan oo heeso badan lahayd, markii dambe heesaha
lagu daray waxa ka mid ah hees kooxdii qaadday oo dhan markaas
loo qaatay kooxdii Asluubta. Sida uu Cali tilmaamay, waxa
kooxdaas ka mid ahaa Muuse Ismaaciil Qalinle, AHUN, iyo
Saado Cali Warsame, AHUN, oo isqabey, Sahra Ilkacas, Axmed
Saleebaan Bidde, iyo Cabdalle Sagsaag, AHUN. Heestaas waxa
midhaheeda ka mid ahaa:

DAAHIR: Sida uliyo diirkeed
Isku duubnideennii
Innagoo isdoonaynna
Haddii laysu keen diidey
Kala daahnay
Kala durugnay
Waynu kala dayownaye.

DAADO: Ha ku diirsan
Daryeel la'aanta
Ha ku diirsan
Dugsi la'aanta
Ha ku diirsan
Dawo la'aanta
Cawa daran ha noqonine.

DAAHIR: Waan debecsannahay
Sidii doqontaan
Kala daadsannahayeey

Ha ku diirsan
Daryeel la'aanta
Ha ku diirsan
Dugsi la'aanta
Cawa daran ha noqonine.

DAADO: Wixii dumiyey aayaha
Ma daynaa?
Ma diidnaa?

DAAHIR: Qabiilo ma doonno mana daynno
Dubkii iyo diirkii naga qaad
Dareemoo waan damqanayaa
Dadow bal luggooyadaa daya!
Awrkii dambe kii horuu ku dayday
Haddii uu dido wuu durduriyaa
Dameer iyo daamankiisii noqdee
Dadow bal luggooyadaa daya!
Dugaaggu garaad ma dhaamo dadka
Diinkuba afka doogga uu ku cunay
Ayuu inuu caws ku daaqo diidaa
Dadow bal luggooyadaa daya!

Cali dareenka dadka ayuu dheehan jirey oo wejiyadooda ayuu wax ka qori jiray, taa oo halabuurkiisa bud-dhigeen u ahayd. Heestan kale ee ay ereyadeeda ka mid ahaayeen kuwan soo beegani ayuu ku daray riwaayaddiisan. Waa halkii uu Hadraawi ka lahaa:

Saw wawga Jiiftada
Dadka waayahoodiyo
Wejigooda kama qoro!

Cali Sugulle taas buu caan ku yahay oo waxa halabuurkiisa, hees iyo riwaayaddiisuba ka soo go'ayaan dareenka iyo waayaha dadka iyo dalku qabaan. Waa oddorose weyn oo ifafaaleeya wax dhici kara, wax badanna looga soo joogey. Waxa uu ka foolin jirey waayaha iyo wacaalahooda, waanu ka ummulin jirey:

Ooddeennu kala rogan
Irriddeenu kala xidhan
Isuma imanaynnee
Ammaano Alla.

Idinkoo itaal daran
Annaga oo awood badan
Waa isu iman doonnaa
Waa is arki doonnaa
Ammaana Alla
Aammana Alle!

Riwaayaddan *Ma Hadhin Hadal Lays Yidhaahdaa* waxa ay mararka qaar isdhex galeen riwaayadda kale ee *Kala Haab Kala Haad* oo markii dambe ee la dhigay, sida uu Cali ii sheegay, qaybo ka mid ah la raaciyey *Kala Haab Kala Haad*. Hobolladii jilay riwaayaddan, 1969 iyo 1972, waxa ka mid ahaa Hibo Maxamed, Axmed Mooge, Saado Cali Warsame, Muuse Ismaaciil Qalinle, iyo Cabdalle Sagsaag—oo intuba, Alle ha u naxariistee, maanta (2020) wada mootan, marka Hibo Maxamed laga reebo.

INDHO LAGA BAQAA ILAAH BAY KU YAALIIN

Isa seeggii ugu horreeyey ee Cali Sugulle iyo Maxamed Siyaad waxa uu dhacay markii Cali Sugulle keenay ereyga 'afmiishaar' ee uu ku lammaaneeyey magaca Maxamed Siyaad Barre, markii Cali wax laga weydiiyey madaxweynaha ee uu yidhi, "Waa afmiishaar." Cali waa la xidhay. Waa dhammaadkii qaarkii dambe ee 1971. Muddo markii uu Cali xidhnaa ayaa xabsiga rag madax ahi ugu tageen. Cali oo taas ka sheekeeyey, waxa uu yidhi, "Waxa la igu yidhi riwaayad samee".

Cali Sugulle oo taas sii ambaqaaday, waxa uu yidhi, "Riwaayaddan, oo aan dhawr magac u bixiyey sidii la ii lahaa marba magaca beddel, ayaan sameeyey. Waxa ay ahayd talo iyo digniino. Maxaa daran, maxaa dan ah bay ahayd. Koox fannaaniin ah ayaa la keenay miiska saraakiisha ee xabsiga. Halkaas ayaa riwaayadda lagu soo bandhigay markii la eegayey. Waa la diidey in fagaarayaasha lagu daawado oo la geeyo. Iyaga (kooxdii Kacaanka) ayaa qaadatay. Kooxdii jileyseyna waxa laga dhigay kooxdii ciidammada Asluubta. Waxa kooxdaas ka mid ahaa Muuse Ismaaciil Qalinle, Saado Cali Warsame, Axmed Saleebaan Bidde, iyo Cabdalla Sagsaag."

Magacyada riwaayadda, sida aynu meelo kale kala kulannay, waxa ka mid ahaa: *Waa La Tolay Oloshay* iyo *Nin La Tumay Talo Jirtaa*. Heesaheeda waxa ka mid ahaa:

> Adduunyada rag badan baa
> Oolaha colaadeed
> Ambaqaaday taladoo
> Hitlarkii abaabuley
> Ood baa dhex taalla
>
> Aayar addimada dhig
> Aayar ku adkee dhulka
> Oogada ha naga korine

Aayar indho laga baqaa
Ilaahay bay ku yaalliine

Eebadaan shisheeyaha
U afaysanayaay
Afka qoriga taladiisu
Waa looma-aayaan

Aayar addimada dhig
Aayar ku adkee dhulka
Oogada ha naga korine
Aayar indho laga baqaa
Ilaahay bay ku yaalliine

Awoodda iyo xooggaygu
I addoonsan maayaan
Haddii aan oggolahay
Gumeystihiiba ma eryeen
Afka qoriga taladiisu
Waa looma-aayaan

Aayar addimada dhig
Aayar ku adkee dhulka
Oogada ha naga korine
Aayar indho laga baqaa
Ilaahay bay ku yaalliine.

Sadarrada soo beegani waxa ay kugu soorayaan labada maadeys ee kala ah, sida ay u kala horreeyaan, *Indhasarcaad* iyo *Kala Haab Kala Haad*. Labada riwaayadood marka si dhug leh loo dhuuxo waxa laga la soo noqonayaa dareen dhammaystiran oo qiimaynaya heerka farshaxan, garashada iyo mugweynida halabuurka masrixiga ah ee Cali Sugulle iyo fahamkiisa sarreeya ee mawduucyada uu kaga hadlo riwaayadihiisa iyo sida uu ugaga sal-gaadhayo ulajeeddada uu soo bandhigayo ee uu xaglaha badan ee ay leeyihiin isugu xidhayo. Cali ma aha nin la nool dadkiisa iyo xaaladdooda oo keli ah, ee waxa uu u muuqdaa nin u dhuun-daloola oo wax badanna ka og siyaasaddii caalamka ee waagaas markii Afriki xoroobeysey iyo siyaasadihii gumeysiga cusub iyo sida gobannimadii la gaadhey ay maqaarsaarka u noqotay. Labada maadeysba waa laga dhex halacsanayaa fekerkaas Cali Sugulle iyo garashadiisa, gaar ahaan *Indhasarcaad* oo farta boogta daraysa, damqaysa oo xoqaysa, kana dhiijinaysa. Labadan maadeys waxa aan helay sheekadii ay socdeen oo dhammaystiran.

INDHASARCAAD

Waa saabbuuntii xumbadeedu
Saacadda ay ku gudhaysey
Sida soodhaha weeye oo
Wax kastoon ku samaynno
Saaka way yara qaylin
Saadambaa la xusuusan
Saakuunna waa la illaabi.

Riwaayadaha ugu waaweyn, uguna caansan ee Cali Sugulle halabuuray waxa ka mid *Indhasarcaad*, oo ka mid ah labo riwaayadood oo aan qoraalkooda helay intii aan baadhitaanka sooyaalka iyo suugaanta Cali Sugulle ku mashquulsanaa.

Riwaayaddan waxa qoray Axmed Cabdi Xasan (Xaashi Gaas) oo ah halgamaa sooyaalkana baadha oo kaydiya, maskaxdana ku haya wax badan oo qaayo leh. Sheekada riwaayaddu waxa ay ku saabsan tahay sidii gumeystayaashu ay Soomaalida xaqeeda ummadnimo u duudsiyeen, iyo tabtii, xeeladdii iyo xooggii Soomaalida lagu qabsaday ee lagu kala qaybiyey, iyada oo loo cuskanayey dano gaar ahaaneed. Waa xilligii hore ee gumeysigu tooska ahaa ee reer Yurub maamulanayeen dadka iyo dhulka Soomaaliyeed, iyo xilliyadii dambe ee gobannimadii maqaarsaarka ahayd la helay iyo shirqoolladii luggooyada lahaa ee isku sidkanaa ee dhulal Soomaalidu leedahay gacanta loogu geliyey dalal iyo quruumo kale, iyada oo dadkii dhulka lahaa aan laga la tashan, waxna laga weyddiin.

Riwaayaddu waxa ay soo baxday sannadkii 1963. Waa sannadkii NFD lagu daray Kenya ee la dhaxal wareejiyey. Shan qaybood oo middiiba ka kooban tahay dhawr muuqaal ayay riwaayaddu ka samaysan tahay, kuwaa oo kala ah:

1. Sidii Soomaalida loogu dawgalay ee loo duudsiyey.
2. Habkii booraamaha hadimo loo qoday ee dhagarta loogu shaqlay.

3. Badheedhkii caddaa ee Soomaalida loo dhacay.
4. Dhiidhigii iyo wax iska dhicintii Soomaalida, iyo
5. Galbashadii iyo dhaxalwareejintii NFD.

Indhasarcaad waa riwaayad maguurto ah oo taariikh maguurta ah weelaynaysa kayd ahaan. Afka ay ku qoran tahay waa mid fudud oo carruur iyo cirrooleba ay fahmi karaan. Erey doorashadeeda suugaaneed waa fartii Cali Sugulle, oo waxa si sahlan loo la socon karaa haddii la jilo iyo haddii la akhrisanayo labadaba. Si fudud oo barkujoog ah oo aad mooddo in aad goobjoog u tahay ujeeddada waayo-aragnimada ay soo bandhigayso, sidii wax hadda hortaada ka dhacaya oo kale ayaad ula falgeleysaa. Sheekada riwaayaddu waxa ay isugu dhafan tahay geeraarro, gabayo, heeso, buraanburro, iwm. Af Soomaali adeegsigii fududaa ee dhegta ku dhegi jirey ee Cali Sugulle ayaa suugaanta riwaayadda ku jirta kaaga dhex muuqanaya, taas oo riwaayadda awood dheeraad ah u siinaysa in ay soo jiidato oo xiise geliso dareenka iyo shucuurta akhristaha. Sida caanaha liska geela oo kale ayaad u qudhqudhinaysaa saxasho la'aan.

Riwaayaddu waxa ay maanta faa'iido u leedahay, guud ahaan, kobcinta iyo barbaarinta garaadka iyo wacyiga ummadnimo ee dhallinyarada, gaar ahaanna dhinacyada taariikhda, siyaasadda iyo waddaniyadda. Dadka waaweyn laftiisa waxa ay dib u milicsiinaysaa jidkii dheeraa ee in gobannimo buuxda la helo loo soo maray iyo sida taas loogu fashilmay, ee maanta loo yaallo ka dib markii ay weydowdey ee ay wiiqantay himiladii ummadnimo ee la tiigsanayey sidii loo taabi lahaa. Axmed Cabdi Xasan (Xaashi Gaas) waxa uu iska xilsaaray sidii riwaayadda loo la socon kari lahaa marka la akhrisanayo, waxanu u kala qaybiyey muuqaallo qaab jilitaan u hormaysan oo si habboon loo la socon karo.

Jilayaasha Riwaayadda

DULMAR: Gabadh ka mid ah gobannimo-doonka NFD.
DAGAAL: Nin madax ah oo Soomaali ah.
DAACAD: Nin Soomaali ah.

DIIRIYE: Gobannino-doon Soomaaliyeed.

FADHIWEYN: Habar Soomaali ah.

DAALLIN: Ninkii Soomaalida kala qaybiyey (Ingiriis).

DAMBEED: Boqor Xayle Salaase.

DUULLAAN: Taageeraha DAMBEED, isla markaana jaallaha
    DAALLIN (Maraykan).

DAB SAWAAXILI: Madax reer Kenya ah.

JILIDDA KOWAAD

MUUQAALKA KOWAAD

Goobtu waa qolka soo dhoweynta ee guriga boqorka. Dambeed
waxa uu ku fadhiyaa kursi weyn oo ku beegan wajahadda irridda
laga soo galo. Labada hareerood waxa ka kala fadhiya askar.
Askari gurguuranaya ayaa irridda ka soo gelaya oo boqorka u
sheegaya imaatinka weftigii Dab Sawaaxili Nuur.

DAMBEED: *(kursigii uu ku dangiigey ayuu ka soo*
       kacayaa. Waa ay isgacanqaadayaan oo
       isnabdaadinayaan)

       Dab Sawaaxili Nuurow
       Dadkaagu wuu ku jeclaayoo
       Way ku soo dooranayaan
       Kiiniya danwadaag ah oo
       Aad dul ahaan u sarrayso
       Ayaan kuugu duceeyey.

DAB SAWAAXILI: *(ul sayn leh buu ruxayaa)*

       Kiiniya danwadaag ah
       Waxba haygu dudduucin
       Kiiniyoo dagan maantoon

Weli dawlad ahayn baan
Dambeedow ka socdaaye
Deris baynnu ahaynoo
Dalkeennaa isku yaalloo
Dadkeennaan kala maarmin
Waxaan doonayo maanta ee
Degelkiinna i keenay
Danan leeyahay weeye oo
Kugu soo dacal-dhawdaye
Intaanan diirka ka qaadin
Diyaar maw tahay maanta oo
Degdeg mawga shirnaa?

DAMBEED: Dab Sawaaxili Nuurow
Horta midi waa iga deeq
Midina waa iga daw
Midi waa iga deeqoo
Dalkanaan u sarreeyo
Haddii aad dan u leeday
Aad i soo dayday maanta
Daartii Xayle Salaasoo
Dul iyo hoosba guduudan
Iyo dahab ayaad ku jirtaayoo
Malab ayaa durduraayee
Haw daymo la'aan
Taasu waa iga deeq.

DAB SAWAAXIL: Haye, kow? Mahadsanid.

DAMBEED: Midina waa iga daw,
Dawladaa Afrikoo dhan
Anigaa u da'weynee
Kiiniyoo dulman maanta
Wixii aad iga doonto
Anigaa u diyaar ah

Doorkaagu yaanu ku seegine
Dibnuhuun kala qaad.

DAB: Duqweynihii Afrikaankaw
Dawladaheenna dhammaan
Adigaa u da'weyn
Door roonow boqorkii
Diirmadowda libaaxii
Dul ahaan u sarreeyow
Waad dareentay malaha oo
Warkeedu kaa ma dednayn
Siduu Daallin lahaa
Dalka Kiiniya maanta
Inay dawlad noqdaan
Buu dambaskeedii hayaa
Degmadaa Enafdhii baa
Dad Soomaaliya sheegtay
Danwadaagta aan raacno
Aan Sawaaxili diidno
Dacwaddoodii ku dayste
Arrin ii daran weeye
Derejo ayaan filayaa
Waa lay dooranayaa
Inta aan dallacaayee
Dawlad aan noqonaayo
Waxaan doonayo haatan
Ma docday oo ma dareentay?
Uma daacad helayside
Malaha aan iska daayo.

DAMBEED: Haa, haa, wad wad.

DAB SAWAAXIL: Cirkoo duma maantiyo
Dhulkoo hoos u degaaya
Iiga sii daran xaalku

Waxaan doonayey maanta
Adaan kuu dirayaayoo
Dabinkeedii xidhaaya
Degmadaa Enafdhii
Lagu duudsiyi laa
Dooddayada Ingiriiska
Waa inaad ku distaayoo
Aad ka daadejisaa
Haddii aan la afduubin
Illeyn way didsanyiin oo
Wayga sii durkayaanee
Waa inuu xoog daldalaayoo
Wajeer ii dul dhigaayoo
Ama lay dedejaayoo
Aniga laygu daraa
Da'weynihii Afrikaankaw
Xaajadaas ku dedaal.

DAMBEED: Dab Sawaaxili Nuurow
Horta Degmadaa Enafdhii
Dad Soomaali ah maahoo
Anigaaba u diiddanoo
Ii dan baanay ahayn.

DAB SAWAAXILI: Waar xaggay ka yihiin, wayska
sheeganayaane?

DAMBEED: Kuwaa daawada yeeshaye
Danwadaagta la leeyay
Dalka way ku murmaanoo
Sida daadka ayay
Iska soo daf yihiin oo
Xoolo daaqsato weeye
Doog bay raadinayaanoo
Marka roobku da'aa bay

Iska soo degayaan.

DAB SAWAAXILI: Waar annagaa yaab aragnay, waar annagaa
yaab aragnay. Waa waxa na haysta!

DAMBEED: Duulku wayska sidaas
Weligaa dibindaabyiyo
Ha ka daynnin danqaabyo
Hadday doodi timaaddo
Daallin bayna la meel ah
Haddii ay dirir gaadhana
Duullaan bayna la jaala oo
Wayna daafacayaayoo
Anigaa kaaga damiin ah
Labadeenna docood
Ul iyo diirka sidooda
Aan isku duubni ahaanno.

DAB: Waa hagaag,
Isku dan, isku dayrnaan
Labadeenna docoodna
Daafaca aynu wadaagno
Nahuurunna Itoobiya,
Nahuurunna Kiiniya,
Nahuurunna Afrika.

Waxa la kala saxeexanayaa heshiis isgaashaan-buursi. Dambeed
Xayle Salaase waxa uu u ambabaxayaa Yurubta Galbeed, si uu
Daallin iyo Duullaan uga la soo shiro, uguna soo qanciyo sidii
NFD loogu dari lahaa Kiiniya.

MUUQAALKA LABAAD

Dulmar oo gabadh reer NFD ah ayaa dacwaddeedii u jeedinaysa
Dagaal.

DULMAR:	Dhamac iyo gumeysi baa Dhuxulo igu shiday oo Wadnahay dhanqalan Dhibic roob ah oo Dharbinaysa baad Iiga dhigantahaye Ii soo dhowoow.
DAGAAL:	Dhallaankii aan hadlahaynnin Hooyadii baan dhaadihaynoo Caanaha aan dhadhansiinnin Aan isdhoweynnee Ii soo dhowoow (*jiib*).
DULMAR:	Dhudhun xoogliyo xoolo Dhumucda aan isu geynno Innagaa isdheellitiraynnee Gacmaha aan isu dhiibnee Isma dhaafno waysu dhigannaa Aan isdhoweynno, ii soo dhowoow Ii soo dhowoow, ii soo dhowoow (*jiib*).
DAGAAL:	Dhukusaaye gumeysi Waa intuu kuu dhabbacdaaye Ku dhufo aad u dhirbaaxoo Ku dhakhso haynaga dhoofee Isma dhaafno waysu dhigannaa Aan isdhoweynno, ii soo dhowoow Ii soo dhowoow, ii soo dhowoow (*jiib*).

DULMAR: Anna dhiigga adna dhuuxa
Wadnahaygaad ka dhignaatoo
Miyirkaygaad ku dhisnaataye
Isma dhaafno waysu dhigannaa
Aan isdhoweynno, ii soo dhowoow
Ii soo dhowoow, ii soo dhowoow (*jiib*).

DAGAAL: Amba dhaabee adna dhidiboo
Waan dhantaalnee aan dhammaynnee
Adiguun bayga dhinnaayee
Isma dhaafno waysu dhigannaa
Aan isdhoweynno, ii soo dhowoow
Ii soo dhowoow, ii soo dhowoow (*jiib*).

(GOLAHA AYAY KA BAXAYAAN).

MUUQAALKA SADDEXAAD

Dambeed, Daallin iyo Duullaan baa soo gelaya.

DAALLIN: Galab wanaagsan!

DAMBEED: Bal gankaan ahay eega!
Gadahaygana fiirsha!
Imisaa laygu gabraartayoo
Afrika aan geyigeeda
Gaadiidqaad bixinaayey?

Markuu meel gilgilaayo
Gabri baa layga dhigtaa
Reer Galbeed giddigii
Uu ku soo gabbado.

Waxa aan gudo maanta
Een idiin galo caawiyo
Gacansaarkii dhexdeenna
Inta aynnu garqaadno
Wax gumeysatadeenni
Isgargaari ogeyd
Garowsho aan isa siinno.

DAALLIN: Yes! Yes! That is right.
Waa yahay! Waa daw.

DAMBEED: Guntii xaalkii dhexdeenna
Inoo gooni ahaa ee
Inoo gaarka ahaa
Siyaasaddii guntanayd
Daallinow saw garan maysid?

(AAMUS CABBAAR AH)

Afrikoon kala goynno
Soomaaloon kala geynno
Midba gees u afduubno
Miyeynnaan ku guddoomin?

DAALLIN: (*madax rux*)
Haa! Haa!
Waan xasuusnahay.

DAMBEED: Gelinkii dambe
Maalintay kala-guurka ahayd
Galabtii casarkii
Gabbalku liiqa dhigaayey
Gadaalkii makhribkii
Aanay gaadhin caweyska
Toddobadii galowdeeda

Saacaddoo ku gammuuran oo
Aan googo' lahayn
Daallinow saw garanmaysid
Goobjoog baad ka ahayde?

(HOR IYO GADAAL IYO HAREERAHA, DHAQAAQ-JOOGSI BUU
BILAABAY)

DAALLIN: Yes! Haa!
Goobjoog baan ka ahaa
Siyaasaddii guntanayd
Guddoonshaan ka ahaa.

DAMBEED: Waan kuu guud marayaaye
Maxaa kaa la gudboon?

DAALLIN: Duullaanow godob raagtayoo
Gurigiisa dhex taal buu
Dambeed soo godayaa
Anigoo garanaaya
Xaajaduu gocanaayo
Kaama gaagixinaayee
Bal ma kuu godliyaa?

DAMBEED: Haa! Haa!

DAALLIN: Arrintii gurracnaydee
Inoo gaarka ahayd
Waxa iiga gudboon
Anoon geesna ka dhaafin
Maxaa keenay golaha?!
(Miiska ayuu dhirbaaxayaa)
Maxaa keenay golaa?!!

DUULLAAN: Maxaa keenay golaa, Dambeed.

DAMBEED: (*oo firkanaxsan, hantaatac*)
    AA, EEN….. EEN!

DAALLIN: Maxaa keenay golaa?!

DAMBEED: Waxa aan u golleeyahay
    Ee galabtaa arrinteeda
    Imminka keenay golaa
    Ayaan idiin gelayaaye
    Idinna iiga garaaba.

DAALLIN: Iihi, Iihi.

DAMBEED: Siyaasaddii guntanayd
    Ayuun baan la gariirey
    Geyigaa Enafdhii
    Haddii aad ka garoocdoo
    Kiiniya aad kala goysid
    Soomaalaan i gafaynnin
    Oo u soo gurmanaysa
    Dalkoodaan ii gedmanaynnin
    Ay ku geeddi yihiin
    Afrika Geeska ku yaal
    Reer Galbeed giddigii
    Hadduu maanta ka guuro
    Saw inoo guuldarro maaha?

DAALLIN iyo DUULLAAN: (*isku mar*)
    Waa inoo guuldarro!

DAALLIN: Geyigaa Enafdhii
    Geestaan raacin lahaa
    Geedba kaaga ma toosna
    Taa garteedu ma laabna

Dambeed Xayle, garaad baanad lahayn
Wax baa guuraya meesha
Geesey xaajadu leedahay
Aanad ii garanayn
Soomaaloon geyigeeda
Gobolka ugu wanaagsan
Hore kuugu garoocay
Ood la gabaara-gucleysey
Haddana sii kala gooyoo
Iyagoon isgelaynnin
Kiiniya uun ku gufee
Waanay suuro gelaynoo
Waan ka giigay midkaasoo
Waan ka gaabsanayaa.

(DUULLAAN BUU U ILJEBINAYAA).

DUULLAAN:

Dambeed Xayle Salaasow
Daallin kuu gabban maayo
Isku muu toosinnin geed
Sidaad guul ku heleyso ee
Aad ku gaadhi lahayd
Garab uu kugu biirshiyo
Gacan uu kugu siiyo
Baa idiin gooni ahayd
Ha yeeshee godobtii aad
Adigu guudka ku qadday
Anigaw guntanaaya
Gurigaa Enafdhiise
Sidaa uu uga giigay
Baan uga gaabsanayaa
Geli maayo gartiisee
Idinku isla gorfeeya.

DAMBEED: Wax gumeysatadeennii
             Isgargaari ogeyd
             Xaajadaynnu gorfaynnay
             Gadaal bay ka xumaatay
             Garbo weeye dhankaasi
             Gebi weeye docdaasi
             Gunteedii walac weeye
             Godkii aynnu qodaynaye
             Soomaali aan ku gurayney
             Maygu soo gembideenoo
             Ma taasaad garateen?
             Ma taasaad garateen?
             Ma sidaasaad garateen?!!

(DIBEDDA AYUU U BAXAYAA, ISAGA OO CADHAYSAN)

(DUULLAAN DAMBEED AYUU KA DABA TEGAYAA. WUU LA
FAQAYAA, HOOSNA UGU SHEEGAYAA IN UU ISU DAAYO ISAGA
(DUULLAAN) IYO DAALLIN. AANNU WADA HADALNEE, NOO FAQ
DAA).

             Daallin, Dambeed waad aragtaa
             Dooddiisiina waa ka caddeeyey
             Duqu wuu dudayaa
             Wuxuu daw u lahaa
             Adigaa dacwaddeediyo
             Dambaskeeda yaqaane
             Xaajaduu diirka ka qaaday
             Aniga wayga dednayd (*aamus yar*)
             Dayaxaa bari gaadhey
             Inta aan daba joogey
             Aan Galbeed daafac lahaa
             Talo kale wayga dednayd
             Dambeed waa kan cadhoodayee
             Shirkeennii ka dudaaya

Arrinta maanta damqaysa
Adigaa dacwaddeeda
Doonyaqaad u lahaa.

Tan kalee ka dambaysa
Dab Sawaaxili waa kan
Kugu soo degdegaaya
Isagoon dawlad ahayn
Dan kaluu u socdaa
Dul ahaan arrintoo dhan
Isku soo wada duuboo
Adiguun baa u damiina *(aamus yar)*.
Degmadaa Enafdhiina
Dad Soomaaliya weeye
Danwadaagta aan raacno
Bay dacwaddeedi hayaan
Duulkii foosha xumaayee
Dhulkan aad degganayd
Dunjigiisa lahaa
Hadday maanta damceen
In ay dawlad noqdaan
Oo danahooda fushaan
Door maxaad bidi layd?

DAALLIN: *(aamus cabbaar qaatay)*.
Look! Duullaan!
Degmadaa Enafdhii
Dad Soomaaliya weeye
Waa se dal Kiiniya seeriyo
Danwadaag la ahaa
Haddii layga diraayoon
Dibeddawga baxaayo
Intaanay dawladda qaadan
Waa inaan jar degaayoon
Degelkooda dhexdiisiyo

Duddadooda fadhiisto
Ayaa ii dana maantoon
Dariiqeedii hayaa.

DUULLAAN: Waa tahay.

DAALLIN: (*xanshashaq*)
Daaqsin geel hadal jooga
Anaa kuu dulmaraayee
Dedan weeye midkaasiye
Ha ka qaadin daboolka
Dibnuhuun ka adkow
Cidina yaanay dareemin
Dabin baan xidhayaa
Calalkaan dul dhigayaan
Dayr ka soo lulayaa
Dalluun baan qodayaayoo
Iyadoo hoos u daloosha
Aan afka doogga ka saaray
Intaan ciid ugu daadsho
Dushana aan salabeeyo
Ha la moodo daleel.

DUULLAAN: Ha lagu daato dabeeto.

DAALLIN: Haddii aan doodda rogaayo
Enafdhii darayeeyo
Dab Sawaaxili siiyo
Miyaanay doogsin ahayn
Reer Galbeedku ku daaqo?

DUULLAAN: (*qosol*)
Ha, haa! Haa, ila ma aha, sidee…?

DAALLIN: Sidee baanay u ahayn?

DUULLAAN: Daallin!
Degmadaa Enafdhii
Illayn kaa ma dahsoonoo
Dad Soomaali ah weeye
Doodaan kuu soconayninoo
Dib u soo noqon doontiyo
Deelqaaf kuu ma habboona
(*aamus yar*).

Immisaad dabin qooshay
Calalkaad dul dhigayso
Daf la soo odhanaayayoo
Laga daadan ogaa?
Dunidu maaha sidii
(*codka ayuu u beddelayaa si kulul*)
Sidee baad tahay Daallin?
Dunidu maaha sidii
Dadkii way ilbaxeenoo
Maanta waa didsanyiinoo
Inta ay isdadbeen bay
Mindidaad ku dileysayee
Weligood dabar-goysey
Intay daabka qabtaan
Adiga ay ku dilaan bay
Diir-madowdii rabtaa
Saw kuwaa ku diraayee
Aad dibedda uga baxaysid?
(*codkuu beddelayaa si qabow oo gaagaabsi
ah*).

Dambeed baad badh ka siisay
Ay ka dagaallansanyiin
Soomaali haynugu daarin
Mar labaad dagi maysid

Adiga waan kuu digayaa
Enafdhii iska daayoo
Haw dudduucin Sawaaxil.
(*Wax yar baa inagaga hadhay, Afrika
faraheennii ka baxday!*)

Daallin: (*Si aanay Afrika faraheenna uga bixin, isla
                    markiina uga baxdo, anigaa taladeedii kuu
                    haya ee iga dhegeyso*):
                    Diir-madow ha collowdo
                    Danteennaa ku jirta, ma garatay?

DUULLAAN: (*madaxuu ruxayaa*)
                    Gartay.

DAALLIN: Calalkii aan deldelaayey
                    Waa dalkaa Enafdhii
                    Docdaan raacin lahaana
                    Illayn kaama dahsoonee
                    Dal Sawaaxili weeye
                    Dal Soomaaliyi leedahay
                    Maxaa iiga dareera oo
                    Layga daadinayaa?!

DUULLAAN: Waxba.

DAALLIN: Ma dad baa iga jooga oo
                    Layga dayrinayaa?

DUULLAAN: Maya.

DAALLIN: Ma cirkaygu dumaaya?
                    Haddii ay u darraato
                    Iyaguun bays dilaaya
                    Deeruun baa diin hirdiyeysa

Dameeraa weylo dhalaaya.

DUULLAAN: Haa. Haa.
Deeraa diin hirdiyeysa!

DAALLIN: Joomana waan dagayaa
Joomana waan dagayaayoo
Hadduu doog miranaayo
Waxoogaa ugu sii dar
Haynoo daayo dhulkaynnu
Ku dul buuxin lahayn
Hayga moodin daryeel
Wawga sii darayaa
Dambeed Xayle Salaasana
Docdiisaan la jiraaye
Ogaan baan ugu diidoo
Isagaan ku deyaayey.

DUULLAAN: Dambeed Xayle Salaasana
Siduu doonayey weeye.

DAALLIN: (*qosol*)
Wajeertaynnu duweynney
Haddii aynnu dudduucno
Haddana dayr kaga oodno
Dusduskaan ku libeystayee
Dunidu iigu tiqiin iyo
Saw daf iyo midhiq maaha?

(GACMAHAY ISU DHIIBAYAAN OO QOSOL BAY KA KACAYAAN,
DEMBEEDNA KEDIS BUU KU SOO GELAYAA, DAALLIN IYO
DUULLAANNA WAA AY IS AAMUSIINAYAAN).

DUULLAAN: Suus!

DAALLIN: Suus!
Soo dhowoow Dambeed.

DAMBEED: Xaajadaydun gasheenee
Go'aankeeda sugaayey
Miyaydaan ka gun-gaadhin?

DUULLAAN: (*hororsi degdeg ah*)
Haayoo ka gun-gaadhney.

DAALLIN: Haa, haayoo …
Xaajadii ka gun-gaadhney.

DAMBEED: (*isaga oo cadhaysan ayuu cod kulul ku yidhi*)
Geyigaa Enafdhii
Gartiisoo aad cuyubtaan
Iyo innagoo kala guurra
Oo isu goynna xidhiidhka
Labadaa mid guddoonsha
Oo go'aankeeda i siiya.
(*cabbaar la wada aamusayaa*)

DAALLIN: (*oo tixraacaya kala-guurka uu dambeed
sheegay*)
Innaga oo kala guurra
Oo isu geli weynna
Iyo geyigaa Enafdhii oo
Gartiisa aad cuyubtaan
Labadaa mid guddoonshoo
Go'aankiisa i siiya.
(*aamus yar*)

DAALLIN: Midi waa gar cadaawe.

DUULLAAN: Gar cadaawe!

DAALLIN: Midina waa isu geyn.

DUULLAAN: Isu geyn! Xeer jajab.

DAALLIN: Midi waa gar cadaawoo
             Innagoo isu gees ah
             Oo Soomaali gadaynna
             Xidhiidhka aan isu goynno
             Gallad baanay ahaynoo
             Iyada loo geli maayo
             Oo taasi waa gar cadaawe.
             (*aamus yar*)

             Midina waa isu geyn iyo
             Isgargaarka dhexdeenna
             Halkii aad garab saarto
             Ayuun baan gacan siin.

DAMBEED: (*wuu dhoollacaddeeyey*)

DUULLAAN: Haa!
             Halka aad garab saarto
             Ayuun baan gacan siin.

DAALLIN: Wixii aan ku gefaayey
             Iyo godobtii ka timaadda
             Anaa saaraya guudka
             Degmadaa Enafdhiina
             Soomaali loo gudbin maayo
             Geestii aad la jeclayd
             Ayaan kuugu guddoonshey
             Adaan guushii ku siiyey.

DAMBEED: (*qosol gawsuhu muuqdaan*)
Waan kaa filaayey sidaa
Goor hore maad i tidhaahdid
Guushan aynnu wadaagno
Ii may gooni ahayne
Giddigeen waa galladdeenna
Oo guddoon weeye wanaagsan.

SADDEXDOODII BAA SADDEXDA GACMOOD ISQABSANAYA.
BOQOR XAYLE SALAASE DHEXDUU KU JIRAA, FAGAARAHANA
WAXA AY KA BAXAYAAN IYAGA OO QOSLAYA.

JILIDDA LABAAD

MUUQAALKA KOOWAAD

Dambeed Xayle Salaase oo ergadii loo diray ku soo guuleystey, kana yimid Daallin iyo Duullaan ayaa la kulmaya Dab Sawaaxili oo sugayey. Gurigiisa ayuu kula kulmayaa. Salaan diirran iyo isbogaadin ayaa bilaabmay.

DAB SAWAAXILI: Waar Dambeed saw nabad maaha?
Daallin mays aragteenoo
Dacwaddaan u lahaa een
Ergada kuugu diraayey
Wixii ay ku dambeysey
Dabuubteeda i sii.

DAMBEED: Daallin ways aragnoo
Dacwaddii waannu ku raagney
Hadalkii waa naga duulay
Duullaan baa nala joogey
Aniga oo dudi laa
Dibaddaw bixi laa

Uu shirkii dumi gaadhey
Danaha aan isu leenniyo
Markaan dawgii caddeeyey
Ayuu soo debcay xaalku
Inkastoo aannu ku daalley
Dacwaddii wuu naga yeelay
Degmadii Enafdhiina
Inuu raacsho docdaada
Waa inoo la diyaare
Ma ku deeqday sidaasi?

DAB SAWAAXILI: Way i deeqday sidaasi. Mahadsanid.

DAMBEED: (*qosol*) Haa! Haa!

DAB SAWAAXILI: Sidaan doonayey weeye
Dambeed Xayle Salaasow
Cadowgaa kuma dooxo
Weligaa ka dulleystee
Dusha jooga ahow!

Duulka Soomaali la leeyahay
Dalkeennay sheeganayaan
Ooy duullimaad ku yihiin
Labadeenna docoodba
Aynnu doodda adkaynno
Dagaalka aan u midownno
Daafaca aynnu adkaynno
Gaashaanka aan u daruurno.

DAMBEED: Gaashaanka aan u daruurno
Daafaca aynu adkaynno
Labadeenna docoodba
Dagaalka aan u midownno.

DAB SAWAAXILI IYO DAMBEED XAYLE SALAASE AYAA LABADA
GACMOOD ISQABSANAYA OO KOR U TAAGAYA, ISKU MARNA KU
DHAWAAQAYA: GAASHAANKA AAN U DARUURNO!

MUUQAALKA LABAAD

Dulmar oo gabadh reer NFD ah oo tiiraanyeysan ayaa la hadlaysa
Dagaal.

DULMAR:	Dulleyste iyo dillaal baa
	Dabarkiisa gumeysi
	Laba-dible iigu xidhaaya
	Xaqaygay dedayaanoo
	Wixii aan dawga u yeeshaa
	Layga duudsiyayaayoo
	Anigoo idin doortay
	Isku dad baynu ahayn
	Isku dal baynu ahayn
	Danwadaagta haddii
	Laygu soo dari waayo
	Saw ayaandarro maaha?!
DAGAAL:	Haa. Haa.
DULMAR:	Dirir baan gelayaa
	Dhiig baan daadinayaa
	Dagaal baan ridayaa
	Dunidoo dhan dhammeeya
	Ee wixii dood iyo deeq
	Iyo dabba lay huri laa
	Diyaar ii la ahaada.
DAGAAL:	Danwadaagta haddii
	Aad ku soo darmi layd
	Kuwii dayrka sameeyey

Innagoo isku duuban
Midba gees u af duubayee
Dalkeennii kala qaybshey
Da'deen weeye illayne
Haddii aynu isdoonno
Isuma keen diidi karaan
Isku dad baynu ahayn
Haddii aad dulligii
Dabarkiisa furayso oo
Gumeysigii ku damqaayo
Dabuubtaad ku dhawaaqday
Haddii aan Dulmareey
Waxba kaaga dambaynin
Innagoo isku diir ah
Dad ahaanna midowney
Dal ahaanna wadaagna
Ayaynu daawo lahaan
Waa inaad degdegtaayoo
Dagaalka aad kordhisaayoo
Wixii kuu dana maantana
Dawgii aad u maraysey
Wixii kaa duwa diid
Haddii aad isdaryeesho
Oo dabkii aad hurinayso
Aad ku diirsan lahayd
Wuu kuu daarmi ilaysku
Inaanan duunyo iyo dood
Iyo dagaal kaa la hadhaynin

Yiddidiilo dubaax leh
Dubaaqaaga u sheeg
Daallinna waan arkayaayoo
Waa nimaan diini xidhaynoo
Laba dubleeya waqii
(*cod yar*)

Daacad inoo noqon mayo
Sida uu damcay maanta
Waan u duurxulayaa
Wixii ay ku dambaysiyo
Aynu duuggana dhawrno.

DULMAR: Waa aynu dedaali.

(GOLAHA AYAY KA BAXAYAAN)

DAGAAL BAA U TEGAYA DAALLIN, KALANA HADLAYA ARRINTA
ENAFDHII IYO DOCDII LA RAACIN LAHAA.

DAGAAL: (*Warqad buu Daallin u dhiibayaa*)
            Dacwaddayda Enafdhii halkaas bay ku
            taallaa, iyada oo dhan.

DAALLIN: Annagoo dawlad ahaan
            Dal ahaan gebigeeda
            Dunidaw ugu sarrayna
            Dadkuna uu na yaqaan
            Wax inaan duduwnaa
            Dawba waanay ahayn
            Dalka Kiiniyi leedahay
            Dab Sawaaxili sheegtiyo
            Soomaaloo danwadaag ah
            Degmadii Enafdhii
            Docday raaci lahayd
            Guddaan soo dirayaa
            Kala doorta tidhaahda
            You understand?

DAGAAL: Hayee.

DAALLIN: Wax walba waa Diyaar. Everything is
ready.

(GOLAHA WAA AY KA BAXAYAAN).

DAGAAL MARKII UU DAALLIN KA SOO LAABTAY AYUU DULMAR
U WERIYEY WIXII AY KU WADA HADLEEN DAALLIN IYO WAXA UU
ENAFDHII KA DAMACSAN YAHAY.

DAGAAL: Daallin waan arkay maanta oo
Dood xaggaaga ku saabsan
Oo danwadaagta ka jeedda
Iyo dacwad ayaan u lahaa.
Sidii dawgu ahaa,
Isagoon ka dul boodin
Hadalka wuu debcinaayey
Degmadii Enafdhii
Guddaan soo dirayaa
Docday raaci lahayd
Kala doorta tidhaahda
Ayuu arrinteeda ku daayey
Wuu i deeqay midhkaasi
Oo dhaxantii way iga duushay
Dulmareey adna maanta
Doorkaa yaanu ku seegin.

HEES

DAGAAL: Inta ay dhulkeennii
           Qoqobuhu dhex yaalliin
           Aan kala dhantaalnahay
           Haddaan dhimashoy ku diido
           Haddaan dhalashoy ku sheegto
           Haddaan dhaqashoy ku raadsho
           Haddaan dheregow ku doono!

DULMAR: Intaan Afrika dhawr ahay
           Aan nabad ku dholol ahay
           Dhuunta ay i jarayaan
           Haddaan dhimashoy ku diido
           Haddaan dhalashoy ku sheegto
           Haddaan dhaqashoy ku raadsho
           Haddaan dheregow ku doono!

DAGAAL: Intaan gacan ka dhawraayee
           Afkuna aanu dheerayn
           Dhalanteedka ay tahay
           Haddaan dhimashoy ku diido
           Haddaan dhalashoy ku sheegto
           Haddaan dhaqashoy ku raadsho
           Haddaan dheregow ku doono!

DULMAR: Intuu dayaxu dhicis yahay
           Xiddigguna dhammays yahay
           Nabsina dhoof ku maqan yahay
           Haddaan dhimashoy ku diido
           Haddaan dhalashoy ku sheegto
           Haddaan dhaqashoy ku raadsho
           Haddaan dheregow ku doono!

DAGAAL: Inta aad ka dhimmantahay

Magaca aan ku dhaadanayo
Xornimo wayga dheertahay
Haddaan dhimashoy ku diido
Haddaan dhalashoy ku sheegto
Haddaan dhaqashoy ku raadsho
Haddaan dheregow ku doono!

DULMAR: Inta wiil dhiggeen ihi
Dhalankeenna necebyahay
Aynnu dhiig qabownahay
Haddaan dhimashoy ku diido
Haddaan dhalashoy ku sheegto
Haddaan dhaqashoy ku raadsho
Haddaan dheregow ku doono!

DAGAAL: Intaan dhaxal wareeg nahay
Aan dhagar laguu gelin
Waynoo dhegxumo weynee
Haddaan dhimashoy ku diido
Haddaan dhalashoy ku sheegto
Haddaan dhaqashoy ku raadsho
Haddaan dheregow ku doono!

BANNAANBAX

Dad badan oo muddaharaadaya waxa ka dhex buraanburaysa habar Soomaaliyeed. Waxa ay tirinaysaa buraanburkan:

HABAR: Dhulkooday jecelyihiin oo cadaawe dhacay
Markay dhiilladu timay wada dhalaalayaan
Iyagoon halkii dhaafin bay kala dhaqaaqayaan
Dhakhsay u illaabayaan dhibihii ay muteen.

GOLAHA AYAY KA BAXAYAAN IYAGA OO BUUQAYA OO FARAHA TAAG TAAGAYA.

JILIDDA SADDEXAAD

MUUQAALKA KOOWAAD

Duullaan baa ka cadhooday in guddi loo soo dirayo Enafdhii kala dooransiisa Kiiniya iyo Soomaaliya docdii ay raaci lahaayeen. Waxa uu u soo gelayaa Daallin.

DUULLAAN: (*dhawaaq dheer*)
Daallinow! Daallinow!
Hadalkeennii dorraato
Sidii aynnu ku deynney
Ma wax kalaa ka dambeeyey?

DAALLIN: Mayee, maxaa dhacay?

DUULLAAN: Degmadii Enafdhii
Aynnu Dab Sawaaxili siinno
Dambeed Xayle Salaase
Siduu doonayey weeye
Sawdigaa duwey maahee

Arrintiiba dadbaaya
Degmadaa Enafdhii
Guddaan soo dirayaa
Kala doorta tidhaahda.
(*aamus*)
Haddana waan degayaayoo
Dawgoodaan is hortaagi
Iga daaddegi meyso
Iyagoo dul ahaan
Danwadaagta aan raacno
Codkoodiina ku deystey

Dunidiina ogaatey
Iga daaddegi meyso
Dambeedna wuu ka xumaan
Anna waan ka darraan
Dembigii ka yimaaddana
Adigaa dusha saariyoo
Danyaqaad u ahaan
(Sidee weeye).

DAALLIN: Degmadii Enafdhii
Sidii aynnu ku deynney
Arrinteeda ku duubnay
Wuxuun baa ka dambeeyey....

DUULLAAN: Wuxuun baa ka dambeeyey!

DAALLIN: Wuxuun baa ka dambeeyey
Dalka ay Kiiniyi leedahay
Iyo Soomaali oo danwadaag ah
Degmadii Enafdhii
Guddaan soo dirayaa
Kala doorta tidhaahda
Iga ma daacad ahayn
Waxa aan u dan leeyahay
Marka taas la dareemo
Soomaalaa degganaanoo
Illayn waa daganyiine
Waan ku duudsiyayaa
Iihi! Ma garatay?

DUULLAAN: Sidaas noogu warran dee.

DAALLIN: Xaylena waa dudayaayoo
Sidii aan uga daahayee
Degmadii Enafdhii

Dab Sawaaxili Nuur
Uga saaray daboolka
Anigaan ka duweynoo
Duulka waa la qasaa
Diir-madowba sidaasaan
Dambarkooda ku laastay
Dabaaljoogtadii weeye
Dabargoynta ahayde
Duullaanow ku caddeeyoo
Dambeed Xayle u sheegoo
Oo waxay daarrantay taasu
Waa inaad ku distaayoo
Aad ka daadejisaa.

(GOLAHA WAA AY KA BAXAYAAN, IYAGA OO SII WADA
XANSHASHAQAYA).

MUUQAALKA LABAAD

Geesta kale, waxa NFD soo gaadhey guddidii aftida qaadi lahayd
ee uu Ingiriisku soo diray, waxana lagu qaabbilay bannaanbaxyo
ay kaga hor yimaaddeen dadkii Soomaaliyeed oo sita calanka
Soomaaliyeed. Dulmar oo labada gacmood laba calan ku haysata
ayaa dadka bannaanbaxaya horkacaysa. Waxa ay ku dhawaaqayaan
oo ay isu jiibinayaan heestan:

DULMAR: Guddiyay la soo diray
Dawyadaad maraysaan
Daaraha magaalada
Degmadii miyiga tiil
Dal ahaanba Enafdhii
Danwadaagta calankeedoo
Giddi wada dul sudhan daya.

DADKII: Docda aannu jecelnahay
                         Haddii doorta na la yidhi
                         Waa deeq Ilaahay oo
                         Daayin loogu mahadnaqo.

DULMAR: Guddiyay la soo diray
                         Doodda aannu leennahay
                         Dacwaddeedu waxay tahay
                         Dantayadu siday tahay
                         Aan laga dambaynayn
                         Diirkiyo afkiyo midabkiyo
                         Diinta isku mida dayaay.

DADKII: Docda aannu jecelnahay
                         Haddii doorta na la yidhi
                         Waa deeq Ilaahay oo
                         Daayin loogu mahadnaqo.

DULMAR: Guddiyahay la soo diray
                         Dulligii Gumeystaha
                         Ayaa na kala af duubaye
                         Dabarradiisii goynnaye
                         Dalka waan wadaagnaa
                         Sidii ul iyo diirkeed
                         Dadkayagu mid weeyaan.

DADKII: Docda aannu jecelnahay
                         Haddii doorta na la yidhi
                         Waa deeq Ilaahay oo
                         Daayin loogu mahadnaqo.

(GOLAHA AYAY KA BAXAYAAN)

Dambeed Xayle Salaase oo cadhaysan, maqlayna guddi Enafdhii loo soo diray, ayaa u imanaya Daallin iyo Duullaan.

DUULLAAN: Hello, Dambeed!

DAALLIN: Hello, Dambeed!

DAMBEED: (*oo cadhaysan*)
               Degmadii Enafdhii
               Dal Sawaaxili weeye
               Haddii aynnu ku deynney
               Guddaan soo dirayaa iyo
               Maxaa doorasho keenay?
               Waxa aad u dan leedahay
               Ay kaa daarrantahay taasu
               Arrinkaynnu dedeynney
               Mid daboolka ka qaadday
               Oo inoo daran weeye
               Dadkii aynnu dhulkoodiyo
               Dunjigooda ka qaadnay
               Iyadoon layla af duubinoo
               Dambabas layla samaynnin
               Uma daacad helaayoo
               Daallin baa i qasaaya
               Duullaanow garta qaadoo
               Dawga noo kala sheeg.
               Midhinnow!

DUULLAAN: Dawga idiin kala sheegay
               Daallin baa wax qasaaya oo
               Sida dabaysha xagaaga
               Hadba doc u dhufanaaya oo
               Garteennii dudduwaaya.
               Degmadii Enafdhii
               Sidii aan ku daboolnayee
               Arrinteedii ku deynney
               Ayuun bay ku dednaan

Guddaa loo dirayaa
Docday raaci lahayd
Kala doorta tidhaahda.

Markaan saaka dareemay
Warkii uu daldalaayey
Dunida uu maqashiiyey
Anigoo u dudaaya
Daallin baan shir la qaatay
Degdeg baan u waraystay
Dabuubtuu faafinaayaa
Kama daacad ahaynee
Doc kaleetuu ka wareejoo
Dabaaljoogtadii weeyiyo
Dusduskuu ku shaneeyeye
Dunidu way ku tiqiin
(*qosol*)
Dabar buu guntayaa
Dabinnuu xidhayaa
Shebeg buu daadinayaa.

Dudun ciid qof ka maydhay
Dubaax miyuu u dhacaa?
Degmadii Enafdhii
Docduu raacin lahaa iyo
Waxa uu damcay haatan
Baa dantaadii ku jirtaaye
Isagaa kaa daadejinaayee
Dambeedow ka dhegeyso.

(DAALLIN BUU EEGAYAA, KUNA ODHANAYAA "GO ON
DAALLIN!")

DAALLIN: Carrabkii la duwaayiyo
                Arrinkii dalab yeesha

Doqon aan wax ogeynoo
Demman baan garanayn.

Dadku waa arkayaa
Waa dareensanyihiinoo
Waa la daawanayaa
Haddana waan dadbayaa
Marna waan duwayaa
Kolna waan dagayaa.

Degmadii Enafdhii
Guddaan soo dirayaa
Docday raaci lahayd
Kala doorta tidhaahda
Dambabaskaan uga jeedey
Dambeedow iska dhaafoo
Sidii aan ku daboolnay
Aan arrinteeda ku duugnayee
Dorraato aan ku heshiinney
Ayuun bay ku dednaan.

DAMBEED: Ma sidii baa; iihi, ma la hubaa?

DUULLAAN: Waa la hubaa, waa sidii.

DAMBEED, DUULLAAN IYO DAALLIN, SADDEXDOODUBA WAA AY
QOSLAYAAN. DAMBEED GOLIHII BUU KA BAXAYAA.

DAALLIN:
Waa reer wada yiilley oo aan kala rarayaaye
Saw ruuggii aan jebin jirey een raamsan jirey maaha
Abidkayba raadkaan gadaa la i ma raacdayne
Intaan rubadda gooyaan haddana raalli-geliyaaye
Waa run iyo been hadduu roob rays la'aan da'o e
Ku reynayeey mid raandhiis leh saw talo kumaan raarin.

DUULLAAN: Muxuu duni qasaayaa
Ninku diimo badanaa!
Daallinow hadalkaaga
Mar dabaysha xagaagiyo
Duufaan baan u maleeyey
Mar jiilaalkoo dab kulayla oo
Cawsku uu dambasoobey
Gu'gii oo ka dambeeyiyo
Doogsin baan u maleeyey
Reer Galbeedku ku daaqo
Diir-madowduna eeddo

Wuxu yidhi:
"Degel baan gubayaa
Marka roobku da'aa baa
Doog ka soo baxayaa
Waxa daaqi biciid
Markaasaan dilayaa
Daribta iyo baruurtaan
Dubayaa solayaa oo
Saantiisaan dildillaacinoo
Degmadii Enafdhii baan
Ugu duubi Sawaaxil"

Ku lahaa mar kaleeto:
"Anigaaba degaaya
Degelladii Enafdhii oo
Labadooda docoodba
Waan u diidi karaa".

Aniga iyo Dambeedba
Dabuubtii qalqalloocdeye
Aan hadba gees u duwaayey
Naga daadegi weydey

Madaxaa nagu daaley
Dadkuna wuu ku wareeray
Dunidu way ku la yaabtaye
Waxa ay ku dambayn
Dulucda nooga wac sii.

DAALLIN:

Duullaanow hadalkaaga
Mar hoosiiska sidiisiyo
Hadh dacaar ku malee.

Marka heegada roobkoo
Intay meel ku yar hoortay
Hillaaceedii la waayey
Meel habaas ka karaayiyo
Haanfi uun ku malee.

Hogoshaa onkodaysee
Hillaaceedii la waayey
Soomaaloo u harraaddan
Iyagoo handanaaya oo
Haddana hindanaaya oo
Ku hungoobey malee!

DUULLAAN:

(*qosol*)
Uhu, uhuu. Maleeyey.

DAALLIN:

Anigoo dhulka haysta
Iyagoo heli waayey
Inta aan hordhaciisiyo
Hambadiisa ka boobay
Iyagoo heli waayey
In habaar iyo ceeb iyo
Hiifba lay maqashiiyo
Iyada waa la hubaa.

Dhulka nooga huleel
Uba soo hoyan maysid
Hoh iyo way iyo hoog iyo
Hugun iyo buuqba malee!

Hawraarta Indhasarcaad
Halkudheggeeda malee.

Aniga way la hudmeen
Illayn ways la halkiiyoo
Anigaa ku hadhaayee
Hawlahaan gurigooda
Ku hagaajisanaayiyo
Hantidii iga taalley
Adigaa u horseedee
Hadhuudhkaygii u qaadoo
Haaneedkeeda ahaw!

(WAY KA BAXAYAAN GOLAHA)

Soomaalidii oo si lama filaan ah yididdiiladii ay qabeen ugu
hungoobey oo gorodda lulaysa ayaa golaha isa soo taagaysa, iyaga
oo murugaysan. Goluhu waa mugdi. Heestan bay maqlayaan:

Aheey, waheey, aheey, waheey!
Walaalaheen baa gumeysi wiiqayaa
Weydaynayaa weetaynayaa
Waaxyeynayaa oo wadaagayaa!

Aan ka waabinnoy waraabayaasha
Aan ka weecinnoy wadiiqo leexsan!

Shantoo isweheshadey wacnaydaa
Calan inay wadaagaan wanaagsanaydaa

Aynnu wadajirnoy Soomaali Weynta
Aan wadeeco tirnoy, cadowgu yuu ku wiirsan.

Shantoo isweheshadey wacnaydaa
Calan inay wadaagaan wanaagsanaydaa.

(GOLAHA WAY KA BAXAYAAN).

JILIDDA AFRAAD

MUUQAALKA KOOWAAD

Shir ayay isugu imanayaan Daallin, Duullaan, iyo Dambeed. Waxa ay ku falanqaynayaan aayaha dambe ee Soomaalida, guud ahaan, sidii Afrika lagaga horjeedin lahaa, gaar ahaanna, siyaasadda loo dejinayo dhulalka maqan ee Soomaalida. Golaha ayay soo gelayaan. Saddexdooduba way aamusayaan, cabbaar dabadeedna iyaga oo yaabban ayay isa salaamayaan.

DUULLAAN: (*isaga oo Daallin eegaya*)
                  Dambeed waa uu cabanayaa.

DAALLIN: (*Isaga oo eegaya dhiniciisa*)
                  Hello, Dambeed!

DAMBEED: (*Duullaan buu salaamayaa*)
                  Waa wanaag.

DAALLIN: Guddidii Enafdhii
                  Aan soo diray gaadh
                  Arrinteedii gorfeeye
                  Giddigood wax yar mooyee
                  Soomaalidaa geyigeeda
                  In loo geeyo caddeeye oo

Gartooday akhristeenoo
Guddoonkeeda anaa leh.

DAMBEED: (*qosol*)
IHII IHII!

DAALLIN: Sidii aynnu ku goynney
Saw guntii noqon mayso?
HUU HUUM!

DAMBEED: (*qosol*)
IHII IHII!

DAALLIN: Sidii aynnu ku goynney
Bay gunteedu ahaan.

DAMBEED: (*qosol uu hadba
dhinac isu rogey*)
HU HU HUU...!

DAALLIN: Dambeedow isgalaal
Annagaa ku gargaariyoo
Garabkaaga istaagiye
Dambeedow isgalaal.

DUULLAAN: (*oo goorahaaba aamusnaa*)
HU HU HU...!

DAMBEED: Haye!

DAALLIN: Soomaaloo gurmanaysiyo
Haddaad gaade ka yaabto
Kuwaa guura dhexdeedee
Geedaha kaa madhsanaaya
Dambeedow col dul gee

Hadba guuto ku saaroo
Xuduudka gaasas dul gee.

DAMBEED: Haye!

DAALLIN:
Waa gelgelin biyaheedu
Dhakhso ay u gudheen
Illowsii gacalkood
Godka aan ku ridaynno
Dhulkaan kaa gaday maanta
Taas baa sii gedminaysa.

DAMBEED: Haa Haa. Waa hagaag. Gartay.

DAALLIN:
Ha gadhoodho Jabuuti
Galxood aad iska leedoo
Wixii aad guranayso
Xooluhu kaaga gudbaan
Aad ka soo gelinayso
Iyana gaar ahaan arrinteedu
Goonidaa ha ahaato
Annagaa geed sare waabnayoo
Gibil kuugu xidhayna
Weligeed kuu godlinaynnee
Ha gadhoodho Jabuuti
Faransiis ha gumeysto
Gaadiidqaad ha ahaato!

Magaceeda gaboobeyna
Waa inuu geddiyaayoo
Mid gadaalbax ahaada
Waa inuu u gartaa
Gaadhna uu dul dhigaa
Gacmaha uu inoogu hayaa
Dan gaara baynu u leennahay

Anigaa gelinsiiyey
Waa inay galbataa
Galbeed ay noqotaa
TOP SECRET!

DUULLAAN: Yes! Yes! Qarsoodi ha ahaato.

DAMBEED: (*oo riyaaqsan*)
Waa yahay.
Daallinow gar wanaagsanoo
Guddoonkeedu hagaagiyo
Guud ahaan saddexdeenna
Inoo gooni ahayd baad
Gogoldhiggeedii samaysoo
Guusha inoogu horseedday
Gallad weeye midhkaasi
Abaal lay galay weeye
Sidii aan u gudaayee
Taladaa u guntaayo
Dulucda aan idin siiyo.

Guud ahaan Afrikoo dhan
In shir laysugu geeyo
Gurigayga ahaada
Hadday gaadhey adduunkoo
La garwaaqsaday taas
Guddoonshaan u ahaan
Soomaaliyoo godobteedu
Gacantayda ku taal
Inaan geeska daraa
Ii ma suurto geleyso
Marka ay guddidaasi
Ka gadooddo dhulkayga
Gabgab aan u sameeyo
Duulka waan gagabshaa

Anaa gaadi aqaan
Haddii aanan gumaadin
Enafdhii gurmadkeedana
Anigaa kuu sarinoo
Gudahaysugu riixin
Gebigoodaba weerar iyo
Gaasas laxaad leh
Ku galaa bixin waayo
Gadhweynaanan ahayn
Jabuutina i la giija
Waa garkii wadnahee
Geyigayga dhexdiisiyo
Galbeedka isku xidhiidhsha
Badda weeye Guduudan
Gacankii aan ku lahayn
Haddii aad i gabtaanoo
Dekeddaa gafo maanta
Goob cidlaan fadhiyaa
Jabuutuun i la giija
Weligeed ha ii godlanaatoo
Gaadiidqaad ha ahaato.

DAALLIN: Annagaa kaa giijin Jabuutiye
Soomaalidaa soo gurmanaysa
Gudahaysugu riix uun.

DUULLAAN: Soomaaloon kala goynniyo
Afrikoon kala geynno baa
Xaajadaynnu gorfaynnay
Guddoonkeedii ahaa.

DAMBEED: (*qosol*)
HUU! HUU!

DUULLAAN:

Annagaa gondahooda
Gudimo kuugu jarayna
Soomaalidaa soo gurmanaysa
Haddaad guuto ku saarto
Wixii aad ku gubeysiyo
Hub gaaraannu ku siin.

DAMBEED:

(*qosol*)

DUULLAAN:

Gildhigaan iyo rayfal
Gantaalihii iswadaayee
Keligood isganaayey
Garnaylka iyo bomkii
Amikaarka gurguurta
Diyaaraad wax garaaca
Gaadiidkii xooggu lahaa
Gadhwadeen ku baraaya
Giddi waannu ku siin ee
Haddii aad ku gumaaddo oo
Gaagna uu hadhi waayo
Weligaa garab xoog liyo
Gacan baannu ku siin ee
Na weyddiiso gargaar.

DAALLIN:

Weligaa gacan xoog liyo
Gargaar baannu ku siine
But, if…

DAMBEED:

Waa hagaag. Waa hagaag.

(GOLAHA AYAY KA BAXAYAAN).

MUUQAALKA LABAAD

Soomaali baa golaha soo gelaysaa BBC-da ka sugeysa war ku saabsan Enafdhii. Idaacaddu waxa ay ku bilaabaysaa muusiggii heesta *Raadkii Arraweelo* ee Cabdillaahi Qarshe:

> Dadkaa dhawaaqayaa
> Dhulkooda doonayaa
> Hadday u dhiidhiyeen
> Allahayow u dhiib!

Halkani waa laantii Afka Soomaaliga ee BBC London oo aad ka dhegeysataan mawjadaha gaagaaban ee 19, 16, 13 iyo 31 meterband.

ROOMA: Baaderigii baaderiyada u weynaa oo ayaamahan bukey waxa ay dhakhaatiirtiisu sheegeen in caafimaadkiisu hoos u dhacayo marba marka ka dambaysa.

LONDON: War ka soo baxay Wasaaradda Gumeysiga ee Ingiriiska waxa uu sheegay in Ingiriisku guddoonshey Enafdhii in ay noqoto gobolka 7aad ee dalka Kenya.

(SOOMAALIDU WAXA AY BILAABAYSAA SAWAXAN, QAYLO, IYO BANNAANBAXYO).

DAD: Ka kaca, ka kaca! Ingiriis ha dhaco!
(*marar badan bay ku dhawaaqayaan*).

DAACAD: (*dadkii buu soo hor marayaa,
markaas buu tixdan gabayga
ah odhanayaa*):

Haddaad dhimato geeridu markii nolosha ay dhaantey
Ee dhereggu xaaraan noqdaye dhaqasho ceebowdey
Ayaa soo dhacdoo waa innaga dhiilladaa timide
Dhiggeen bayna kala qaybqabiyoo qaarba meel dhigaye
Dhegxumada adduunyada haddaan laga dhaloolaynnin
Aan dhogor gobeed yeelannoo magac la dhawraayo
Dhulkeennaan shisheeyuhu daleel nacab u dhiibeene.

Dheehii cirkaw maalintuu rag isdhafoor taabto
Haddaan dhumucda iyo xooggayagu dhabannahays reebin
Aan lagugu dhiman waa haddaan lagugu dheerayne
Dhinacyada shangeesta cad maxaan kuugu dhiganayney?

Dhoobada Jabuutiyo Hawaas waa lagaa dhacaye
Dheddig iyo labood ku xiltiroo dhalada kaa saara
Ayaa kuu dhammayn laa wixii maanta kaa dhimmane
Haddaan dhiig laguu daadin aan dhagar la soo hoysan
Dheehii cirkaw maalintuu rag isdhafoor taabto
Haddaan dhumucda iyo xooggayagu dhabannahays reebin
Aan lagugu dhiman waa haddaan lagugu dheerayne
Dhinacyada shangeesta cad maxaan kuugu dhiganayney?

(DEDAAL BAA DADKII KA SOO DHEX BAXAYA OO HEESTAN
ODHANAYA, DADKIINA LA JIIBINAYAAN).

DEDAAL: Dhul Soomaaliyeed baad
            U dhex taallo tahayoo
            Inaad wada dhammaysaa
            Dhalashadaa ahaydee
            Dhaxal wareegi maynnee
            Dhiig faraha geshaay!

(jiib)

Waa lagu dhashaa
Waa lagu dhaqdaa dhulkaaga
Waa lagu dhistaa
Waa loo dhintaa dhulkaaga
Dhaxal wareegi maynnee
Dhimasho nolosha dhaanta
Dhaxal wareegi maynnee
Dhiig faraha geshaay!

DEDAAL: Dheehii cirkee
Aan ku dhaadanaynow
Way naga dhinnaydoo
Enafdhii la dhiibyeey
Dhaxal wareegi maynnee
Dhiig faraha geshaay!

(jiib)

Waa lagu dhashaa
Waa lagu dhaqdaa dhulkaaga
Waa lagu dhistaa
Waa loo dhintaa dhulkaaga
Dhaxal wareegi maynnee
Dhimasho nolosha dhaanta
Dhaxal wareegi maynnee
Dhiig faraha geshaay!

DEDAAL: Waa dhiggeen raggaa
Ina dhaliilayee
Dhegxumo ma yeelno
Kana dhawrsan maynnee
Dhaxal wareegi maynnee
Dhimasho nolosha dhaanta

Dhaxal wareegi maynnee
Dhiig faraha geshaay!

(*jiib*)

Waa lagu dhashaa
Waa lagu dhaqdaa dhulkaaga
Waa lagu dhistaa
Waa loo dhintaa dhulkaaga
Dhaxal wareegi maynnee
Dhimasho nolosha dhaanta
Dhaxal wareegi maynnee
Dhiig faraha geshaay!

DEDAAL: Dhibahaa Jabuutaan
Ka dheg taagayaayoo
Dhayal buu dadkeennii
Xayle u dhirbaaxee
Dhaxal wareegi maynnee
Dhiig faraha geshaay!

(*jiib*)

Waa lagu dhashaa
Waa lagu dhaqdaa dhulkaaga
Waa lagu dhistaa
Waa loo dhintaa dhulkaaga
Dhaxal wareegi maynnee
Dhimasho nolosha dhaanta
Dhaxal wareegi maynnee
Dhiig faraha geshaay!

(FADHIWEYN AYAA GOLAHA SOO GELEYSA, IYADA OO
YAABBAN. MARBA DHINAC BAY EEGEYSAA. OROD BAY DADKA KU
SOO DHEX MARAYSAA, IYADA OO LEH):

"Waar maxaa dhacay oo meesha idin tubay?
Waar maxaa dhacay?

DAACAD: Habartii Fadhiweynee
           Legdintu ay u fududaydeey
           Intaad fooxa shideysey
           Ama aad faalka rogeysey
           Miyaad fiiro darraatay
           Marka foore dhacaayee
           Fad daruuri da'aayo
           Fiintu way ka cidaa
           Wajeertaynu fileynney oo
           Ingiriisku faquuqay oo
           Dhulkeennii ka fogeeyey
           Bay faalladeedii hayeene
           Miyaad fiirisay taas?

FADHIWEYN: Aaha! Hadal wax tari maayee,
           Haddaan diriri tan ka dhicin
           Annagaa u dhaarannoo
           Dhulka Soomaaliyeed
           Soo dhicinaynna.

           Tolla'ayeey, tolla'ayeey!
           (kolba dhinac u carar)
           Ma maantaa tuuggii Ingiriis
           Inta uu tabaadsadey oo
           Tagoogta iyo cududda
           Isku taal kala tuuray
           Tolla'ayeey ma maantaa!
           Ma tii hore ayay

Tanuna noo raacday
Tolla'ayeey ma maantaa!
Tolla'ayeey ma maantaa!
Ilaah baan tuugayaayo
Ku turunturrayn doona!

(NIN DIIRIYE HALGAN LA YIDHAAHDO OO YAR HEETINAYA
AYAA DADKA KA SOO DHEX BAXAYA OO HEESTAN TIRINAYA,
JIIBNA RAACAYAA):

HALGAN: Dadkeenna oo Axmaar dhigtii ka jaray iyo
Dhulkeenna oo Sawaaxil lagu daro eey
Way doqonniimo inaan dulqaataayoo
Dood iyo dirir kala dambeeyaa.

(*jiib rag*)

Waan dagaallamayaa daraaddood
Duunyo kala hadhi maayee daraaddood
Waan difaacayaa daryeelkood
Waan isduudsiyayaa daraaddood.

(*jiib haween*)

Waad na damaqdoo waannu diirnee
Waad na damaqdoo waannu diirnee
Waa la doonoo waa la diidiye
U sheeg dubaaqaaga
Naga duuf nolol
Kala dambayn maynee.

HALGAN: Danwadaagtu si kale
Ku kala degi maysee
Daadsha dhiigga!

HALGAN: Innagoo dawladoo hub duuban leh
Da'deen wiilal bay na dala'sanayee
Way doqonniimo inaan dulqaataayoo
Dood iyo dirir kala dambeeyaa.

(jiib rag)

Waan dagaallamayaa daraaddood
Duunyo kala hadhi maayee daraaddood
Waan difaacayaa daryeelkood
Waan isduudsiyayaa daraaddood.

(jiib haween)

Waad na damaqdoo waannu diirnee
Waad na damaqdoo waannu diirnee
Waa la doonoo waa la diidiye
U sheeg dubaaqaaga
Naga duuf nolol
Kala dambayn maynnee.

HALGAN: Danwadaagtu si kale
Ku kala degi maysee
Daadsha dhiigga!

(WAA AY KA BAXAYAAN GOLAHA, IYAGA OO KU DHAWAAQAYA
"HA DHACO INGIRIIS! HA DHACO ISTICMAARKU! HA DHACO
KIISA CAD IYO KIISA MADOOBIBA!).

MUUQAALKA SADDEXAAD

(DEDAAL OO AAD U CADHAYSAN AYAA U TEGAYA DAALLIN).

DAALLIN: Hello, Dedaal!

DEDAAL: Dooni maayo warkaaga oo
Wejigaagaa i damqaaya
Daallinkii Ingiriisow
Darandoorri xidhiidhoo
Daawo aan u lahaanno
Maantaa kuugu dambeysa
Ka duudduubo alaabta
Dalkayga iskaga guur
Waa inaad degdegtaayoo
Dibeddawga baxdaa!!

DAALLIN: Maxaa dhacay?

(DEDAAL DIBEDDA AYUU GOLAHA UGA BAXAYAA, DUULLAAN
NA WUU SOO GELAYAA, ISAGA OO SOO MAQLAY IN SOOMAALIDII
XIDHIIDHKII SIYAASADEED U GOYSEY INGIRIIS).

DUULLAAN: Waar saakuun bay u darraydeey!
(*aamus yar*)

Saabbuuntii xumbadeedu
Saacadda ay ku gudhaysiyo
Soodhahaad ku tilmaantay
Soomaalidii noqon weydey.

DAALLIN: Iih! Iih!

DUULLAAN: Dhulkeedaad kala seertay
Haddana sii kala sooc

Ayuun baw sillan maantee
Bal sidaad odhanayso
Iigu biiri siyaasad?!

DAALLIN: (*aamus cabbaar ah*)
Duullaanow!
Soomaalaan kaa badiyaa
Soomaalaan kaa badiyaayoo
Sallaankii qalqalloocaye
Sariyo hoos u kacaayey
Iyagaan u samaystay.

DUULLAAN: Wallee kaasaanad u fuulin oo adigii bay
ku saareene... Anigiina yaa?

DAALLIN: Soomaalaan kaa badiyaa
Soomaalaan kaa badiyaayoo
Sallaankii qalqalloocaye
Sariyo hoos u kacaayey
Iyagaan u samaystay,
Immisaan surin oodan
Xadhkahawgu suryeeyey
Intaan saancad daboolay
Sun iyo boog ugu aasay.

DUULLAAN: Hu! Hu! Haye.

DAALLIN: Iyadoo aan salabeeyey
Intaan saac ku dul beeray
Soo socdaay ku tiraabayoo
Hadday qaar sawaxmaan
Surmo oodanna weeyee
Saabow soo mari maynno
Dabadeedna waan sasabaa.

DUULLAAN: Saaka oo kale maaha
Markii aad sasabaysey
Oo taasi kuu socon mayso. Daallin!

DAALLIN: Wax kastoon ku sameeyo
Sida soodhaha weeye
Saaka way yara qaylin
Saadambaa la xasuusan
Saakuunna waa la illoobi
Immisaan kala saarayoo
Kala seeray dhulkooda
Haddana waan kala siibi
Enafdhiina Sawaaxil
Haddaan saami ku raacsho
Aniga iyo Sanweyntii
Saw saaxiib noqon maynno?
Iihi! Ihi! IIhi Ihi! Iihi!
Haddaan siiyo Wajeerna!
Subaggay ka lushaan baan
Suxulkayga ka leefiyoon
Sararaa ka biyeynoo
Nayroobaan iska seexan.
(*aamus yar*)
Haddaan meel ka socdaalo
Wuxuun baan sahaydaaye
Saldhiggeeda anaa lehe
Saadku siinka ha raaco. (*By hook and crook*)
Bilkhasab weeye, ha hadlina!

DUULLAAN: Daallinow socon mayso!
DAALLIN: Waayo? (*xoog buu u qaylinayaa*).
DUULLAAN: Kuu ma suurto geleyso!
DAALLIN: (*dhawaaq dheer*) Why? By hook and
by crook!
DUULLAAN: Impossible! It's impossible, Daallin,

Taasi kuu socon mayso
Kuuma suuro geleyso
Sida aan ka filaayana
Boqolkiiba sagaashan
Soomaalay la hayaanoo
Sawaaxili diidee
(*aamus yar*)
Haddaad kaa dhulka siiso
Isaga aad sinta saarto
Kanna aan isa seegno
Adiguun baa dad samaystay—Jaalle
Adigaa dad samaystay
HAA! HAA! All right!

Suntii aad qooshtay shalaytee
Soomaali aad u labaysay
Innagaa saaka cabbayna
Adigiina ku saare
Anigana sababteedu
Khiyaanaad ku samaysay
Way i sahayan maanta
(*aamus yar*)

Sahankii Bari waa kan (Warsow)
Dhulkoodii sunsumaaya

(RUSSIANS, CHINESE, OFFERING ARMS AND AID, AND ALL THE
EAST ARE HERE TO REPLACE US):

Haddii laynaga saaro
Oo innagu aan ka socdaallo
Soomaalidii carradeediyo
Soohdimaheeda dhammaan
Waddooyinkaan ka sameeyey
Toos uun bay u socdaanoo

Intaan saanigareeyey
Doc kasta waan u saqaafay
Sababta aan uga jeedo
Seerfeeying (*surveying*) baa la yidhaah.

Sir qarsoodiya weeye
Siyaasadda aan u dan leeyahay
Sahan weeye tilmaama
Saadaasha dagaalka
Imisaan ceel ka sal-gaadhey
Aan ka soo saaray biyaha
Haddana aan salabeeyayoo
Dhuumo aan ku sargooyey
Sibidh aan ku afgooyey
Gegooyin baan sallaxaa
Aan diyaaradaha u sameeyey
Saabaan bayga dul yiille.

Sahan weeye tilmaama
Saadaasha dagaalka
Lagu suuradinaayo
Inta aan lacag siiyo
Shaqaalaa samirsiiyo
Saliidda baan qodayaa iyo
Been uun baan ku sabaayoo
Sayaxeedii la waa.

Kuwaan siigiyo boodhka
Kaga saydhay indhaa
Haddaan saaka ka guuro
Saabaan bayga dhex yiile
Haddii aan isa seegno
Soomaali aynnu collowno
Sidee baynu ka yeeli?

Salligaagi la tuur
Sixnigaagi la guuroo
Baarrey sii soco weeye.
(Bustahaagii waa dibedda)!
(Baarey guur oo sixnigaagi la guur)

DAALLIN: Lagu tuur!

DUULLAAN: Oo Daallin waa ku sidee
Adigu waad u badheedhay
Inaad isa seegteen
Aniga se danahaygii!
Daallin waa ku sidee?

DAALLIN: Nin seexday oo soo toosay, waa iska sidiisii.

DUULLAAN: Maya.

DAALLIN: Soomaalaan kaa badiyaa
Hawdba way ka samreen
Taana waan sidkayaa
Silsilad weeye gun dheeroo
Indhasarcaad ku aroortay.
(*aamus yar*)

DUULLAAN: (*oo yaabban*) haye, wad!

DAALLIN: Sug Duullaan!
Sir iyo caad Afrikaan
Sal iyo baar u aqaan
Dadka saanta madow leh
Anigaa sumaddoodiyo
Sawracooda aqaan
Waa siyaasad gundheer
Waa silsilad guntanayd oo

Indhasarcaad ku aroortay
Arrintii sirgacnayd
Ayuun baan suubasaalaxay
Sidaan kuugu tilmaamay
Ayuun baa sal ahaanna
Taydaas uun socodsiiyoo
Igana hayso saxeex
(*intuu qoslay ayuu raaciyey*)
"Ninkii seexdaye toosay
Dib miyuu u samaysmay
Saw sidiisii hore maaha"?
(*way isgacan qaadayaan*).

DUULLAAN: (*isaga oo Daallin xiganaya*)
Ninkii seexdaye toosay
Dib miyuu u samaysmay
Saw sidii hore maaha?
(*maya, nin haddii uu seexdo oo uu soo
tooso waa kii. aamus yar*).

Nin baa beri ku maahmaahay:
Waa sareedo adduunoo
Nin la siiyey ma seexdo
Sedkuu raadin lahaa ee
Sahankaw diri laa baa
Sabadaa loogu qubaa,

Nin salleello u qaatayna
Surbacaad marimaayee
Waxa aan u socdaa
Siyaasaddii guntanayd
Seerayaasha adduunkiyo
Soohdimaabad u yeeshey
Siyaasaddaadi gundheer iyo
Hadalkaagi wax saaqay

Haddii aad socodsiiso
Ay Daallinow suura galaan
Sancadaa Ruushku sameeyo
Samadaa u diraayo
Ayuun bay la sinnaan,

Wax aad samaysay la yaab
Siddi muldhukh qayayaab
Sixir been ah kala haab
Haddii aad socodsiiso
Ay Daallinow suura galaan
Horta gacan baan kugu siine
Bal sidaad odhanaysee
Xaajadu ay ku sugnaan
Sir iyo caadba i sii.

DAALLIN: Look! Mawshinkaa waxa la yidhaa
                 Indhasarcaad.
DUULLAAN: Indhasarcaad! Huu! Huu!
DAALLIN: Indhasarcaad! Still is going on
                and will ever go on.
DUULLAAN: Ma sidaasaa?
DAALLIN: (*qosol*) Haa, waa sidaas.
DUULLAN: Haye.

DAALLIN: Soomaalidii Enafdhii
                Inaan siiyo Sawaaxil
                Markuu Xayle Salaase
                Sahankeeda ahaa
                Anigoo u saxeexay baan
                Sutida u qabanaayayoo
                Indhahiisa sarcaad baan
                U sameeyey sidaas.

DUULLAAN: Kolkaa waa indhasarcaad!

DAALLIN: Waa indhasarcaad! You got it.
Indhasarcaad NO.1

DUULLAAN: Haye. Hii!

DAALLIN: Guddidii kala saartay
Dhankii ay saami ku raacdo
Iyadoo garta soortay
Illayn way isa siisoo
Enafdhii way sugayeene
Soomaalaan ku dagaayey
Waan ku seexiyey taa
Indhahooda sarcaad baan
Sidaa aan u sameeyey.
Indhasarcaad NO.2
Indhasarcaad NO.2

DUULLAAN: Number Three; Indhasarcaad!

DAALLIN: Boqolkiiba sagaashan
Soomaalay la hayaan
Qoladii ka sindhiidhay
Waa Sawaaxiligii oo
Sed weyn baan ku qabaa
Enafdhii inaan siiyaa
Sandulley iigu ahaatay
Guddidii oo garta soortay
Baan suuldaaro u yeeloo
Indhahooda sarcaad
Ulakac baan u sameeyey
A big NUMBER THREE.

DUULLAAN: Number Three; Indhasarcaad!
DAALLIN: Indhasarcaad! Indhasarcaad!

Indhasarcaad fari kama caweyn!
DUULLAAN: Arrintu waa Indhasarcaad!

DAALLIN: Soomaalidii Enafdhii
Inaan siiyo Sawaaxil
Ii may suurta geleynnin
Haddana waan socodsiiyo
Waa siyaasad gundheeroo
Silsiladdeeddu taxnayd
Midna waan sasabaayoo
Waan la soo safanaayey
Midna waan sasabaayoo
Isaga waan saranseershey
Labadooduba sebi weeye
Indhahooda sarcaad baan
U sameeyey sidaas
Number Four Indhasarcaad!

DUULLAAN: Number Four Indhasarcaad!

DAALLIN: (qosol) HAA! HAA! HAA!
Intaan suryo kaleetoon
Ku seeteeyo helaayo
Iyagoo isa seegoon
Isku saani gareeyiyo
Anigoo ka dhex siibta
Shirka saadambe Rooma
Sakal weeye luggooyo
Indhahooda sarcaad NO!

DUULLAAN: Indhasarcaad Number Five
Pending—Laaban!

DAALLIN: Haye. Fifth Indhasarcaad!

DUULLAAN: Arrinta aad isa siisay
Indhasarcaadnay dhammaan
Oo kulligeen ina saaqday
Arrintaa aad isa siisay
Iyadaan saldhigayne
Sidee bay ku dambayn?

DAALLIN: Indhahoodii sarcaaday
Addinkoodii luggooyey
Arligoodii wareejey
Afkoodiina wareershey
Arrintaa saldhiggeedu
Waa Soomaaliyoo i ogaatoo
Dabadeed ambaqaadda
Halkaan iinta u yeelay.

DUULLAAN: Il iyo baalba ka qaadaa?!
DUULLAAN: Soomaali oo aragta yaa?
Garataa? Ogaataa!

DAALLIN: Eedahaan u badheedhay
Iyada oo laygu helaayo
Aano lay maqashiiyo
Saw ayaandarro maaha?

Haddii aanan aloosin
Wax kaloo amankaagsha
Illowshiinyo ku keenin
Saw ayaandarro maaha?

Afrika Kiiniya maaha
Iglan bay ka dhignayd
Haddii layga irdheeyo
Ogoobeey maaha dantayda
Midna aas midna iil

Axankooda fiddee
Ogaan baan u sameeyey.
You Understand?!

DUULLAAN:	(*qosol*); HII - HII!
DAALLIN:	Midna aas.

DUULLAAN:	HUU - HUU!
DAALLIN:	Midna iil.
DUULLAAN:	Iihi - Iihi!
DAALLIN:	Day, ogaan baan u sameeyey oo ogaan baan u sameeyey.

(GOLAHA WAA AY KA BAXAYAAN)

JILIDDA SHANAAD

MUUQAALKA KOWAAD

Soomaali badan ayaa isu imanaysa meel BBC-da lagu dhegeysto, si ay ula socdaan wararka shirkii Rooma. Afar meelood oo golaha ka mid ah ayay raadyowyo ku dhegeysanayaan.

(MUUSIQADII ARRAWEELO EE MIDHAHAN HOOSE LA RAACIN JIREY):

Dhiriin dhiriin dhadhaa
Dadkaa dhawaaqayaa
Dhulkooda doonayaa
Hadday u dhiidhiyeen
Allahayow u dhiib!
Lallaa lallaa lallaa.

Halkani waa Laantii Af Soomaaliga ee BBC London oo

aad ka maqashaan mawjadaha gaagaaban ee 16, 19, 21, iyo 25 meterband.

WARKII DUNIDA: *(isagii oo kooban)*.

MARAYKAN: Maanta, Kennedy, madaxweynaha
Maraykanku waxa uu la kulmay
Mr Grujoof.

ROOMA: Shirkii ay maanta isugu yimaaddeen
Rooma madaxda Soomaalida,
Sawaaxiliga, iyo Ingiriisku waxa uu ku
dhammaaday aqalka ma badh mise badh!
Iyada oo lagu kala cadhooday oo la isku
afgaran waayey iyo guuldarro.

SADDEX MEELOOD WAXA LAGU JEBIYEY RAADYOWYADII LAGU
DHEGEYSANAYEY.

DAD: Ha dhaco Ingiriisku. Ingiriisku ha dhaco!
Ha dhaco Ingiriisku. Ingiriisku ha dhaco!
Huu! Huu! Huu! Huu!

(BUUQ AAD U FARA BADAN).

NIN: Ha dhaco Ingiriisku!
Isticmaarku ha dhaco!
Gumeysigu ha dhaco!

GABADH: *(saddex qayd xidhan)*
Dhulku ha la go'o!

DAD: Ha dhaco Ingiriis! Ha dhaco Jooma!
Ha dhaco isticmaar! Ha dhaco gumeysigu,
kiisa madow iyo kiisa cadba ha dhacaan!

FADHIWEYN: Hadday meeli bukooto
Barartoo la arkaayo
Biyo hoosta ku leeday
Waar miyay bogsataa?

Isagaa u badheedhoo
Intuu boobay dhulkeenna
Enafdhii bixiyey oo
Halkii aad u bugteen iyo
Boogtii buu damqayaa

Haddana waad bedqabtaaniyo
Biririx buu ina leeyahay
Bogga iyo wadnaheenniyo
Beerkii buu kala gooyey
Soomaalay bi'i waaye
Soomaalay bi'i waaye
Ma beentaad rixisaan?

Waar miyaydaan baranayn
Haddii ay baqayaan
Raggu hayska barjeeyo
Waad baraad la'dihiine
Budh ka siiya sigaarka
Bilistaw gurman doonta
Ba'ayeey dooni dhulkooda
Xaawaley ka kacay! Ka kacay!
Ka kaca! Ka kaca! Ka kaca!
Naa xaawaley ka kacaay!

(GOLAHA AYAY HADBA DHINAC U BALAS BALASLAYNAYSAA)
DEDAAL AYAA DADKA KA SOO HORMARAYA OO HEESTAN
QAADAYA:

DEDAAL:

Caloosheennii buu
Ciil ka buuxsamoo
Caabuq soo kacyeey
Carradeennii baa
Ciyi loo baxshoo
Cadow qaybsayeey!

Wallee ama lama cuyuubinoo
Enafdhii la soo celi oo
La caweysayeey
Ama collownoo
Ciduun sahayannoo
Laysla cidhib beelyayeey!

Wallee ama calan jiroo
Caana baad ahaan
Ama calal maryaha
La caynaad ahaan
Oo ciirsi weydayeey!

DAD:

(*jiib*)
Cirkaan caad lahaynow
Alle la cuskayeey
Caydhiin iyo bisayl
Miduun ku caana maal
Oo ku calool adayg!

DEDAAL:

Wallee ama cadkeennii laynoo dhigyoo
Asaaggeen ma cunin
Oo ka caagganaa
Ama carrabkiyo labada daan
Laysku ma ceshoo
Laysku caw go'yeey!

Wallee ama calan jiroo
Caana baad ahaan
Ama calal maryaha
La caynaad ahaan
Oo ciirsi weydayeey!

DAD: (*jiib*)
Cirkaan caad lahaynow
Alle la cuskayeey
Caydhiin iyo bisayl
Miduun ku caana maal
Oo ku calool adayg!

DEDAAL: Wallee ama la colaatenyoo
Cirka iyo dhulkuba
Isla ciire oo
Laysla calaf go'yeey!

Ama caano nabad
Lagu wada cabyoo
La cayaar-gudyeey!

Wallee ama calan jiroo
Caana baad ahaan
Ama calal maryaha
La caynaad ahaan
Oo ciirsi weydayeey!

DAD: (*jiib*)
Cirkaan caad lahaynow
Alle la cuskayeey
Caydhiin iyo bisayl
Miduun ku caana maal
Oo ku calool adayg!

DAACAD OO MEEL DHEXE JOOGEY AYAA DADKA KA SOO
HORMARAYA, TIXDAN NA TIRINAYA:

DAACAD:

Goortuu cabbaar tuudiyee goojo laga waayey
Galooftiyo irmaantii intuu gooni uga soocay
Gu'ga kii dhalaayuu ku daray guudka tiradiiye
Hadduu gododlihii Daallin gelinba cayn keenay
Gaddiisaad taqaannaa haddaad garatayoo ruugtey
Geed kugu ma toosnoo adiguu kuu gabbanayaaye
Googgaa kolkay cigalle tahay aad ku geli weydey
Soomaaliyeey gilgilo ama galgalo lagu geyeysiiye!

Kolkii geedka ay kala jartee gudintu naafaysay
Wuxuu yidhi badhkay baa galee imaba goyseene
Gar la qaaday dabadeed sidii guurtidu caddaysay
Gocgocii la nacay baa nirgaha loo godlinayaaye
Soomaaliyeey gilgilo ama galgalo lagu geyeysiiye!

HALGAN BAA HORE U SOO MARAYA OO ISNA HEESTAN
TIRINAYA:

HALGAN:

Enafdhii baa hayeey lehoo
Nacabkii baa haleeloo
Hiil iyo hoo kama hagranaayee
Haddaan lug ka heetinaayo
Doc uun baan hidin karaa.

DADKII:

(*jiib*)
Hagaajiyow hagaaji
Adaa hodanee hagaaji
Baryada ku hungoobi maynnee
Hagaajiyow hagaaji!

HALGAN:

Haddii dirir loo hollado
Ayaa la la hadhi lahaa?
Sidii taladu uga hoostay
Soomaalidu way hungowdoo
Hawd bay weli gocanayaan
Dagaal baa nagu habboon.

DADKII:

(*jiib*)
Hagaajiyow hagaaji
Adaa hodanee hagaaji
Baryada ku hungoobi maynnee
Hagaajiyow hagaaji!

HALGAN:

Hawaas iyo Hererta maqan
Jabuuti ma heeranteen oo
Inaynnaan hengelo u dhigin
Horeba waa loo ogaa
Gumeysigu uma hureen oo
Sawaaxili ma handadeen
Dhulkeenna ma haybiyeen!

DAD:

(*jiib*)
Shisheeye inuu hantiyo
Tanina halis bay u tahay
Sidii loo heli lahaa
Adaan kugu hallaynayaa
Hagaajiyow hagaaji
Baryada ku hungoobi maynnee
Hagaajiyow hagaaji!

HALGAN:

Soomaalidu ma hagradaane
Hiirtaanyana way qabaane
Hoo'dana way ku biiriyaane
Haddaan nafta loo huraynnin
Hadalku waxba kama taraayo.

DAD:

> (*jiib*)
> Shisheeye inuu hantiyo
> Tanina halis bay u tahay
> Sidii loo heli lahaa
> Adaan kugu hallaynayaa
> Hagaajiyow hagaaji
> Baryada ku hungoobi maynnee
> Hagaajiyow hagaaji!

HALGAN:

> Hoosiisku illayn hadh maaha
> Habeensey dhulkeenni hooyo
> Haddaan hanaddaw tisqaadin
> Hub iyo ciidan loo habaynnin
> Haddii aan lagu hagoogan
> Hadalku waxba kama taraayo.

DAD:

> (*jiib*)
> Shisheeye inuu hantiyo
> Tanina halis bay u tahay
> Sidii loo heli lahaa
> Adaan kugu hallaynayaa
> Hagaajiyow hagaaji
> Baryada ku hungoobi maynee
> Hagaajiyow hagaaji!

(WAA AY BAXAYAAN).

MUUQAALKA LABAAD

(WAXA GOLAHA ISKA SOO DABA GELAYA IYAGA OO KALA SOCDA
DAALLIN, DAB SAWAAXILI, IYO DULMAR).

DAALLIN: Dhul Soomaaliyi leeday
                Haddii aad "ku dhowow" iyo
                "Dhinaca saar" islahayd
                Wuu kaa dheeryey maanta.

DULMAR: Beentaa!

DAALLIN: Kiiniyoo dhalankaagiyo
                Dhaqankaagu ahaado
                Taa horaan u dhammeeyey
                Adaan dhaafi karaynnin
                Aan kuu dhiibayo Joome
                Waxba hays dhufan maanta
                Dhudhub baad ku jirtaaye
                Uuuuuh! Uuuh!

                Anigoo dhagaroobi iyo
                Adigoo dhiman doona
                Ayaad raaci dhankaa
                Dhibaataan ku dul keeni
                Dhuuntaan kaa mudayaayoo
                Dhiig baa kaa shalaxlayn
                Hayska daadinnin dhayda
                Waar bal dhayladan eega!
                Hadda dhayladan eega!

DULMAR: Adiga oo dhukusaaya
                Haddaad dhuumo isleeday
                Dharaar weeye caddaana
                Ha dhoobdhoobin waxaan

Dhegahaygu marayn
Joomoon isu dhiibo
Waxaa dhaanta iyadoo
Dhagari soo hoyataayoo
Dhuunta laysku dhuftaa

In kastoon dhimanaayoo
Mudanaayo dhibaato
Soomaalaa dhalankaygiyo
Dhaqankaygu ahaa
In dhulkoodu israacoo
Aan dhankooda noqdo
Baan ku dhaadanayaayoo
Oo aan ku dhaaranayaa.

DAALLIN: Illayn dhawrsanba mayso
Illayn dhawrsanba mayso!
Alle dhooy li'idaa
Waan ku dhoofinayaayoo
Haddii aan kula dhuunto
Lagu soo dhicin maayo.
Ihi! Iihi!
(*dibnaha ayuu cunayaa oo wuu u
cagajuglaynayaa*)

DULMAR: (*madaxay ruxaysaa*)

DAALLIN: Hadda waan ku dhirbaaxi
Hadda waan ku dhirbaaxiyoo
Indhahaa dhalanteed iyo
Dhedo ay ku hor yaaci
Haa.... Aah! Dhug! Dhug!

Haddaad Kiiniya diiddo
Waan ku xidhi waan ku dili!

Waan ku masaafurin
Kiiniya waxaad isku tihiin
Isku dad
Isku dhar iyo
Isku dhaqan
Haddaad Kiiniya raaci weydo waan ku
xidhi
(*si qaylo ah ayuu u odhanayaa*)
Ma raacaysaa Kiiniya mise raaci maysid?

DULMAR: Raaci maayo!

DAALLIN: Day! Haddaba ina ka daa muranka oo ma
raaci Kiiniya mise raaci maysid?
Ma raacaysaa Kiiniya mise raaci maysid?

DULMAR: Raaci maayo oo raaci maayo oo raaci
maayo!

DAALLIN: Hays dhaqaajine joog! Ma raacaysaa
Kiiniya? Ceeb weeye waxaasiye, ma
raacaysaa imminka Kiiniya?

DULMAR: Raaci maayo oo raaci maayo oo raaci
maayo!

DAALLIN: (*xadhig buu jeebka kala soo baxayaa*)
Bal dhegaatigan eeg?!

DULMAR: (*waa ay ka dhaqaaqaysaa*).

DAALLIN: Hays dhaqaajine joog!
Dhug dhugtay haysaa.

(DAALLIN, DAB SAWAAXILI, IYO ASKARTIISII GOLAHA AYAY KA
BAXAYAAN).

DULMAR OO XADHIG KU JEEBBAYSAN AYAA QAADAYSA
HEESTAN TIIRAANYADA BADAN:

Gobannimada iyo guushaad hesheen
Geedahoodii baa soo gadaal baxee

Ma gu'gaa da'aan ka go'doomayaa
Geeri iyo mag li'i anigaa ku go'ay
Ma gudaa abaal ma la ii galaa
Mise waan gadaa ii garaabi weydee
Geeri iyo mag li'i anigaa ku go'ay
Geeri iyo mag li'i anigaa ku go'ay

Gacmahayga iyo garbahoodiyow
Gumeysigu aniguu i gaboodsadaa
Gaadiid sidii guudka iiga raray
Geeri iyo mag li'i anigaa u go'ay
Geeri iyo mag li'i anigaa u go'ay

Gacmahayga iyo garbahoodiyow
Gumeysigu aniguu i gaboodsadaa
Gaadiid sidii guudka iiga raray
Ma gudaa abaal ma la ii galaa
Mise waan gadaa ii garaabi weydee
Geeri iyo mag li'i anigaa ku go'ay!
Geeri iyo mag li'i anigaa ku go'ay!

Geddiga maalintii hawl galaa-baxshoo
Way galab-carrow gabbal iigu dumey
Iyo guure dheer waagu galalac yidhi
Geeri iyo mag li'i anigaa u go'ay
Geeri iyo mag li'i anigaa u go'ay

Ma gudaa abaal ma la ii galaa
Mise waan gadaa ii garaabi weydee
Geeri iyo mag li'i anigaa ku go'ay
Geeri iyo mag li'i anigaa ku go'ay

DAALLIN: Day, ma raacaysaa hadda aan xadhigga kaa
daayo' e?

DULMAR: Raaci maayo oo raaci maayo oo raaci
maayo!

DAB: Kol caddaa kol casaa
Ma cadceed duhur joogtoo
Daruur caad leh gashaa!

Cududaheeda bal eega!
Cuddoonaa shilisaa
Ma cillaankii xinnihiiyoo
Cusbur bay mariyeen?

Haddaan caasha ku taabto
(*cabbaadhyaha ayuu taabanayaa*)
Malaha waabad cadhoon
Caqli gaabanidaayoo
Yayga kaa celinaaya?

Wallaahi waan ku cantuugi
Dabadeed ku calaashan
Haddaad dhaafto cunaa
Calooshaad ku jirtaa
Immikaad leeday caqiibo
Yarey haysku ciyaarine
Maad soo raaci ciddaydoo
Ma wada ciidansannaa?

Immikaad leeday caqiibo
Hadalkii kuu caddeeyey
Wallaahi inaan ku cantuugi
Dabadeed ku calaashan

Calooshaad ku jirtaaye
Ogow Enafdhiiyey caawa iyo berriba
Inaad cankayga ku jirto.

DULMAR: Wallee haddii cirku dhanka kale isku
rogayo, cadceedduna madoobaanayso, cid
iyo isku ciirsi midna ma nihin!

Geyigii hooyo baa layga goynayaa
Waxa lay gudbinayaa guri kaloo
Ma geyoo anigu waan ka giigayaa
Ma gudaa abaal ma la ii galaa
Mise waan gadaa ii garaabi weydee
Geeri iyo mag li'i anigaa ku go'ay
Geeri iyo mag li'i anigaa ku go'ay!

(DAAHAA LA XIDHAYAA)

DHAMMAAD

KALA HAAB KALA HAAD

Riwaayadda labaad ee sheekadeedii oo dhammaystiran aan helay intii aan baadhitaanka buuggan ku hawlanaa waa '*Kala Haab Kala Haad* oo uu Cali Sugulle halabuuray sannadkii 1966. Cali waxa uu iiga warramay Noofember 2008 magaalada Slough ee duleedka Landhan in riwaayaddan markii la dhigay la hakiyey, haddana la soo celiyey 1969, intii aanu Kacaanku dhalan ka hor. Mar kalena waxa la dhigay 1972 oo waxa wax ka jilay xilliyadan dambe Saado Cali Warsame, Muuse Ismaaciil Qalinle, Ilkacas, iyo Cabdalle Sagsaag.

Mararkan dambe waxa riwaayadda lagu daray waxyaalo badan oo kuwan soo socdaa ka mid yihiin, sida uu ii sheegay Cali Sugulle 2008 mar aan arrimahaas kala sheekaystay. Heesta "*Ma Hadhin Hadal Lays Yidhaahdaa*" oo riwaayadda ka mid noqotay 1969 intii aanu Kacaanku dhalan waxa maadeyska lagu daray 1972, iyada oo '*Ma Hadhin*' ay ahayd Riwaayad gaarkeeda u taagan. Horena afgembigii ciidammada oo aan weli dhicin, ayaa Cali yidhi, "1969 waxa ii yimi marwadii Cabdirashiid iyo Xaaji Cabdillaahi Abusite oo ahaa markaas Wasiirka Awqaafta, waxana ay igu yidhaahdeen, 'riwaayaddii la joojiyey dib noogu soo bandhiga, lacagta ka soo baxdana guri baannu ku dhisaynaaye'. Riwaayaddii waxa ay socotey siddeed habeen, lacagtii ka soo hoyatey waxa lagu dhisay Aqalka Haweenka ee ay ku baran jireen farsamada karinta iyo tolista, iwm." Markan dambe ee markii labaad Cali la xidhayna, 1972 dabayaaqadiisii, riwaayadda Cali wax buu ku daray, magacii hore "*Kala Haab Kala Haad*" waxa uu damcay in uu ka beddelo. Magacyada *Runtu Ma Fantaa?*, *Waa La Tolay Oloshey*, *Indho Laga Baqaa Allay Ku Yaalliin*, *Ma Hadhin Hadal Lays Yidhaahdaa*, iyo *Caynaanka Hay* ayaa magacyada cusub ka mid ahaa oo Cali yidhi waa la diidey, sidii aynnu meelo kale ku soo aragnay.

Barnaamijkii Riwaayadda Raadyaha ee ka bixi jirey labadii idaacadood ee Muqdisho iyo Radio Soomaali ee Hargeysa ayaa maadeyskan lagu soo bandhigay sannadkii 1966 ee ay riwaayaddu curatay iyo sannadihii ka dambeeyey. Cumar Aw

Nuux ayaa sheekadaa ururiyey oo qoray sannadkii 1969, isaga oo kaashanayey B.W. Andrzejewski. Fannaaniinta xilligaas hore (1966) riwaayadda jilayey waxa ka mid ahaa Cabdillaahi Yuusuf (Farey), Xareedo Ismaaciil (Duniyo), Maxamed Axmed (Kuluc), Xaliimo Khaliif (Magool), Cabdillaahi Qarshe, Cabdulle Raage, iyo Aamina-Sahra.

Sida magacuba soo gudbinayo, waxa ay riwaayaddu tilmaamaysaa "kala qalbi iyo kala bood", bulsho quluubteedii kala dhantaalantay oo kala boodsan weeye. Cali Sugulle oo taas ka sheekaynaa, waxa uu yidhi, "Kala Haab" waa kala qalbi, "Kala Haad" na waa kala tag iyo kala yaac. Mar haddaan isku ujeeddo iyo isku qalbi la ahayn oo ini xoog iyo boob dooneyso waa lagu kala hadaafayaa. Waa 1966. Waa markii quusta iyo candhuufta qallalan laga sii liqayey rejadii iyo nayaayirkii laga quuddarraynayey gobannimadii iyo israacii Soomaalidu gaadhey 1960. Dhaqankii magaalada iyo reerguuraannimada ee isku dhacayey laftiisa riwaayaddu dhinac bay si weyn uga iftiiminaysaa. Waxaa ka buuxa muuqaallo bulsheed oo muujinaya dhaqammo taban oo bulshada ka dhex hanaqaadayey, sida balwado cusub oo lagu qamaamayey iyo qaar hore u jirey oo lagu sii badanayey. Waa kaalintii wacyigelinta iyo baraarujinta bulshada biyo-dhaca riwaayaddu ama garaadka bulshada iyo wadciga siyaasiga ah dhinaca anshaxa, dhaqanka iyo hiddaha. Cali Sugulle waxa uu ka mid ahaa halabuur aan badnayn oo hore u dareemay khatarta ka soo fool leh dayac iyo moogganaan tummaati iyo dibindaabyo ku haysey dhaqanka, dhaqaalaha, iyo afka Soomaaliga, iyada oo dadka malab loo marmarinayey dhaqammo iyo afaf qalaad oo kuwii labada gumeysi ee labada gobol ee israacay ugu mudnaayeen.

Mar kale, afka ay riwaayaddu adeegsanaysaa waa kii Cali Sugulle ee fududaa ee carruur iyo cirroolaba u jilicsanaa, haddana xiise badan oo qosol iyo layaab miidhan leh. Waxa ay riwaayaddu ka kooban tahay tix iyo tiraab isbuuxinaya. Waxaa ku jira heeso tisqaaday oo caan ah, idaacadahana laga sii deyn jirey 1960-aadkii, 1970-aadkii, iyo 1980-aadkii. Saddexdaas tobansanaale waa sannado fanka iyo suugaanta Soomaalidu la jaanqaadeen isbeddelladii bulshada ka dhex socdey, cirkana ay isku shareereen, gaar ahaan heesta, jacayl ha ahaato ama waddani e, iyo maansada nooceeda jiiftada loo yaqaan oo Cali Sugulle uu ka mid ahaa raggii seeska u dhigay. Heesaha ka sokow, riwaayadda *"Kala Haab Kala Haad"* waxaa ku jira geeraarro, gabayo, buraanburro, ciyaaro dhaqan iyo hidde, iwm.

Riwaayadda markii Hargeysa lagu soo bandhigay, waxa lagu wareejiyey gobollada. Cali Sugulle waxa uu tilmaamay in Cabdirisaaq Xaaji Xuseen yidhi, "Riwaayadda ha la keeno Muqdisho". "Waannu nimi Muqdisho. Sinimooga Afrika (Shineemo Afrika) ee Xamar ayaa riwaayaddan lagu dhigay. Cabdirisaaq Xaaji Xuseen iyo 45 nin oo caddaan ah ayaa la keenay oo riwaayadda daawaday". Cali waxa kale oo uu sheegay in uu halkaas gabaygan ka tiriyey:

Geelaba in xoor laga dhamaa loo xerrinayaaye
Waxa loogu xilanaayey xigo ama ka xoox maale
Mar hadduuse xaaskiyo naftaba kaa xilfuran waayo
Xabbad lagu ma beegsado hadduu cadow xabbaadhaaye.

Mar haddii xornimadii la helay ay xasili weydey
Mar haddii xigaaliyo tol iyo xididba loo sheegtay
Xeerkii qabiilada haddii ay xaajo ku aroortay
Xarunteeda Soomaali iyo Xamarba yeelkeede
Xayle iyo baa ii dhaami laa Xabashidiisiiye.

Mar haddaanan xoolana lahayn xoogna lay dhaamo
Xantadayeey wuxuun bay damqaday laba xiniinyoode
Xanuunkooda yay jara haddaanay libin xaraynaynnin
Xabaalahaba calan baa dul sudhan In Xuseenowe
Xildhibaan haddii aan la noqon wada xannaaneeya
Xiddigtii Shan-gees iyo wallaahay xiisaheed dhimaye
Adigaa ku xiga faalladaan helay xogteediiye.

Riwaayaddu waxa ay ku bilaabmaysaa hees uu qaadayo hoobalkii jilidda masraxa ku wacnaa ee codka toolmoonaa, Maxamed Axmed Kuluc (AHUN), oo hobollana la jiibinayaan. Waa hees baraarujin iyo dhiirrigelin ah oo bulshada ugu baaqaysa in shaqo loo dareero oo cududda iyo dhididka la maalo si saboolnimada looga baxo, dhulkana khayraadka yaalla xoogga Alle inagu galladay lagu la soo baxo. Dhawridda dhaqanka wacan iyo kobcinta dhaqaalaha dhaladka ah waa labo dhaabadood oo waaweyn oo ay riwaayaddu tixgelin gaar ah siinayso.

KULUC: Dherer iyo laxaad iyo
     Dhumucba ina siiyoo
     Ilaahay bayna dhammeeyee.

KOOXDA (1):   Wax inaynnu ka dheefnaa.

KOOXDA (2):   Xoogga laynoogu dhiibee.

KULUC: Ilaah bayna dhammeeyoo
     Ka abaal ka dhacnee
     Innagaa dhimanee
     Hawl ku dhaqaaqa.

KOOXDA: Hawl ku dhaqaaqa.

KULUC: Dheddig iyo laboodba.

KOOXDA: Hawl ku dhaqaaqa.

KULUC: Dhallinyariyo waayeelba.

KOOXDA: Hawl ku dhaqaaqa.

KULUC: Nimaan dhib gelini
     Ma helo dheefe.

KOOXDA: Dhididaay!

KULUC: Dhambala ciiddoo
                 Ku dhuftaay!

KOOXDA: Ku dhuftaay!

KULUC: Dhool gu'baa onkodoo
                 Dhan walba ka hillaacoo
                 Wuu dhammeeyey
                 Dhulkeennee.

KOOXDA (1):   Wax inaynnu ka dheefnaa.

KOOXDA (2):   Xoogga lay noogu dhiibee.

KULUC: Ilaahay bay na dhammeeyoo
                 Ka abaal dhacnayee
                 Dhugtoo bal dhaada
                 Dhulkeennaa!

KOOXDA: Dhulkeennaa!

KULUC: Barwaaqadii baa
                 Ilaah dhigaye.

KOOXDA: Dhulkeennaa.

KULUC: Dhagaxiisaa dahaboo

KOOXDA: Dhulkeennaa!

KULUC: Dhoobadiisuu ku dhex jiraaye.

KOOXDII: Dhulkeennaa!

KULUC: Nimaan dhib gelini
Ma helo dheefe.

KOOXDA: Dhididaay!

KULUC: Dhambala ciiddoo
Ku dhuftaay!

KOOXDA: Ku dhuftaay!

(KOOXDAA BAXAYSA, WAXAANA SOO GELAYA GABADH IYO
ISLAAN CUTIYA LA YIDHAAHDO).

GABADH: Haye eeddo!
CUTIYA: Haye eeddo! Ii warran, waa nabade.
GABADHA: Nabad eeddo.
CUTIYA: Maanta waad soo fogaatey! Bal ii soo
fadhiiso oo kambadhkan qaado aan shaah
kuu soo kariyee.

GABADHII: Maya, eeddo fadhiisan maayo oo in aan
noqdaan jeclahaye.
CUTIYA: Xaggaad u noqon maanta oo keliya baad
noo timide. Ayaamahan waad naga
raagtaye, mise eeddo waad iga uur xun
tahay?

GABADHII: Eeddo, haddee maxaad iga warsanaysaa,
waa waxaad ogtahay waxa i helaye.
CUTIYA: Maxaan ka ogahay eeddo, waa sidee?
Maxaad ii masabbidaysaa? Bal yaan derisku
ina maqlin oo soddoh xun la i moodin.

GABADHII: Cutiyaay inankaagu ciil-kaambi buu i
            baday
     Cadhada iga haysa dibnahaan calaashadaa
     Cidladaa isagaa i dhigay ciirsi aan lahayn
     Weliba ceeb aanan sheegaynoo culus ayaan
            qabaa!

CUTIYA: Bisinka! Ceebtuna waa maxay eeddo aad
     qarinaysaa?

GABADHII: Eeddo waxba calooshayda ha baarbaarin,
     waa waxaad ogtahaye.

CUTIYA: Maayee, eeddo waxba ha iga qarine ii
     sheeg.

GABADHII: Caweyskii dambee la seexdaan cuntada
            qubaa
     Cadkaan barqadii u dhigo caanahaan u
            shubo
     Markuu calfan waayo ciiddaan ku daadiyaa.

CUTIYA: Ma intaa keliyaa?
GABADHII: Haa!

CUTIYA: Inanku wayska carruure
     Ha dhammaysto cayaarta
     Dan baa soo celin doontee
     Cidna haw caban maanta
     Cadkiinnaa isku yaalla oo
     Calafna wuu kugu yeeshee
     Cawilnaq waa la helayaaye
     Calooshaada adkayso oo
     Caynka iyo baydda u giiji. Yaa Eeddo?

GABADHII: Haye, eeddo.

CUTIYA: Ducadaydaad qabtaaye, dhal sheekhna waad tahayoo eeddo waan ku ogahaye, yaa?

GABADHII: Haye eeddo. Nabadgelyo.

CUTIYA: Adduunka! Adduunka! Ma tanoo kalaa la arkay! Odaygii, wiilkii haddee maxaan iraahdaa, ratiba ratiga ka horreeya saanqaadkiisuu leeyahay horaa loo yiriye? Wixii aabbihii samayn jiruu samayne, ma wax ka badan baa?
Allaahu Akbar! Iih, Iihi! Wallaahi mararka qaarkood......

CAATEEYE AYAA SOO GELAYA.

CAATEEYE: Haa! Waad dikriyeysey? Waan kugu ogaa cibaadadaa! Goormaa lagugu soo dejiyey?

CUTIYA: Weligey baan cibaadeysnaa!

CAATEEYE: Waa hagaag. Waa runteed, runteed! Waxaan u malaynayaa in waalidkeenna lagu jannayn doono cibaadadaa aad samaynayso!

CUTIYA: Waan iska cibaadaysnahay anigu, dhal sheekhna waaban ahaan jirey oo waad ogtahayoo adaa ka war qaba e.

CAATEEYE: Haa!

CUTIYA:

Caateeyow heedhe
Carruurtaadiyo reerkiyo
Ciddaadiiba illowdayoo
Lacag cirkaa lagu laalayoon
Carradeennaba oollin
Caddadkeed la aqoonoo
Caddaankeedba la waayiyo
Calal baa ku hor yaal!

CAATEEYE:

Alle magan!

CUTIYA:

Annaga waad na cidlaysayoo
Adduunka waad nagu ciishaye
Caska waaga salaadda
Immisaad iscaddiirtay
Sidii aad col tegeyso
Carartoo na illowdey
Casho soo jirin weydey?

Casarkii ma timaaddid
Cishiina maqnaatay
Adoo maanta cirroobey
Ciddii aad ku tabcaysey
Ciirsiga aad u ahayd
Waa miday kaaga cawdeene
Caateeyow iiga garow
Caawadaa dabadeedna
Caweyskii ha maqnaane
Cashadaada u kaalay.

CAATEEYE:

Oo maanaad i komandaareynaysaa?
Cutiyeey hadalkaad
Isku soo cuna duubtay
Dhanna waa ka calaacal
Iyo cabashaan gun lahayn

Dhanna waa ka canbaar iyo
Ceeb aad ii la dan leeday.

Anna kaan celinaayee
Canaadkaa iga keenay
Cagajug baa la yidhaahe
Bal codkayga dhegeyso:

Naa carruurteenniyo reerka
Adigaw ciidan ahaa
Anna waan cararaayoo
Cuntadii iyo arradbeelku
Ciriiri yay ku ahaan baa
Cirradaas iga saartay.

Naa waxaan kuu cuganaayey
Adna aad ii calmanaysey
Cutiya maaha inaan
Labadeennu ciyaarno (adduun waa
badanyahay)

Casarkii noo ma timaaddid
Cishihii soo ma carrowdid
Oo aniga waad i cidlaysayoo, dhorororor!
Cod aan kaaga garaabo
Cutiya maaha midhkaasiye
Hadalkii kala ciiray!

Naa hargahaan camrinaayey
Caantaynkaan ka helaayey
Cadkii aad iiga gadayseye
Cusbada iigu daraysey
Haddaan kaa cuni waayey
Calafkii berri raadi baan
Caska waaga salaaddiyo

Cadceeddoon dhulka diirin
U cumaamadanaayey.

Calooshiinna muggeediyo
Haddaanan keenin cantuugana
Cishihii iska dhaafoo
Caweyskii iman maayee
Cindigaaga u sheeg.

Haa! Adduun waa kii kaa horreeyey, waana
kaa dambaynayaa. Ma garatay?

CUTIYA:	Waar illayn anigu wax kaa ma raboo kuugu yeedhan maayee, naftaada uun, naftaada!
CAATEEYE:	Maya, maya. Xaasha e waxba iga ma rabtid!
CUTIYA:	Oday intaas le'egoo habeen walba!
CAATEEYE:	Xaasha!

GOLAHA WAY KA BAXAYAAN, WAXANA SOO GELAYA
WIIL IYO GABADH. WEEDHO-MURTIYEED KULKULUL BAY
ISDHAAFSANAYAAN, HEES DARANDOORRI AHNA WAY
QAADAYAAN. WAA MAXAMED AXMED KULUC IYO XALIIMO
KHALIIF MAGOOL (AHUN LABADABA E).

MAXAMED:	Haye? Nabad weeye, iska warran?
MARWO:	Haye ina-abti? Ina-abti saw nabad maaha?

Beryahaa araggaaga
Maannu saarin indhaha
Kani waa aqalkiinnee
Haddaad noo iman weydey
Ma cid baad ka irdhowdey?

Aqoonta taalla dhexdeenna
Waan adkaynahayaayoo
Ma illaawi karaayee
Haddii aanad ogayn
Saw abaal li'i maaha?!

MAXAMED: Abboowe sow nabad maaha
Urugo i gelinaysiyo
Waan eeday ina-abti
Ereygaa dooni mayo
Ibtilo igu gabowdiyo
Arammi soo kicinaaya.

Wixii uurka i jiifey baa
Afkaygii xadayaayoo
Ma adkaysan karaayoo
Araggaaga wanaagsan
Iyo indhahayga jeclaaday
Ayaan ku eersanayaayoo
Waan kuu eed-sheeganayaaye
Ereyadaydan dhegeyso:

HEES

MAXAMED: Waxaan arkaa ma adigaa
Ma jin lay aloosay baa?
Ma ilayskii cadceeddee
Adduunyadaa iftiimiyaa?
Ma afar iyo tobnaad baa
Ma oogtii waaberi baa?

Markaan ku eegaan
Indha-daraandaray
Aawadaa ashqaraar
Indha-daraandaray

Adigaa i ambiyoo
Ashqaraar asqoobayeey
Iba mee, i mee, iba mee?

Ma oogadaynnu u baxnay
Ma dayaxaynnu aadney
Intee baynnu joognaa?
Ma ifkii baa, ma aakhiraa?
Intee baynnu joognaa?

MARWO: Allaylehe waad i ammaantay
Doqon baadse i mooddaa
Afku inuu wax tarayoo
Amar uu ku gaadhaa

Ereyadaadaan la amakaagay
Aawadeed anfariiray
Aqoonta gaaban
Ulakac baad oloshayoo
Waad ambatayeey

Ugaabayeey
Waan omayeey
Ugaabayeey
Iniin jacayl baad abuurtay
Uurkayganaad ku beertay

Arligii baynnu joognaa
Addimadaa ku haynnaa
Ma adigaa, ma adigaa
Ma israacii dhexdeennaa
Adkaynnaye ilaali baa?

MAXAMED: Mar sidii ilayska ololkaa
Iftiinkaagu i jiidhay

Mar sidii ubaxii ufadaa
Udgoonkaagu i saaqay
Ilaxidhkii wadnahaad
Iimaysayoo abbaartay

Eebadii kalgacalkaad
Unuunka iigu goysey
Markaan ku eegan
Indha-daraandaray
Aawadaa ashqaraaray
Indha-daraandaray
Adigaa i ambiyoo
Ashqaraar asqoobayeey
Iba mee, i mee, iba mee?

Ma oogadaynnu u baxnay
Ma dayaxaynnu aadney
Intee baynnu joognaa?
Ma ifkii baa, ma aakhiraa?
Intee baynnu joognaa?

MARWO:

Inkastoon ololoon
Iftiinkayga la yaabo
Ama aan ufo roob
Ka udgoonay ramaas
Asaaggay mid ah baan
Ooridiisa ahaan
Ubadkiisaan xambaari
Adduunkiisaan ilaalin

Ereyadaadaan la amakaagay
Aawadeed anfariiray
Aqoonta gaaban
Ulakac baad oloshayoo
Waad ambatayeey

Ugaabayeey waan
Oomayeey ugaabayeey
Iniin jacayl baad abuurtay
Uurkayganaad ku beertay
Arligii baynnu joognaa
Addimadaa ku haynnaa.

MAXAMED: Intee baynnu joognaa?
             Intee baynnu joognaa?

MARWO: Arligii baynnu joognaa
             Addimadaa ku haynnaa
             Ma adigaa, ma adigaa?
             Ma israacii labadeennaan
             Adkaynaye ilaali baa?

MARWO: Waar baxso, waar baxso. Waar waa
             aabbahay!

MAXAMED: Naa waa biyoolihiiye ma aha odaygii.
MARWO: Waar ma aha biyoolihii ee waa aabbahay.
MAXAMED: Maya, ma asagii baa? Goormaan imaaddaa?
MARWO: Waar berrito, berrito.
MAXAMED: Caawa, caawa.
MARWO: Maya, maya, habeen dambe. Waar orod,
             orod baxsho!

CAATEEYE: Haye! Wixii meeshaan ka qablamaayey
             meeye?
MARWO: Xaggee, Aabbe?
CAATEEYE: Naa dadkii meeshan ka boorrinayey meeye?
             Xaggee aadeen?
MARWO: Aabbe miyaad waalatay? Waa maxay,
             ma.......

CAATEEYE: Adaa waalanoo wareegaaya e i tus ninkii meesha ka heesayey?

MARWO: Alla aabbahay aniguu i caayayaa, aniga maanaa niman ila joogeen?

CAATEEYE: Cutiyaay! Habartaa aan arko habartaa!

CUTIYA: Hooyo maxaa ku helay?

MARWO: Hooyo waa i caayayaa aabbo. Waxa uu igu leeyahay niman baa halkan ku la joogey.

CUTIYA: Wallee Caateeyow, iska tag hooyo, wallee Caateeyow waxa aan ka baqayaa maalin walba……..

CAATEEYE: Hee!

CUTIYA: Horta ma ogtahay lafahaa waxa ii yeelay in ay tahay saddexdiinaas qof kala celintooda.

CAATEEYE: Husss: Aniga afkaaga dheer ha igu soo taagin.

CUTIYA: Caateeye, hadda maxaad u dishay gabadha yarta ah. Waaniga maalin walba aniga iyo adigu uun… Wallee.

CAATEEYE: Waxa la yidhi saddex aan saddex deynin baa jirta:

Indho aan ilmo deyn
Madax aan wareer deyn iyo
Hilib aan dhaqdhaqaaq deyn!

CUTIYA: Waa yeelkood intaasiba ee horta maxaad u dhishey yarta yar?

CAATEEYE: Naa iga aamus baan ku leeyahay ha ila bocoolo gurane.

CUTIYA: Yaa Kaafi! Oday waynaadey oo maalin walba carruurta------

CAATEEYE:	Buus baannu ku leennahay. Toban baannu kuu sheegnay----- Wax xillay afkayaga ka raadinaysaa!

CUTIYA: Haddee haddaan ku la sii gurto xaalkaa xumaanaya.

CAATEEYE: Ila guran mayso, waana sii waddaa Muslinow! Hilib aan dhaqdhaqaaq deynini waa nin rag ahoo aan rag lahayn baa la yidhi.
Waar saa ha la yeeluu leeyahayoo haddee yaa u soo nuuxsanaaya!

Indho aan ilmo deynini waa nin curadkiisu xun yahay baa la yidhi!

CUTIYA: Waar ha iga habaarin curadka!

CAATEEYE: Madax aan wareer deynina waa nin naag xun qabaa la yidhi!

Isaga oo caafimaad qabuu imanayaa, markaas bay hadal ku duraysaa. Dhag! Dhag! Madaxii baa kala dillaacaya.

CUTIYA: Soo gaabi hadda iyo dan!

CAATEEYE: Naa waxaan ku leeyahay, masayr baa ku galay, anna isguudguudiska iyo waxaaga waan arkaaye, cawdu billeyso, meelna uma aan socdee!

CAATEEYE WAXA UU BILAABAYAA MAANSO GOCOSHO AH OO
UU OORIDIISA CUTIYA KA LA HADLAYO:

Dharaartaan hiirtii jarmaado
Hadhkii soo noqon waayiyo
Habeenkaan soo yara raagee
Horuu soo imaan waayo

Naa sidii geel la horaayo
Haradii la dul keenay
Heesihiisa walwaal iyo
Helelleey la tumaayo
Hugunkaa gurigayga
Hadiyo goor ka baxaayiyo
Hunnu hunnudiiba ogaadaye
Ma haasaawe tag baa?

Inanteennii hallowdaye
Oo waa taa hallowdaye
Ma haatuf baa u yimaadda?

Naa ciddan ay la hadreyso
Iyo ninkan ay la hirweyso
Ee heesahaw tirinaaya
Iyana ay la hadaaqdo
Helleelee dhararaaq!
Anigii bay indhasarcaad igu suubbinaysaa
Hagaag iigu caddee, hadda eeg Cutiyaay?!

(AAMUS YAR IYO INDHAHOODA OO ISKU YUUBAN).

CAATEEYE:	Haddaanad sheegin wallaahina
	Hengelaan dhigayaayoo
	Labadiinna hankaa iyo
	Halbowlahaan jarayaa!
	Subito! Iigu dhakhso!
CUTIYA:	Haddaba heedhe Caateeye, waan is afgaran
	weyney.
CAATEEYE:	Haye!
CUTIYA:	Adna waad wareersan tahoo malaha
	saakaanad shaan cabbin.
CAATEEYE:	Hii! Iihi, iihi!

CUTIYA: Ma garatay? Oo suuqii iyo wixii hargihii iyo belaayadii baa madaxa kaa soo qabatay; aniguna cadhaan la kax ahaa oo dee waxaan ahay beer wax dhalaye, laakiin se ma haddaad NAASTARADAADII mooddey rag guriga ku dhex jira?

CAATEEYE: Oo NAASTARO goormaan ku heshiinney?! Yaa u ruqseeyey inuu gabadhayda la heeso Naastaro?!

CUTIYA: Laa Ilaaha Illalaah! Ilaahayow maskax baannu kaa barinnay. Waar waa Naastarada deriska.

CAATEEYE: Tee?!

CUTIYA: Naastaradii deriska ee heesayey miyaad sheegaysaa, misa wax kalaad ii haysaa?

CAATEEYE: Waar bal isu kaalaya?!

CUTIYA: Maad se i tiraahdid ii sheeg waxa hadlayey maxaad ulaha iigu qaadanaysaa? Caateeye, shaydaanka iska naaroo waxa aad yeeshaa.......

CAATEEYE: Haye! Haye! Ma markeennii baa! I sii; i soo sii kildhiga oo weyso iigu soo shub. Aniga gacantaadaas baa layga saaran yahay. Mar hadday i taabato bes baan ahay!

CUTIYA: Haye.

(DUGSIIYE AYAA SOO GELAYAYA)

CUTIYA: Dugsiiye, ii warran? Caawa waad soo dheerataye. Haye Xaaji bal ku fadhiiso kursigaas.

DUGSIIYE: Fadhi laygaga daran ee bal xaggaa u siko.

CUTIYA: Haye! Si baad u cadhaysan tahaye! BISINKA! Haye!

DUGSIIYE: Haaye! In ay igaga kaa bi'ina ma ogiye!

Cutiyaay muddo doora
Derisna waynu ahaynoo
Dadkana waysu jeclayn.

CUTIYA: Waa run!

DUGSIIYE: Hayeeshee dab kuleeliyo
Dareen baad noqoteenoo
Waygu soo darsateen

Inankaagii danlaawe
Ee dabbaalka ahaayaa
Dukaankii iga booboo
Lix bilood dam ka siiyey

Haddeer waan deydeyayaa
Degmaan soo maray haatan
Hadda deynkiiyaan ka rabaaye
Haddii aanad daweenoo
Degdeg beeso ii siinoo
Dawgayga ii marin weydo
Wallaahay waan dilayaa
Markaas baan dembigiisa
Duhurkii iska magaa oo
Wallaahay waan dilayaa

CUTIYA: Mayee, magtaasi ha inoo dambaysee. Xaaji
Dugsiiye deyn waa la doontaa, laakiin se
waxa kugu buro ah, ma aragtay, cayda iyo
dilidda aad sheegayso.

DUGSIIYE: Haddii la qaatana waa la keenaa. Maxaad u
keeni weydeen?

CUTIYA: Maya! Waan dilayaa iyo waa dabbaal iyo
           illayn annagu waannu ka naxaynnaa oo
           waa curadkayagiina horta saas haw hadlin,
           kow dheh.

DUGSIIYE: Warkii oo kooban; ama beeso ama wiilkii!

CUTIYA: Oo wiilkii ma beesaad u qaadanaysaa?

DUGSIIYE: Oo saan yeelayaa?

CUTIYA: Haba ahaatee Xaaji; wixii aad ku
           leedahay--- Oo horta meeqaad ku
           leedahay?

CAATEEYE: Laba kun iyo shan boqol. Ma badna!

CUTIYA: Wax Alle iyo waxaad ku leedahay anaa ku
           siinaya ee berri casarkii ii imaw.

DUGSIIYE: Hadda naago waan aqaane, duqii aan is
           aragnee aaway?

CUTIYA: Maya, duqa waxba uga ma jiraane, reerka
           anigaa hadda jooga oo duqii wuu maqan
           yahaye, wixii aad rabto anaa ku siinaya ee
           saw lacag uun ma rabtid?

DUGSIIYE: Ka badan kaa ma rabo.

CUTIYA: Waa yahay.

DUGSIIYE: Haye, waan isku ognahay.

CUTIYA: Haa, waa isku ognahay.

DUGSIIYE: Waa yahay.

CAATEEYE: Iihi! Oo waxaan ku leeyahay,

CUTIYA: Haye, Caateeye.

CAATEEYE: Walaaleey maad noo safartid haddaad
           sidaa xoolo u hayso?

CUTIYA: Xaggaan u safraa?

CAATEEYE: Afar kun anaa ku siinaaya; laba kun anaa
           ku siinaaya! Oo waxaan ku leeyahay
           maxaad aayaroo gaban ah noogu
           geleysaayoo xoolaha xoolo ugu soo darsan

weydey? Maanaan garan illayn hagbaddii
baad ka xoolaysatay.

CUTIYA: Dee wax gooni ah illayn ma haystee waa
isla waxeenniiye, wiilkana innagaa dhallee,
anigu xaggaan ka keeni?

CAATEEYE: Oo anaa bixinaaya?

CUTIYA: Adaa bixinaaya, Nacam.

CAATEEYE: Magan Alle iyo magan Rasuul wax aan
bixinayaa ma jirto.

CUTIYA: Adduun maaha sidiiyoo ilbaxnimaa la
rabaa.

CAATEEYE: Kow!

CUTIYA: Ninkastaa ubadkiisana
Iskuul buu ku daraa
Ilaahay mahaddiisna
Adduun buu ina siiyoo
Anfacoodiyo maanta
Arad-tirkooda dhammaan
Waan awoodi karnaa
Ha aadeen labadooduba
Dugsiga weyne aqoonta
Aad wax hawga barteen
(Caateeyow)

Haddii Eebbe yidhaahdo
Markii ay aflaxaan
Naftooday ambaqaadi
Innana waynu u aayiyoo
Way abaal gudayaan

Maanta saw Axad maaha?
Isniintaa la lahaa
Ardaydii ha la keeno
Rooma aadi lahayd

Ama Iglan loo diri laa
Aroortaan geynahayaaye
U soo iibi alaabo. Yaa?

CAATEEYE: Haa! Oo alaabtii baan hadda doonaa?
CUTIYA: Haa.

CAATEEYE: Oo---Waar nimanyohow yaa Allahiis Alle
             yahay?
             Bal islaantan waalatay eega
             Iyada oo aynigan joogta
             Iskuul baa la galaa iyo
             Ilbax baa la noqdaa
             Ayay mooddey ammaan

             Afka Eebbe ha gooyoo
             Abeeso kuu gashay laabta'e
             Bahalyahay naga aamus!

             Naa miyaanad ogeyn
             In alhuumiyo ceebba
             Iskuulku aabbahooda ahaaday
             Ubadkaygu Qur'aanka
             Aad ha iigu bartaanoo
             Ilaahood ha gartaan

             Af qalaadoo la baroo
             Ilaahoodii abuurtiyo
             Illowsiinaya diinta
             Ayaa loo unkayaa

             Anshaxoodu xumaayoo
             Haddii ay afar buugoo
             Addoonsigu leeyiyo
             Ardaydiisa bartaan

Aabbahood iyo hooyey
Aflagaaddo u keeni
Aqalkay ku dhasheeniyo
Alaabtay ku dhaqmeenna
Dhammaan waa urayaan. UF!

Adawgood la cadaab
Urubbaa la jeclaystaa
Uurka loogu abuurayoo
Waa udgoon tahay Rooma
Iglan maaha sidaas
Waxani waa nolol ey iyo
Afrikaanka middiisa. UF!

I am sorry iyo aakh iyo
Waxaa bay akhriyaanoo
Abaalkoodu ahaan.

Maanta oo Axad ah
Isniintaa berrito
Meella aadimahaaye
Ha joogeen aqalkooda.

CUTIYA: Caateeyow heedhe.
CAATEEYE: Naa garabka hayga salaaxin! Aniga waan
aqaan marka aad muraadka leedahay. Taas i
tortorsiin maysid. Waan soo jeedaa.
CUTIYA: Mayee bal mar dhegeyso Caateeye.
CAATEEYE: Hii?

CUTIYA: Ilaah baan kugu dhaarshee
Carruurta hayga irdhaynin
Oo asaaggood ha ka reebin
Indha-beel weeye sidaasiye.

CAATEEYE:	Waa Kow?
CUTIYA:	Waa kaas!
CAATEEYE:	Diidaye. Ilaah baan kugu dhaarshee haygu khasbin. Awel baan ku khasaaraye.
CUTIYA:	Maya. Maya!
CAATEEYE:	Elementaarihii iyo infiryoorihii ayaan khatyaan ka joogee, Unifeersatiga jooji Cutiyaay. Haa.
CUTIYA:	Waa inoo dan.
CAATEEYE:	Inoo dan ma aha ee sidooda ha ku joogeen.

MAXAMED AXMED BAA SOO GELAYA OO MARWO (MAGOOL) DOONAYA. GABADH AYUU LA HADLAYAA.

MAXAMED:	Haye, bal iska warran?
GABADH:	Haye? Nabade.
MAXAMED:	Naa anigu nabadna garan maayee, waxaad yeeshaa, inantii Marwo la odhan jirey, dee malahayga xaalkayaga war baad ka haysaa oo beryahan waad la socotaaye,
GABADH:	Haa?
MAXAMED:	Maalintii isugu kaaya dambeyseyna odaygii baa nagu qayliyaye bal in aan la arrinsadaan doonayaaye iigu yeedh.
GABADH:	Waa tahay.
MARWO:	Haye ina-abti, maxaad sheegtay?
MAXAMED:	Wallaahi iyo billaahi inaanan waxba garayn maanta.
MARWO:	Ina-abti si baad maanta yar tahayoo u basharuursantahaye maxaa ku helay?
MAXAMED:	Waad ii jeeddaaye, waxaad yeeshaa, arrinteennii dee waadigii ogaa halkii ay maraysaye, maxaynnu…Maxay ku la tahay?

MARWO:	Dee maxay ku la tahay anigu diyaar baan kuu ahay. Aabbahay waad ogeyd cashadii dhoweyd, waxa uu igu sameeyey. Wuu i dilayoo, iimaanka ayuu igaga qaaday, qawdaa siduu iigu hayey.
MAXAMED:	Haye?
MARWO:	Dee aniga arrinkii sidii uun buu iga yahay.
MAXAMED:	Kow?
MARWO:	Dee adigu inoo shaqeeyoo, dee adigu wax aynu ku meel marro inoo samee. Ama taag lahaw ama tamar lahaw weeyaan!
MAXAMED:	Waa hagaag.

HEES

MAXAMED:

Tiiraanyadii baa iga tiro badatoo; way tira badatoo
Tabaaladii way tarmaysaayeey; tarmaysaayeey!
Waxaan tebaayo mooyaaneey, mooyaaneey
Toban jeer xalay soo toosayeey, soo toosayeey.

GABDHO:

Toban jeer xalay soo toosayeey, soo toosayeey
Waxa uu tebey waa, toogadaadiiyeey.

MAXAMED:

Ama tamar lahaw ama taag lahaw, tusaale weeyaaneey
Tilmaanta qaata, tilmaanta qaata, waa lagu
tisqaadaayee.

GABDHO:

Waa taag lahaw oo tagoogta iyo cududdaadaana
Lagu toogo beelaayeey, waa taag lahaw.

MAXAMED:

> Taababkoo wax qabtiyo garbo tiirinayiyo
> Turuq baa sheegataye, turuq sheegtaye.

GABDHO:

> Waa taag lahaw oo tagoogta iyo cududdaadaana
> Lagu toogo beelaayeey, waa taag lahaw.

MAXAMED:

> Tabaa hoose iyo tabco kuu qarsoon.

GABDHO:

> Waa tamar lahaw arrin toosanoo toobiye ah baa
> Lagu taabbaqaadaayeey, waa tamar lahaw.

MAXAMED:

> Tabaa hoose iyo tabco kuu qarsoon
> Talo meel martaa, talo meel martaa.

GABDHO:

> Waa tamar lahaw arrin toosanoo toobiye ah baa
> Lagu taabbaqaadaayeey, waa tamar lahaw.

MAXAMED:

> Hal tuur lihi nin bay la toosan tahee
> Labadaa talo tii Allay noqoneey
> Waxaan tebayo mooyaaneey
> Toban jeer xalay soo toosayeey.

GABDHO:

> Toban jeer xalay soo toosayeey, toosayeey
> Waxa uu tebey waa, toogadaadiiyeey.

MAXAMED:

> Ama taag lahaw ama tamar lahaw
> Tusaale weeyaane tilmaanta qaataay
> Lagu tisqaadaayeey, tisqaadaayeey.

GABDHO:

> Waa taag lahaw oo tagoogta iyo cududdaadaana
> Lagu toogo beelaayeey, waa taag lahaw.

MAXAMED:

> Tabaa hoose iyo tabco kuu qarsoon.

GABDHO:

> Waa tamar lahaw, arrin toosanoo toobiye ah baa
> Lagu taabbaqaadaayeey, waa tamar lahaw.

MAXAMED:

> Tabaa hoose iyo tabco kuu qarsoon
> Tabco kuu qarsoon, talo meel ma taal.

GABDHO

> Waa tamar lahaw arrin toosanoo toobiye ah baa
> Lagu taabbaqaadaayeey, waa tamar lahaw.

MARWO:	Haye?
MAXAMED:	Dee waad maqlaysaaye, Ilaahay ha i nala jiro.
MARWO:	Ilaahay hayna la jiro e dee orod shaqo tag, anna waan ku sugayaa.
MAXAMED:	Caynkaas ha inoo ahaato. Nabadgelyo!
MARWO:	Waa caynkaas ee nabadgelyo.

(DUGSIIYE AYAA XAFIIS SOO GELAYA OO GABADH XOGHAYN AH
LA HADLAYA).

DUGSIIYE: Haye?

GABADH: Haye? Nabade?

DUGSIIYE: Wasiirkii ma joogaa?

GABADH: Waa joogaa.

DUGSIIYE: Waxa aan rabaa; een, irridkiisa i tus.
Xafiiskiisa.

GABADH: Lagu ma tusi karo.

DUGSIIYE: Xaa jira?

GABADH: Waa sidaa. Waa cayaarsanyahay saaka oo
indhihii baa casaaday.

DUGSIIYE: Xuu cabbey?

GABADH: Cid u geyn kari mayo
Way canaananayaa
Codka hoosna u gaabi
Cabaadkaagana dhaaf.

DUGSIIYE: Calooshu ku xanuuntay indho adakaa!
Bal shacabkan marna la doono
Haddii doorasho taal
Marna layska dedaayo
Deyrka layska xigsiiyo, yaa!
Ee dantaada ku gaadh ah;

Dawladda Weyne Ilaah
Baan ka dacweynney
Daarahay ku jiraan
Ha ku soo kor dumeene
Laguu deyn kari maayo
Adigoo daabac tolaaya
Dermadaada ku jiifa
La soo doortay wasiirkee, yaa!
Eebbahay ku dullee

Xumey daaman madow!
Laguu deyn kari maayo.
Anigaa u tegaya; iga celi, iga celi, hee!

GABADH: Haddaanad qaylada deyn biliis baan kuugu
yeedhayaa.

DUGSIIYE: Askari! Gaalshire ee munishiibbiyana keen
ee hayga wadeen meesha anaan wasiirka u
tegin.

SHAQAALE: Waa maxay qayladu?

DUGSIIYE: Waar qofkan looxa aheed meesha
fadhiisiseen. Wasiirkaan anigu rabey.
Markaas laguu geyn kari maayee; codka
hoos u dhigoo; cabaadkaagana dhaaf ku
lahaa! Maxaan u dhaafaa wasiirkaan ku
socdee?

SHAQAALE: Adeer heedhee, inanta dawladdaa shaqada
u dhiibatee, ha caayine, maxaad ka rabtaa
adigu?

DUGSIIYE: Maandhow la kala roonaa!
Ina Caateeye Dillaal baa
Wardhiigley dabadeeda
Dukaan aan ku lahaa
Inta deyn ka amaahday
Dib u soo noqon waayey.

SHAQAALE: Oo dabadeedna, ma deynka Ina Caateeye
Dillaal kaa amaahday baad inanta ku
cayeysaa adigu?

DUGSIIYE: Saaka waa ma dambaystii
Oo waan dagaal tegayaa
Dulmigaa uu igu haayana

Dagaal baan ka xigaa
Wasiirka aan ka dacweeyee
Ma lay deyn karayaa?

SHAQAALE: Ma deynka Ina Caateeye Dillaal kaa
qaataad wasiirka ka doonaysaa?

DUGSIIYE: Dee wasiirka waa uu la shaqeeyaa baan
maqlay.

SHAQAALE: Oo hadduu la shaqeeyo ma deyn baa
wasiirka loo soo doontaa baa lagu yidhi?

DUGSIIYE: Marka mushahaarada la siinayo lee ha la
iiga gooyo.

SHAQAALE: Waxa aad yeelaysaa, nin weyn baad tahay!

DUGSIIYE: Iga ma yarid!

SHAQAALE: Waan ku tilmaamayaa. Waa inaad
meeshaas aan kuu tilmaamo xoolahaaga u
doonataa ama ninka aad doonayso ka
dacweysaa.

DUGSIIYE: Hadday i anfacdo.

SHAQAALE: Waxaa loo doontaa haddii nin deyn kaa
qaato, qaaddiga ama booliiska. Labadaa
baa mid loo ashkatoodaa.

DUGSIIYE: Hadda naag mehersan maayo ee ogow
waxa aan doonayaa beeso la iga qabo e!

SHAQAALE: Waan ku tilmaamayaa adeer anigu.
Caynkaa weeyeen. Halkan loo ma soo
doonto. Wasiirka loo ma soo doonto deyn.

DUGSIIYE: Waa qaaddigaad leedahay hadda? Inaan ka
soo helaayo maw malaynaysaa?

SHAQAALE: Ka hel ama ka waayoo nabad gelyo.
Xafiisyadana sidaa loo ma soo galo. Weligaa
nin weyn baad tahaye xishood.

DUGSIIYE: Nabad gelyo.

(INA CAATEEYE AYAA SOO GELAYA)

INA CAATEEYE: Haye, iska warran? Meel ma tagine
musqushaan ku jirey.

SHAQAALE: Haa, musqushaad ku jirtey!

INA CAATEEYE: Haa, inantaan markiiba u sheegay.

SHAQAALE: Amba waan ku arkayey in aad musqusha
tagtaye! In yar baan ku odhanayaa. Waar
yaahee, waa ninka, had iyo goor gaadh baad
wakhtigii ku idlaysaye:

Adigays hagranaaya oo
Naftaadii hodaayee
Hoosaasada maad naga daysid?

Sida maanta habboonee
Hannaanka xeerka ku taal
U hoggaansami weydey
Waadigaa ka habaabaye
Hilinkeedii ka leexdaye
Shaqadii ka habsaamaye
Innana isku harraadnay.

INA CAATEEYE: Haye? Wad.

SHAQAALE: Wax badan baan hoos u dhigaayey
Oon arrintaada hagoogey
Habi laawe dan laawow
Hanfade waalan sidiisa
Hullaabtii iska qaadday
Haddaanad hawsha xafiiska
Hareertaada wadaynnin
Madaxda iiga horraysaan
Hawraartaada u sheegi.

Anigu shaqo kale meeshan… Dee ku qarin
maayo. Maalin walba ku qarin kari maayo.

INA CAATEEYE: Waxba hay qarinnin. Maxaad ii qarinaysaa
Alleba i ma qarine? Waar waxa aan ku
leeyahay:

Hiirtaan soo kallahaayoo
Ilaa ay hadhka gaadho
Horteed maan nasaneyninoo
Anigu hawsha xafiiska
Heegan baan u ahaayoo
Dhankayga waan hananaayey
Hannaankeenniyo xeerka
Adigaa ka habowsanoo
Anigaa ku hanuunsan
Oo hagaagsan ahaa.

Waar halkanaad yara gaadhey
Iyo hodadaamo caddanahood
Aniga aad iigu hodayso
Illayn kuu habran maayo e
Habqan weeye waxaasiye
Haahuuda ila dhaaf walaal.

Aniga canaan igu ma lihid iyo inaad ii
cagajugleyso. Anigu dawladdaan u
shaqeeyaa. Nin ku la mid ah baan ahay. Ma
maqashay? Taada ka bax, taydaan ka
baxayaa.

SHAQAALE: Xafiiska sidaa kaga wada shaqayn maynno,
imminkana lacagtii baan idin siinayaa.

INA CAATEEYE: Iskaga tag dee haddaanad sidaa kaga
shaqaynayn.

SHAQAALE:	Kaalay inanta! Mushahaaradaadii waa taa, shaqadiina geestaada ka wad. Nabad gelyo, waaryee.
INA CAATEEYE:	Anna taydii i sii.
SHAQAALE:	Oo waxan ku weyddiiyey wax kale ayaan illaawaye, waxaan ku weydiiyey:

Odaygii Xaaji Dugsiiye
Ee dukaanka lahaa
Deyn miyaad ka qabtaa?

INA CAATEEYE:	Haayoo waan ka qabaa!
SHAQAALE:	Haddeeruu yimi meeshan.
INA CAATEEYE:	Dee waa yeelkadiis. Maxaa adiga kuugu jira?

SHAQAALE:	Dacwad baan u qabaa

Waan dagaallamayaa
Hadallo aan dawba ahayn
Ayuun buu daldalaayey
Ina Caateeye Dillaal baa
Xoolahaygii dafiraayuu
Maqashiiyey dadkii
Dee taasi doqonniimo. Yaa?

INA CAATEEYE:	Waxa aan ku leeyahay adeer…
SHAQAALE:	Waxaasi waa doqonniimo e

Waxan uu daba joogo
Duqa maad iska siisid?

Oo dee maxaa ku qaaday? Shaqo darradii baad deynna ku darsatay! Oo yaa ku wadaaya!

INA CAATEEYE:	Ma intaad wax walba soo dhaaftay baad dukaanleydiina wakiil u noqotay? Waar

adeerow lacagtii i sii. Ninkan aniga iyo
isagaa wax isku lehe, waxba kuuguma
jiraane.

SHAQAALE: Imminka maxaan kaa reebaa, ina ka daa
             waxaasoo, waa deyn kaa go'aysee?
INA CAATEEYE: Adeerow deynta nin baa igu leh, anigaana
             u geynaayee, i sii adigu i la ma aad shaqaysan
             lacagtee.
SHAQAALE: Imminka miyaan ku wada siiyaa?
INA CAATEEYE: Mayee badh la hadh! Waar na sii lacagta.
SHAQAALE: Waar hooy deynta iska bixi. Nabad gelyo.

INA CAATEEYE: Ma intanaa wuxu, wax ma ka go'ayaan?
             Wax ma kaa jaraaduu i hayey? Waa intan!

             Dharaar kastaan kallahaayey
             Oo bil idil baan dhibaatooday
             Oo shan boqol ay wax dhinmeen
             Bay abaalgud iiga dhigeen
             Dhanna gaadhiba meyso
             Kiradii waa boqol dhaaban
             Masruufkii saddex dhaafyoo
             Afar buu ku dhowaadey
             Bal dhinaceen ku hagaajin? Dhanna!

             Taan sigaarka ku dhuuqay
             Dharka tii lagu maydhay
             Dhuxushii iyo biyihii
             Nalkii dhawr iyo toban weeye
             Dhaldhalaalkii kaleetiyo
             Dhiidhiidii iska daayoo
             Intaasoo dhami maanta
             Saw dheerad igu ma aha? Haa!

Maxaan hadda samayn? Xaggee baan ku
hagaajiyaa? Allaylehe aan iska dhoofo.
Oo xaggee bay i gaadhsiin aan ku
dhoofaba e? Meelna! Anigaa aqaan
allaylehe sida aan yeelayo. Sida aan yeelayo,
anaa aqaan. Naftu hadday kaa bixi weydo
waa in haanka la isku dhuftaaye ma
ogtahay? Haa.

Dhan walba ha lagu qado e
Dhegley aan ku shuboo
Caawa aan ku dhammeeyo
Mar dhanaan marna dhayda
Marna dhiinka guduudan
Inta aan ka dhergo
Ayaan Dhooddina fuuli.
Gararam, gararam, gararam!
Bal maxaa dhici doona
Kolley waa dhakafaare
Dhabannahays ha timaaddo!
Sidaas si ay kaga fiicantahay ma jirto.
Haaheey.

"Ihiihii!"

Maxaad ku qosleysaa?

GABADH:	Dabbaalnimadaadaan ku qoslayaa.
INA CAATEEYE:	Maanaa dabbaal ah?
GABADH:	Haa. Waar lacagtii lagugu lahaa qaar iskaga bixi. Xaaskaaga iyo carruurtaadana qaar u geyso, dabbaalnimada iska daayoo.
INA CAATEEYE:	Xaalkani xaal rag weeye. Meesha xaal naageed lagu ma hayee waxaad yeeshaa ee halkaa iska fadhiyoo buugga ii saxeex.

GABADH: Buugga shalay baa la igu qabsadayoo kuu saxeexi maayo.

INA CAATEEYE: Iska dhaaf berriba waan saxeexane.

(INA CAATEEYE BAA LIIDO U CAYAAR TEGEY)

INA CAATEEYE: Waxa aan ku leeyahay, cid miyaa ku la socotey?

GABADH: Maya, maya, mid xun oo faataadhugle ah ayaa ila socdey.

INA CAATEEYE: Macne ku ma jiro kaas, yaa?

GABADH: Haaheey, macno ma leh.

INA CAATEEYE: Cirka u tuur kaas, yaa? Aniyo adiga maxay ku la tahay haddaynu… yaa?

GABADH: Waa wanaagsan tahay.

INA CAATEEYE: Abosto? Yaa?

GABADH: Haayeey.

INA CAATEEYE: OOKEEY!

GABADH: Maya? Alla maxay belaayo wareejinayaan! Waar waa maxay waxani?

WIIL: Aniga afkalataag baaba igu dhacay.

GABADH: Alla bisinkiyo alifka!

WIIL: Day, day, day!

GABADH: Alla, Alla. Alla! Waar cayaarahayagii Soomaaliga ahaa waa kuwaa laga baxayoo la kharribye, maxaan samaynnaa?

WIIL: Ma ogtihiin cayaaraha Soomaaliga ah waxaas oo dhan in laga helaayo? TUWISTIDA IYO JAJAJADA IYO MURINGWADA IYO KULLI.

GABADH: Wax walba waa laga helayaa.

WIIL: Haddaynu wax ka qabanno si aynnu cayaar
                                          Soomaali ah cayaartaa ugu beddello.

GABADH: Dee yaa wax ka qaban?

WIIL: Anaa wax ka qabanaaya.

GABADH: Maadaa wax ka qabanaaya?

WIIL: Aniga igu duub.

CAYAAR SOOMAALI

WIIL:

Hoohoohoo ma taasaa keenteeneey?
Intaa suuq taagteen tafihii xayddeen
Isu wada tilmaanteen isu wada tilmaanteen
Hoohoohoo ma dharkii baad tuurteeneey?

KOOX:

Hoohoohoo tanina waa yaabe ma taasaa keenteeney?
Hoohoohoo tanina waa yaabe ma taasaa keenteeney?

WIIL:

Hoohoohoo ma taasaa keenteeneey?
Intaa kor u taagteen tidicii ka deyseen
Timihii kuusteen timihii kuusteen
Hoohoohoo ma tuunbaad keenteeney?

KOOX:

Hoohoohoo tanina waa yaabe ma taasaa keenteeney?
Hoohoohoo tanina waa yaabe ma taasaa keenteeney?

WIIL:

Hoohoohoo ma taasaa keenteeneey?
Intaad meel istaagteen xaglaha aad ka tiicdeen
Tin cidhib aad gariirteen, tin cidhib aad gariirteen
Hoohoohoo ma tuweys baad keenteeney?

KOOX:

> Hoohoohoo tanina waa yaabe ma taasaa keenteeney?
> Hoohoohoo tanina waa yaabe ma taasaa keenteeney?

WIIL: Tanina waa taayadii hore eey.
KOOX: Haa haa haa haa.
WIIL: Oo sidaasaa loo subkaayeey.
KOOX: Haa haa haa haa.
WIIL: Oo tidaca loogu dhawraayeey
KOOX: Haa haa haa haa.
WIIL: Tumashadeenna weeyaaneey
                 Idinna wayska tuurteeneey
                 Heleeley heleeley heleeley haa
                 Tani waa taayadii hore eey.

KOOX: Heleeley heleeley heleeley hooy.
WIIL: Oo sidaasaa loo tusmeeyaayeey.
KOOX: Heleeley heleeley heleeley hooy.
WIIL: Tidica looga dhawraayeey.
KOOX: Heleeley heleeley heleeley hooy.

WIIL: Tumashadeenna weeyaaneey
                 Idinna wayska tuurteeneey
                 Heleeley heleeley heleeley haa
                 Asida sida sidaa, asida sida sidaa.

INA CAATEEYE: **EEY KABARYEERI!**
KAB.:   Wakhtigii waa dhammaaday duqeyda. Waa
                 la xidhayaa baarka ee ka soo baxa. Waa la
                 seexanayaa.
INA CAATEEYE: Maxay waaye?
KAB.:   Saacaddii waa idlaatay.
INA CAATEEYE: Maxaa idlaaday?

KAB.:   Saacaddii, saacaddii waa idlaatay walaal.

INA CAATEEYE: Waaryee saacad annagu ma naqaan ee beesaan qabnaa.

GABADH: Dee saacaddii baarku furnaan jirey waa idlaatay. Waa wakhtigii seexashada.

INA CAATEEYE: Shshshs. SENTI, NOI VOLIYAMO BEERE KALKOOSA NO?

KAB.:   Waa idlaatay saacaddii oo wakhtigan baarka waa la xidhay.

INA CAATEEYE: WA BEENE, WA BEENE. Iska bax. Een SENTI, aniga iyo adiga caawa waa is arooseynnaa, haye?

GABADH: Waa yahay.

INA CAATEEYE: FAAJIYAAMA SBOSSA?

GABADH: WA BEENE.

INA CAATEEYE: ALLORA TU SEY MIYA MOOLYA. Naagtaydii baad tahay.

GABADH: Ninkaygii baad tahay adna.

INA CAATEEYE: Naagtay.

GABADH: Ninkow.

INA CAATEEYE: SENTI qaaddi ma aadaynnaa?

GABADH: NONRA NEJESAARIO.

INA CAATEEYE: JUUSTO JUUSTO. NONRA NEJESAARIO. ANDIYAAMO?

GABADH: ANDIYAAMO.

(WAAGII BAA BERYEY. WAXA BILAABANTAY SHAQADII).

ASKARI: Saacaddii waatan dhammaatayoo
Qaaddigii wuu soo socdaaye
Aan biirooga safeeyo.

QAADDI: Haye? Nabad sheeg.

ASKARI: Subax wanaagsan.

QAADDI: Waa subax wanaagsan. Maanta degdeg baan u baxayaa oo shaqo debedda aan leeyahaye cid i sugeysaa ma jirtaa? Hadda bal eeg.

ASKARI: Bal aan hadda eego. Islaantii Xaadsan iyo ma joogaan Calowla midna ee laba nin baa jooga.

QAADDI: Soo geli, soo geli.

ASKARI: Soo gala, waaryaa. Ulaha iska dhiga, waaryaa.

INA CAATEEYE: U yeedh dee ninkii dacwadda ii qabey, shuqul badan baan leeyahaye.

DUGSIIYE: Qaaddi waa aniga. Ninkanaan dacwo u qabaa.

QAADDI: Dacwaad u qabtaa? Waar maxaa jira?

INA CAATEEYE: Dee mooyee isaga weyddii? Maxaa jira dee, dacwuu ii qabaa.

QAADDI: Haa. Halkan dacwad baa loo sameeyey asalkeedaba.

Dugsiiye: Waan ogahay. Waa waxaan u imi.

QAADDI: Diinteennu waa mid ballaadhan
Oo doc kastay u kacdaa
Oo annagaa haynna daliilka
Kitaabkaannu deyeynaayoo
Mar haddii danta guud iyo
Dul iyo hoosba la fiirsho
Xaajadu way degganaan,
Way degganaan.
Allow ma ogtahay!

Labada isduudsiyee
Wejiga isu dadbaysa
Saw halkii isu duubtay
Ee isu soo du'dey maaha?

Labada isla degeysana
Meherka isku daraayay iyo
Saw dawadeedii ma haynno?
Allow ma ogtahay!
Meherka isku dabraaya
Ee isu daaddihinaayaa
Debnahaygan ma saarna
Debnihiisa ma saarna.
Waar bal nasladdan kaalaya!

Labadii kala duushee
Midba daan u tallaabo
Waa la kala durkiyaaye
Ninkii soo dusdusaaya
Iyo naagtii soo dafdaflaysay
Saw halkii kala deysaye
Kala dayrisay maaha?

Intani waa digniintii
Iyo damdamtii shaqadayda
Iyo tilmaanteedii duleed
Ee ma dacwad baydun qabtaan?

INA CAATEEYE: Qaaddi soo gaabi, soo gaabi.

ASKARI: Qaaddiga ha la tarabalin, waaryaa. Aammus
baan ku idhi!

QAADDI: Dooddii baan furayaaye
Farahaan dufan layni
Wax ma duugi karaane
Waa xafiis dawladi leedaye
Lacag doodda bislaysoo
Degdegaa la rabaa.

ASKARI: Degdegaa la rabaa!

QAADDI: Waraaqaa la diraayee
              Xaashi daabac ku yaallo
              Ka soo iibsha dukaanka.

ASKARI: Waar ka soo iibsha dukaanka.

QAADDI: Degdeggaasi ma fiicnee
              Arrinku wuu degganaaye
              Bal daboolka ka qaada
              Dacwaddiina sheega waar.

DUGSIIYE: Qaaddi horaannu u soo iibinney. Waa tan
              FARANKA BOOLLADII iyo KAARTA
              BULAATADII iyo wixii oo isku jira.
QAADDI: Haa. Horaad u sii diyaargarowdeen! Bal
              mudducigow bilow. Magacaa?
DUGSIIYE: Xaaji Dugsiiye.
QAADDI: Mmm. Xaaji Dugsiiye, maxaad u
              sheeganaysaa ninkan?
DUGSIIYE: Ninkani inta biil iga qaatay buu lacagtii
              bixin waayey. Waa iloobey ninkani oo inta
              uu biil iga qaatay buu lacagtii bixin waayey
              oo lix bilood baa isku gaadhey. Lix bilood.
INA CAATEEYE: Oo hoo! Qaaddi beentii weeye. Lix bilood
              baad sheegtaye laba biloodna igu ma laha.
ASKARI: Shadhaab waaryaa! Waar aammus,
              waaryaa!
QAADDI: Aammusa, aammusa!
              Midi waa iga baan
              Midna waa badhihiinna
              Bugaagta xeerku ku yaallo
              Baaxaddoodiyo xoogga
              Buurahaa ka ballaadhan

Badweyntaa qulqulaysa
Webiyaasha butaaca
Oo biyahoodu kaceen
Buruudkoodu ka weyn,

Ee haddaan baadho kitaabka
Ninka booliga qaata
Ee lacagtii bixin waaya
Haddii uu dadka boobo
Oo badheedh loogu caddeeyo
Qodobka baadida doonaa
Beyaan loogu tilmaamayoo
Gartiisa waa la bisleeyey.

ASKARI: Beyaan loogu tilmaamay! Waar bal
           nasaladdan kaalaya!

QAADDI: Boqonta iyo gacmaha
           Biro loogu xidhaa
           Oo booliiskaan u diraa.

ASKARI: Oo askarigaa barbar jooga. YOU BILADI
           HEL!

QAADDI: Waxa buuq la yidhaahdana
           Loo ma baahna xafiiskee
           Nin walowba badbaadada
           Barbarkaaga ogow.

ASKARI: Ogow waaryaa!

QAADDI: Hadba kiinna bilaabee
           Bandhigaaya gartiisa
           Ka kalaw ha ka boobine
           Biyo shubkeeda dhegeyso
           Waxa been la yidhaahdo
           Hadalka laysku badhxaayo

Buqbuqoodka sidiisa
Biyiyo caano la moodee
Bayddiyo caynka la gooyo
Laga baydho halkii
Bannaankiisu ahaa
Sharcigaan baqanaynoo
Billaawihiisa afaysan
Ayaa beerka wax gooya
Isbanbaana haddeerba
Oo badbaadadiinna ogaada.

ASKARI: Ogaada badbaadadiinna, sidaa la yidhi!
DUGSIIYE: Dacwaddii baan wadaynaa miyaa?
QAADDI: Haa.
DUGSIIYE: Hadda ka horba waa anigii u dhex galay
xaalka e,
Intuu biil iga qaatuu
Lacagtii bixin waayayoo
Wuu i boobay ninkaanu
Lix bilaa isku gaadhey
Berraan keeni adeer
Baankii baa xidhan maanta
Bishii waaga ma qaadan
Ballan aan soconayn
Ayuu boqontayda ku heeray
Oo waa beenlow falallow.

INA CAATEEYE: Horta xafiisyadiinna waa la isku
caayaa saw maaha?
ASKARI: Shadhaab baan ku idhi, waaryaa! YOU
BILADHI HEL!

DUGSIIYE: Qaaddow diinta ballaadhan
Buugta xeerku ku yaalliyo
Kutubtaada u baadhoo

Beesadii iga sii
Ama aan isku boodno
Bariis uu ku qadeeyiyo
Babaay haatan u keeno.

QAADDI: Taasi meesha ma taallo
Isku bood iyo babaay
Iyo beerkoo layska gooyee
Gar baa taalla xafiiska.
Waar maxaad ka leedahay?

INA CAATEEYE: Qaaddi waxa aan ka leeyahay:
Anigu ninka beesadiisa ma qaadan
Oo weligay booli ma quudane
Xaaskaan biil uga qaaday
Bil kastana soddonkeeda
Wixiisa waan bixinaayey
Ta horoo buugga ku taalla
Mid kale yaan la bilaabin
Ballan baan ku lahayne
Been buu sheegay Dugsiiyee
Sidee bay lix bilood
Isugu biiri kartaa, Qaaddi?

DUGSIIYE: Dee moojiye siday isugu biirtay?

INA CAATEEYE: IYO DEEVE BARLAARE. STAYSIITO.
Ninka beesadii siiyeye
Belaayaa u gawaantayoo
Malaha baafinaayaaye
Buuggaaga xeerku ku yaallo
Kutubtaada u baadhoo
Inuu been la yimaadduu
Xafiiskaaga ku buuqo
Anna boojimo ceeb ah

Iyo buur i kor saaro
Ma sharcigaa u banneeyey?

QAADDI: May, maya, u ma bannaynayo sharcigu.

INA CAATEEYE: Ha la qabto, haddaba, haddaan sharcigu u
bannaynayn.

QAADDI: Sidaasuu ku yidhee, sidee lix bilood isu
biirsan kartaa?

DUGSIIYE: Horta Qaaddi,
Inanku waa mid beleysanoo
Waa kuwan budhka qaata e
Qaadka baalka ku laabta
Marna biirada laacee
Boqolkiiba labaatanna
Wuu baayacmushtaraa.

ASKARI: **BISMILAAHI RAXMAANI RAXIIN!**

QAADDI: **SUBXAANALLAAHI waa YAASIIN!**
Waar markhaati ma haysaa?

DUGSIIYE: Ninka biilka la siiyo
Haddii uu bisha dhiibo
Baalka deyntu ku taal
Waa la baabi'iyaa
Inaanu biilla dhiibinoo
Birbirkiisa la waayey
Qaaddi buuggaa ii marag ah.
Maysagaa been sheegaya?
FEERMADIISAA ku taale fiiri!

QAADDI: Buuggani waan baadhay oo waxa ku taal in
aad ninkan muddo badan biil ka
qaadanaysey. Bil kastana in aad
xisaabtanteen. Waanad saxeexday. Lix
bilood oo dambena maad saxeexin.

	Xisaabtiina la ma oodin. Saxeexani kaagii ma yahay? Oo ma saxeexi jirtey?
INA CAATEEYE:	Qaaddi ninku isagaa buugga haysan jirey oo saxeexan jirey.
ASKARI:	Waar FEERMADAADA garo, waaryee.
QAADDI:	Waxa aan ku leeyahay waxa jira meel KIRIMINAALE la yidhaa oo faraha dadka lagu baadho iyo saxeexa. Halkaas baan u dirayaa.
INA CAATEEYE:	Haa haa?
QAADDI:	Dabadeeto, haddii ay kugu soo baxdo dembi kale oo siyaado ah weeye.
INA CAATEEYE:	Hadda mid kale Qaaddi; annagu waa isu saxeex egnahay. Saxeexayaga la ma kala yaqaanno. Markaa hadhowto marka uu kiisku soo baxo, kaagii weeye yaan la i odhan.
QAADDI:	Horaa laguu sheegay. Waxa aad tahay beenlow falallow. Lacagtii way kugu caddahay, laba kun iyo afar boqol oo shilin haddaad toddoba casho ku bixin weydo xafiiskaad lacagta ka qaadataa laga goynayaa, waanu kugu xukumanyahay kiiskii. Adiguna toddobadaa casho dabadeed xafiiskan kaalay.
DUGSIIYE:	Adaan kuu imanayaa miyaa?
QAADDI:	Toddoba casho dabadood kaalay.
DUGSIIYE:	Waa yahay.
INA CAATEEYE:	Waxan shaadhka nagaga dheggan naga la hadal Qaaddi.
ASKARI:	Kanna sidaan odhanayaa?
QAADDI:	Sii daa, sii daa. Waa Ina Caateeye Dillaaloo waynnu naqaane, iska daa.
INA CAATEEYE:	Waa yahay Qaaddi. Axsantu. Sharcigaagu waa caynkaa.

ASKARI: Beenlow falallow. Biirkuuba cabbaa baa la
             yidhiye!
QAADDI: Xafiisku wuu xidhanyahay, aniguna waan
             tegayaaye, dee nabad gelyo.
ASKARI: Nabad gelyo.

(MAXAMED OO ISLA MAQAN, FEKERNA MEEL DHEER LA
HAYSTA OO KU MAQAN, GOLAHANA TAAGAN AYAA NIN UGU
IMANAYAA)

NIN: Waaryaa Maxamed, waar maxaad sheegtay?
MAXAMED: Waar iska warran, waa nabade?
NIN: Waa baad maqantahay miyaa? Innaa
             lillaahi wa innaa ileyhi raajicuun!
             Waar waadigaan hammiyaaye
             Habaaskuun fadhiyee
             Maxaa kaaga hallaabay?

MAXAMED: Iska wad.
NIN: Maxaa kugu dhacay?

MAXAMED:

Hiyigaygu inantuu la jirey hadiyo gooraale
Habeenkii markaan yara ledee aan hurdada seexdo
Hummaaggeeda oo beena baa la i hor keenaaye
Markaasaan la heesaa kalgacal u la hadaaqaaye.

Iyada oo aan haasaawihii guurka ku heshiinney
Ayuun baan hinqaday oo kol qudha soo hambaabberaye
Hurdada iyo riyada beena baa hodey naftaydiiye
Dabadeed is hanan waayey oo waan hanqaarnahaye

Halkay joogtey baan ugu tegoo waan u heellanaye
U hiloobayeey waxa i galay hibashadeediiye
Hilbaha waaxyahaygay ku taal iyo halbowlaaye

Markaan haybaddeedii arkaa wax i haleeleene
Markaasaan hakaday oon hendedey oon habranayaaye.

Heesteedii hidin waayey iyo hadalladeediiye
Anigoo harraadkeedi qaba hogoshi ii laacday
Hayin iyo kalgacalkaa iiga dhigay hebed sideediiye
Heeryada intuu igu raruu haamana i saaray
Ayaan sida hayaanka u socdaa hogo kaliileede.

Hir doog loo kalay igu tahoo waw hanweynahaye
Sida hillaaca roobkay indhaha halabsanaysaaye
Hoobaan la mooddii wadnuhu waw handanayaaye
Anigoon helin Deeqa oon hooy la gelahaynnin
Hawl yari inaan uga hadhaa waa habeen dumaye
I hagaaji oo igu la hiro waw horranayaaye.

Waw horranayaaye baan ku idhi!

NIN: Allaah, Allaah, maashaa la yidhi
         ALXUBBU NAAR! Illayn waa nin
         maqan!

Waar la ma hurayo guurka e haddaad u ba hadhuub qaaddo
Waa la hubsadaa xididka waa la hidde raacaaye
Hablaha taad ku soo hiran lahayd aad u hanaqaadday
Hoos iyo sare u fiiri aad way habboontahaye
Habeen iyo dharaar keliya aad inan la haasawday
Inaad habi la'aan u la dhacdaa waa hacoonnimo e
Halis bay naftaada u tahay oo hadimo weeyaane
Iyana waa u hodaddaamo iyo hed iyo laayaane
Waa la hubsadaa xididka waa la hidde raacaaye.

Waa hawl adduun oo dhan oo rag u horseedaaye
Hebla waa la furay waxay ku timi waa heshiis fudude
Waa hoodo lays dheeryahay oo lagu hayaamaaye

Waa hooyo ubad kuu dhashay oo heegan loo yahaye
Waa hooyga noloshiyo dadkoo la hadh abuuraaye
Waa horumarkii loo socdey oo lagu hagaagaaye
Waa la hubsadaa xididka waa la hidde raacaaye.

Qaar baa habeen dhalad ah oo laga hodmaayaaye
Qaar baa sidii hadhaca geed la hadhsanaayaaye
Qaar baad is hiiftaa haddaanad hore u faallayne
Haweeney ma wada noqon karaan hurinta naagoode
Hoh iyo caku qaar baad dhahdaa hibashadoodiiye
Waa la hubsadaa xididka waa la hidde raacaaye.

MAXAMED: La hidde raacaaye!

NIN:

Ragannimada heerkeedu waa kala horraysaaye
Sida hadhuudhka baalkiyo isha oo la kala haadshey
Waa inaad kala huftaa oo haddana kala hal qaaddaaye
Haasaawahaa lagu gartaa hogatusaalayse
Halkudheggeeda gaarida ninkii fiican baa hela e
Halyey iyo nin nacas ah oo habacsanoo liita
Hanad iyo hanfade waalan iyo horror wax boobaaya
Dumarna waa hilaaddaas haddaan laga habaabayne
Qofba hoodadiisaa Ilaah qoray habeenkeede
Waase la hubsadaa xididka waa la hidde raacaaye
Waa la hubsadaa xididka waa la hidde raacaaye
Dee waa la hubsadaa xididka waa la hidde raacaaye.

MAXAMED:

Hubsiimo hal baa la siistaa la yidhi horeba waw tiille
Hawraarta aad ii gashaye hirarka dhaadheer leh
Iyo anigu taan ka hadlayaa waaba kala haabe.

NIN: Kala haabe!

MAXAMED:

Hidde-raaca guur wuxu ahaa lamahuraankiiye
Mana halmaaminoo waxan ka baxay hilimadiisiiye
Hablaha taan ku soo hiranayey aan u hanaqaaday
Waa taan haween ugu jeclaa aan u heellanaye
Hiyiga iyo laabtaydanay hooy ku leedahaye
Halbowlaha wadnaha goynayee habaya weeyaane
Anigaan hantiyin noloshu waa midaan habboonayne
Haddaan helo inaan haqab la'aan haakah odhanaayo
Oo aan hurdada boganayaa waa mid la hubaaye
Hiil waxaad adigu hoo maanta hidinayso
Ha iga hagran waa lay hayaa la i hareereeye.

Nacallaba!

NIN:

INNAA LILLAAHI WA INNAA ILEYHI RAAJICUUN!

Horta midi waa hadh caddaana
Midina waa himbiriirsi
Midna wayga hubsiimo.

MAXAMED: Midba?

NIN:

Midi waa hadh caddaan ahoo
Anigaa hiil iyo hoo'ba
Hareertaada la taaganoo
Mid walba kuu hidinaayoo
Waxba kaa hagran maayo.

MAXAMED: Fariid.

NIN:

Waxa aan hayo daayoo
Waxyaabo aanan heleynnin
Ayaan kuu haabanayaaye
Hiyigaaga u sheeg.

MAXAMED: Waar maxaad tidhi?!

NIN: Hantidu waaba saleelee
            Naftaan kuu hurayaa
            Waa himbiriirsi iyo
            Hiimsehiimse madow iyo
            Habeen bay ku jirtaa
            Bal qabsoo hadalkayga
            Horey maan u aqoonnin
            Haddaynaan odhanayn
            Gorayo waa iska haad
            Hiimsehiimse madow iyo
            Habeen bay ku jirtaa.

MAXAMED: Waar ku ma jirtee bal wad.

NIN: Midna wayga hubsiimo oo
            Niman maanta halmaama
            Arrinkii ku habboon
            Hilinkii garan waaya
            La inooga hanweyn
            Wuu hagooganyey xaalkuye
            Hullaabta aynnu ka qaadno
            Hoggii xaajadu leedahay
            Haaneedkeeda aan raacno.

MAXAMED: Ragannimo.

NIN: Taasina wayga hubsiimo
            Sida aad u la hayso
            Inay kuu la hadaaqday
            Iyo inaanay kuu hamranayne
            Adigu aad u hilowdey
            Waa inaan hortagaa

Oo gunta soo hirdiyaa
Oo inantii la hadlaa
Aan ka soo hor wareegee
Hooygoodii ina geeyoo
Haddadaa ina keen.

MAXAMED: Waa hagaag. Waa yahay ee ina dhaqaaji.

NIN: Waar hadda adeerow armaanad aqoon hooygoodaba?

MAXAMED: Waar maahee ina keen, anigaaba aqaanoo waabay i jeceshahaye.
Waa taase la hay, yaa?

NIN: Nabadey. Way ka dhacaysaa wallaahi!

MARWO: Nabadey.

NIN: Saw uun iska ma ladnid?

MARWO: Haa, waan iska ladnahay.

NIN: Waxoogaa ma ku la hadli karaa?

MARWO: Maaniga?

NIN: Haa.

MARWO: Soo daa.

NIN:
Hoobeey, na saddex haloo haween ceebiyo, hoobeyooy
Hawo dhacoodu uu yahay ey ragguna uu hagaag bidayooy
Oo ku habboon ayaa jira ey, hoobey hadal daboolan
        weeyaaney
Hee hooy naa sida hilibka kala qaadoo hoobayooy
Naa hooy hawraar dhacood sheegoo hoobayooy
Naa hooy halkudheggeedu uu yahay eey hoobayooy
Naa hooy may hogatusaalayneey hee heey?

MARWO: Allaylehe waad hadashay,
Saddex haloo haween ceebiyo
Hawo dhacoodu uu yahay
Aan ku hogtusaaleeyee

Hawraarta maansada iyo
Heesteeda iga baro.

MAXAMED: Waar ka baro.

MARWO: Midi waa hunguri badan
Dhakhso inay haf siiyaan
Oo cuntada uga horreeyaan
Ragga waw habboontahay
Waase heega dhaca dumar

NIN: War fayow!

MARWO: Midna waa hadhuub qaad
Raggu inuu wax haaneedshoo
Halo dhawr ah maalaan
Iyaga waw habboontahay
Afar inuu la hooy galo
Diintu waw hibeysaa
Waase heega dhaca dumar.

Ka saddexaadna waa hadaloo
Aniga aad ii haloosidayoo
Halxidhkaba lagu ma darin.

NIN: Naa labadii horeba garatee
Kii dambaad halmaansantahee
Adigaa haloosiyayee
Halxidhka wuu gelaayaa
Haweenku inay jeclaadaan
Oo ragga uga horreeyaan
Waa heega dhaca dumar.

Raggana waa hagaaggood
Ee waxaad u hakanaysaa
Halxidhaha u saaraysaa

Adiguu ku haystaa
Ee inanyahay loo hanweynyay
Ma mid hebeda baad tahay?
Mise hayin awr sidiisii baad
Ragga heeryo saartaayoo
Haamaha ku qaaddaa?
Siddi qabax!

MARWO: Huunnu huunniyi hadal maaha
Oo himbiriirsina wax arag maaha
Doqon baa habeen madow iyo
Hadh caddaan ah kala garan
Hoobal baad ismoodeysaa
Ceebna waad ii huwineysaa
Hilibkayga geli mayso e
Haddaanan kuguba hiifayn
Hoos miyaanad ugu dhicin?

Hanfade waalan inaad tahay
Hawraarta noo xidhan iyo
Haasaawe noo taxan baa
Labadayadu wada haynnoo
Hooygalkii arooskayagiyo
Ku heshiinney guurkii
Isna way hanweynyahay
Anna waan u heellanahee
Hawli kaa ma taal meesha e
Ma hoggaamiyaad tahayoo
Hayinkaad kaxaysaayoo
Hebedkaad xadaysaa?

Anna ma habrataan ahayoo
Hanadiyo halyey iyo nacas
Habacsane siduu yahay
Hannaanka uu rag leeyahay

Habkiisa waan aqaannaa
Adigoo kalaan heeryiyo
Haamaha dul saaraa
Waanay kugu habboontahay.

NIN: Naa sidaas ha odhannin!

MAXAMED: Bal haddaba wax waad maqlaysaaye,
waannu kuu yar faqaynnaaye.

NIN: Dahab, dahab. Laakiin way igu dishey
meesha!

MAXAMED: Marra waaxid, marraa waaxid.

HEES

MAXAMED: Maankiyo adigaa haa
Miyirkii la tegoo hoo.

MARWO: Madaxaygii adigaa haa
Maskaxdiisii la baxoo hoo.

MAXAMED: Marwooy hooy inaabti hee
Magooleey hooy inaabti hee
Magooleey hooy inaabti
Marwooy hoo hee inaabti?

MARWO: Waa maxay mudanow hoo hee?

MAXAMED: I madaddaali daali
I maaweeli weeli.

MARWO: Maxaa ku daaray?
MAXAMED: Mooyi. Miyaad i ogtahay?
MARWO: Maya. Maxaa ku daaray?
MAXAMED: Mooyi. Miyaad i ogtahay?

MARWO: Maya.

MAXAMED: I madaddaali daali
                         I maaweeli weeli
                         Mid ku la midaboo
                         Ku la midaa
                         Ma arag indho
                         Dhegana may maqaloo
                         Ma jirto, ma jirto
                         Ifkana maanay soo mariney.

MARWO: Madaxaygii adigaa haa
                         Maskaxdiisii la baxoo hoo.

MAXAMED: Maankiyo adigaa haa
                         Miyirkii la tegoo hoo.

MARWO: Mudanow hooy inaabti heedhe
                         Macaanow hooy inaabti heedhe
                         Macaanow hooy inaabti ah
                         Mudanow inaabti hooy hee.

MAXAMED: Waa waa maxay Marwooy hooy hee.
MARWO: I madaddaali daali
                         I maaweeli weeli
MAXAMED: Maxaa ku daaray?
MARWO: Mooyi. Miyaad i moogtey?
MAXAMED: Maya. Maxaa ku daaray?
MARWO: Mooyi. Miyaad i moogtey?
MAXAMED: Maya.

MARWO: I madaddaali daali
                         I maaweeli weeli
                         Mid ku la midaboo
                         Ku la midaa

Ma arag indho
Dhegana may maqaloo
Ma jirto ma jirto
Ifkana maanay soo mariney.

MAXAMED: Midhahaa hohobtiyo
     Madheedhkaad u egtohoo
MARWO: Murgayey anna haa
     Ku la mid baan ahayoo hoo
MAXAMED: Marna anna haa
     Kaa ma maarmi karoo hoo.
MARWO: Murgayey anna haa
     Ku la mid baan ahayoo hoo.

MAXAMED: I madaddaali daali
     I maaweeli weeli.

MARWO: I madaddaali daali
     I maaweeli weeli,

MAXAMED: Dee waa inoo caynkaa, yaa?
Marwo: Waa inoo dhantahay.
Maxamed: Haayeey.

(DEGMO IYO JAAL AYAA SOO GELAYA)

DEGMO: Hooddi hooddi.
GABADH: Hooddayn; haye?
DEGMO: Maxaad sheegtay?
GABADH: Bal iska warran waa nabade?
DEGMO: Nabade haye, maxay tahay heeska meesha
     ka yeedhayaa?
GABADH: Heesaha? Inaadeer waa reerka jaarkayaga
     ahoo waxa ay leeyhiin NAASTARO iyo
     GARAMAFON. Maalin walba aniguba

	halkaas uun baan ka raaxaystaa. Oo ma heestaa idin soo leexisey?
DEGMO:	Haa. Waannu yaabnee.
GABADH:	Alla aniguba waan la yaabay. Habeenkii iyagaan ka seexan waayaa. Fadhiista aan shaah idiin keenee.
DEGMO:	Alla mindhaa nin bay jeceshay? Jacaylka dhibta iga haysa maxay ka ogtahay, nin?
JAAL:	Oo jacaylku muxuu dhibayaa?

DEGMO:

Deeqay wayska ladnaan
Dunidase waayaha jooga
Sida daadka i qaaday
Garan maayo dabbaaloo
Dirqi baan ku jiraa.

JAAL: Waa maxay diiquna?

DEGMO:

Waxba kuu dedi maayo
Nin dabaysha sideeda
Duuflaalkaw soconaaya
Dantii aan garanayn bay
Dabar iigu xidheen
Maalintii iga daayoo
Habeenkii dibjir weeye
Xalaytaa u dambeysey
Albaabkii buu duqeeyoo
Daamankii buu i jebshey.

JAAL:

Ina Ducaale Warfaayeey
Illayn diiriba meysid
Oo iga wallaad damqanayn!
Doqonniimo miyaa
Kugu soo dacal dhawday
Waxan aad dugsanayso
Da'daadii ma ay gaabane

Ina Caateeye Dillaal aan
Aabbihii u ducayn bay
Dabar kuugu xidheen.

DEGMO: Haa.
JAAL: Hadduu maalintii daaho
Oo habeenkii dibjiraayo
Oo kuba soo deyi waayo
Saw dabkaa bi'i maayo?

DEGMO: Naa dabkay waa bu ba'aye!
JAAL: Ma daryeel li'idaa iyo
Darxumaad u dul qaadan
Maxaa ku dulleeyey Degmoy?
Qaaddigaa degdeg aadyar
Warqaddaada ka qaado.
Sidii saw tanuu diirku kaa murxay
Maxaa dulligaa ku baday
Aad la doorsantahay
Maadoo da'daan joogaa
Darxumo kugu deyrantahay
Degmooy ba'ayeey
Maxaa daamankii ku godey?

DEGMO: Allaylehe waa tidhi! Ma taas baad i tidhi?
Ma anigoo da'daa jooga baan qaaddigaw degdegi
Dadkoo dhan baa ila yaabayoo waygu diganayaan
Durbaba la fur iyo dalaaqdaan ka baqanayaa
Anoo dulligaa qabay dhaanta debedda oon u baxo
Dulqaadashadaydaa billee Eebbe igu daryeel.

Jaal: Naa ma diiddey waanadaydii hadda?
DEGMO: Yeeli maayo. Meeshaydaan ku sugayaa.

(IRRIDDA AYAA LAGU SOO GARAACAY)

DEGMO:	Waa ayo?
INA CAATEEYE:	Naa bal naga fur dee. Maxay leedahay!
DEGMO:	Soo dhaaf, soo dhaaf!
INA CAATEEYE:	Eee eee…
DEGMO:	Alla ma tuug baa waxa sidaa u hadlayaa?
INA CAATEEYE:	Tuug ma ahee waxa weeyaan SOU MARITO. Waannu ku dili doonnaa! Wallaahi billaahi, in aannu feedhi doonno. SENTI.
DEGMO:	Hee?
INA CAATEEYE:	Naa ANDIAMO BALLIAMO. Hoo hoo, hoo, hoo.
DEGMO:	Maya maya, maxaa kugu dhacay, maxay tahay waxa aad sheegeysaa?
INA CAATEEYE:	Hoo-hoo-hoo; hoo-hoo-hoo.
DEGMO:	Xaggeed tagtoo waxan ka soo aragtay?
INA CAATEEYE:	SENTI, beesaan doonayaa anigu. Lacag baan doonayaa, lacag.
DEGMO:	Beesadu waa maxay?
INA CAATEEYE:	Ani shalay lacag ku ma siinninoo?
DEGMO:	i ma i ma siinnin. Ma adigaa beeso keenay weligaa. Saddex beri kumaannu arage?
INA CAATEEYE:	Ufaa! Kuu ma soo doonan ku lahaa. Ioo… ee… ma doonayo anigu ee ee waxa aad yeelayso ma taqaan?
DEGMO:	Hee?
INA CAATEEYE:	Keen dahabka. Dahabka keen.
DEGMO:	Dahabkaygii ma yaal, gabadh baan siiyey.
INA CAATEEYE:	Yaad siisay?
DEGMO:	Gabadh. Gabadh baa iga ergisatey.
INA CAATEEYE:	Ani dahabkaygii miyaad gabadh siisay? MAMMA MIYA! Orod haddeer ii soo qaad. VIA.
DEGMO:	Hayee waan kuu doonayaa sug.

INA CAATEEYE: VIA E SUBITO AAH? Hoohoohoo, hoohoohoo (*cod cabsan*).

CUTIYA: Hooyo. Waar i dhegeyso. Alla waar Caateeyow waar bal kaalay wuu nasakhanyee. Wiilkuba wiilkii ma aha. BISINKA!

(INA CAATEEYE INTAA WUU DHURMAYAA OO BOODBOODAYAA, ISAGA OO CABSAN)

CAATEEYE: Naa heedhee, saw ma aragtid wiilka mas baa qaniinaye!

CUTIYA: Alla wax waabeeyeysan waa u egyahay!

CAATEEYE: Carrabkii baa intaa le'ekaaday (weynaadey).

CUTIYA: Haa, haddaba ma abeesaa mise waa mas adigaa kala yaqaane?

INA CAATEEYE: Shshshs! STAY SIITO!

CAATEEYE: Naa waa waabeeyeysanyahaye,

CUTIYA: Waa mas waxaan ku idhi? Alla hoogey!

CAATEEYE: Naa laga weyn. laga weyn.

CUTIYA: Ma gungumaa? Ma gungumaa?

CAATEEYE: Naa maya e saw waxa ka soo kamkamaya ma aragtid? Maydhax jeerin inuu cunay waxaan ahayn…

INA CAATEEYE: (*cod sarkhaansan*) ADIO, ADIO, ADIO!

CUTIYA: Hooyo ma mas baa ku qaniiney mise abeeso?

INA CAATEEYE: (*cod cabsan*) Maya, maya.

CAATEEYE: Waa dibbiray. Waa dibbiray! Saw waxa ka karaya ma aragtid?

INA CAATEEYE: BAABA iyo ISTOO BEENE.

CAATEEYE: Baa-Baa! Soco, soco, meelo daran baan kugu ogahaye. Bal waxay leedahay, illayn Cutiya waxba ma oga.

CUTIYA: Alla wiilkayga! Alla hoogayeey! Dhaqaaladarridayda waan u malaynayey in mas ama abeeso heleyso. Alla hoogaye wiilka waabeeyaa saaqday.

CAATEEYE: Oo weliba…ma abeesaa ku ruugtey laftigaaga, bal waxay nagu la hadlayso dhugo!

CUTIYA: Hay habaarine, Alla wiilkaygii! Waanu taagan yahay, markaasaanu ka naxayn. Naa dhakhtar ii doon, eeddo.

CAATEEYE: Dhakhtar? Mindhaa la ma dhakhtariyo! Isagaa isdhakhtarin doona e bannaankiisa ha joogo. Bahashii kululayd buu ka dhergey. Saw waabeeyadu ku ma saaqin goortuu daacay?

CUTIYA: Waa maxay bahasha kulul ee aad sheegaysaa?

CAATEEYE: Waa khamro.

CUTIYA: Waar ha caytamin baan ku leeyahay.

CAATEEYE: Waa runteed. Wiilkeedu waxaas ma yaqaan, adeer.

DEGMO: Adeer?

CAATEEYE: Anaa aabbahaa kaa doonay. Naag sharaf leh oo gob ah baad tahay; adigu waajibkaagii waad ka soo baxday. Wax Alla waxaad rabtid masruuf korkayga weeye. Aniga FOOGAYGA CALAA KULLI XAAL weeye. Halkaas ii joog.

DEGMO: Waa yahay.

CAATEEYE: Ma garatay adeer? Ceebla' waa ku kaa.

CUTIYA: Waar haddee wiilka sidee baan ka yeelaynaa, waad u jeeddaa inuu wareersanyahay oo waabeeyadu saaqdaye? Alla waxaan ka baqayaa in lagugu waaweynaadey, sida dadka qaar!

CAATEEYE:	Waar nimanyahow waabeeyo saaqdaydaas ma aragtaan!
CUTIYA:	Waa dee mastu lugahay gashaa, waa ta lugta buurta.
CAATEEYE:	Haye? Waa abeeso markaa miyaa? Waa isku mid dee hadduu haddeer belaayo liqay iyo haddii abeeso liqdo waa isku laqaytinkii. Yaa? Maadaa kala jecel? Waxaan ku leeyahay naa boqolle i le'eg weeye oo bishii lacag qaata, wiilkan dammaanka noqday, mar dambe inuu gurigayga yimaaddo ma rabo.
CUTIYA:	Caateeye afar boqolba Alle ha ka dhigo e bal faraha wax ugu laab inuu intii dhaamo.
CAATEEYE:	Intee?
CUTIYA:	Lacagtii oo dhanna waa tii uu Xaaji Dugsiiye qaatayoo waa faramadhanyahaye.

CAATEEYE:

Naa boqolle weeye i le'eg
Oo bishii lacag qaata
Haddii uu dadkii boobay
Oo biilkii bixin waayey
Ma taydood u boobtaa
Iyo deynka ood bixisid
Ayaad ku badbaadin lahayd?

Naa bahal ceerin ma daayo
Baalina maaha nadiif
Bakhaylna maaha akhyaare
Waa inuu booli cunaayo
Amaahda sii badsadaa
Xaaskiisiina bakhtiiyoo

Way u baahan yihiinoo
U ma keenayo beesad.

Bannaankuu u hoydaayoo
Inanku bayni-baxyee
Adigaa bilbilaayoo
Beerku kuu naxayaaye
Kani waa inan baas
Hadduu buur ka dhacaayo
Boqontaa isjaraayo
Cutiyaay u bannee
Baga haddaad ku tidhaa
Baxsanuu noqon laayoo
Waayuhuu baran laaye
Ninba meesha bugtaa
Asagay belbeshaaye
Haddii uu bakhtiyaayo
Biyo hayga waraabin.
NON DARE UNA BAKEERI DI
AKUWA!

CUTIYA:	Waar illayn anigaa reerka faraha ku haya, wiilkuna waa wiilkaygiiye,
CAATEEYE:	Hee?
CUTIYA:	Wado hadalkaaga.
CAATEEYE:	Maxaan wataa waan dhammeeyaye. Biyo hayga waraabin baan kugu idhi.
CUTIYA:	Waan waraabinayaa. Beer wax dhalay, Allaah! Waa curadkaygii!
CAATEEYE:	Hadalka hayga qabannin boqol gooraan ku idhiye.
CUTIYA:	Caateeye haddee naga daa gujo-hoosaadka oo, ...
CAATEEYE:	Bal aniga maxaa habar gawsihii ka dhaceen igu ag xareeyey?!

Maan shaqadayda qabsado. Aniga Cutiyaay
hadhowto war baa iman doona. Si fiican ii
la dhaqan. Haa, haddana waxa aan aadayaa
suuqii hargaha.

CAATEEYE: (*isaga oo isla hadlaya*) Ilaahow cilladdan iyo
amuurtan! Sidee baannu yeellaa. Bal
habartan iyo aniga, haa! Hal ii daranaa,
halla ii daranaa, ii daranaa.

COL: Salaamu caleykum!
CAATEEYE: Caleykuma salaam. Waar waa wareey! Oo
maanta waa la dhanyahay akhyaartiiye?
COLKII: Waar waa dhannahay. Haye?
CAATEEYE: Waar maxaa….. Gabadhiinniina hadday
tagtay. Cutiyaay.
COLKII: Waxba maaha e.
CAATEEYE: Haa, haddeeray tagtayoo waa in reerka aad
foolbaxsataan.

COLKII MID: Maya ee gurigaan awel baan ka foolbaxsan
jirnaye, taas waxba ku ma jiraan haddaan
maanta, yaa! Muraadkeenna kaleeto.
CAATEEYE: Haa, horta horeeto gabadhiinna ma
joogtee.
COLKII: Maya maya, guriga Xuseen Muruq baan
haddeer soo marnay oon ka soo
foolbaxsannaye, iska wadoo.
CAATEEYE: Haa. Maxaa muraad ah ee maanta la iigu
yimi? Ha la ii sheego.

COLKII MID: Caateeyow xididku waa ma huraan
Oo waa halbawlaha dhiigga e
Dhuuxa maraaya hilbaha
Annagu waysu hanweynay

Oo hiddaraaca dhankiinnaan
Horseedkiisa ahayn
Hagaag bayna dhex yaal
Heshiisna waynnu ahayn.

CAATEEYE: Waa jirtaa.

COLKII MID: Hanti aan isa siinniyo
Hablahoon kala doonnana
Horaba waa mid u tiil
Haddana wayska sidii.

CAATEEYE: Wado, wado.
COLKII MID: Haddee innagu hiil iyo hooba
Hal qudhaynu ahayne
Inantaa hanaqaaddayee
Hablahaaga u weyn baan
Horseed kaaga ahayne
Ina-abtigeed oo hananaaya
Halyey weeye hubaale
Adigoo u hibeeyey iyo
Annagoo hambalyaynna
Iyo hibadaan sidno maanta
Caateeyow naga hooyoo
Hadde bal amuurtan hagaaji.

MID KALE: Xaalka maanta hagaaji.

CAATEEYE: Horta nimanyahow hadalkiinniyo
Hawraartanaydun waddaan
Halkudheggeedu caddaa
Ma hoosiis hadh la moodiyo
Hargo-waalli garaac baad
Iigu soo hurgufteen?

COLKII:	Maya.

CAATEEYE: Horta hablahaan isa siinniyo
Hidda-raaciyo guurka
Horaba waa u taxnaa.

COLKII MID: Marag baan kaaga ahay.

CAATEEYE: Xididkii ku hagaajana
Wuxuun baa kaaga habboon
Adigoo hambalyeeya.

COLKII MID: Waan kaa filayney in aad na hambalyayso.

CAATEEYE: Intaasi wayga horyaaloo
Hambadiiyoo ka dambaysiyo
Hal yaraan gocanaayo
Aynaad haabka ku haynoo
Hiyigayga ku beeran
Bal maydiin hinjiyaa?

COLKII: Noo hinji, noo hinji.

CAATEEYE: Bal maydiin hinjiyaa?

COLKII: Noo hinji, noo hinji.

CAATEEYE: Hooyadeed inantaas
Hawlihii iga gaadhey
Hantidaydii wareegtey
Horweyn iyo irmaanba
Geelaygii lagu heesaye
Hayinkii la kaxaystay
Hilqadlow qorigaygii
Hubka aan ka lahaa
Reerkiinnaa la hulleelay.

COLKII MID: Lagaa ma xoogine adaa dhiibey.

CAATEEYE: Heetiyow faraskayga
Isagoo hardafaaya oo

Sida haadka lalaaya oon
Heensihii u dhammeeyey
Anigoo hoganaaya oo
Weliba ciil la hagoogan baan
Hoggaankiisa isdhaafshey
Ilaa aad hantideenna
Cutiya lay ma hibeynnin.

COLKII MID: Gabadh goosataan ku siinnay!

CAATEEYE: Waa halkaan la sugaayey
Waa halkaan la sugaayey
Waa halkaan la sugaayey
Nabsigii hardafaayey
Awel wuu hakanaayaye
Habeen soo dhixi maayo e
Imminka haadda lalaysiyo
Hawaduu la socdaayoo
Wuu ii hiillinayaayeey!

COLKII MID: Waa kaa hiillinayaayeey!

CAATEEYE: Imminka haadda lalaysiyo
Hawaduu la socdaayoo
Wuu ii hiillinayaayeey!
Idinna haabka adduunyo
Illayn waad hidisaane
Ilaa aydun hortaydiyo
Hareertayda dhigtaanoo
Anigu aan haqab-beelo
Inaydaan hooy la geleynoo
Heblaayooy odhanaynin
Habeenkii ina dhaafiyo
Saw hal soo gudhay maaha ey!

COLKII:	Caateeyow halkii aad ku ogeydiyo Hooyadeed wakhtigeediyo Hablihii iibka ahaa Hawshu maanta ma joogtoo Hawadays beddeleysa oo Waa horuukac wanaagsan.
MID KALE:	Lix iyo lixdankii baa lagu jiraa. Nacam, 1966.
COLKII MID:	Hilqadlow qorigaaga Hubba kaad ka lahayd Halkani maaha colaadoo Habeenkii lays ku ma duulo Waa heshiis nabadeedoo Calankaan hadhsannaaye Haddii aannu ku siinno Halkaad geysan lahayd? Nin kuu hilinahaaya Halquunkiisaba goo'iyo Hooggaa kuugu wacnaaye, Yaa? Heetiyow faraskaagii Dameer heenso wanaagsan Oo intaad hiirtii la toosto Degaha loo haghagaajoo Halkiisii naga qaado oo Hoomada ugu shaqyso.
CAATEEYE:	Dagaal baan ka xigaa. Dameer ma dhaansado.
COLKII MID:	Kabahaan horta dhuubanee Dumarku uu ku hadaafo Iyo maryahan hilhillaaca oo Hadiyo hoos la yidhaahdana Inantaannu u haynnaayoo Hore ayaan ugu iibshey.

CAATEEYE:	Haddeerayba way qabtaa.
COLKII MID:	Horweyn iyo irmaaniyo
	Halahaad tirinaysana
	Halkan looga ma baahnee
	Hilbaha yaalla kawaanka
	Kiiladaada haf siiso oo
	Hungurigaagiyo fuudka
	Hig intaad isku tidhaa
	Hooskaaga iska la seexo
	Hana hoojin yartaada
	Intuusan mid habaaran
	Oo nikaaxa halmaamsani
	Intuu hoos u la shawro oo
	Horta gaadhi ka saaro
	Uusan hawdka la aadinoo
	Hoogeydeer xumi yeedhin
	Huqdeeda iska wareeji
	Yarkanaan u hayaaye.

COLKII:	Haa, waa kanaa. Yarkan weeye.
COLKII MID:	Hadalkii wakhtigeennu
	Halkaasuu ku dhammaaday
	Ee ama diid ama yeel.

CAATEEYE:	Haddee ma wax baad iga bariday mise
	waad ila talisay?

COLKII MID CUSUB:

Waar halkanaan fadhinnoo
Hadalkii waannu dhammaynnee
Hal yaroo dhexdhexaad ahoo
Cidna loogu hadlaynnin
Bal maydiin holladaa?

CAATEEYE:	Oo dhexdhexaad ah?
COLKII MID:	Haa.
CAATEEYE:	Allayle bal ku dhufo.

COLKII MID:
Ragga oo hindisaa iyo
Hareertuu ka shiraayiyo
Haasaawaha isla jiidha
Horeba way u jireysey.

Gego laysugu haabtoo
Laba heeri ay gaadhey
Warka huuf iyo haafee
Dabayluhu hufayaan iyo
Hanweynaanta adduunyana
Kol waa lays holliyaa.

Ha yeeshee dabadeeto
Kolka laysku harraado
Waa la soo hojiyaayoo
Heshiiskaa la dhigaa.

Caateeyow hadalkaaga
"Heetiyow faraskaagii
Hilqadlow qorigaagii
Horweyntii iyo irmaankii
Geeleygii lagu heesay
Nabsigii way hiillinayaa
Waa soo hakaabsanayaa"
Waar maxaa kaaga hillaacay?

Nin hiirtaanyo xusuustay
Walaalkii ma hagaajo.

CAATEEYE: Oo adigu dhexdhexaadkii baad ahayd?

COLKII MID: Wakhtigaad hibanayso
Hawshu maanta ma joogto
Habluhu maaha kuwiiyoo
Habqankoodu magaaliyo
Meel walba way hirdiyeenoo
Maanta wayska hallow.
Hallow weeye.

CAATEEYE: Ninkii arkay yuusan deynnin.

COLKII MID: Waa habeenno adduunkuyoo
Waa hayaan iyo guuloo
Waa hadhkays beddelaayoo
Waa hoosiiska galbeedoo
Meel daruurtu ku hoortiyo
Haradu waa engegtaa.

Intee geed hadh-dacaaroo
Hadhac guudka ka mooddo
Halkuu doono ku yaalloo
Nin gaadhaa ku hantaaqmay?

Intee baa hodan maal lehoo
Hagradeen bixinaynninoo
Hidinoo ku bakhayl ah
Hablaha loo gelbiyaayoon
Marna loo hoyanaynnin?

Intee baa mid harreefa oo
Hiigaanood nacas mooddo
Hadhow beeshu u aydoo
Harqiyoo wada deeqoo
Hebelow la yidhaa?

Adduunku wayska halkaasoo
Nin hantaana ma gaadho
Nin hayaa ma dhammaynnin
Hawsheedii ma idlaato e.

Adeerow hiyigaagan iyo
Hanqalkanaad la kacaysee
Hanweynaanta la moodiyo
Hungurigaagan ka dheer
Hoos u soo celiyoo
Inantaa hanaqaaddaye
Hablahaaga u weyn
Intaanay heegada guudkiyo
Hawadaa la cayaarine
Horor guura-gelaayaa
Habeenkii la balweynninoo
Haddee baararka geynnin
Hibeeyoo ku ducee
Taasi wayga halkaa.

Qoladiinnan hammootee
Hablo doonka ahaydna
Ninba waa hantidiiye
Idinkoon hagranaynin ...

COLKII: Hee.
COLKII MID: Dee wuxuun maad hollataanoo
               Horuu soo dhufataanoo
               Bal wax keena haddee.

COLKII: Maye, annagu waannu dhammaynaynnaa.

CAATEEYE: Magan Alla iyo Magan Rasuul! Horta wax
               jirta, ma layla hadlay mise ma taqaannaa,
               waa lay waaniyey?

COLKII:	Mayee waa…..
CAATEEYE:	Anigu gabadhii bixiyey horta. Ma garateen?
COLKII:	Waa noo guddoon. Guddoon weeye annagana. Waa guddoonney.

CAATEEYE:	Intaydaan hig isku siiyaa. Dee bal Cutiyana haddee gabadhu waa gabadhiinniye, waa taad dhasheen. Haddeertana waxaa ninkaasi yidhi habarteed…naag wanaagsan baannu ku siinnay. Markaa macnuhu ma naag xun baannu kaa doonaynnaa baa?

COLKII:	Maya, maya. Waxaasi waa iska kaftan. Hooyadeed oo kale weeye. Waa inantayadii. Inani waa hooyadeed.

(CUTIYA AYAA SOO GELEYSA)

CUTIYA:	Waar Caateeye.
CAATEEYE:	Cutiya.
CUTIYA:	Adna ma markaagii baa NAASTARO kuu yeertay?
CAATEEYE:	Anigaa? Adduun waa laysu yeerahayaa!
CUTIYA:	Maxay ahayd qayladu, mise waad digriyeysey sidaydii?

CAATEEYE:	Maya ee maanta rag baa i qabtay.
	Haddii aan Cutiyaay
	Oday reerka u heellean
	Iyo habartiisa ahayn
	Anigoon is hafraynnin
	Midkee baa wax hodaaya
	Oon danta hoos u deyeynnin?
	Midkee baa hananaaya oo

Hawlihii ina dhex yiil iyo
Hagaagga reerka dhisaaya?
Halkaasina wayga su'aal, Cutiya?

CUTIYA: Carruurteenna hanaqaaddiyo
Reerkaynu haysanno maanta
Anigaw heegan ahaayoo
Hawlahaan fulinaayey
Bay ku soo hirgaleen.

Horraysiyo dambayso
Ama hoos iyo guud
Hareeraha waxa yaalla
Anigaa hollinaayayoo
Danteennu ay ku hagaagtey.

Adigu waad hagranaysoo
Hoosaaso luggooyo oon
Dharaartii soo hadh gelayn
Habeenkiina qarsoon
Anigoon ku hafrayn
Hor Ilaahay haddaan
Caateeyow u hadlaayo
Ayay hawraartaadu ahaatay
Haddii aad ka murmaysana
Markhaataan u hayaa.

CAATEEYE: Dharaartii soo hadh-gelaynnin
Habeenkii soo hoyanaynnin
Hadalkaagu tiro badanaa. Waa iga batay.

Adduunku waa har wareegoo
Waa hoosiis galabeediyo
Wax aan laysku hallayn
Ma harayso huqdiisu yoo

In badan baan haqabbeeliyo
Hurdo aan boganaynney

Ma harayso huqdiisu yoo
Nin kastoo haakah yiraahda
Hoh uun baa u dambaysa.

Wax badan baa harraad iyo
Gaajana ina heleenoo
Maynu hoodo xumaannin
Noloshu waa hagardaamo oo
Waa habeen ku dhaxaas.

In badan baan haqab soor ah
Iyo hilbo aynnu cuneynayoo
Caano aan hirqaneyney
Habeenno aan la illaawin iyo
Maalmo aan la halmaamin
Oo hore saw garan maysid?
Haddii Eebbe yidhaahdana
Dar kaloo hibo weyn lihi
Waa inoo hadhsan yiin.

CUTIYA: Caateeyow,
Habeennadaan la illaawin
Iyo maalmahaas aan la halmaamini
Waa heshiiskii dhexdeenna iyo
Hoygalkeennii arooska.

CAATEEYE: Runteeda! Ahahaa.

CUTIYA: Hogoshii onkodeysey
Hillaacii widhwidhaayey
Hir doogoo ka dhex beermiyo
Wixii heeli bislaadee

Higlo ay midho saartay
Hohobtaan guraneynney
Iyo hoobaantaynu cuneynney
Weligay ma halmaaminoo
Hiyigaygiyo laabtiyo
Calooshaan ku hayaa.

Adigoo habasoobiyo
Anoo maanta habroobey
Illayn haatan gabownaye
Habeennadii ina dhaafay
Hiirtaanyey kiciyaane
Haygu soo hadal qadin.

CAATEEYE: Haygu soo hadal qaadin!
Haasaawe weeye intaasiye
Ujeeddadii hadalkayga
Anigoon hamranaynoo
Huruuf kuugu darayn
Ayaan kuu hufayaayoo
Hagaag kuu tusayaaye
Hawraartayda dhegeyso.

Haween kaa ma dhigeyn
Illayn waad ka horreysaye

CUTIYA: NACAM!

CAATEEYE: Haaneedkii taladaydaan
Hareertaada ka joogtaye
Hadhuubkaan wada hayniyo
Hawlaha reerka ku saabsan
Wax dhan baad hordhiciisiyo
Hambadiisa wadaagney.

CUTIYA: Aan uba badnaado e.

CAATEEYE: Haatan ma ihid sidiiyoo
Cutiyaay hilinkii iyo
Waddadii ka habawday
Inantii way hanaqaaddayoo
Hilaaddii gaadhey hablaha
Lagu guursan lahaa
Shan qolaa isku haysta oo
Mid walbaa uu noo hurayo
Adduun aan ku hodmaynno
Waxa loogu hanweyn yayna
Hagaag ay leedahay weeye
Adigaa u horseeday
Xumahaad ka hireysayoo
Samahaad ku hageysey
Gabadhii hooyo wanaagsan,

CUTIYA: Allow ma ogtahay!

CAATEEYE: Iyo aabbe hagaagsan
Hilibkeedu ka beermana
Hoodo Eebbahay weeye oo
Waa ku soo hirataaye
Saw habeen dhalad maaha?

Halkudheggeeduna waa
Hayinka laysku xidhiidhsho
Weligii kan horreeyaa
Kan dambe uu higsadaa

Intaasi wayga horyaale
Hogatus baa la yidhaaye
Midka aan la hagoognee
Sidii aan lug ka heermay

Aan la heetinahaayo
Yaan haatan kuu gelayaaye
Hoos u fiirso midhkaas.

CUTIYA: Soo daa.

CAATEEYE: Ninkii maanta u heellan
Yaradna noo hidinaaya
Oo hananaaya nafteeda
Haddii aan u hibeeyo oon
Heshiiskeeda dhammeeyo
Cutiyaay hadalkaas
Ma hal baa kugu seeggan
Oo hoosiis kaaga jiraa?

CUTIYA: Gabadhii hooyo wanaagsan
Iyo aabbe hagaagsan
Hiddaheedu ka beermo e
Geyaankeed u hanweyn yay
Rag nimaan hanaynin
Caateeyow ka hor joogso
Oo hanti uun lama doono e
Hunguri yaanu ku qaadin.

Haacoo aan xaslanayn
Billaynood u horseedday?

CAATEEYE: Xaasha.

CUTIYA: Waa hangaagga la sheegee
Dumarku "hoogey" yidhaahdo
Oo arrintoo hadh-cad joogtaan
Hoosiisba lahayn buu
Habeen soo dhex geshaa

Rag ninay ku habboon tahay
Waa inaan hubsannaa
Awr aan heeryo lahayn
Haddii haamo la saaro
Hayin kuu noqon maayee
Hogta aan ku tusaayo iyo
Halkudheggaad wadataa
Haddaynaan ku heshiinnin
Arrintu saw kala haab iyo
Kala haad noqon mayso.

CAATEEYE: Kaaga marag! Inanku waxa weeyaan aan kuu sheego e maalintii lagu yidhi nin baa lagu siinayaa markii hore ma naxday?

CUTIYA: Waan naxay.

CAATEEYE: Markii lagu yidhi aniga oo timuhu intaa i cad yihiin halable lagu yidhi waa ninkaasna sidee baad noqotay? Hadda waa innagiiye?

CUTIYA: Hoohoo. Waar nin isfaanshey waa ri' isnuugtaye, dhakhsoo haye?

CAATEEYE: Ninku waa ninkaas, waa wiilkaad eeddada u ahayd.

CUTIYA: (*Mashxarad*). Awel baan ogaa inaadan na dhaafayn annaga. Taas waad naga aragtaye. Allaahu Akbar!

CAATEEYE: Naa haddeerna ha ii darin adigu!

HEES

KOOX:
Hooyadii wanaagsani
Ubadka way hagaajisaa
Hore inay ugu maraan
Ayay ku hanuunisaa

QARSHE:
Hanatoo samahay
U hoggaamisaa
Hanaqaadka ayay
Hiddaheedu noqdaan
Waa loo horseedaa
Haweeneydaad ku hiraneyso

KOOX:
Waa hoodadaadiyo
Habeennadaadee

QARSHE:
Waa hoyga noloshaad
U hawl geleysee
Habaarka iyo ceebta
Way ka hirtaaye
Hadallo wacanoo
Hufan bay bartaa
Waa loo horseedaa
Haweeneydaad ku hiraneyso

KOOX:
Waa hoodadaadiyo
Habeennadaadee

QARSHE:
Waa hadh-galkaagiyo
Hadhimaadee

KOOX:
Hooyadii wanaagsani
Ubadka way hagaajisaa

Hore inay ugu maraan
Ayay ku hanuunisaa.

GABAY

NIN:

Hooyaalayeey hoyaalayeey hoyaalayeey hooye
Hooyada wanaagsani ilmaha way hab gelisaaye
Hannaanka iyo sida loo dhaqay ugu horseeddaaye
Hagaagga iyo farsamaday bartaa ku hambalyeysaaye
Heeraabta iyo bay tustaa haabka duniyeede
Haasaawaha iyo sheekooyinkay ugu hadaaqdaaye
Isagoo dhamman wada hayuu hanad barbaaraaye
Kolkaasuu hakaabsiga filkii ugu horreeyaaye
Kolkaasuu hannaankiyo murtida ka haqab-beelaaye
HALOW MAAMMA YES hooyo iyo hadal
          shisheeyaadka
Haddeer waxa kharribey baadidaad ku hirgisaysaane
Haweenkii dambow ubadkii waad wada hallayseene
Hataq baad ka wada daadiseen hogobbo dhaadheere.

KOOX: TACEESH TACEESH.

NIN:

Hanfafka iyo hanweynaanta iyo haabashada beenta
Handabsiga indhaha iyo caqliga laga halmaansiiyey
Horaanu u marray leeyihiin hoosna loo noqoye
Hiddihii iyo af Soomaaligii bay habow ka joogaane
Haweenkii dambow ubadkii waad wada hallayseene
Hataq baad ka wada daadiseen hogobbo dhaadheere.

Hadhka guriga hooskiyo rugtiyo hooyga geyigooda
Heesta iyo weglada sheekadiyo hugunka taariikhda
Halkaasuu ka soo wada bartaa halalka waaweyne

Hadduu inanku hilinkii ka lumo haabashada reerka
Amay inantu heegada cirkiyo haadda la ciyaarto
Hedaan goli ku jirin bay riyada soo hambaaberiye
Habeen tegey dib u ma soo noqdoo waa hangalallowe
Halkee baa lagaga qaban taladu saw heerkii ka ma guurin?
Waa magacyo kale hebelladaad haatan bixiseene
Haweenkii dambow ubadkii waad wada hallayseene
Hataq baad ka wada daadiseen hogobbo dhaadheere.

KOOXDII: Dhaadheere, Dhaadheere. Waa tahay!

(INA CAATEEYE OO MEEL KU DIBJIREY).

INA CAATEEYE: Alla meesha aan hurdaa waa maxay?
                 **INNAA LILLAAHI WA INNAA
                 ILEYHI RAAJICUUN!** Tolow meeshan
                 oo qorraxdu iigu soo baxdo, saw dadka oo
                 dhami i ma i ma i ma wada..............
GABADH: Haye, sidee tahay?
INA CAATEEYE: Sideen ahay?
GABADH: Maxaa kugu dhacay?
INA CAATEEYE: Naa mooyee naga tag, yaad noo taqaannaa?
GABADH: Waar maxaa jira, adaan ku aqaannaaye?
INA CAATEEYE: Wallaahay i ma i ma i ma taqaannide,
                 raalli ahaw.
GABADH: Wacadallee waa yaab!

HEES

INA CAATEEYE: Degmaan gurigeedii dumiyoo
Dabaylay aday la duuloo
Dib baad ii dhigtoo dayoobee
Dawgaan marayaan ka daahayey
Ka daahaayey ka daahaayey

Iddaa iddaa, iddaa iddaa
Waan debecsanee iddaa
Hay kala daadine iddaa.
Iddaa iddaa, iddaa iddaa.

GABADH: Ku doonoo adaa i doortoo
Daryeel baan kaa rabaaye
Duuflaalyahow xaggaad u duushay?

Daawadeennii ha duminey
Daawadeennii ha duminey

Iddeeq iddeeq, iddeeq iddeeq
Ku deyn kari maayee iddeeq
Hay diidini ii dedaal oo iddeeq
Iddeeq iddeeq, iddeeq iddeeq.

INA CAATEEYE: Duqii i dhalaa i deyrshoo
Dadkii ka baxoo dullooboo
Daraaddaa ayaan dan seegee
Dawgaan marayaan ka daahayey
Inaan dedaalaan u duubtayey

Iddaa iddaa, iddaa iddaa
Waan digtoonahaye iddaa
Iddaa iddaa, iddaa iddaa.

GABADH: Midhaha daray lama furfuro oo
Duuduub baa lagu liqaaye
Ha duuline hadalka daa
Dadnimadeennii ha dooriney
Ha dooriney ha doorineey
Dadnimadeennii ha dooriney

Soo deg soo deg, soo deg soo deg
Dushaad u baxdaye ka daa
Hay kala daadine iddaa
Soo deg soo deg, soo deg soo deg.

INA CAATEEYE: Da'daydii adayga reeboo
Nin digo galay diirku muruxyoo
Dabkii iga baxay i damaqyeey
Dawgaan marayaan ka daahayey
Ka daahaayey ka daahaayey
Dawgaan marayaan ka daahayey.

Dawgaan marayaan ka daahayey
Ka daahayey ka daahayey
Inaan dedaalaan u duubtayey

Iddaa iddaa, iddaa iddaa
Ima dagi kartide iddaa
Waan debecsanee iddaa
Iddaa iddaa, iddaa iddaa

GABADH: Halkii i dalooshey damaqdoo
Deelqaaf amba kuuma quudhee
Ii soo debecoo i daaddahee

Dunida kaan ka dugsadow
Ka dugsadow ka dugsadow
Dunida kaan ka dugsadow

> Iddeeq iddeeq, iddeeq iddeeq
> Ku deyn kari maayee iddeeq
> Hay diidini ii dedaal oo iddeeq
> Iddeeq iddeeq.

INA CAATEEYE: Iddaa iddaa

GABADH: Iddeeq iddeeq

INA CAATEEYE: Iddaa iddaa

GABADH: Iddeeq iddeeq.

INA CAATEEYE: Iddaa, iddaa. Waad nagu soo taagan tahay!
Waar illayn anagaa Ilaahay wax na tusay!
Naa heedhee ma la igu kaa soo falay? Yaa?
Waxba maqli weydayoo waad soo taagan
tahaye, maxaa ku helay?

GABADH: Abaalkayga sidaas inaad ka dhigeyso waan
u malaynaayey!

INA CAATEEYE: Waxaan ku leeyahay cawrada bandhigaay,
cambuur gaabaney, caloosha muujiyaay,
xuub caaro huwatooy, casarkii seexatooy,
cirteed bogatooy, caynkii hooyadaa ku
dayo, cawra la' cidhib lay. Iddeeq iddeeq
(*wuu canjilay*).

GABADH: Waar intaad cuntay oo cabtaad carartee
Waar ceebtiyo xumahaad u caynsantee
Calooshii la cayaar ciil ka ma baxaw
Waar Calooshii la cayaar.

INA CAATEEYE:

Cidhbo dheer kabo baas cagaha gashatooy
Carrowdooy fiidka iyo cishaha socotooy
Caynkii hooyadaa ku dayo Cawrala'
      cidhiblaay.
Allow talo!

GABADH:

Cagligaad isfoororisoo ciirsilaad isdhigtoo
Waar Cabbanow cidlaad ka calaalalaysaa
Ee calooshii la ciyaar ciil ka ma baxow
W a a r C a l o o s h i i l a c a y a a r.

INA CAATEEYE:

Cidhbo dheer kabo baas cagaha gashatooy
Carrowdooy fiidka iyo cishaha socotooy
Caynkii hooyadaa ku dayo Cawrala'
      cidhiblaay.
Allow talo!

GABADH:

Cagligaad isfoororisoo ciirsilaad isdhigtoo
Waar Cabbanow cidlaad ka calaalalaysaa
Ee calooshii la ciyaar ciil ka ma baxow
W a a r C a l o o s h i i l a c a y a a r.

INA CAATEEYE:

Hooy Hooy, caweyskii baxdooy, cag-ma-
dhigaay, baabuur cararaaya cidhifka
qabsatooy!

Cabbaar laydha i gee
Iyo ciidda Digfeer
Aan calyaale tagno
Tuu codkeedu noqdaay!

Naa hooy haddaad caqli leedahay caynkii
hooyadaa ku dayo, Cawrala' Cidhiblaay.

GABADH:
    Waar carruur ma tihidoo
    Cirroolaad tahayoo
    Caaqiibo ma lihidoo
    Cidhibtaad la'dahayoo
    Calooshii la cayaar
    Ciil ka ma baxaad tahay!
    Waar Calooshii la cayaar.

INA CAATEEYE:
    ALLAAHU AKBAR!

    Ciddiyaha ma guraay
    Huryadii af caseey
    Ma sida caarre shabeela
    Iyo coomaaddoo kalaa?
    Caado aanay lahayn
    Weligeed calmatooy
    Casarkii seexatooy
    Cirteed bogatooy
    Caynkii hooyadaa ku dayo
    Cawrala' cidhiblaay!

GABADH:
    Calooshii la cayaar ciil ka ma baxaw
    Waar Calooshii la cayaar.

INA CAATEEYE:
    Waar casarkii seexatooy
    Cirteed bogato.

GABADH:
    Waar Calooshii la cayaar.

(NIN YAABBAN AYAA SOO GELAYA)

NIN:
    Waar illayn belaayo badanaa! Waar maxaa
    rag belaayo u laaban!
    Waaryaahee, saw maad ahayn Ina Caateeye
    Dillaal?

INA CAATEEYE:	Haa.
NIN:	Waar maxaa ku dulleeyee Dildillaacshey dharkaaga?
INA CAATEEYE:	Adigu xaggaad ku jirtey?
NIN:	Oo tanna maxay ahayd? Waar maxaa rag belaayo u laaban? Waar maxay ahayd belaayadan yuubani? Awel saw gabadh maad lahayn?
INA CAATEEYE:	Tani waa tii i ibtilaysee halkaa i dhigtaye iga daayoo?
NIN:	Waar illayn belaayo habeen ka ma tegin!
INA CAATEEYE:	ka ma tegin!
NIN:	Xaggee tanna iska soo gasheen?
INA CAATEEYE:	Garan maayo.
NIN:	Maxaa sidan kuu dhigay?
INA CAATEEYE:	Waxa sidaa i yidhi dee waad arkaysaa. Iyada wax la mid ah ayuun baa sidaa ii galay.
NIN:	haye?
INA CAATEEYE:	Teeda kale aniga iyo odaygii waannu dirirsannahay oo wuu i dayriyey. Dee anna ciilkii uun baan markii magaalada la galayoo—dee khalaas!
NIN:	Oo halkaad ka toostay miyaa?
INA CAATEEYE:	Halkaasaan hadda ka kacay.
NIN:	Oo haddaan imminka odaygii u ergeeyo oo arrintiinna bal aan dhex galo oo aan odaygii la hadlo. Reerkiinnii maw toobad keeneysaa oo wixii ma ka soo noqonaysaa? Nin ma noqonaysaa wakhtiga kan?
INA CAATEEYE:	Waar haa, Alla waar haa.
NIN:	Ballan ma qaadaysaa anigaa odayga qabane?

INA CAATEEYE:	Ballan, haa. Innaa lillaahi wa innaa ileyhi raajicuun! Cimrigaaga Alle ha raajiyee waxa aad yeeleysaa mar uun i celi.
NIN:	Belaayadii ma ka qaraartay; ma ka dheregtey?
INA CAATEEYE:	Haa.
NIN:	Ma loofar dhammaysatay? Mays xasuusatay?
INA CAATEEYE:	Waar hay wareerine i kaxee, i kaxee anaa wax oge.
NIN:	Anigaa odayga la hadlayee bal ina keen.
INA CAATEEYE:	Waa tahay.

(CAATEEYE IYO CUTIYA AYAA SOO GELAYA)

CUTIYA:	Waar Caateeye.
CAATEEYE:	Haye Cutiya?
CUTIYA:	Bal adduunka ka warran?
CAATEEYE:	Adduunka, wallaahi, akhbaar badan oo belaayo ah baa laga sheegayey.
CUTIYA:	Anigu waxba ka ma warqabo.
CAATEEYE:	Haddee maxaad ka ogtahay. Shuqulkaaba ma aha adduune.

(NIN ERGO AH IYO INA CAATEEYE AYAA U IMANAYA)

NIN:	Waar Caateeye,
CAATEEYE:	Asalaama caleykum. Waa roonnahay.
CUTIYA:	Alla waa wiilkaygii! Hooyo.
CAATEEYE:	Shshsh. Halkan soo istaag.
NIN:	Waar Caateeyow saw nabad maaha?
CAATEEYE:	Waar nabad maahee, wejigiisa iga qari ninkaas.
CUTIYA:	Hooyo kaalay bal. Alla muxuu xumaaday!

NIN: Waxba maahee, geel laba jir soo wada mar
baa la yidhiye, iska daa taasoo,

CUTIYA: Waa run. Soo wada mar.

NIN: Wakhtigiisii buu joogaaye idinkuba wax
badan baad cayaarteene waxba inanka ha la
yaabine,

CUTIYA: Allow ma ogtahay! Hooyo,

NIN: Waar Caateeye Dillaal?

CAATEEYE: Hii.

NIN: Inankaagii danlaawoo
Derbi meeshana jiifa
Isagoo darxumaysanoo
Dibjirey oon dhar lahayn
Oon toddobaad waxba daaqin
Oo dibnihii engegeen
Ayaan dariiqaa ku arkay
Dabadeed waan ka kaxeeyey
Dee waa kanoo waan wadaa
Haddaad dayriso wiilkana
Dadku wuu ku la yaabi
Adna haatan duqowdayoo
Dib waxbaw dhali meysid
Dee nin gaboobey ayaad tee
Waa carruurtii kuugu dambeyseye
Aan carruur kale kaaga dambayne,

CUTIYA: Sagaashan iyo saddex sanuu jiraa.

CAATEEYE: Lix iyo toban bay jirtaa iyadu!

NIN: Waxaad yeeshaa, waar adeerow,
Wiilku kolkii uu darxumooday
Wixii uu dibindaabyiyo
Diifo reerka u geystey
Damqey oo is ogaayoo
Dareenyoo wax xasuusey

Oo dib waxbaw lumin maayo
Doorkan waa soo waayo arkaye,

Waa soo dhammaystay, dee adeerow inaga
daayoo, ergaan ahaye, maanta ergadaa iga
maqal. Ballan baannu qaadannaye iga
maqal midhkaa.

CAATEEYE: Een. Deyn maayo. Ninkii seexday oo soo
toosay, wax miyaa siyaadey saw sidiisii uun
maaha?

NIN: Mayee, kani waa toobad keenoo waa soo
dhammaystay cayaartii iyo belayaadii.

CAATEEYE: Kaxee, wejigiisa iga qari.
NIN: Haddaad maanta i diiddo
Waar dib dambaysa abiido
Ka duraayiyo waayo
Dunida intaynu ku noollay
Inaynaan isdabaysan
Miyaan deelka Qur'aankiyo
Dalaaq kuugu maraa?!

CAATEEYE: Waar ka daa, ka daa.
CUTIYA: Waar ugu mar, ugu mar.
CAATEEYE: Dalqaddaas iyo waxaas xilka leh ee aad
keeneyso ka daa.
NIN: Ninkaa maanta iga maqal.
CAATEEYE: Afkiisa aan maqlo waxaa aad sheegeysaa
inay run yihiin.
NIN: Afkiisa ka maqal waa kaase. War kaalay
inanyahow. Waa kaas inankii ee bal
dhegeyso wuxuu kugula hadlo.

INA CAATEEYE:

Dunida waayaheedii ayaa iga dabboolnaaye
Ninkay dubato diir ku ma hadhoo way dudubisaaye
Darxumada anaysugu wacnaa diifta igu taalle,

CAATEEYE: Adigaysugu wacnaa diifta kugu taalle,
Nacam!

INA CAATEEYE:

Sida daad dix weyn soo maroo dogobyo soo qaatay
Ku dabbaashay xumahoo dhan oo waan baxaa-degaye,

CUTIYA: Tolla'ay!

INA CAATEEYE:

Ma intaan dibbiray buu khamrigu dooxay madaxayga?
Oon dacar qadhaadh soo ceshoon sun iyo boog daacay?

CAATEEYE: Waa tii. Neeftii weeye habeenkii.

CUTIYA: Waabeeyadii abeesada weeye hooyo e.

INA CAATEEYE:

Kolkaan inantii daaddihinayee daadshey lacagtayda
Anoo dumarka tii ugu wacnayd daar la ii geliyey,

CAATEEYE: Waar faraha ka daa gabadha.

INA CAATEEYE:

Kolkii aan ku soo daray mid kale yaan ka sii daraye,
Darmaanoo weylo dhalay baan arkoo jaqay dameerkiiye
Kolkii aan dulow hoos dhamee doobiga u buuxshey
Ee aan daf iyo midhiq noqday baan ka sii daraye

Deynkaan badsaday bayga dhigay doqon sidiisiiye
Degmo biilkii ay qaadatay iyo dahabkii aan iibshey
Goortaan dukaankii aan dafiray baan ka sii daraye

Dayaxaas kuwaa u beretemaya baa da'dayda ahe
Aniguna dibjirayeey dhulkayga baan ka daahnahaye
Dunida waayaheedii baa iga daboollaaye
Aabbow ii ducee haatan waa inaan dedaalaaye.

CAATEEYE:	Sug sug. Waa lagaa horreeyaaye. Degmo aan afkeeda wax ka maqlo.
INA CAATEEYE:	Degmo way ii raalli noqonaysaa. Ii raalli ahow adna.
DEGMO:	Haye, waan u ahay adeer raalli.
CAATEEYE:	Xaasha! Xasuus baa geela lagu xergeeyaa. Hooyadaana?
INA CAATEEYE:	Hooyo.
CUTIYA:	Haye, hooyo. Waad ducaysan tahay, aniguna waa' horaan kuu duceeyaye, odaygan isku daranka ah weeye hooyo.

(WAXA SOO GELAYA MAXAMED IYO OORIDIISA MARWO OO KU
SOO BIIRAYA XUBNAHA QOYSKA CAATEEYE DILLAAL)

CAATEEYE:	Waxaan ku barayaa dadka kan. Walaashaa iyo ninkan inaabtigeed ahi way isguursadeen.
INA CAATEEYE:	Ninkani ma seeddigey buu noqday? Illayn waan joogey, waanan maqnaaye?
CAATEEYE:	Waa runtii. Haddaan soo wadey. Ninkani waa ninkii reerka joogey, maqnaana. Haddee waxa aan idinku ogahay inaad dhaqaalaha iyo dhaqanka ogaataan. Yaa?
INA CAATEEYE:	Haye aabbo.

CAATEEYE: Dee naa maandhay ka daa ha ku seexane,
             hadhow haydiin ahaatee, inta uu inantiisii
             Marwo jalleecay, oo ninkeedii isku yar
             loohday, si xishoodna ku jiro.

(DAAHYADII AYAA XIDHMAY.)

DHAMMAAD

MAADEYSKII MASKA CAD

Cali Sugulle labo maadeys ayuu sameeyey intii uu goobihii halganka ku sugnaa ee dabayaaqadii 1980-aadkii iyo qaarkii hore ee bilowgii 1990-kii. Mid isaga ayay u gaar ahayd, midna abwaanno kale ayaa ku weheliyey sida aynu meelo hore ku soo aragnay. Riwaayadahaa waxa mid la odhan jirey sidii aynu soo xusnay, *War Ma Hayside Waddankii Xorow*, tanna waa *Maska Cad*, oo mararka qaar dadka qaar yidhaahdaan *Mas Cad*.

Cali Sugulle waxa uu ahaa bulshaawi Islaam iyo Gaalaba af yaqaanna, oo la macaamili kara. Xilligii uu goobaha halganka joogey, isaga iyo Basbaas oo ku sugan Kaam Abokor oo ka tirsan degmada Awaare ee gobolka Jarar ayaa waxa ay u tageen nin jiiddaas wakiil uga ahaa hay'adda qaxootiga ee UNHCR oo magaciisa Girma la odhan jirey. Sida uu weriyey Cabdi Muxumed Magan (Cabdi Falaash) oo ka mid ahaa rag ka qayb galay barnaamij baroordiiq iyo xus taariikheed ahaa oo Hargeysa lagu qabtay ayaamihii Cali geeriyoodey wax yar ka dib. Cabdi Falaash oo arrintaas ka hadlayey waxa uu yidhi, "Cali waxa uu Girma (Itoobiyaan) u qaaday hees Amxaari ah oo Cali sameeyey", waxa aanu ku bilaabay:

> Agaraajin andhinow
> Hisbaajin andhinow
> Maalkaajin andhinow
> Iskaa Abeer andhinow!
>
> Arligeennu waa mid
> Dadkeennu waa mid
> Jaaheennu waa mid
> Ilaaheyna waa mid!

Cabdi Falaash: "ninkii Girme ayaa heestii aad u la dhacay oo ka helay, waxanu haddana Cali u raaciyey":

UNHCR annagoo dhanqalan harraad
Oo haddana gaajo dhugatowney UNHCR.

"Ninkii Girma waxa uu diray qayladhaan, waxanu nagu yidhi wixii fannaaniin ah ee sidiinna oo kale u soo qaxday soo ururiya. Markaas baa anigiyo, Ibraahin Gadhle iyo Xuseen Cali Kaahin iyo wax alle wixii fannaaniin ahaa ee badnaa Kaam Abokor isugu yimaaddeen. Riwaayad la yidhaa *Maska Cad* ayuu Cali noo dhiibey. Balligubadle ayaannu ugu dhignay madax sare oo dawladda Itoobiya iyo UNHCR ka socota, iyo Axmed Cumar Jees oo markaas ciidamo la soo galay. Qaybtii uu i siiyey aniga oo aanan markaas fahamsanayn waxa uu uga jeedo ayaan jilay". Waxa aan ka xusuustaa:

> Hayaay idin mee tolkayow
> Meesha ka soo kacaay
> Tolkayow maansaar i siiya
> Ma haysaan sabarad weyn?

"Waxa igu soo yaac yaacaya Maxamed Yuusuf Cabdi, Boon, Basbaas, iyo rag kale oo badan oo igu odhanaya, aniga oo muusannaabaya, 'waar maxaa ku helay', markaas baan odhanayaa":

> Mas baa gurigaygii galay
> Muumina hooyadeediyo
> Intuu maatidii cunay
> Ayaan minankii dab sudhay
> Markaasuu igu soo mudh yidhi.

'Waar bal na tus' bay igu yidhaahdeen, "Xaggan ayaannu u dhaqaaqnay, mise waa kan". Raggii (wufuuddii) oo halkan hortayada soo fadhfadhiya. Haa, "waxa ay fannaaniintii odhanayaan" waar kani waa 'Mas Cadkii, kii maatida kaa cunay maaha, iyaga oo wufuuddii faraha ku fiiqaya', ayay ku heesayaan:

Miciyo iyo waabeeyo ma leh
Haddaanu bar madow lahayn
Islaamkaba kii madhsaday
Muskaa hayskaga jiree
Maxaad madaxa uga goyn.

"Cali Waxa uu maadeyska ku meteleyey in nimankaa weftiga ah iyo ciidammadaa cusub ee Ina Cumar Jees wato aan sidaa loo eegin, oo indho godobeed lagu dhugan, SNM na ay ka mid yihiin", shuqulna aanay ku lahayn maskii halaqa ahaa ee maatida miciyaha la dhacay ee cunay, kuwani waa 'Mas Cad' oo cidna waxba yeeli maayaan, sida uu maska cadi aanu cidna wax u yeelin ee loogu yeedho 'Mas Caanood'.

Maadeyskan waxa lagu furayey hees ay midhaheeda ka mid ahaayeen:

U baahday inaan Berbera tago eey
Burciyo Sheekhna way bidhaamaaneey

Aaway beretenkeennii bulshada wadajirkeedii
Boggiyo wadnaheennii boggiyo wadnaheennii

Beerihii Herer baa barwaaqo noqdoo
Bislaade midhihii ka soo baxayeey

Heesti lagu xidhayna waxa ay ahayd oo ka mid ahaa ereyadeeda:

Nin galladay libaaxiyo
Ninkii ganay ogaayoo
Annaguna gaddiisii
Waan ka garasho weynnee

Kala guurnay kala gurannay
Kii na gawracaayee

Isgargaarnay isgargaarnay
Isgargaarnay garabsaarnay
Kii na gaasiraayee.

WAR MA HAYSIDE WADDANKII XOROW

Maadeyskan waxa wada lahaa allifaaddeeda Cali Sugulle, Ibraahim Gadhle, Cismaan Askari, iyo Xasan Ganey, waxa ayna halabuureen xilligii goobaha halgankii hubaysnaa lagu sugnaa wakhti ku beegan dhammaadkii 1989 iyo horraantii 1990. Waa markii la burburiyey ee dambaska jabadka yaalla laga yeelay caasimaddii labaad ee Jamhuuriyaddii Dimoqraaddiga Soomaaliyeed. Marka laga tago madaafiicdii goobta ee ciidankii Xoogga Dalka Soomaaliyeed magaalada Hargeysa ay ku garaacayeen, waxa magaalada lagu duqeeyey diyaaradihii dagaalka ee Qaranka oo isla garoonka Hargeysa ka haadayey oo bambooyin ku ridayey Hargeysa, si aan loo meel deyeyn. Dadkii Hargeysa ku noolaa waxa ay u le'anayeen sida duqsiga, magaaladiina dhulkaa la la simay oo waa ay burburtay. Waxa loo adeegsadey waa hantidii dhaqaale iyo awooddoodii dawladeed. Waa ciidankoodii; dhul iyo cirba, waa dhaqaalahoodii, waa qaanuunkoodii iyo awooddoodii siyaasadeed, iwm., iyaga oo calankoodii hoos hadhsanaya, waxna aan geysan.

Dadka intii ka badbaaddey bambooyinkii diyaaraduhu tuurayeen iyo madaafiicdii goobta ee ciidanku ridayey waxa ay u baxsadeen Itoobiya oo xeryo qaxooti looga qaydey. Cali Sugulle waxa uu ka mid ahaa dadkii uu yoolkaas dagaal Hargeysa ku qabsaday, kuna dhaawacmay, dhammaadkii May 1988, una tallaabay Itoobiya oo ay SNM saldhigyo milateri ku lahayd. Cali iyo abwaannadaa kale markii ay arkeen baabba'a iyo burburka Hargeysa, Burco, iwm loo geystey, dadkii ku noolaa intii madaafiicda iyo bambooyinka ka badbaaddey oo u didday sidii adhi weere galayna oo ay Itoobiya dibedda iyo daleel cidla' ah wadhan yihiin, ayay maadeyskan xaaladdaas ka halabuureen, iyaga oo ka mid ahaa halabuur iyo fannaaniin goobaha halganka u tallowday oo dhinaca wacyigelinta iyo guubaabada ku cindanayd.

Waxa abwaannadaa iyo hoballada ku lammaanaa ka mid ahaa Boon Xirsi, Xuseen Cali Kaahin, Basbaas, Maxamed Yuusuf

Cabdi, Rashiid Bullo, Faysal Cumar (Mushteeg), Canab Diiriye, Axmed Diyaar, Tiriig Xaashi, Cabdi Falaash, Sahra Halgan, iyo qaar kale, inta hoyatey Alle ha u naxariisto, inta noolna ha u dembidhaafo. Riwaayaddan iyaga qayb ka mid ah ayaa jilaysey. Waxa ay ku dhigeen meel bannaan oo dabayli ka dhacayso. Hal codbaahiye (*microphone*) oo kuwa dhidban ah, hal sameecad ah, hal cuud ah (kaman) iyo labada caagadood oo sidii durbaanka loo sameeyey ayay wax qalab ah ka haysteen. Macawiso iyo go'yaal tuurta u saaran ama madaxa ugu duuban ayay qaarkood siteen marka riwaayadda la dhigayo. Qofba wixii uu heli karayey ayuu sitey. Arrad (dhar la'aan) iyo qalab la'aan aan metelaad ahayn, dhabse ah ayaa muuqooda iyo madasha ay joogaan laga arkayey. Waa duruuf qaxooti iyo dareen abaabul dagaal oo is huwan. Heestan caanka ahayd maalmahaas ayaa ka mid ah qaybaha uu Cali Sugulle ku lahaa ee curinteedu isaga u gaarka ahayd, heestan oo ay riwaayaddu ku bilaabmeysey:

Dhaqdhaqaaqa dalka
Dadka ku dhololey
Dhaqdhaqaaqa dalka
Dadka ku dhaadannay

Isku dhoon sidiisii
Isku dhaaban
Dhan u wada jeeda
Car wir ku dhac

Dhuxul dambas huwan ku dhac
Car wir ku dhac
Dhamac lagu gubtey
Car wir ku dhac

Dhaqdhaqaaqa dalka dadka
Dhulkooda hooyo inay

Ku dhaqaan Kitaabka
Ilaahay ku dhaartay

Dhaqdhaqaaqa dalka dadka
Dhulkooda hooyo inay
Ku dhistaan Allaah Allaah
Allaahu Akbar ku dhaartay

Dhuxul dambas huwan ku dhac
Car wir ku dhac
Dhamac lagu gubtey
Car wir ku dhac

Dhaqdhaqaaqa dalka dadka
Dhulkooda hooyo inay
Dhiiggiyo naftooda
Huraan ku dhaartay
Geeridu inay dhaanto
Noloshii dhibaato leh
Dhimashada ka doortay

Dhuxul danbas huwan ku dhac
Car wir ku dhac
Dhamac lagu gubtey
Car wir ku dhac

Dhallintii halgameysey
Dhiirranayaasha
Qoriga dhuunta loo saaray
Dagaalyahamiinta dhab
Beebeega ka dhawrsan waayey

Dhabbacan waayey
Barroonka ka dhuuman waayey
Dhabbacan waayey

Dhegxumo diidey
Isdhiibi waayey
Dhagaxa tuuraayey
Dhegxumo diidey

Isdhiibi waayey
dhagaxa tuuraayey
Sida dharaarta
Gaas Dhagoolle
Magaciin ha dheeraado

Dhuxul dambas huwan ku dhac
Car wir ku dhac
Dhamac lagu gubtey
Car wir ku dhac

Ha dhawaato
Ama ha dheeraato
Dhakhso guusha
Waynu dhalinaynaa.

Marka heestani dhammaato, waxa ay sheekadan nuxurka badani dhex maraysaa Boon oo Ducaale ku metelaya iyo gabadh la jilaysa oo ku meteleysa Dahabo. Waa ay isu dhexeen. Waxa ay ka mid ahaayeen dadkii Hargeysa ugu ladnaa waagii aanay burburin. Wixii ay lahaayeen oo dhan, maal iyo mood, waxa ka soo raacay calalladii ay xidhnaayeen markii qabtu dhaday. Dahabo weli lama aanay qabsan duruuftan cusub ee qaxootiga oo noloshii bakhaanbakha lahayd ee Hargeysa ee ay ku hanaqaadday, kuna reeraysatay ayaa weli maankeedu la dildillaamayaa oo aanay ka samrin. Dood yaab leh ayaa dhex maraysa, iyada iyo odaygeeda, oo labadoodaba maryihii ku dul caddaadeen. Meelaha sheekada riwaayaddu ugu dhacdada iyo nuxurka sarrayso ayuu dheeggani ka mid yahay. Dagaal waddanka lagu xoraynayo na in loo galo, duruufahana la la qabsado, ayay guubaabada iyo dabuubtuba daarran yihiin. Saddex abwaan oo gaasabaxay ayaa Cali Sugulle riwaaayadda ku weheliya halabuurkeeda, sida aynu kor ku soo xusnay, waxa ay kala yihiin Xasan Ganey, Cismaan Askari, AHUN, iyo Ibraahim Gadhle, AHUN.

DUCAALE: Siday diinteennu tidhi
Daliilkuna uu ahaa
Dahabo dooddaad i tidhi
Ma diidine waa runtaa
Daryeelka rugteenna oo dhan
Anaa dummaddayda saaray,

DAHABO: Haye.

Mid baase ii dacal taalla e
Dagaalku hadduu xaq yeyna
Dalkaaga loo dhintaa, *(sidaa ciidamada xaq u dirirka dhaqadhaqaaqa SNM ay habeen uun dawladdii Afweyne dabada ugu rogeen ee cirkaa ugu dubteen ee dambaska uga dhigeen ee dunidu ay wada ogsoon tahay).*

DAHABO: Waa run.

DUCAALE: Haddaba,
Dadnimo waa waayo-arag
Dorraad iyo shalay bal eeg
Dib u soo raac wakhtiga

(aamus yar, Dahaboy maanta waa aynu xisaabtamaynaa ee i dhegeyso):

Immisaad Dahaboy
Daaro foog leh runtii
Sariir aad ku dekeysey?

DAHABO: In badan, Ducaale.

DUCAALE: Immisaad Dahaboy
Ilaah bayna dilaayee
Dugsi aad iska jiiftayoo
Intaad daarto rikoodhka
Daawanaysey Fiidiyow?

DAHABO: Wax badan.

DUCAALE: Immisaad Dahaboy
Weli roobka da'aayiyo
Daruur aanad arkaynoo
Dasa aad iska jiiftey?

DAHABO: Wax badan.

DUCAALE: Immisaad Dahaboy
Kolkaad doonto dalxiis
Gaadhigoo docdan yaalla
Aad dareewal lahaydoo
Daaqadaha xidhanaysayoo
Daafaheeda Hargeysa
Hadba daan ku maraysey?

DAHABO: Wax badan, Ducaale, (*inta ay madaxa
ruxdo qiirana muujiso.*)

DUCAALE: Immisaad Dahaboy
Dharka kii u dambeeyiyo
Deemis aad gashanaysoo

Isagoon dumar haysan
Dahab aad xidhanaysey?

DAHABO: Wax badan.

DUCAALE: Immisaad Dahaboy
Sidaad dawlad casuuntey
Aad diyaafad samaysay
Qadadoo iska diirran
Kolkii aad deyi weydey
Deriskoo bakhtiyaaya
Duleedka aad ku qubeysey?

DAHABO: Ducaale, wax badan.

DUCAALE: Immisaad Dahaboy
Kolkay tay duhurkii
Cusfur aad isku duugtey
Makhribkii dabadeedna
Dabka uunsi ku tuurtayoo
Daaqadaha xidhanaysayoo
Daaraddeenna dhexdeeda
Dabxidh aad ku samaysay?
(Soone miinaati)

DAHABO: *(Oo yar xishootay, hogateyna)*, wax badan,
Ducaalow.

DUCAALE: Isku soo wada duuboo
Sidanaa ka dambeysaye
Dahaboy talo keen
Xaalku waa derbigaase?

DAHABO: Ducaalow i dhegeyso
Waxa ay dantu keentiyo

Anoon waayaha diidin
Dalaggaad qabanayso
Dergedi hawgu horrayso.

DUCAALE: (*Qosol yar iyo yaab!*)
Dahaboy magacaa be'
Weli may didmo goynin
Hawlwadaag dacalkeediyo
Goljannay deggantoo
Dumbuluq bay maraysaa
Naa waxaynu daaro lahayn
Madfac baa ka dambeeyee
Dahaboy talo keen?!

DAHABO: Ducaale!
Xaggee baynu degaynaa?!

DUCAALE: Xaggee baan degeynaayaa?!
Dee aqal duur ah saamayso
Oo dayaxa aad ka arkayso.

DAHABO: Roobku saw di'i maayo?!

DUCAALE: wayska deeqda Ilaah.

DAHABO: Durba saw kan hillaacay!

DUCAALE: Daayin waa mahaddii.

DAHABO: Carruurtu saw dardhan mayso?

DUCAALE: U hagoog diracaaga?

DAHABO: '*Diqimtaaba*' badh layn.
DUCAALE: Orod cawda badh saar.

'*DIQIM-TA*' WAA AF AXMAAR, WAANA XILLIGA DHAXANTA
UGU BADANI Itoobiya KA DHACDA XILLIGA QABOOBAHA EE
DIISANBAR ILAA FEBERWERI.

DAHABO: Billeeyoo daad ina qaad.

DUCAALE: Dumarku yuu kala yaabine
Aqalka mooska ku dayroo
Hadduu daad ina qaadanayo
Innagaa ka dabbaalan
Taasi waa dalaggaaga.

DAHABO: Diqiiqdu saw qoyi meyso?

DUCAALE: Kolka aad dubeysaanba
Biyahaad ku dartaane
Marka waagu dillaaco
Debeddaad dhigaysaayoo
Waxaa diirin cadceeddee
Dadku wayska qaxooti.

DAHABO: (Eeyaahee)
Qudhaydaaba dardhaysan.

DUCAALE: (*Qosol*), qudhaydaaba dardhaysanaa? (*Inta
uu ku soo dhowaado*),
Innagays dugsanayna
Oo tani waa dallaggeenna
Oo Dahabo waa ku sidee.

DAHABO: Ducaale,

DUCAALE: Hee, Dahabo.

DAHABO: Mid kalaa ka daran
Oo meeshu waa dulin miidhan
Oo diirkii baan iska qaaday
Oo carruurtiina dishootey.

DUCAALE: (*Qosol. Dahabo hadda uun bay ugu
            wanaagsanayd, 'that point is good essence'*).
            Dulinkaasi qudhiisu
            Isba waa calaf doonee
            Xaalku wayska dabiiciye
            Duruufaha la qabso
            Dahabo waa ku sidee?

DAHABO: (*Oo hadal ka ma jiro. Shalmad shiid ah oo
            dabayshu ka yar tuurtay ayay soo gundhisay
            oo hagaajisatey.*)

DUCAALE: Dahaboy hadal kale ma yaallo. Oo kaalay
            dalka ma in Faqash oo quudha ahi inaga
            soo saartay baad moodeysaa?

DAHABO: Haayoo iyadaa inaga soo saartay. Yaa kale?
DUCAALE: Xaasha! Dahaboy Faqashyadu waa ay fara
            badnaayeen.

DAHABO: Haye.
DUCAALE: Way badnaayeenoo, xishoodkii baa laga
            tegey oo xumaantii baa la qaatay. Dharkii
            baa laga tegey, markaas baa qaawanaantii la
            qaatay. Adigaagan qudhaadu inta aad
            googaraddii weynayd ka tagtay baad diric
            khafiif ah qaadatay.

DAHABO: (*Inta ay hoos isu eegtay, hadda waa sitaa
            googaraddii weyneyd*).
DUCAALE: Xaqii baa laga tegey, markaas baa baaddilkii
            la qaatay, Dahabo?

DAHABO: Hee, Ducaale.

DUCAALE: Aynu iska ducaysanno

DAHABO: Dee inoo ducee, Ducaalow, Allaa weyne.

DUCAALE: (*Labadooduba sacabbaday kor u taagayaan,*
cirkana way eegayaan):
Bismillaahi Raxmaani Raxiim
Ilaaha aan baahan
Ee loo baahda'ow
Boqolkaaga magacee
Midka la' baan kugu baryey
Ee Boqorkayow heedhe

Baabbaca addoon
Baan dhigtaye
Boqorkayow heedhe

Allihii Daayin ahaayow
Waxaad diinta ku sheegtay
Qoon inaanad dulleynin
Iyaga oo isdulmoo
Isdulleeya ha joogtee

Waxa taas u daliilana
Dembi aannu samaynay baa
Naga saaray dalkiiyoo
Debeddaan wadhannay
Iyo daleeshaa na dhigee
Adigu noo dembi dhaaf

DAHABO: Alla Ilaahayow aamiin (*iyada oo Ducaale*
iyo qolo kale la jiibinayaan).

DUCAALE: Allihii Daayin ahaayow
Siday tahay wan dubaaxoo
Dillaalluhu uu gadanaayo

Soddoh taagan dariiqa oo
Dibnaheeda xishoodkiyo
Damiirkii xidhi laa
Ibleys uu ka dul qaadayoo
Diriceedu khaliif yahay
Cawraday dedi laydna
Daawanaayo ciyaalku
Dunuubihii ka dhashaa
Naga saaray dalkiiyoo
Debeddaan wadhannay
Iyo daleeshaa na dhigee
Noo xoree dalka hooyo oo
Adigu noo dembi dhaaf

DAHABO: Alla Ilaahayow aamiin (*iyada oo Ducaale
iyo qolo kale la jiibinayaan*).

DUCAALE: Allihii Daayin ahaayow
Hooyadeed dugsigeediyo
Inan diiddey rugtiiyoo
hadba daan ku wareerta
iyo inan caayaya diinta
oo dhaqankii duminaaya
duruufihii ka dhashaa
Naga saaray dalkiiyoo
Debeddaan wadhannay
Iyo daleeshaa na dhigee
Noo xoree dalka hooyo oo
Adigu noo dembi dhaaf

DAHABO: Alla Ilaahayow aamiin (*iyada oo Ducaale
iyo qolo kale la jiibinayaan*).

DUCAALE: Allihii daayin ahaayow
Deeqlihii na abuurtayow

Habar qaadda durbaanoo
Marka waagu dillaaco
Siday deyn nagu leedahay
Daaqadduun isla taagta oo
Dadow soo baxa uun leh
Dumarow soo shira dee
Oo Ibleys uu diranaayo
duruufihii ka dhashaa
Naga saaray dalkiiyoo
Debeddaan wadhannay
Iyo daleeshaa na dhigee
Noo xoree dalka hooyo oo
Adigu noo dembi dhaaf

DAHABO: Alla Ilaahayow aamiin (*iyada oo Ducaale iyo qolo kale la jiibinayaan*).

DUCAALE: Allihii Daayin ahaayow
Taajir aan damqanaynoo
Wuxuu soo dejinaayey
Intuu daar ku xaraysto
Quful weyn ku dam siiyayoo
Danyartii u naxayninoo
Boqolkii kun ka doonay
Duruufihii ka dhashaa
Naga saaray dalkiiyoo
Debeddaan wadhannay
Iyo daleeshaa na dhigee
Noo xoree dalka hooyo oo
Adigu noo dembi dhaaf

DAHABO: Alla Ilaahayow aamiin (*iyada oo Ducaale iyo qolo kale la jiibinayaan*).

(DUCAALE OO INTII UU DUCAYNAYEY DAD BADANI KU
SOO XIDHMEEN MEESHII DEBEDDA AHAYD EE DABAYSHU KA
DHACAYSEY OO DAHABO AAMIINTA LA HAYA)

Ilaahayow dalka noo xoree
Ilaahayow meel roon na mari
Ilaahayow barakada
Rasuulka nagu gargaar.

(DAHABO AYUU DUCAALE GAAR ULA HADLAYAA)

DUCAALE: Dahabo.
DAHABO: Hee, Ducaale.

DUCAALE: Belaayada hore rooran
             Ta dambana reebban
             Ta dhulku radeeban
             Ta cirkuna raaran
             Ta baalluhuna riixan.

DAHABO: Aamiin.
DUCAALE: Dahabo, sidaas baynu isku og nahay.

DAHABO: Haye, waa inoo sidaas.

XILLIGII BURBURKA

Soomaalida waxa ka burburay wax kasta; wixii wax lagu noqon lahaa ee dad iyo dal ku dhisnaayeen, ee halabuur iyo hayn ahaa ama dhaqan iyo dhur ahaa. Hanka iyo himiladii ummadeedna waxa ay haadaan dheer ku dhaceen markii hore looga soo kaban waayey burburkaas, ee la noqday kala haab iyo kala haad, ama loo batay dad kala boodsan iyo qalbiyo kala didsan. Waa la kala haydhafay oo sidii colaadda loo qaatay si la mid ah ayaa nabad loo qaadan waayey, waxana riiq dheeraaday colaado iyo nac sokeeye oo loogu caano iyo nabadba waayey inta badan. Xasillooni nafsadeed iyo deggani nololeed ayaa burburka lagu waayey. Shufbeel baa lagu wada dhowaadey, oo meelnaba haakah baa lagu odhan waayey. Dad iyo dalba halis iyo hoog, iyo ba' iyo baayaal ayaa cid kasta afka ku soo kala waaxay/qaaday oo burburkaas laga soo kaban waayey sababaya. Baabba'a ugu weyn ee sii socdaa waa gumeynta garaadka iyo gaaggixinta maskaxda. Waa bahdilka iyo dulleynta garashada iyo wacyiga bulsheed ama ummadeed iyo qaayasoorradeedii, hanweynideedii iyo hiraalladeedii—aragti iyo himilo ahaanba. Burburka dhacay waa kaas, waana ka ugu daran ee diidaya, ka didiya, ee aan oggolayn 'maxaa dan ah'. Cali Sugulle (Duncarbeed) iyo halabuurkiisa dhiirrani arrintaas dhaaxa iyo wax badan bay ka qayla-dhaamiyeen, ka digeen, kana waano bixiyeen, aanse dheg loo jalaqsiin, lagana soo qaaday Cali Sugulle nin waalan. Ma uu waallayn Cali ee waxa uu meel fog ka arkayey wax aanay dadka intiisa badani la arkayn. Tahan ayaa garaadka iyo garashada dadka intooda badan kaga tagganaa, dadkuna isaga kaga tagganaayeen.

"Markii dagaallada sokeeye urtoodu soo kakamaysey ee horraantii 1992 ayaan anigu waddanka ka soo baxay", ayuu Cali Sugulle tilmaamay, waraysi raadraac ah oo aan ka qabtay 13-kii Noofember 2008, Islaaw (Slough), duleedka galbeedka Landhan, isaga oo Cali taas sii ambaqaadayana, waxa uu yidhi, "Ayaamahaas oo dareenka dadku kacsanaa, anna sheedda wax iiga muuqdeen oo aan Imaaraadka u sii xidhxidhnaa, waxa aan tix ka tiriyey saraakiishii SNM oo kala baydhay, oo is haysigii Qaaxo gudaha ula guurey, oo aan oodda iska rogin". (Qaaxo waa dhulkii soohdinta Hawd ee SNM ka soo daggaallamaysey):

> Maqaarsaarkii Maxamed Kaahin dhigay
> Murankuu Dayib Gurey maroojin jiraa
> Milgihii Dhegaweyne meel ka ridey
>
> Maamulkii S-ta ee maamuuska lahaa
> Saw kuwaa magaciisi muudsaday
>
> Markuu Muuse Biixi Gaanni meteley
> Ayuu Axmed Mirena Moorgan noqday
>
> Maatida toban goor milicda la wadhaay
> Midkoodna annaga iyo idinka maahee
> Madaxday doonayaan mijaba ma leh
> Maangaabkana qolo qolo ha moodina

Madigii guud ahaan la muunayn jirow
I mari weydey Laba Tollaa murkucdaye
Mindhicirkiisii sawkan maraqsaday.

Maalmihii waddanka la soo gelayey ayuu Cali Sugulle gabay
waano, dhiirrigelin, iyo hogatus ah u tiriyey madaxdii SNM
hoggaamineysey iyo saraakiisha ciidammada madaxda u ahayd.
Waxa gabayga la yidhaahdaa *Hohey Haybta Naga Daaya*:

Hantida iyo naftoodiiba wuu huray dadweynuhu
Hiilka iyo hoo'da iyaga oo idin hareer jooga
Habeen iyo dharaar wiilashaa heeganka u taagan
Hubaal waxa ah guushii inay heli lahaayeen

Waxaa kala hallaynaaya oon kala habaynaynin
Hoggaan jilicsan oo reer ahaan loo hamranayaa
War isuma hayaan aagaggu waa iska horkeene
Abbaanduulayaal lagu hirtoo hibo Ilaah siiyey
Halyeeyadii dagaalkaan gelin ee hoodada lahaa

Hawraarsan iyo yeellay lays hogatusaaleeye
Hawlaha guddida fulintu waa lamahuraankii
Hormood kii la bido waa inaan u hambalyeynaa
Sidii haweeney lala guursadaa lagu hinaasaa
Hadhaa jago u dhiib waa wixii Jaalla-beeb hodey
Qofba meeshuu ku habboonyey baa lagu hagaajaa

Ma hooyaan carruurteeda waxay hidiso siinaynin?
Ma hal baanay nirigteedu godol ku hollin waayeynin?
Ma hadhuub miskeedkii hayaa baa tebeya haaneedka?
Ma haacoo halyeey laga dhigay baan libinta hoynaynin?
Ma hawl iyo dan wadajira ayaan lagu heshiineynin?

Halbawlaha wadnaha laga jaree dhiiggu hawda hayo
Hoh iyo caku hiirtaanyadii iyo hibashaday reebtay

Haweenkii raggoodii dhinteen way hengelanyiine
Hooyooyinkii wada goblamay ee hoogeydayda haya

Inaan habi la'nahay waxa qudhee ina halmaamsiiyey
Hagardaamadii Faqashta iyo eednay reer hebele
Habaarkii qabiilada Ina Siyaad inagu haaraanye
Idinna haybta naga daaya waa hed iyo laayaane

Hore iyo dib hoos iyo sare iyo waxa hareer yaalla
Intaan haabtay ama holladay ama aan hoomaalay
Hummaaggeedu dunidoo dhan waa hal iyo wawgeed

Hantideennu waa aakhiro iyo lamahuraankii
Haddii ruux la daynaayo oo lagu hambaynaayo
Hanadkii Rasuulkii ayaan laga hoggaansheene
Hogga kuuma raacdee ifkaa lagu hagaajaaye
Hadalhaynta hawshaad gashaa lagu hadaaqaa
Habaar iyo mid uun baa ducada lagugu heeryeyn

Halgankii Lixiyo Shiine waa lama-halmaamaan
Halkan ku ma dhammayn karo kuwii huray naftoodii
Hoosaaso weeyaan adduun laysku hodayaa
Hanad iyo sabool ka ma dhergaan hoo'da xoolaha
Hadba kii wax haystaa markaas laga hambaystaa
Ama huubaduu heensadaa lagu hungoobaaye

Ninbaa yidhi hirbaa ii laacayoo waan hinqanayaa
Ninbaa yidhi hillaac baa ii baxoo waan hendadayaa
Halabuurka taariikhda iyo hoga-tusaalaynta
Annagaa idiin hayna kii galay horseedkiiye
Hadraawaa markhaatiya xaqana hoobal ku ahaa
Hayaankaa ku doog-dhaban lahaa hadalladiisii
Hablaa maqasha wada waxay u tay hadhiyo hoosiis
Hargeysa iyo Burco iyo buu ku simi hadhacyadeedii.

Cali Sugulle waxa uu goobjoog ka ahaa maalintii gooni isu taaggii Somaliland Burco lagaga dhawaaqay 18-kii May 1991. Qofka aadmiga ahi ma noqon karo sida geed 'garac' cidla' ciirsila' iyo gabaahiir keligii qotoma oo aan dhir kale u baahnayn. Qofku waxa uu u baahdaa cid uu wax la wadaago, la waayo iyo wacaalo qaybsado, la sheekaysto oo iskana dhex cabbiro. Halabuurkuna taas waa uu ka sii xag jiraa oo sida kalluunku aanu miridh baddiisa uga maarmin ayaanu abwaankuna dadkiisa maalin uga kaaftoomi karin. Markii haddaba Soomaalidii uu isla raadin jirey ee uu u gabyi jirey, u heesi jirey, riwaayadaha u samayn jirey, ee wadajirka iyo walaaltinnimadeeda uu geed dheer iyo mid gaabanba u fuuli jirey hortiisa ku fashilantay, isaga oo ayni jooga, waa gar iyo daw in uu hadba intii meel wada joogta ee wax isla oggol guubaabiyo, dhiirrina geliyo, si ay wax uun ugu toosaan. Haddii dayaxa la waayo xiddigahaa lagu gudaa. Haddii uu tii weyneyd waayey oo budh iyo xoog wadajirkeedii lagu furfuray, waa in uu hadba inta la hayo ee ereygiisa iyo arrinkiisu gaadhi karo ku mideeyaa wax ay wada yeelan karaa.

"Marka aad Duleedow
Sidaad doonto weydaa
Sidaad diiddey yeeshaa."

Cali Sugulle meerisyadan gabay ee soo socdaa waxa ay ka mid ahaayeen gabay dheer oo uu calanka u tiriyey Burco, 18-kii May 1991, muddo dambena uu ka soo jeediyey munaasibad loo qabtay xuska 18-ka May oo uu kala qayb galay jaaliyadda Isutagga Imaaraadka Carabta ee uu la noolaa muddooyinkii dambe oo dhan, intii aannu Xaqu haleelin. Cali oo gabaygan ka hadlay waxa uu yidhi: markii Burco la isugu yimi cid mikrifoonka qabata anigaa ugu horreeyey, wax aanan idhi:

Calanyohow sarbeebtaada iyo siriyo caadkaaga
Sifahaagu wuxu daarran yahay sal iyo baarkaagu
Sidii suurado Qur'aan baan kuu subcinayaaye
Sooyaalku wuu garanayaa samafalkaagiiye

Inta saajac dhimashada naftii huraha saamaysay
Ama sigad laxaad beeshay aan sabada dhaafayn
Sooyaalka taariikhda waa lagu sugaayaaye
Sebigu ha barteen baan midnimo kuugu saxayaaye

Saddexdaada midab waa casaan ka u sarreeya
Saldhigga Laa Ilaaha Ilallaah keli sujuud yeeshay
Iyo Suubbanow Muxamed baa kuu sitaacyo ah
Sadarkaaga dhexe waa caddaan nabad suggeedii
Sadarka hoose waa dhiig la gubay sababahaagii

Sareedada barwaaqada ayaa kuu sargooyo ah
Seeraha dhulkana waw tilmaan soohdimaha guud
Soo jeedihii lagu hurdey ee seexashada diidey
Kolka aan garbaha kuu sudhay madaxa kuu saaray
Siraadkeeda Geeska Afrikaba kii sidaad tahay
Sumad-qaranta lagu dhaatay een saanyannaad tahay
Sawrac baad u tahay magacayaga loo sinnaanshaha

Siddeetan sano iyo dhawr ayaynu silic ku noolayn
Soddon sanana taariikh madow samir dadkii qaatay
Gumeysiga intaan saarnay buu suuley oo tegey

Gobannimadii waan saydhay oo saymo lagu ood
Mar labaad sursuurtii haddii Eebbe naga saaray
Surmaseegtadii haddii lagugu saameelay
Sool iyo Sanaag iyo haddii Saylac lagu taagey
Siraadkeeda Soomaalilaand kii sidaad tahay.

Isaga oo midnimada iyo isku tollaanta ummadda ka hadlaya waxa uu Cali Sugulle maalmahaas mar kalena lahaa:

Waa maalin taynu
Inaan tisqaadnay
Cadow tuseynney
Aan toogo beelnee
Isku tollaada
Istaakuleeya

Waa maalin taynu
Inaan tisqaadnay
Cadow tuseynney
Tamaradeenna
Ku taabbo qaadnay
Aan toogo beelnee
Isku tollaada
Istaakuleeyaay.

Cali Sugulle, sidaynu soo xusnay, waxa uu caan ku ahaa in kolba halkii uu joogo inta ku la sugan uu guubaabiyo, kuna dhiirrigeliyo wadajirka iyo isku tiirsanaantooda. Si aan hagar lahayn ayuu arrintaas uga daacad ahaa. Xitaa markii burburku dhacay arrintaas ka ma uu seexan oo waxa uu isu xilqaamay in uu inta la joogta ee wax isku raaci karta, haba yaraato e, uu ahmiyadda israaca iyo wadajirkooda hadal iyo hawraarba ugu sheego. 1994 ayaa Cali Sugulle barnaamij faneed ku qabtay Imaaraadka Carabta, isaga iyo koox faneed oo Soomaali ah, oo ka soo jeedda hobolladii Waaberi intii la isla heli karayey xilligaas.

Cali Sugulle oo xafladdaas ka hadlay iyo heestan soo socota dulucdeeda, waxa uu yidhi, "Hobolladu u ma baahna qolo qolo oo waa isku qolo ay xirfaddu walaalaysay. Waxa ay ku hadlaan afka ummadda oo dhan, murtidooda, dhaqanka, hiddahooda iyo dareenkooda. Waa nala wada dhegeystaa oo dad gooni ah waxba u ma dhigno, waxna uma sheegno. Dhaqanka iyo caadadayadu saas bay ahaan jirtey. Idinkana (dadka) sidaas baannu ka filaynaa ee nagu dayda oo intii isku xirfad ahiba ha walaaloobaan, danaha xirfaddooda iyo xuquuqdoodana isku duubni ha ku ilaashadaan".

Cali kaalintiisii odaynimo, waayeelnimo ayuu ku toosayaa. Waano iyo talo ayuu darka ceelka iyo guntiisa u gelayaa. Waxa uu odhanayaa: "Alle sida uu ina faray codsi baan dirayaa oo sida uu inoo sheegay haddii la baryo ducada addoomihiisa wuu ka aqbalaa". Cali intaas ka dib, waxa uu marinayaa gogoldhig ku saabsan heesta *Codsigu yuu ku seegin*. Ujeeddada heestu waa 'markii hore colaad baad qaadateene, haddana waa in aad nabad qaataan'. Waxa midhaha heesta ku jira magacyo ka mid ah foolaadkii halabuurrada, jilaayada iyo heesaaga oo hablo iyo ragba ka kooban":

> Ciidankii aqoontiyo
> Caqligii wax garashada
> Culimo aw diinkii
> Cirroolaha abwaannada
> Ciiddana naftaw huray
> Calankooda u halgamay
> Way wada cadhoodeen
> Carrabkii tufta lahaa
> Caawa ha duceeyee
> Faataxa inoo cuga.

> Codsiga abwaannada
> Iyo cugashada hobollada
> Cadkeedaley dheh Xasan Ganey
> Cajab Ibraahim googaa
> Yuusuf Aadan cigallee

> Beerka iyo lafta heestu waa:
> Colaad iyo abaar
> Caano iyo nabad
> Hadba kii aad cugatee

Calooshaada gelisaa
Caaddil kaa aqbalayaa
Codsigu yuu ku seegin.

Fannaaniinta heeseysey waxa ka mid ahaa Hibo Maxamed, Axmed Rabsha, AHUN, Faadumo Qaasin Hilowle, AHUN, Cabdillaahi Hanuuniye, iyo Aamina Cammaari. Xagga muusigga fannaaniintii tumeysey waxa ka mid ahaa Macallow, Shar-ka-noole, iyo Xasan Shariif. Hibo Maxamed oo arrintaas uga warrantay laanta Afka Soomaaliga ee VOA, maalmihii Cali geeriyoodey, waxa ay tidhi, "Anigu waxa aan nasiib u yeeshay in aan helo beydadkii ugu cuslaa ee hees bandhiggaas laga qaaday oo magaca Cali Sugullena ku jirey iyo abwaanno aabbayaashii halabuurka ka mid ah", waxa ay heestu ku bilaabmaysaa:

I

Codkiisii aan ku hadallee
Cali Sugulle wuxu yidhi:
'Caku nacabkay maw jabay
Col ma moodey gacalkay
Naf la caarigaygani
Ciirsila' maxay dhigay?

Codkeedale dhe Xasan Muumin
Cabdillaahi Qarshe googgaa
Cabdalle Raage cigallee

Cadkeedale Xuseen Faarax
Cabdi Muxumed googaa
Fareyowna cigalle
Calool adaygga abbaayooy
Rag ciilkii
Cadaab ka doorey abboowow

Rag waa Calool adayga walaashayeey
Rag ciilkii
Cadaab ka doorey walaalkayoow

Colaad iyo abaar kow dheh
Caano iyo nabad laba dheh
Hadba kii aad cugatee
Calooshaada gelisaa
Caaddil kaa aqbalayaa
Codsigu yuu ku seegine

II

Carradaydii hooyooy
Waa lagu curyaanshee
Cirkaagiyo dhulkaagaba
Murtidaan ku culayaa
Markaa cududahaagaa
Isku ciidmi doonee

Cadkeedale Hadraawoow
Cabdi Dhuuxow googaa
Baxsanayna cigallee

Calool adaygga abbaayooy
Rag ciilkii
Cadaab ka doorey abboowow

Rag waa Calool adayga walaashayeey
Rag ciilkii
Cadaab ka doorey walaalkayoow

Colaad iyo abaar kow dheh

Caano iyo nabad laba dheh
Hadba kii aad cugatee
Calooshaada gelisaa
Caaddil kaa aqbalayaa
Codsigu yuu ku seegine

III

Carradaydii hooyooy
Cuqubaa lagaa galay
Aaway ciirsigaagii
Cabashada Ilaahay
Cabsi aan ka tuugnoo
Toobad aan u celinnee

Cadkeedale Guduudooy
Dalaysayna googaa
Duniyooyna cigallee

Calool adaygga abbaayooy
Rag ciilkii
Cadaab ka doorey abboowow

Rag waa Calool adayga walaashayeey
Rag ciilkii
Cadaab ka doorey walaalkayoow

Colaad iyo abaar kow dheh
Caano iyo nabad laba dheh
Hadba kii aad cugatee
Calooshaada gelisaa
Caaddil kaa aqbalayaa
Codsigu yuu ku seegine

IV

Soomaalaay canaantiyo
Cabashadaba dhaafoo
Waynu ka cabsan weynee
Cadho Ilaahay baa timi
Caasi baynu wada nahay
Aynu toobad celinnoo

Cadkeedale dhe Dacaroow
Maxamed Kaariye googaa
Maandeeqeey cigallee

Cadkeedale dhe Axmed Naaji
Siciid Saalax googaa
Maryan Mursaleey cigallee

Calool adaygga abbaayooy
Rag ciilkii
Cadaab ka doorey abboowow

Rag waa Calool adayga walaashayeey
Rag ciilkii
Cadaab ka doorey walaalkayoow

Colaad iyo abaar kow dheh
Caano iyo nabad laba dheh
Hadba kii aad cugatee
Calooshaada gelisaa
Caaddil kaa aqbalayaa
Codsigu yuu ku seegine

V

Cududaheenna kala go'ay
Cadkeenna iyo saantiyo
Lafihii bays calaashadey
Iscun baa lagugu yidhi
Intaan laysku cidhib go'in
Caano daatay daba qaboo

Cadkeedale dhe Xarawoow
Cabdikarrimow googaa
Axmed Shariifow cigallee

Cadkeedale dhe Harawooy
Maxamed Tukaale googaa
Barre Fiidow cigallee

Calool adaygga abbaayooy
Rag ciilkii
Cadaab ka doorey abboowow

Rag waa Calool adayga walaashayeey
Rag ciilkii
Cadaab ka doorey walaalkayoow

Colaad iyo abaar kow dheh
Caano iyo nabad laba dheh
Hadba kii aad cugatee
Calooshaada gelisaa
Caaddil kaa aqbalayaa
Codsigu yuu ku seegine

VI

Gobannimada ciirtiyo
Adaa doortay caydhnimo
Aan caleemo saarnee
Mar labaad ha curatoo
Calafku ha naqaystoo
Cawadu ha negaatee

Cadkeedale dhe Gaashaan
Cabdiqaysow googaa
Mustafowna cigallee

Cadkeedale dhe Sooraan
Curiyoo dhan idilkii
Hobolloo dhan cigallee

Calool adaygga abbaayooy
Rag ciilkii
Cadaab ka doorey abboowow

Rag waa Calool adayga walaashayeey
Rag ciilkii
Cadaab ka doorey walaalkayoow

Colaad iyo abaar kow dheh
Caano iyo nabad laba dheh
Hadba kii aad cugatee
Calooshaada gelisaa
Caaddil kaa aqbalayaa
Codsigu yuu ku seegine.

Hibo Maxamed oo heestan wax ka qaadday, gaar ahaanna bilowga, ayaa la weydiiyey heesaha Cali Sugulle ee ay qaadday, waxana ay tidhi: "Gufaacooyinkii waaweynaa ee Cali Sugulle waxa ka faa'iideystey Maxamed Axmed Kuluc iyo Xaliimo Khaliif (Magool), anigu se huubadii baan soo gaadhey oo heestii tan iiga horreysey waxa ay ahayd":

Wuxuu yidhi hadiyo jeer
Rag horseeda baad dirataa
Hawraarta xilkaaga aad huwisaa
Ninkii ku hodiyo ninkii ku hantaba
Waxaw halkudhegga inaad hubsatee
Ma hadhin hadal lays yidhaahdaa
Hubsiimo hal baa la siistaa

Hondolaha waanadaa hareerta martoo
Hoos iyo sare wax ugu sheegay heblee
Haddaanay wax maqal hiddaba u lahayn
Hoheey murtidaydii heego dhacdaye
Ma hadhin hadal lays yidhaahdaa
Hubsiimo hal baa la siistaa.

Hibo Maxamed, waxa ka mid ah heesaha kale ee Cali lugta ku lahaa ee ay iyadu qaadday heesta aynu qaybaha hore ee buugga ku soo marnay ee *Ruuxa gala abaal*, oo Cali Sugulle iyo Cabdiqays wada lahaayeen.

Cali Sugulle waxa uu ka hadlay shirkii dib u heshiisiinta kooxihii siyaasadda Soomaaliya isku hayey ee Carta la isugu keenay, Jabuuti, 2000, waxa aanu Cali yidhi, "Markii shirkii la wacay, annagaa fannaaniin abaabulney. Nin baa ila shaqeeyey lama illaawaan ah. Waa Cabdulqaadir Xirsi oo qunsul ka ahaa safaaradda Soomaaliya ee Imaaraadka Carabta, aadna Soomaalinnimadu ugu dheehan tahay. Isagaa ila soo abaabuley fannaaniinta. Qaar uu ka keenay Yaman iyo qaar laga keenay Xamar, Adis Ababa ama Jabuuti. Kun guuradii 2000 (*Millenium*), waxannu ku bilownay":

Heemaalkii adduunyada
Shanta hebel la kala baxay
Isku hal qudha aabbe Aadan
Isku hooyo qudha Xaawo

Hirashadoodu waa nolol
Halkudheggeedu waa nabad
In la wada helaa nabad weeye
Oo la kala helaa nabad weeye

Heshiis iyo walaalnimo
Gacmihii is haystaa
Haye yeellay
Hooyo bogaadin

Huwantii adduunkaay
Hordhiciisa labada kun
Hambalyo diirran hooya.

Cali waxa uu shirkii Carta ka jeediyey gabay barkujoog ah.
Cali Sugulle oo iiga warramay gabaygaas, waxa uu ii sheegay,
"Rejo weyn iyo yuhuun ku aaddanayd in Soomaalidu heshiis
ka gaadho arrimaha colaadaha naafeeyey iyo isdiiddooyinka
siyaasadeed ee adhaxda ka jebiyey, qayrkood iyo asaaggoodna ka
reebay. Waxa nabadda loogu baaqayey dagaal-oogayaashii qorigu
degta u saarnaa. Nin qudha mooyee idilkood dagaal-ooge ma ay
iman. Axmed Cumar Jees baa yimid. Cid walba waa loo diray,
waa se laga soo quustay. Anigu furitaanka heestaa ka dib waa aan
ka gabyey shirkaas":

Habayntii shirweynaha la wacay dib u heshiisiinta
Hiilkaan wadaagniyo hadday hoo'diiba caddaysay
Hambalyada Jabuutaa iska leh mahadnaq hawraarsan

Mar hadduu halyeygu u guntado libinta hoynteeda
Waxaa hubaala guushii Allana waa la helayaaye
Hilbihii walaalaha ahaa haddii haadka la cunsiiyey
Hagarli'i Ismaaciil hadduu maanta ku hagoogto
Hambalyada Jabuutaa iska leh mahadnaq hawraarsan

Halgankeenna gobannimada iyo hibadi aan keennay
Haween iyo rag waa loo dhammaa hawshi berigiiye
Hadhaca iyo hadhkiisa iyo kuwii calanka hoos seexday
Habeenkii guusha ma xusna iyo hadimadeediiye
Ha la yaabin *Warlord*-ku wuu soo hambaaberaye

Hubkii cadowga loo haystey buu ku hanjabayaaye
Innaguu inoo soo huwadey harag shabeelkiiye
Ninkii hooyadii dilay inaanu habaryartii deynin
Ha ka sugina talo maba hayoo waa habaar qabe

Shantooduba ha noolaataan heesta ugu qaaday
Hoggaankeedii waa kii go'ay iyo horumarkeediiye
Annagoo huqdeedii qabnoo weliba hiir deyney
Haaneedka Maandeeq ninkii raba hadhuubkeeda
Ka hor gorayo inay haad tahaa la hubsan doonaa.

Cali waxa uu tilmaamay in markii uu gabaygan tiriyey ee la
dhegeystey in lagu qawadey. Waxa uu yidhi, "Waxa ii yimid
Maxamed Daahir oo dawladda Jabuuti ka mid ahaa oo nin
Faransiis ahi la socdo, ayagana waan u qalin-daraaleeyey". Waxa
aan ku idhi, "Waar horta idinkaan idin la hadlayaa Jabuutaay.
Shanta la doonayaad ka mid ahaydeene, idinka wax ma idiin
sheegaa?" "Bal hadda wad", buu igu yidhi, Anna waxa aan ka
bilaabay:

Jabuuti iyo midnimo waa' horay kala jiciirteen
Jawaabteedi maad garan wixii jeeska kaa dhigay

Juulay israaciyo waxaan Juunta ugu geeyey
Jiritaanka magaceenna iyo cadow jabkeennii

Jiif iyo fadhiba waan ka tegey jilib dhiggeedii
Jibbadii walaalnimo markay jaaha iga leeftay
Jiidh naxeedi waa tii i gubtiyo jixinjixeedii

Jaarrigu ma fiicna oo shacbiguu jare u diidaa
Jidku waa bannaan yahay haddaad jalabuteyneyso
Jagta Koonfureed ka la oggoli ee jeeska la cayaar
Jaanta iyo jiibtana weliba waanu kuu jebine

Jirjirroolihiiyow sidii midabka jeegaanta
Jamhuuriyadda Somaliland kuuma jeeddaba
Juuq-dhawr ninkii keenaba way jirriqsanaysaa
Jiq intaanay kugu siinnin waa jeenyo-lawyacadde
Jabadkaaga nabaddiisa iyo jaarnimada dooro.

Cali waxa uu yidhi, "Markii aan gabaygan dambe qoloda
Jabuuti u tiriyeyna, waxa la igu yidhi, 'huteelka ha ka soo bixin'.
Anna maba aan sii joogjoogine Imaaraadkii baan ku soo laabtay."

Cali Sugulle, dabayaaqadii Oktoobar, 2008, waxa aannu ku
kulannay xaflad halkudheggeedu ahaa, 'Meertada Suugaanta iyo
Weftiga Jabuuti' oo Ealing, galbeedka London, ka dhacday, Cali
na lagu soo casuumay. Madashaas oo wefti Jabuuti ka yimi na
joogey, oo qalaanqal yarina goobta yimid, ayaa Cali Sugulle ka
tiriyey maanso kale oo golekafuul ahayd oo dadkii goobjoogga
ahaana qaarkood ay qawed siyaasi ah ka muujiyeen. Cali oo
taasna ka hadlay, waxa uu yidhi, "Anigu waddadaydii horaan
haystaa oo Soomaali badan baan doonayaaye, ma dan iyo muraad
baan ka leeyahay ciddii igu nacaysa wixii aan ku habsaamay ee
danahayga gaarka ku seegay, ee aan ku baylihiyey lix tobansanaale
ku dhowaadka. 'Kaalay gabay' baa la igu yidhi, anna markii aan
masraxa soo fuulay ee sacabkii la tumay, ayaan u godladey sidii
hal ilmaheeddii loo soo daayey":

Riyada been ah roobkii baa da'ay
Roonaadayeey rayskii bay uray
Riyaaqayey miyey runtii tahay

Rugtii cosobkiyo ramaaska badnayd
Reerkii aan furaa haddana la raroo
Kumaan raagin raaxadaan qabey

Riiraashow israalli gelin weydey
Kuwii kala reebay kala raacdee
Isruugtey oo waa taas israamsatay

Raqdii kasta waa raggii u tashee
Ribbataye yaa dhan kale ka rogoo
Raadceeya dadkeenna raad-gadan?

Riiraash waa Maxamed Cabdillaahi Riiraash oo ka mid ahaa weftiga Jabuuti ee xafladda joogey. Sheekada Cali nuxurkeedu waa:

Ruuxii demman baa dacar looga dhigaa
Hadalkaan kuu dul maray ha kaa dego!

Cali isaga oo hogatusaaleynaya Soomaalida kale, hogatusaya na sidii ay dib u heshiisiintu Somaliland uga dhacday iyo sida nabaddu uga hanaqaadday, waxa uu yidhi:

Gobolladeenna Somaliland gebi ahaantoodba
Gadhkiyo gondahoo lays qabsaday libin ku gaadheen.

Cali waxa kale oo uu yidhi, "Awelba annagaa (Somaliland ahaan) Soomaalida u yeedhi jirney, haddana waxa aannu leeyahay, tu aan hore u idhi oo aan ku celinayo":

Aheey waheey walaalaheen
Baa gumeysi wiiqayaa
Weetaynayaa
Oo wadaagayaa

Aan ka waabinnooy
Wadiiqo leexsan
Aan ku waaninnooy
Waddada toosan

Aynnu wada jirnow
Soomaaliweynta

Aynnu wada abtirnow
Cadowgu yaanu ku wiirsan

Aheey waheey
Shantoo isweheshataa
Wacnaydaa yoo
Calan inay wadaagaan
Wanaagsanaydaa.

Heestani uu Cali Sugulle maanta, 2008, dardaaranka u soo
qaatay waxa ay ahayd markii Enafdhii la dhaxal wareejiyey, 1963,
waxana codkiisa ku qaaday Cismaan Maxamed Cabdikariim
(Gacanlow), AHUN. Cali taas buu ku sii tiiqtiiqsaday oo waxa uu
yidhi, "Ninka jidkaas dheer soo maray, ee welina haystaa, miyuu
leexleexan karayaa. Jabuutina waan wacyi-gelinayey oo waxa aan
lahaa jawaabtayda ma aydan garan." Cali Sugulle halabuurkiisa
iyo aragtidiisuba waa barkujoog. Waxa uu Cali ku raad joogey
oo uu dabo taagnaa wax Soomaali u hagaaga, hagaagsanaanta
lafteeda iyo is hagaajin cid walba looga baahan yahay.

Cali Sugulle waxa aan weydiiyey ayaamihii aan raadraaca
halabuurkiisa ku fognaa: 'Sidee baad u aragtaa eegga (Nofembar
2008) xalka bugtada Soomaalida?", waxa aanu Cali iigu jawaabey

oo yidhi, "Waa aan arkaa, taas se gabay ku marin maayo oo khalad bay fahmayaan, hadal baan kuugu sheegayaa." Waxa aanu ku bilaabay oo yidhi, "Horta waa la ina marin habaabiyey. Waa la ina jahawareeriyey. Dhaqan baynnu lahayn ku habaysan diinteenna oo la yidhaahdo: 'Nin hadduu seexdo oo soo tooso waa asagii'. Waxa la yidhi, 'Nin iyo hadalkiisu waa isu eg yihiin'. Waxa jirey isirro caynkaas ah oo sida dadku hawlaha ugu kala habboon yahay ayaa loogu kala diri jirey. Ninkii aqoon iyo maskax furan leh waa la yiqiin, waana lagu tixgelinayey. Muran iyo buuqna ma jirin. Waxa weeye, raggii hore waa tashan jireen. Talo-keen iyo talo-raac baa loo qaybsanaa. Madax iyo mijo ayaa la kala ahaa. Ninka talayaqaanka ah ee nin-doorka ah waa la yiqiinney. Innagu markii aynnu lacag iyo qabyaalad wax ku dorannay, ee aan lays weyddiin ninkani nolosha uu wax ka qaban karaa maxay tahay, ma aynnu odhan. Lacag iyo qabyaalad baa keenada inoo qabtay. Cashuurtii yarayd baa lagu mamay oo la kala boobay. Ninkii daacadda ahaa ee lama odhan inoo doona, waa laga dul boodey oo tuug iyo tuug-kalkaallo ayaa la daba yaacay".

Cali Sugulle oo dhaqankaas wax lagu qaayasoori jirey tusaale ka soo qaatay, waxa uu haddana yidhi, "Laba reer baa islaayey. Buurta ayaa reer ka soo degey, hawdna waa ay u soo guureen. Waxa la yidhi, 'waar warrama?', 'nabad' baa lagu kala war qaatay. Waxa la yidhi, 'waar garannay in aad tolkiin ka soo qaxdeene, dad yaad u jeceshihiin, dadna yaad u neceb tihiin'? Waxa ay yidhaahdeen, 'dad waxa aannu u jecel nahay kuwaa na soo qixiyey ee aannu walaalaha nahay, waxa aannuna u neceb nahay kuwiinnan aannu u soo qaxnay'! Waxa la yidhi, 'waar nimanka dejiya oo xooleeya, hablana siiya oo soo dhoweeya'. Badheedhahaas baa lagu wada noolaa, waana la yaqaanney beel ilaa beel kale nin karameedka halkarka iyo hawlkarka ah: talayaqaanka, garyaqaanka, wax-kala-garadka—ninka colaadda ku hagoogta ee dadka kala gura ee nabadda ka taliya waa la yaqaanney. Hadda waa sida kale oo waxa hormood ah oo la daba dhasdhas leeyahay beenaalayaal wada falallow ah oo waa taan lahaa":

Doorasho doon
Diimo badanaa
Dadkii buu shirinayaa
Dantii buu u sheegayaa
Dawgii buu shareerayaa

Hooy Daadow
Ha dagan
Dabkaad shidataad
Ku diirsan lahayd
Ayaa dambasoobey
Oo dam noqday

Haddana dulqulaal kale
Iyo dogob keen!

Ha iska dabo wareegto uun oo kolba 'dogob ha la beero, duddumana ha la maydho'. Cali weli xalka mushkiladda Soomaalida ayuu sii ambaqaadayaa: "Xal waa jiraa se, 'mee rasaasoy, mee raggeedii'". Hadalkii buu hawraar ku ladhoo, waxa uu la hinqaday:

Maalintay xun tahay
Kii maleegan kariyo
Waxa ku mintida
Nin maali jirey.

"Sida farahaas buu raggu kala ahaa. Innagu haddaynu Soomaali nahay waa aynnu dhaqnayn oo shiddo badani ma jirin, belo iyo baasna lama qabin. Kulayl badan ma aynnu arag, qabow badanna ma aynnu arag. Dadka intiisa badani waxba ma beeri jirin. Daaqa iyo doogga xooluhu ku nool yihiinna waa uu iska soo bixi jirey, oo xoolaha waa la iska daba socdey. Aqalka iyo hoyga dhaxanta iyo roobka laga galo aan kuu tiriyo":

Oofaha dadabtii
Adhaxda lammadii
Oogada adkayntii tiirka
Iyo loolkii unkanaa
Haantiyo ubbadii
Abxaddii weelkii
Aqaliyo maacuunkiis.......

Cali Sugulle waxa uu ii sii ambaaqday su'aashii xalka ku saabsanayd, waxa aanu yidhi, "Aqalka iyo waxa laga sameeyey iyo waxa dhex yaalla, islaan baa u ahayd wershedda soo saarta iyo farsamayaqaan u faradhuudhuuban oo farshaxan ah, waaxahiisa iyo qalabka oo dhan waxa ay ka heli jirtey dhulkeeda—sida dhoobadeeda, dhirteeda, dhagaxeeda, haragga xoolaheeda, iwm. Hargaheenna ayaynnu goglanaynney, marna maryo ka dhiganayney oo la megdin jirey, maydhaxdaa galoolka laga soo diiran jirey. Si kasta oo hayntu u yaraato, baahideennu waa ay urursanayd. Han iyo hirashaa iimaanku ku xasili jirey oo xaaraanta iyo xumaanta inaga xijaabi jirey. Carabtu waxa ay tidhaahdaa, 'alxaajatu ummul ikhtiraac' (*necessity is the mother of invention*) ama 'baahida ayaa waxsoosaarka/daahfurka u hooyo ah'. Waa taas ta adduunyada kale horumarka ku gaadhey. Hadda qaar baa u haysta barakaca, baabba'a, bililiqada, boobka iyo baayaalaha iyo wixii xun oo dhan mar uun baa laga waantoobi. Waa marka aynu eber noqonno, la baabba'o ee nin walba biyuhu godkiisa ugu soo galaan. Hadda qaar baa isleh waad ka nabad gelaysaan. Marka dambe ee baahida la wada taabto ayaa xalkuna soo dhowaanayaa, oo la odhanayaa, 'waaryaadha aan isdabaqabanno, oo isa saamaxno, oo wax wada qabsanno. Waaya-aragnimada baahidaas ka dhalanaysa ayaa xal ka imanayaa".

Cali Sugulle waxa uu xalka u arkaa in Soomaalidu bislaato. In belaayooyinkaas ku dhacay qaar ka badan oo ka waaweyni ku dhacaan ayay Soomaalidu u sii baahan tahay, la sii karkariyo, si loogu nuglaado ka fekerka iyo ku dhiirrashada xalka, ayuu fekerka Cali ee xalku ku qotomaa, waxa aanu qabaa, oo yidhi, "Ladnaan iyo

kibir baa weli Soomaalida haya. Been-la-noolaansho, khurufaad
iyo khayaal iyo wax aan loo baahnayn ayay weli higsanaysaa oo ah
'*anaa amiir, wa anaa kabiir*'—oo ah anaa sidan ah iyo anigaa sidaas
iyo kani waa annaga. Kuwa ugu darani waa kuwa ninka madaxda
ah ee maxbuuska ah ee askartu ilaaliso dadka kale ka sheegta ee
yidhaahda, 'waa annaga', hadda waa maxbuus askari daba taagan
yahay isaga oo jooga madaxtooyadiisii ama huteel ammaan ah.
Marka uu gaadhiga fuulayo qaarna waa ka horreeyaan, qaarna waa
ka dambeeyaan, qaar kalena labada baallood bay ka yaacayaan.
Taas macnaheedu waxa weeye iimaankii baa loo yeedhayaa. Bal
daya guriga weyn ee ay ku jiraan waxa ay kaga seexdaan sariir
qudha oo le'eg xabaasha iyo iilka ay geli doonaan. Khayaalkaas
iyo been-ku-noolnimadaasi marka ay soo taab gaabtaanba waxa
soo dhowaanaya xalka".

Cali Sugulle waxa kale oo aan weydiiyey bal sida uu u arkayo
mustaqbalka fekerkii weynaa—Soomaalinnimada, gobannimada
iyo midnimada ee ku salaysnaa qaran Soomaaliyeed oo hagoog
siyaasadeed leh?

Cali oo taas soo koobay, waxa uu yidhi, "Anigu waxa aan berigii
hore ka shaqayn jirey Waaxdii Ilaha Waxsoosaarka Qaranka
(*Department of National Resources*). Waa beeraha, xoolaha, dhirta,
kalluunka, iyo hargaha. Dhulka waa la sahansaday. Dhulka waxa
ku jira beerkiisa iyo calooshiisa; haddii ay batrool tahay, haddii
ay dahab tahay, haddii ay bir tahay, dhirta dawada laga sameeyo
xitaa haddii ay tahay dad kale ayay u qoofalan yihiin, oo u qoran
yihiin. Innagu talada ma haysannee, waxa aan anigu qabaa in
meelo kala la inaga maamulo. Talo Soomaali gacanta ugu jirtaa
maba jirto. Maadeysku waa: 'Nin la leeyahay, muxuu leeyahay?'
1949 markii aannu Sheekh dhiganeyney shirkado batrool oo
shisheeye ayaa dhulka baadhayey oo halkii ay qufaan ee wax
uga muuqdaan ba bir culus afka kaga laxaamadey oo ku gooyey.
Connoco Int. ayay ahayd. Ilaa Cagaarweyne oo Dhulkii Kaydsanaa
(*Reserve Area*) ah ayay sahamisay oo ceelkii ay qoddaba afka
wildhan kaga laxaamaddey. Horaa la inoo sahansaday, waana
la ina kaydsaday. Raggii madaxda inoo ahaana umaba ay dhug

yeelan oo dee kii madax noqdaba 'waa la lahaa'. Dadkii waddanka wax u soo bartay ee ugu horreeyey iyo kuwii ku xigeyba waa ay takoormeen. Nin degmadii uu ku dhashay ku noqday oo wax u taray waa fara-ku-tiris ama maba jiro. Sheekh Zaki Al Yemenigii Sucuudiga batroolka u qaabbilsanaa waa kii sheegay in aan batroolkeenna la qodayn ilaa ka Khaliijka la dhammeeyo. Waa la kaydsaday dhulkeenna. Betroolkiina, dhowaan, waa laga baxayaa oo caanad ma goyn doono sidii dhuxul dhagaxda looga baxay ee ay qiimo u yeelan weydey. Ilbaxnimada iyo isbeddelladeedu cidna uma xidhnaadaan oo ma sugan ee waa ay socdaan. Waxa maanta la isku hayaa, ee innagana la isugu keen gubayaa waa taas. Talo gacanta inoogu ma jirto. Hadal gun lehe, 'waa la ina leeyahay'. Lama xoroobin weli, in la xoroobana weli looma bisla".

Cali waxa uu aaminsanaa in Soomaalidu u baahan tahay baabba' ka culus inta maanta ku dhacday ee dul taalla, si loo karkariyo, loona bisleeyo, si ay dhab isugu ogaadaan, dantoodana u gartaan. Baahidu waa hooyada daahfurka ama ikhtiraaca.

Inta badan, waayadan dambe, halabuurku carruurta Soomaalida uguma talo galo hawraaro iyo hadallo u gaar ah oo dadka waaweyn uun baa wada hadla ama ismaaweeliya. Cali Sugulle oo aynu og nahay, kana soo sheekaynay ama halabuurkiisa ku soo dhex aragnay fudaydka afka uu adeegsado xilliga curinta, ayaan arrintaas, ugu dambeyn, wax ka weydiiyey, waxa aanu, yidhi, "Arrinta waxa aan aad ugu baraarugey markii aan Imaaraadka imid. Intii hore waa loo heesi jirey, heeso badanna waa aannu samaynay. Haddase afaf kale ayaa carruurtii saamayn ku yeeshay, gaar ahaan qurbaha kuwa jooga. Xilliga xafladaha 26-ka Juun, 27-ka Juun, iyo 1-da Julaay, marka jaaliyadda Soomaalidu isu timaaddo, ama sannadka dugsiyadu xidhmayaan, ayaan heeso ugu talo geli jirey. Carruurtii waa kala da'. Qaar baa dugsi hoose ah, qaarna waa kuwa ka sii sarreeya. Kolkaa marba qolodii soo baxda ayaan heeso la da' ah u dhiibi jirey. Waxa aan idhi, tusaale ahaan u soo qaadanayaa, iyada oo xalka la raadinayaa halkaas ku jiro":

> Anshaxa iyo dhaqanka
> Edebtiyo asluubta
> Ayaad nagu ababiseen
> Nagu il badbaadiseen
> Aabbo iyo hooyo
> Hooyo iyo aabbo
>
> Illaabi maynno
> Abadan abadan
> Haddii Alle yidhaa
> Abaal-gudkiinna
> Aabbo iyo hooyo
> Hooyo iyo aabbo
>
> Illaabi maynno
> Abadan abadan
> Abaal-gudkiinna
> Idinka iyo macallimiinta
> Aabbo iyo hooyo
> Hooyo iyo aabbo.

Is afgarashada iyo isfahamka waalidka iyo ubadkoodu waa muftaaxa wada noolaantooda iyo wadajirkooda, waalidkuna waxa uu markaas awood u heli in uu ilmaha u gudbin karo, kuna quudin karo sooyaalka afka, dhaqanka, suugaanta, qabitaannada iyo qaayasoorrada ummadeed oo astaan u ah ahaanshaha qofnimo ee baadisoocda u ah, ummadaha kalena sida xarriijimaha faraha gacanta ee la qaado (*fingerprint*) uga sooca. Cali Sugulle waxa uu ka mid ahaa foolaad buuxiyey kaalintaas qof kasta looga baahan yahay in uu daboolo inta dhinaciisu dhulka ka sarreeyo, saantiisuna ay qoyan tahay, si loogu xusuusto geeridiisa ka dib dhaxal, dhito, iyo dhigaal ahaan. Alle ha u naxariistee, Cali

Sugulle Cigaal (Duncarbeed), waxaa la isku waafaqsan yahay in uu inooga tegey maktabad dhaxal ah oo heeso, gabayo, geeraarro, sheekooyin, iyo riwaayado ah. Buuggan *Hal Tisqaaday* ee Halabuurkii Cali Sugulle Cigaal (Duncarbeed) waa halkar ka mid ah buugaagta taalla rugtaas kutubeed ee dhitada ah ee uu Cali inooga tegey, iyada oo Cali iyo halabuurkiisa, sidii aynnu ka soo tibaaxo bixinnay, laga qori karo tobannaan buug oo kale oo xaglo kala duwan laga eegi karo.

Gudini daab la'aantii
Miyay dogobbo goysaa?
Diric keli ahaantii
Daleel guusha kama helo
Dadkaa geesi lagu yahay!

—Deelley: Maxaa Daran
Maxaa Dan Ah, 1980.

GEERIDII CALI SUGULLE

Geeridii Cali Sugulle Cigaal (Duncarbeed), AHUN, waxa ay ahayd mid xaq ah oo haddana naxdin iyo murugo badan. Intii taqaanney ee lahayd ehel iyo qaraabo, awlaad iyo asxaab, in halabuurkiisa la kulantay oo aan isaga weligii il iyo baal saarin oo aanay ka-fool-ka-fool isu arag, in aragtay oo ay soo wada shaqeeyeen sannado badan, ayna wada joogi jireen oo ay isbadsadeen, isna muteen, iyo in ay soo wada kifaaxeen oo ay macaariif qadiim ah isu ahaayeen; qof kastaaba markii uu geerida Cali maqlay, si kasta oo ay xaq u ahayd, waa uu ka tiiraanyoodey. Sababtu wax kale ma ahayn ee waa kaalintii billayd ee uu bulshada u buuxiyey muddo lixdan sannadood ka badan oo uu ku la waayo qaybsanayey halabuurka aynnu buuggan ka la soo kulannay ee luxdan—tayo iyo tiraba—iyo in kale oo badan oo aanu buuggu gaadhin oo raadin iyo diiwaangelin u baahan. Waa halabuurkaas qaayaha iyo qaayosoorrada ku iidaaman ee aanu Cali Sugulle marna ka jiifin, marna ka joogin ee colaadda, guhaadda, xadhigga, iyo xajiinta uu ku mutey, dhinaca kale uu kasbaday kalgacalka iyo quluubta bulshada inteeda ugu badan. Halabuurka nool waxa lagu yaqaanna saamayn weyn oo uu ku yeesho gacalkiisa iyo nasteexiisa; iyo dhinaca kale, cadowgiisa iyo nacabkiisa. Isku mar ayuu ka helaa labada dhinac midna bogaadin iyo midna cambaarayn. Waa soore xaq iyo baaddil u dhexeeya, illayn labadu meel ma wada geli karaan oo waa isu dab iyo gaase.

Cali waxa uu xaqu ku haleelay waddanka Imaaraadka Carabta magaalada ku taal ee Shaariqah, 11-dii Janaweri 2016, oo uu muddooyinkii dambe oo dhan ka mid ahaa Soomaalida halkaas degtey, ka dib burburkii qarannimadii Soomaaliya iyo dagaalladii lagu hoobtay ee sokeeye ee waddanka ka sii hulaaqay, iyo ka soo kabasho la'aanta maamuul xumida iyo caddaaladdarrada; goob kasta iyo guri kasta indhaha ka sii tuurtay, ee burburkii ka dib oosha la sii guurguurtey.

Cali Sugulle waxa si milge iyo maamuus leh loogu sameeyey aas qaran, oo magaalada Hargeysa ka dhacay, gaar ahaan xabaalaha Naasa-hablood, 14-kii Janaweri 2016. Madaxweynihii xilligaas ee Somaliland, Axmed Maxamed Maxamuud (Siilaanyo), oo ay Cali Sugulle dugsigii Sheekh mar ay isku fasal ahaayeen iyo madax kale oo badan ayaa aaskaas qaran ka qayb galay. Maalmo ka dibna waxa xaflad baroordiiq ah oo "xus-duceed iyo xusuus ah" loogu sameeyey Oxford House, London, iyo meelo kale, waxana sooyaalkiisa iyo halabuurkiisii laga waraystey dad badan oo aqoon u lahaa isaga iyo halabuurkiisa qayuuriga ah. Idaacadaha, TV-yada, degellada (websites), meelaha bulshadu ku wada xidhiidho (*Social Media*) iyo goobaha lagu kulmo intaba waa laga dareemay Cali Sugulle geeridiisa, waana lagu gorfeeyey kaalintii uu bulshada kaga jirey, qof ahaantiisa iyo halabuurkiisaba, taas oo hoosta ka xarriiqaysa foolaadnimadiisii iyo qiimihii uu ummaddiisa ku dhex lahaa iyo dhaxalka weyn ee uu u dhiteeyey, ugana tegey.

Gaar ahaan, xafladda London oo aan anigu goobjoog ka ahaa, dad badan oo ay Cali aqoon dheer isu lahaayeen ayaa soo buux dhaafiyey. Markii la soo sheegay geeridii Cali Sugulle (Duncarbeed), raggii naxdinta dhacdadaas lamahuraanka ah ee loo wada dhaleyda ah maansada gabay kaga halceliyey

ee munaasibadda London ka qaybta ahaa, waxa ka mid ah,
ruugcaddaagii suxufiga ahaa, taariikhyahankana ahaa, Maxamuud
Sheekh Axmed Dalmar oo tiriyey gabaygan: *Xiddig Hoobtay* ee
soo foolka leh. Gabaygan waxa ka dhex muuqda heestii:

> "Dab iyo dhagax
> La isku ma dhuftee
> Kala dhawraay
> Wax ka dhigan qabiil
> Qaran la dhex geshee
> Kala dhawraay
> Ways dhinac wadnaa
> Kala dhawraay"!

Maxamuud Sheekh Dalmar, isaga oo tixdaas "Dab iyo dhagax"
ee Cali Sugulle saameelaya, waa kii lahaa:

> Xurmo dawladnimo iyo qabiil waaba kala xeere
> Xaalkii geed xafiisyada markii xaadir laga yeelay
> Xikmad iyo aqoon kii lahaa xagatullii dhaafay
> Xagaldaac inuu yimi nin ragi xaajadaa aragye.
>
> Xolod daba xajaar lala dhacaa xero ba' weeyaane
> Kala xeera oo yay isxulin xayga ka caddeeye
> Xikmaddaa inuu yidhi Calaa lagu xasuustaaye,
> Gabayga *Xiddig Hoobtay*na waxa uu yidhi:
> Xatman[1] weeye geeridu xaquu Xaafid soo rogaye
> Haddii mawtka xeerkii ciduun laga xoraynaayo
> Xabiib Maxamednuur baan xabaal lagu adkeeyeene
> Duncarbeed xaggii loo badnaa xalay u guureeye
> Xakiimow Allahayow na dhawr Xaafid baad tahaye,
> "*Xaya calalxorriya!*"[2] maalintii xawda loo hurayey
> Xarbigii gumeysiga markii la isxiniin taabtay
> Xerudhalanka Soomaaliyeed laysu soo xulayey

1 Lamahuraan.
2 Aadaankii xorriyadda. Waa erey af Carabi ah.

Xaq loo kacay xorriyad loo hinqaday xarakadeed oogan
Xakiimkaan ku dhaartaye Calaa lagu xasuustaaye,
Xaraf nuur ah oo xula xiskiyo xaadda iyo ruuxa
Xariir duna xasaw quruxle iyo xaali eraygaa ah
Xujo lagu wareerona lahayn laguna xiiqaynin
Xikmaddana sidii webi xarfaday laga xambaaraayo
Xakiimkaan ku dhaartaye Calaa lagu xasuustaaye,

Xurmo dawladnimo iyo qabiil waaba kala xeere
Xaalkii geed xafiisyada markii xaadir laga yeelay
Xikmad iyo aqoon kii lahaa xagatullii[3] dhaafay
Xagaldaac inuu yimi nin ragi xaajadaa aragye

Xolod daba xajaar lala dhacaa xero ba' weeyaane
Kala xeera oo yay isxulin xayga ka caddeeye
Xikmaddaa inuu yidhi Calaa lagu xasuustaaye,
Xiddig hoobtay xikmad hoyatey iyo xagalwareeg maanso
Duncarbeed xaggii loo badnaa xaalan ugu guurye
Xayu yaa Qayuumow adaan ku xamdiyaynaaye
Xajiintii adduunyadan Rabbow xaal san ugu doori
Allahayow xabaasha uga yeel xero nabaadiino
Wa xulluu[4] xariirtii jannada iyo xareeddeeda
Xaliimow dabbaalsii adaa Xaafidoo mudane.

Abwaanka ka midka ah ragga maanta maansada Soomaalida calanka u sida ee Xasan Daahir Ismaaciil (Weedhsame) ayaa ka mid ah ragga maansada ugu baroordiiqay Cali Sugulle Cigaal (Duncarbeed), markii ay maqleen geeridiisii xaqa ahayd. Gabaygan culus ayuu Weedhsame tiriyey, isaga oo ay weli ku mudan tahay geeridii weriyihii codka luxdanaa ee cabqariga lahaa, Axmed Xasan Cawke, AHUN, ayuu geerida Cali na ka war helay. Dabadeedna waxa maskaxdiisa ka soo go'ay gabaygan qiimaha leh ee ka warramaya kaalintii iyo doorar Cali Sugulle qof ahaan iyo halabuur ahaanba bulshada ku dhex lahaa muddada

3 Waa qofka madhan ee dammiinka ah oo kale. Waa af Bari ereygu.
4 Lagu marriimo, sida dharka oo kale.

lixda tobansanaale ah ee uu adeegaha iyo afhayeenka bulsheed ahaa. *Wabarkii Murtida* ayuu Weedhsame u bixiyey Cali Sugulle.
Waxa uu yidhi:

Webtii Cawke anigoon ka kaban welina dhiillaysan
Anigoon wadnuhu ii garrayn wahabna aan goynin
Caawana ma weer baan xidhnahay Cali intaan waayey?
Waddaniga abwaankii ahaa waracii suugaanta
Ma-waabtihii gumeystaha necbaa warankii qoomaayey
Duncarbeedna maantuu wed helay dunidu waa wiige.

Waxan waayey, waayeel murtida, waajibkeed gudaye
Waxan waayey, waadiga hiddaha, weel ka darihiiye
Waxan waayey, ruux loo wakiyo, wiiqii bawdada'e
Waxan waayey, wiilkii indhaha, waaxda maqalkiiye
Waxan waayey, ruux lagu wardiyo, weedhuhuu yidhiye
Waxan waayey, wabarkii tixdiyo, wadanaheediiye
Waxan waayey, waradii runtiyo, waayo-araggiiye
Waxan waayey, wadihii wanqalay, wowga dirireede
Waxan waayey, wadhi kii ku dhigay, gaalkii wecelkiiye
Waxan waayey, lama waarayee, waafi Duncarbeede
Waxan waayey, waaniye jeclaa, wadar ahaanteena.

Rabbiyoow adaa waarayoo wed aan ka yaabayne
Qof ku wacay, ku weecansadoo, kuna wax weydiistay
Adaan webin oo aan waabinoo wadhi ku soorayne
Gacmahaan ku hoos wadhay Rabboow waad i aragtaaye
Weynoow dunuubtiisa dhaaf weliyadii raaci
Waafaji su'aalaha Rabboow malaggu weydiiyo
Ka waraabi jannadii Fardaws una dhig weylaalis.

Fu'aad Ibraahim Muxumed (Fu'aad Waaberi) waxa uu ka mid yahay dhallinyarada ugu midhaha iyo aragti toyashada culus da'faceedda maanta ee maansada Soomaaliyeed iska dhex cabbirta. Gabaygan halista ah ayuu Cali Sugulle ugu baroordiiqay, markii uu geeridiisa maqlay. Waxa uu si fog gabaygan ugaga warramayaa Cali Sugulle qof ahaan mabaadidii uu aaminsanaa, kaalintii suugaantiisa, dhaqan iyo aqoon nuglaantiisii uu lixda tobansanaale bulshada kaga dhex caanbaxay. *Maanhag* ayuu Fu'aad gabaygiisa u bixiyey:

Ifku waa habeen dhexe warkuu haatufku i siiyey
Ee taar hawaa'igu sidee hurdada ii diidey
Ma haysaa Galoolow adduun waa hadh gelinkiiye?
Ood-roggii afkaba noo hayiyo Cali inuu hoyday
Haldoorkii abwaaniinta iyo Cali inuu hoyday
Halbawlii tiraabtiyo tixdiyo Cali inuu hoyday
Duncarbeed halyeey buu ahaa Cali inuu hoyday

Halabuurka maansada ninkii hibada loo siiyey
Ee gabayga kala haadin jirey baa wedkii helaye
Hilin weeye aadmigu maroon laga habaabayne
Hibashada dareenkaa i yidhi halal ka faalleeye
Aan hormeeyo maantana tixday hibatay laabtaydu

Cali Sugulle hibaduu lahaa hubanti weeyaane
Murti hirara buu kicin jiroo maanku ku haftaaye
Qof buraashad haystaa badweyn sooma haybsado'e
Itaalkay wuxuu hidin karana heedhe waad garane
Haybaddiisi Baashaw anoon maanso ku hawaysan
Hadalkaa iscunayee haddaan afarrey haabhaabto
Hoggii uu ka maansoon jiriyo hilinki uu jeexay
Hab-dhigaal u gaaruu ahaa oo la helahayne

Hiyi durugsan halabuur cuddoon aragti heensaysan
Hilaad sugan hummaageyn farshaxan oo hoga-tusaalayna
Habka laysu sudhay hooriskiyo hoojiskii gabayga
Ama heesta loo kala dhigiyo heelladiyo luuqda
Murti hawl yaraan lagu qabtiyo hadallo kookooban

Hadaf toosanoo heer saroo laga habaabaynin
Hannaan iyo hab gaaruu lahaa haybadlaw Caliye

Hibadoodi qaar baa lunshoo heeray dhaqankiiye
Oo gabayga hayn iyo ka daya dhadhamo hoosiise
Abidkii hunguri muu u tirin maanso hibadeede
Nin hankiisu weyn yuu ahaa oon la hodahayne
Hadalkii caddaayeen lahayn habrasho liidaysa
Iyo hagar-baxiisii runtuba waa hab gooniya'e

Afhayaha dadnimaduu ahaa oo dareen hago'e
Hogga lagu janneeyaw wax badan hidisay taadii

Afartaa haldoorkii baxiyo hibashadaydii dheh
Dubaaqayga hoosoo hadloo hidiyey suugaan dheh
Afar kale halkuu iga mudnaa iyo hab maamuus dheh

Walaalii Hargaysiyo ragii huriyay taariikhda
Iyo waa hormuudkii fankee maalay heelada'e
Habdhaceeda maansada markuu kala hufee haadsho
Isagoon is hawlayn markuu gabayga haaneedo
Hadhuubuu ka soo buuxin jirey haqab la'aaneede

Qof kastaa halkuu tabanayuu kula hagaagaaye
Hal muceeddo maahmaah leh buu aayar hidiyaaye
Hawraartiisii waa taa haddeer lagu hadaaqaaye
Heer kastoo ay joogtaba bulshadu way ku hirataaye
Murtiduu ku haasaawi jirey halqabsi weeyaane

Sidii hooyo ubadkeedi buu habay dadkiisii
Intuu maanka heeryada ka rogey uu hiyi ku nooleeyey
Ama uu hayaan dheer gashee garasho heenseeyey
Uu sida horweyntii u horay baan la helahayn

Intii uu hankoodii korshee heerka sare geeyey
Ama himilo dheer soo sugaa aan la helahayn
Hayin aan ku guuruu ahaa oo la helahayne
Iftiin lagu hirtaa buu ahaa oo la helahayne
Hadhac lagu nastaa buu ahaa oon la helahayne
Haro biyo leh buu noo ahaa oo lagu hagaagaye
Hantuskii dareenkuu ahaa iyo maanka kii haga'e
Hogga lagu janneeyaw wax badan hanatay taadii!

Afartaa haldoorkii baxiyo hibashadaydii dheh
Dubaaqayga hoosoo hadloo hidiyey suugaan dheh
Afar kale hab maamuus farshaxan iyo hibayntii dheh

Dhaaxuu dadkiisii hagoo hindisay taariikhe
Dhaaxuu horseed noo ahaa lagu hagaagaaye
Dhaaxuu hilaadiyey xaqoo aanu ka hadhayne
Dhaaxuu hirdheer soo sugoo aan la helahayne
Dhaaxuu haraad naga tirtoo hooray sida roobe
Dhaaxuu habeen iyo dharaar heegan u ahaaye
Dhaaxuu hormood noo ahaa aan la helahayne
Dhaaxuu halbeeg noo ahaa aan la hurahayne
Dhaaxuu halyey noo ahaa hirasho toolmoone
Dhaaxuu hangool noo ahaa hawsha aan gabine
Dhaaxuu shantoo hadaf lehiyo uu hal qudha doonay
Dhaaxuu inaan qaran heliyo haybshay gole weyn
Dhaaxuu qabiil hiifayoo haybta baas nacay
Dhaaxuu qabyaaladda ka hadha hooy dadow yidhi
Dhaaxuu u wada hiiliyoo hees ku wada sooray
Dhaaxuu gumeysiga hiroo tuura hooy yidhi
Dhaaxuu dan guud haybinteed tiisa u halleeyey
Dhaaxuu haddeed iyo haddeed hoos wax ugu sheegay
Hogga lagu janneeyaw wax badan hanatay taadii!

Afartaa haldoorkii baxiyo hibashadaysii dheh
Dubaaqayga hoosoo hadloo hidiyay suugaan dheh
Afar kale hab maamuus farshaxan iyo hibayntii dheh

Lixdan sano horteediyo halkuu joogtay barigaa
Hadafkiisi lama gaadhin iyo hilinkii waagiiye
Hadduun baaba lagu geeddi yahay himiladiisii
Hiimsehiimsihii baa lagu jiraa heeray aayaha'e
Himbiriirsi arag baa diloo mana hilaadshaane
Hankoodii galoofoobey baa gaabiyo hadhaye
Hanuunkii Islaamkiyo markay hiiftay dhaqankeeda
Hadurkii Galbeedkiyo markay raacday hawadeeda
Hiyigeedi waa kaa gudhoo waa habaw weliye
Af qalaad aqoon ma hagto baa aad horow tidhiye
Hogga lagu janneeyaw wax badan hidisay taadii!

Afartaa haldoorkii baxiyo hibashadaydii dheh
Dubaaqayga hoosoo hadloo hidiyey suugaan dheh
Afar kale hab maamuus farshaxan iyo hibayntii dheh

Hogga lagu janneeyaw waxaan hadal ku soo gooyay
Hayaan weeye aadmiguye wuu kala horreeyaaye
Qofba maalin bay haysataa uu hilinka qaadaaye
Adna ma-hurtadaadii haddii haatan lagu geeyey
Samir baan hanbaystee anoon mawdka hibanaynin
Ducaan kuu hibeeyee Raxmaan hadimo kaa baaji
Hurintii la doortee ku biir hanatay guushooda
Anbiyadii hareertooda iyo hadhac qabow seexo
Jannadii Fardawsiyo ku hoyo hoyga lagu waaro

Halqabsiga gabayga ku jira:

Galool: Cumar Galool Axmed
Baashe: Maxamed Baashe X. Xasan.

Cabdishakuur Axmed Cabdi Caateeye waxa uu ka mid yahay
halabuurrada geeridii Cali Sugulle taabatay ee habeenkii la soo
sheegay markii uu maqlay gabaygu ku dhashay ee ka hadlay
geeridaas naxdinta lahayd. Cabdishakuur waxa uu qoollaalli
ku daymoonayaa kaalintii Cali Sugulle nolosha ku lahaa iyo
geeddigiisii halgan ee miigganaa. Gabaygu sida kuwa kale ee
halkan ku dhigan waa duco iyo xus. Waxa uu yidhi:

Ridwaanow codkaad tidhi hubsaday mawdna celin waaye
Siduu caydh naftaydii uu gigiley camal galiilyoodey
Caweyn waayey ceeshkii ka go'ay oohin celin waayey
Caloolyow la urugoodayoo ciidda kala jeexay
Cabbanida la amakaagayoo eegga calasoobey
Casiraad isrogey oo tixdii caynna rogan waayey.

Ciid laga dhis noo ciidan galay ciid in lagu dheelmin
Misna ciidda laga soo cusbayn Caaddil nagu sheegye
Ha yeeshee midan kuu cuntamin waad la cabataaye
Tebiddaa catow lagu ogyee caasi maan noqone
Kala culusna dhiilladu markay kuu cabbirayaane.

Cali dhimey, cadceedkii dam yidhi, nuurkii naga caarid
Dun Carbeedna guur waa carrow noole cidhibtiiye
Carro edeg naf joogtaa ma nega calafse waa jeere
Waxay caano fuuddaba mar baa laga cillaalaaye
Waa ceel dar laga gooshayoo cuurba jeer fuliye.

Colaad midaad u qaaddiyo midaad abid cisaynayso
Cabdiyow ma caadh goysid duul saw dar celin maysid
Caleentiisu ruuxay isjari saw ma cudud siisid
Cishadani madow saw ninyahow calanku muu ooyin
Saw gabay ma ciishoon, saw tixdii maba caweeroobin.

Gobonnimo codkeedii ninkii culus ku maahmaahay
Cadiigsiga shisheeyaha ninkii caynta ugu heesay

Carooggii samaantee dirnaa saw ma culuq seegin!
Arag dheeri maantaba curyaan cududihii beeshay
Dabuubtii cullayd ee samayd saw wed ku ma ciirin!

Kaalintii cilloonayd saw shubkii geesi ka ma ceerin!
Cali Sugulle saw caawadeer ceel fog u ma dheelman!
Waase caadadeed oo arladu caynkan waw socone
Rabbow cabannay adigaan ducada aan caniid noqone
Adigaan cabiid kuu erga ah caydh ku soo dirine
Caaddilow ajiib waa baryuun waxan cad goynaaye
Cisi sii cafina samaxoo iilka ugu cuudi.

Ha cidhiidhyin hoygoo carfi leh ugu caruus Eebbe
Malaa'iigta cadowgaaga dhibay yay canjarafaynnin
Carcarraaf ha marin yaan qabrigu samo ka caydhaynnin
Calcalyada jannada ugu daruur caymin ugu eexo
Allow yaan cadaabkaagu deyin Caaddil baad tahaye.

Ibraahim Yuusuf Axmed (Hawd), waxa uu ka mid yahay qoraaga
Soomaaliyeed kuwa ugu qalinka culus, uguna farshaxansan
dhinaca qoraalka iyo sheeko tebinta. Maalmihii uu Cali Sugulle
geeriyoodey ayuu gabaygan ugu baroordiiqey. Waa kaalintii Cali
uu bulshada ku dhex lahaa iyo sida uu taas uga soo dhalaalay:

Caliyow adduun waa taraag toore galabeede,
Nin wal oo tilmaan dheer lahaa maalin buu tegaye,
Sannadkiiba tiir baa ka jaba taws ma waydadane,
Hadday maanta taadii ahayd toobad la gu siiye,

Dhaaxaad u taagnayd jihaad tubihi Maandeeqe,
Dhaaxaad ka toosaay lahayd tuug cad baa yimide,
Dhaaxaad tusaalaha murtida tirisay geeraare,
Dhaaxaad tiraab sheegtay iyo hadallo toolmoone,
Dhaaxaad tiriig iyo ahayd taallo magac weyne,

Raggii calanka taagaad ahayd qorayna taariikhe,
Tirmi maayo magacaagu oo buugag baa tebine,
Jasadkaagi uun baa tagaye xaadir baad tahaye,
Taxtaxaash jannada waa ducee gudatay taadiiye.

Oday Cabdirisaaq Maxamed ayaa ka mid ah halabuurkii
geerida Cali tixaha ka tiriyey. Waxa uu ku noolyahay Hargeysa.
Waxa uu isna yidhi:

Taariikhdu way sugantahoo waa silsilad dheere
Surinkaad martaa lagu arkaa sida ilayskiiye
Waa siraad iftiin laga heliyo nuur ku saacidiye.

Sugullow xilkii ku la sinnaa sudhatay guudkaaye
Saatirkaan baryaye Ilaah naarta ku ma siiyo
Samahara Saciiriyo Rabbigu saymo ku ma geeyo.

Ku ma seejo Weynuhu Firdaws salliyadii yaalley.
Safkii Nebiga kaa yeel Alluhu waa sidaan rabaye.

Sariiraha Naciimiyo ku waar meel sumsumo khayrku
Salli iyo furaash lagu nastiyo sabo udgoon seexo.

Fannaanka Nuur Daalacay oo isna ka mid ahaa dadkii
munaasibadda ka qayb galay ayaa soo bandhigay tixdan qiimaha
leh ee baroordiiqda ah:

Wuu dhuuntay mooyee
Cali Sugulle muu dhiman
Dhaxalkiisii baa hadhay
Carruurtaan u dhigayaa
Taariikhdiisi dheerayd
Murtidiisi dhumucdiyo

Dhadhan iyo cabqarinnimo
Sawirkii dhallaankiyo
Fahmayeen dhegooluhu
Waysu dhiibi doonnaa,

Ifku waa dharaariyo
Meel lagu dhaxaayee
Noloshii dhabta ahayd
Duco dhaabadaynnee
Soo dhowee Allahayow.

Anigu, Maxamed Baashe ahaan, waxa aan docday afarreydan
oo igu soo dhacday markii geerida Cali aan ka war helay,
munaasibaddaas baroordiiqda ahna aan kaga qayb qaatay. Waa
sagootis iyo duco:

Damal la hadh galaa buu ahaa duhur kaliileede
Dugsi lagu hirtaa buu ahaa dayro dhaafyada e
Dayax noo iftiimuu ahaa oo la daawado e.

Dadnimada hugeedu ahaa daba-galkeediiye
Xaqa daaficiisu lahaa gayllan dirireede
Dabuub gabay ayuu odhan ogaa maalintii darane
Afhayeen u dooduu ahaa doorka maatida e
Dhaaxuu dab oog weyn leh shiday oo xaqa daakiraye
Dhaaxuu dareen kiciyeyoo "soo duwaay!" yidhiye.

Dhaaxuu digniin noogu daray maanso duluc weyne
Duug dhaxalka noo yaalla baa loox ku daabacane
Dugsiyada aqoontaannu dhigi daymo bogasheede.

Waa duni habeen lagu dhaxaa degeshigeediiye
Duncarbeed ka duuduubayoo daantii kale aadye
Dudmo ma laha geeridu hadduu xaqu dillaacaaye.

Daaraha Jannada Eebbahay hawga dadab yeelo
Allahayow dariiq toosan mari dawgii Nebigeenna (SCW)
Duddo nabad ah Weynow jannada socod ha daanshoodo
Dermo gogol ah beeraha Fardaws debecsanaan seexi.

ILAHA TIXRAACA

Qoraallo

SASSE H.J., 1979, The Consonant Phonemes of Proto-East-Cushitic: A First Approximation, Afroasiatic Linguistics, 7/1.

Axmed Cabdi Xasan (Xaashi Gaas): Qoraal PDF ah oo ay ku dhan tahay sheekadii riwaayadda 'Indhasarcaad' ee Cali Sugulle, Muqdisho, 1970-aadkii.

Siciid Cabdillahi Iimaan Buugga Ilays, Taariikhda Belwada, Heesaha iyo Riwaayadaha Soomaalida, uuna qoray oo daabacaaddii Koowaad, Abu Dabey, dalka Imaaraadka Carabta, 1996.

Cumar Aw Nuux: Qoraal PDF ah oo ay ku dhan tahay sheekadii riwaayadda 'Kala Haab Kala Haad' ee Cali Sugulle, Muqdisho 1969.

Wareysiyo

Ayaan Maxamuud Cashuur: Waraysi, London March 2020.

Saado Jaamac Geelle: Waraysi, Oslo, Jan 2020

Carfi Jaamac Cali: Waraysi, Hargeysa, July 2017.

Maxamed Aadan Dacar: Waraysi ku saabsan Cali Sugulle iyuo halabuurkiisa, London, Nov 2019.

Maxamed Ibraahim Warsame (Hadraawi): Xaflad lagu qabtay Norway oo wax lagaga weydiiyey Cali Sugulle. Oslo, 1990.

Mukhtaar Siciid Ibraahim: Waraysi, saamaynta uu halabuurka Cali Sugulle ku yeeshay naftiisa, Växjö (Iswiidhan), Diseembar 2019.

Cajalado codeed (maqal)

Xogta ku duugan toddoba cajeledood oo middiba saacad tahay oo qoraagu ka duubay abwaan Cali Sugulle (Duncarbeed) muddadii u dhexaysey 02/11 – 13/11/2008, ahna isha ugu weyn ee buuggu tixraacay, Slough, duleedka galbeedka London, UK. Nov 2008.

Cajalado muuqaal ah (video)

Xogta video-yo kala duwan oo Cali Sugulle laga duubay, UAE, 1990-aadkii iyo 2000-aadkii.

Barnaamijyo TV-Radio

Axmed Faarax Cali (Idaajaa): Barnaamijka Dhaqanka oo uu kaga hadlay kaalintii fanka ee Cali Sugulle, Laanta Afsoomaaliga ee VOA, Jan 2016.

Barnaamij waraysiyo ah oo laanta Afka Soomaaliga ee VOA dad kala duwan la yeelatay, kuna saabsanaa sooyaalka Cali Sugulle iyo halabuurkiisa, VOA, Jan 2016.

Barnaamij SLNTV ka sameeyey sooyalka Cali Sugulle, Hargeysa, Jan 2016.

Barnaamij laanta Afka Soomaaliga ee BBC ka samaysay sooyaalka Cali Sugulle, London, Jan 2016.

Barnaamijyo gaar ah (maansooyin baroordiiq ah iwm)

Xus iyo Xusuus: Xaflad lagu xusay qofnimadii iyo halabuurkii Cali Sugulle oo qoraagu goobjoog ka ahaa, kana ururiyey xog badan oo halkaas lagu soo bandhigay, Oxford House, London Jan 2016.

Xasan Daahir Ismaaciil (Weedhsame): Gabay Baroordiiq ah, Hargeysa, 2016.

Cabdirisaaq Maxamed: Gabay Baroordiiq ah, Hargeysa, 2016.

Cabdishakuur Axmed Cabdi Caateeye: Gabay Baroordiiq ah, Hargeysa, 2016.

Fu'aad Ibraahim Muxumed (Waaberi): Gabay Baroordiiq ah, USA, 2016.

Maxamed Baashe X. Xasan: Gabay Baroordiiq ah: London, Jan, 2016.

Maxamuud Sheekh Axmed Dalmar: Gabay Baroordiiq ah, London, Jan 2016.

Nuur Aadan (N. Daalacay): Jiifto Baroordiiq ah, London, 2016.

EREYTUS

SANNADDO

A

O

Q

R

S

Y

IFTIIMINTA QORAAGA BUUGGAN

Qoraaga buuggan Hal Tisqaaday, Maxamed Baashe Xaaji Xasan, waxa uu ku dhashay dayrtii 1963-kii galka Maygaagle ee degmada Buuhoodle. Malcaamadda Qur'aanka iyo fasalka koowaad ee dugsiga hoose waxa uu ka bilaabay magaalada Ballidhiig ee gobolka Togdheer. Dugsiyada hoose, dhexe, iyo sare waxa uu ku qaatay Hargeysa. 25 Maaj 1983 waxa uu ku biiray SNM, waxaanu ka mid noqday—isla sannadkaas—weriyeyaashii idaacaddii codka midaysan ee xoogagga mucaaridka Soomaalida, *Radio Halgan*, oo xarunteedu ahayd Adis Ababa, Itoobiya.

Julaay 1987-kii waxa uu Maxamed Baashe deeq waxbarasho ugu kicitimay Jekoslofaakiya (Czechoslovakia), isaga oo ku biiray Jaamacadda Jaarlas ee magaalada Baraag, Jamhuuriyadda Jek-ga (Charles University, Prague, Czech Republic). Digriigiisa koowaad iyo labaad waxa uu ku qaatay *Journalism and Mass Communication* (Saxaafad).

Waddanka Holand ayuu Maxamed muddo ku noolaa, isaga oo ka mid ahaa yagleelayaashii iyo shaqaalihii *Radio Dalmar*, Den Haag. Waddanka Ingiriiska ayuu Maxamed Baashe degganaa laga soo bilaabo sannadkii 2000. Waxa uu Kulliyadda SOAS ee Jaamacadda Landhan (University of London) ka diyaariyey *Postgrauate Diploma ah Law and Community Leadership* (Sharciga iyo Hoggaaminta Bulshada).

Maxamed Baashe Xaaji Xasan waxa uu 18-kii Juun 2020 ku geeriyooday magaalada Landhan. Alle ha u naxariisto, hana ku martisooro jannadii Firdawsa. Aamiin.

Maxamed Baashe Xaaji Xasan.

1963 - 2020

Alle ha u naxariisto.

رحمه الله رحمة واسعة

Lightning Source UK Ltd.
Milton Keynes UK
UKHW040913211120
373592UK00020B/475/J